범죄피해자학

김 용 준 지음

백산출판사

Preface

그동안 범죄학에 있어서 그 대상은 주로 범죄행위를 하는 범죄 가해자에 집중되어 왔다. 그러나 최근 들어 국내외를 불문하고 냉혹한 연쇄살인범 등이 발생하는 등 범죄가 갈수록 흉포화되고 있다. 이러한 시대의 흐름에 따라 최근 경기도 일대 정책이 수립되고 있고 피해자학에 대한 관심도 고양되고 있다.

피해자학(victimology)은 일반적으로 피해자의 특징 및 피해자를 양산하기 쉬운 환경을 분석하는 학문으로 궁극적으로는 피해자의 발생을 최소화하는 입법정책이 이루어져야 할 것으로 본다.

범죄의 피해자는 주로 노약자 즉 고령자, 소년, 여성, 소수그룹 등이 대상이므로 이들을 중심으로 연구할 수밖에 없었으며 이는 범죄의 두려움이라는 명제와 맞물려 있다. 최근 들어 피해자학은 범죄 가해자의 행위를 예측하여 범죄를 예방하는 제도적 장치를 마련하는 방향으로 나아가고 있다.

범죄사건에 있어서 가해자가 특정의 피해자를 선택하는 경우는 외국의 연쇄살인사건에서 간혹 볼 수 있다. 백인으로 머리가 생머리인 20대 여성만을 대상으로 한다든지, 빨간 구두를 신고 있어서 살해했다는 식으로 가해자의 행위를 분석해보면 피해자 선택에 있어서 일정한 유형을 읽을 수 있고 그 패턴 또한 알 수 있다. 피해자와 관련해서 보면 이번 2009년 벽두부터 연쇄살인으로 온통 우리 사회를 공포의 도가니로 몰고 온 강호순 사건에서 보험금을 노린 범죄사건이나, 피해자와 관련해서 어렸을 때 당한 성폭행의 보복으로 가해자를 살해한 '김부남 사건' 그리고 여러 해 가정폭력을 당한 여성의 남편살해 등이 우리가 해결해야 하는 직접적인 부분일 수 있다.

따라서 이 책에서는 피해자학의 일부로서가 아니라 범죄예방 차원에서 피해자를 새로운 시각으로 재조명하려고 애썼으며, 이론과 실무가 제대로 조화되도록 노력하였다. 그러기 위하여 최신 이론과 범죄피해자를 위한 제도나 입법정책을 다룬 실무가의 실무자료를 많이 참고하였다. 따라서 본서는 형사사법 관련 학문을 연구하는 학도들 뿐만이 아니라 오늘날과 같이 범죄가 날로 흉포화·조직화되어 가고 있는 현시점에서 범죄피해의 예방이라는 차원에서 우리 국민 모두에게 큰 도움이 되리라고 본다.

2009년 3월
저자 김용준

Contents

제1편
피해자학의 기초_11

제1장 피해자학 개관 ····· 12
- 제1절 피해자학의 개념_12
- 제2절 범죄피해자학의 성격_13

제2장 범죄피해의 측정과 범죄피해 ····· 15
- 제1절 범죄피해의 측정_15
  1. 개설 15
  2. 공식범죄통계(Official Crime Statistics) 15
  3. 자기보고식 조사(Self-reported Survey) 16
  4. 범죄피해자조사(Victim Survey) 17

제3장 피해자학의 역사 ····· 25

제4장 범죄피해자학의 연구대상 ····· 27
- 제1절 범죄피해자와 범죄피해_27
  1. 범죄피해자 27
  2. 범죄피해자의 유형 28
  3. 범죄피해자의 개념 29
- 제2절 범죄피해자의 유형_30
  1. 헨티히(Hans von Hentig)의 분류 30
  2. 미야자와(宮澤浩一)의 분류 31
  3. 엘렌베르거(Ellenberger)의 분류 31
  4. 멘델존(Benjamin Mendelsohn)의 분류 32
- 제3절 범죄피해자의 특성_32
  1. 일반적 특성 32
- 제4절 사회환경_33
  1. 사회환경의 의의 33
  2. 사회 환경별 범죄피해 34

제2편
범죄피해원인론_37

제1장 범죄피해의 원인 ····· 38
- 제1절 가해자와 피해자의 상호작용_38
- 제2절 피해자의 개인적 또는 환경적 요인_39
  1. 개관 39

2. 개인적 요인 40
3. 환경적 요인 40
제3절 피해자중심이론_41
1. 근접성과 동일집단 41
2. 노출(exposure) 41
3. 상호작용이론 44
제4절 범죄피해의 환경적 원인_45
1. 부문화이론 45
2. 사회해체이론 45
3. 분화적 접촉이론 46
4. 근접성 이론 46
5. 동일집단이론 47
제5절 피해자화 원인론_47
1. 가해자-피해자 상호작용이론(Victim-Offender interaction Theory) 48
2. 범죄기회이론(Opportunity Theory) 50

제2장 피해원인론의 한계 53

제3편

범죄피해자의 유형 및 범죄피해자의 특성_55

제1장 범죄피해자의 유형 56
제1절 생래적 범죄피해자(Born Victim)_56
제2절 문화적 유형(Cultural Types)_57
1. 이상적 피해자(The ideal Victim) 57
2. 문화적으로 정당한 피해자(The Culturally Legitimate victims) 57
3. 적절한 피해자(Appropriate Victim) 58
제3절 구조적 유형(Structural Types)_60
제4절 행위적 유형(Behavioral Types)_60
1. 유발 촉진피해자(provoking, precipitating victims) 60
2. 동의하거나 자발적인 범죄피해자 61
3. 주의하지 않는 피해자(Reckless Victims) 61
제5절 일회성, 반복적 피해자 등_62

제2장 범죄유형별 피해자특성 63
제1절 사회변화와 범죄피해_63
제2절 범죄피해자 특성_64
1. 개관 64
제3절 살인범죄의 피해_65
1. 살인범죄의 개념 65
2. 살인범죄의 종류 66
3. 살인범죄의 처벌법규 66
4. 피해현황과 피해자의 특징 67

제4절 연쇄살인범(Serial killer)_68
1. 연쇄살인범의 기원과 정의 68
2. 연쇄살인범의 특징 69
3. 우리나라에서 일어난 연쇄살인범죄 70
4. 연쇄살인범죄의 원인과 대응방안 71
5. 결론 76
제5절 강도범죄의 피해_77
1. 강도범죄의 의의 77
제6절 방화범죄의 피해_83
1. 방화의 개념 83
2. 방화죄의 성격 83
3. 방화범죄의 실행의 착수시기와 기수시기 84
4. 방화죄의 종류 84
5. 방화범죄의 특징 90
6. 방화범죄의 원인 및 문제점 91
제7절 성폭력범죄 피해_96
1. 개관 96
제8절 가정폭력범죄 피해_103
제9절 청소년범죄 피해_107
1. 개념 107
2. 청소년범죄의 추세 107
3. 청소년범죄의 특징과 범죄의 위험성 108
4. 청소년범죄의 동향 108
5. 청소년범죄자의 대책 111
6. 범죄소년에 대한 대책 116
7. 기소유예처분자의 문제와 대책 117
8. 보호처분의 다양화와 내실화 119
9. 결어 120
제10절 학교폭력피해_120
제11절 국가권력에 의한 범죄피해_128
제12절 직업형 범죄 피해_131
1. 개관 131
제13절 전문직업인 범죄피해_141
1. 의료사고 142
2. 의료사고의 사례 148
3. 분류별 사례 148
4. 의료사고의 해결방안 152
5. 변호사범죄 153
6. 증권범죄 155
제14절 정치적 범죄피해_157
1. 의의 157
2. 정치적 범죄의 원인 157
3. 정치범죄를 범하는 목적 158

4. 정치적 범죄의 특징 158
제15절 실업형·재산형 범죄피해_160
제16절 신체형 범죄피해_163
1. 개념 163
2. 피해현황과 피해자 특징 164
제17절 국제범죄피해_167
제18절 외국인범죄피해_171
제19절 교통범죄피해_174
제20절 사이버범죄피해_183
1. 개관 183
2. 신종 사이버범죄 187
제21절 스토커범죄피해_197
제22절 무동기(묻지마)범죄_202
1. 개념 202
2. 특징 202
3. 범죄형태 발생 현황 203
4. 무동기 범죄의 대책 210
5. 소결 213
제23절 종교적 범죄피해_213
제24절 정치적 범죄피해_214
제25절 재산형 범죄피해_216
제26절 군대폭력 범죄피해_219
1. 개관 219
2. 군대에 있어서 법치주의와 기본권 220
3. 군대 폭력의 특성과 그 실태 223
4. 문제점 및 개선방향 226
5. 결어 235
제27절 신종범죄피해_236

제4편
범죄피해자 대책론_255

제1장 범죄피해자 대책 256
제1절 개관_256
1. 범죄피해자 보호·지원의 개념 256
2. 범죄피해자의 권리와 수요 257
3. 범죄피해자 보호·지원시책 265
4. 범죄피해자 보호·지원의 발전사 267
제2장 범죄피해자보호법 268
제1절 개관_268
제2절 법률의 개요_270

1. 총칙 270
2. 범죄피해자보호·지원 기본시책 273
3. 범죄피해자 보호·지원 기본계획 등 279
4. 범죄피해자지원법인 281
제3절 향후 과제 및 전망_285
1. 범죄피해자 보호·지원 조직의 확대 강화 285
2. 범죄피해자지원법인에 대한 동기부여 286
3. 범죄피해자기본법의 내실화 286

제3장 범죄피해자 지원과 보호 ······ 288

제1절 범죄피해자 지원_288
제2절 형사절차상 피해자 보호_289
제3절 피해자지원 및 보호활동의 주체_289
1. 공공보상제도 289
2. 사적 지원과 보험제도 290
3. 가해자에 의한 피해자 보상제도 290
제4절 범죄피해자보호·지원의 효율성_290
1. 범죄피해자지원·보호의 3방향 290
2. 적정한 지원의 정도와 피해자 권리 291

제4장 외국의 피해자대책 ······ 292

제1절 개관_292
제2절 각국 피해자 대책 발전과정_292
1. 영국 292
2. 미국 293
3. 독일 297
4. 호주 300
5. 일본 309
제3절 외국의 범죄피해자 지원제도_311
1. 미국 311
2. 영국 315
3. 독일 316
4. 일본 319
5. 대만 323
제4절 우리나라의 범죄피해자 보호대책_325
1. 연대별 발전과정 325

제5장 형사사법제도상 범죄피해자보호 ······ 330

제1절 개관_330
제2절 범죄피해자 보상제도_331
1. 개관 331
2. 연혁 331
3. 보상제도의 형사정책적 기능과 보상의 근거 332
제3절 범죄피해자구조법에 의한 구조제도_334
1. 개설 334

2. 피해자구조제도의 운용상황 342
3. 피해자구조제도의 문제점 및 개선방향 343
4. 결어 348
제4절 법률구조를 통한 경제적 지원_349
1. 개관 349
2. 그 밖의 경제적 지원을 위한 제도 350
제5절 피해회복제도_351
1. 회복적 사법의 개념 351
2. 배상명령과 형사화해 352
제6절 사인소추와 부대공소제도_358
1. 사인소추제도 358
2. 부대공소(附帶公訴)제도 360
제6장 형사사법절차에서의 범죄피해자보호 362
제1절 개관_362
제2절 범죄피해자보호와 관련된 규정_364
1. 일반적인 규정 364
2. 성폭력피해상담소 및 보호시설의 설치 371
3. 의료보호 372
4. 가정폭력범죄의 처벌 등에 관한 특례법 373
5. 특정범죄신고자등 보호법 376
6. 청소년의 성보호에 관한 법률 378
7. 수사절차에서의 범죄피해자의 보호 379
8. 피해자보호 관련법규 382
9. 경찰에서의 시책 390
10. 피해자보호를 위한 협력체계 구축 392
11. 검찰에서의 시책 393
제7장 배상명령과 민사상 다툼에 관한 형사절차에서의 화해 398
제1절 배상명령_398
1. 의의 398
2. 배상명령의 종류 399
3. 배상명령의 요건 400
4. 배상명령의 범위 400
5. 민사상 다툼에 관한 형사절차에서의 화해 406
제8장 교정·보호절차에서의 범죄피해자보호 410
제1절 개관_410
제2절 정보의 제공_411
1. 가석방절차에서의 피해자 고려 412
2. 회복적 사법에 기초한 처우프로그램 실시 413
3. 기타 413
제9장 민간에 의한 범죄피해자보호 414
제1절 범죄피해자지원센터_414

1. 연혁 414
2. 운영조직 415

제10장 피해자학의 과제와 전망 ············ 426

1. 범죄피해자의 권리신장 426
2. 회복적 사법의 지향 427
3. 교정 복지적 접근 432
4. 실제적 과제 433
5. 국제협력의 강화 436

부록_437

CIRMINAL
VIMTIMS
STUDY

제1편
피해자학의 기초

제1장 피해자학 개관

제1절 피해자학의 개념

피해자학에 대한 정의는 학자들 간에 의견이 분분하여 아직 그 개념이 정확히 정립되지 않은 상태라고 볼 수 있다. 몇몇 학자들의 주장을 살펴보면 미야자와 고이찌(宮澤浩一)은 “피해자학(victimology)은 인간관계의 존재를 전제로 가해자와 피해자 간의 인적 교류라는 프리즘을 통해 범죄 및 그 주변의 사회현상을 과학적으로 검토하는 새로운 학문”[1]이라고 하였고, 이상현은 “피해자학(victimology)은 범죄의 피해를 받은 자에 대하여 그 생물학적·사회학적 특성을 과학적으로 연구하고 범죄자가 범행할 때 조우한 피해자의 태도를 연구하는 학문이다”[2]라고 하였으며, 이윤호는 “피해자학은 사회학, 심리학, 사회복지학, 의학 등 다양한 학문으로부터 도움을 받는 일종의 학제간 또는 다학제적 학문”이라고 하였다.[3]

헨티히(Hans von Hentig)는 범죄의 피해자에 관한 과학으로 한정하는 협의의 의미와, 멘델존(B. Mendelsohn)이 말하는 단순히 범죄의 피해자만이 아니라 사고 피해자와 자연재해에 의한 피해자까지도 대상으로 하는 광의의 의미가 있다.

---

1) 미야자와 고이찌(宮澤浩一) 저/장규원 옮김, 피해자학 입문, 1999, 37면.
2) 이상현, 「범죄심리학(제3판)」,(서울 : 박영사), 2005, 147면.
3) 이윤호, 「피해자학」, (서울: 박영사), 2007, 19면.

제2절 범죄피해자학의 성격

피해자학은 범죄학의 일분야로서의 지위를 줄 것인가, 아니면 피해자학을 범죄학, 사회학 등과 같은 학문의 독자성을 인정할 것인가에 대한 논쟁에 귀결된다고 보겠다.

필자는 협의의 범죄학의 입장, 즉 피해자학도 광의의 범죄학의 한 분야라고 생각하고 있으나, 그것은 1950년대에 대두한 이 새로운 학문의 흐름을 잠시 냉정하게 지켜보면서 장래적인 태도결정을 하려고 하기 때문이다.

그런데 피해자학은 범죄학 분야에 수많은 시사성을 제시하고 있다. 피해자학은 피해자에게는 피해자가 되기 쉬운 특성이 있다고 하는 피해 수용성 또는 피해자 특성의 개념을 제시하고 또한 범죄자로서의 관계에 있어서 피해자의 책임을 명확하게 하기 위해서 피해자의 유책성의 개념을 제시했다. 이것은 필자의 광의의 범죄학의 개념에서 사실학(협의의 범죄학) 즉 범죄원인론의 부분에 해당한다고 생각해도 될 것이다.

최근에 있어서는 더욱더 형사사법제도에 있어서의 피해자의 법적지위를 문제로 하고 피해자의 인권과 피해자정책의 필요성도 제시되게 되었다. 이 후자의 부분은 정책학(형사정책학)의 한 분야에 대응하는 것으로 생각할 수도 있다.

종래 범죄학, 형사정책학, 형사학의 분야에 있어서는 범죄의 원인의 규명과 범죄의 방지, 또는 범죄학의 처우에 중심을 두기 쉬웠으나 범죄피해자 즉 그 인권의 옹호와 구제방법 등은 비교적 등한시되어 왔다고 할 수 있다. 그것은 피해자학 그 자체가 형사법분야에 있어서 일정한 지위를 차지하는데 꽤 많은 시간을 필요로 했던 것에 따른 것이기도 하나, 그것보다도 오히려 가해자학을 중심으로 발전시켜온 범죄학이 피해자학의 성과를 도입하는 것에 어느 정도 주저함을 나타낸 것에 의한 것이 아닌가라고 필자는 생각한다.

그러나 형사사법제도라고 하는 것은 본래 피해를 입은 국민으로부터 사적 복수수단을 없애고, 국가가 그것을 대신해 온 것으로부터 시작된 것이며, 그렇기 때문에 피해자의 법적 지위를 염두해 두고 형사사법의 운영을 고려하는 것은 당연한 것이며, 그러한 배려 없이는 원만한 형사사법의 운영을 실현하는 것은 곤란하다고 할 수 있다.

이처럼 피해자학이 범죄학의 분야에서 이룩한 역할은 매우 크다. 필자처럼 피해자학을 범죄학의 일부로 취급하는 주장에 반대하는 사람도 있을 것이다.

왜냐하면, 피해자학에는 범죄학의 범주를 넘은 피해자학 독자의 방법과 이론이 있다는 생각은 앞으로 지금보다 더 강력한 지지자를 가질 것이기 때문이다. 그러나 예컨대 피해자학을 독립된 과학이라고 인정한다고 하더라도, 그것은 범죄학에 대치(對置)한 것이라고 필자는 생각하기 때문이다. 피해자학의 대상 영역이 범죄학을 넘어선 것이라고 한 것은 피해자학의 체계화가 아직 성립되지 않은 현 단계에 있어서는 쓸데없이 혼란을 초래하는 것으로 피해자학의 발전에 있어서는 결코 이익이 될 수 없다고 생각한다.

이상과 같이 여러 가지로 많은 관점에서 생각할 경우, 사실학으로서 범죄학, 규범학으로서의 형법학, 정책학으로서의 형사정책학, 거기에다가 피해자학까지 제각기 독자성을 가지면서 상호 관련된 사회과학으로서 서로 보조하고 있다고 생각할 수 있으며, 그것을 통합하는 것이 필자가 말하는 광의의 범죄학이라고 말할 수 있다.[4)]

---

4) 김용준, 「형사정책학」, (서울: 교학사), 2006, 23~25면.

제2장 범죄피해의 측정과 범죄피해

제1절 범죄피해의 측정

1. 개 설

범죄피해의 측정방법에는 첫째, 가장 전통적이고 보편적인 공식범죄통계방법이 있고, 둘째, 사람들에게 자신이 정해진 기간 동안 범한 범행에 관하여 듣는 소위 자기보고식 조사(self-reported survey)가 보편적 대안으로 활용되었으나, 피해자학의 목적을 위해서는 매우 제한적이라고 볼 수 있어 더 나은 대안으로 등장한 것이 사람들에게 자신이 피해를 당한 사건에 관하여 질문하는 피해자조사(victim survey)가 등장하게 된 것이다.

범죄피해의 측정이란 공동의 목표를 지향함에도 불구하고 앞에서 언급한 어느 것도 우리 사회에 어느 정도의 범죄피해가 발생하는가라는 의문에 충분하고 결정적인 답을 제공하지는 못한다고 볼 수 있다.

2. 공식범죄통계(Official Crime Statistics)

범죄현상에 관한 공식통계는 범죄 실태를 파악하는데 있어서 가장 광범위하게 이용되고 있다. 따라서 범죄피해자학자들 역시 범죄피해측정을 위하여 가장 많이 활용하고 있다.

그런데, 공식범죄 통계는 다음과 같은 장점과 단점을 가지고 있다고 한다. 첫째, 범죄 자료를 매년 정기적으로 취합함으로써 연도별, 지역별, 성별, 연령별 등의 비교를 가능하게 한다는 장점이 있다. 세 번째는 공식통계가 특정한 범죄에 대한 다양한 정보를 수집하기 때문에 범죄와 범죄자에 대한 유형과 추세를 파악하는데 매우 유용하다.[5)]

그러나 이러한 장점이 있는 반면에 다음과 같은 단점도 갖고 있다. 단점으로는 첫째, 공식통계는 발각되고 신고되고, 기록된 범행에 국한되며 제한적이라고 볼 수 있다. 둘째 범죄나 범죄자에 대한 공식통계는 통계를 작성하는 형사사법기관의 한계와 편견에 따라 또는 능력과 열의에 따라 달라진다. 셋째, 공식범죄통계는 여러 가지 인위적 요인의 영향을 받기 때문에 범죄의 실질적인 변화가 없이도 통계수치가 변할 수 있다. 넷째, 범죄수치를 범죄율과 관련된 생태학적 변수나 요소와 연계시키지 않는다. 다섯째, 범죄에 대하여 범죄학적 분류보다 법률적 분류를 활용하기 때문에 범죄학적 분류에 따라 다소 동질적 범주로 재분류되지 않는 한 사회과학자들에게는 큰 도움이 되지 않는다.[6)] 여섯째, 범죄자와 피해자에 대한 정보와 자료가 부족하다는 점 등이다. 따라서 공식통계는 범죄피해의 이해에는 별 도움이 되지 못하며 그 결과 범죄피해의 연구에 중요한 자료와 정보를 얻을 수 있는 더 나은 대안을 모색하게 되는 것이다.

3. 자기보고식 조사(Self-reported Survey)

자기보고식 조사란 특정 인구집단을 대상으로 면접이나 설문지를 통해 수집하는 분석방법이다. 이 자기보고식 조사는 공식통계에 대한 신뢰도와 타당도에 대한 회의, 즉 기존의 공식통계가 밝힐 수 없는 범죄의 암수(dark figure)에 대한 올바른 분석의 필요성에 의한 대안으로 등장하게 된 것이다. 이 조사의 장점으로는 첫째, 공식통계에서 얻을 수 없는 범죄피해자의 성격, 태도, 행동습관에 관한 자료를 구할 수 있어 범죄피해원인 범죄피해실태 및 피해발생과정을 연구할 수 있다. 둘째, 형사사법기관의 선별적인 사건처리과정에 영향을 받지 않은 범죄피해발생의 분포를 알 수 있다는 장점 등이 있다. 이에 비해 단점으로는 자기보고식 조사 그 자체가 가지

5) W. G. Doener and s.p. Lab. Victimology(2nd ed), Cincinnati, OH, Anderson Publishing Co., 1998, p.24.

6) Fattah, *op. cit.*, pp. 27~28.

고 있는 내생적 한계 즉 연구대상자들이 불성실하게 응답할 경우 올바른 자료를 구할 수 없다. 둘째, 다양한 종류의 범죄피해실태를 포착할 수 없다. 셋째, 범죄피해에 대한 과다 또는 축소보고에 대한 비판이나 기억력에 의존해야 하는 한계가 있다는 단점 등이 있다.

4. 범죄피해자조사(Victim Survey)

1) 의의

범죄피해조사는 기존의 공식범죄통계나 자기보고식 조사와는 달리 가해자가 아니라 피해자를 중심으로 이루어지는 조사이다. 범죄피해조사는 가해자와 피해자가 동시에 존재하는 범죄라는 동전의 양면을 모두 살펴볼 수 있는 기회를 제공함으로써 암수범죄(dark figure)를 밝혀내고 범죄피해실태를 보다 정확히 판단하는데 기여를 하고 있다. 범죄피해조사는 과거의 일정기간 동안에 특정범죄피해에 대한 경험유무를 응답자에게 묻거나 경험하였다면 피해는 어느 정도이며 그 상황에 대해 어떻게 대응했는지에 대한 조사이다. 범죄피해조사를 통해 밝혀진 통계는 그 사회의 삶의 질이나 안전을 측정할 수 있는 사회지표로 사용되기도 한다.[7)]

외국의 경우를 살펴보면 미국에서 처음 범죄피해조사가 실시된 것은 1967년에 공표된 대통령자문위원회에 의한 범죄피해의 전국조사 보고였다. 이 조사는 전 미국의 일반인을 대상으로 범죄피해경험을 조사한 것이나 피해자가 경찰에 신고하지 않은 경우가 많아 미국의 범죄피해자수는 예상보다 훨씬 많다는 사실이 밝혀졌다. 이런 보고를 받고 범죄피해실태를 보다 정확히 파악하기 위한 조사의 필요성이 인식되어 1973년부터 연방국세조사부가 연방사법성 사법통계국과 협력하여 '전미범죄조사(NCS)'를 매년 실시하고 있으며 최근에는 조사규모를 확대실시함으로써 범죄피해조사의 효율성을 기하고 있다.

영국의 경우는 1980년대를 거치면서 대처수상이 이끄는 보수당정권이 범죄증가를 우려하여 '법과 질서'캠페인을 전개해 경찰력 강화, 입법화 등의 정책을 실시했다. 그러나 이런 정도의 범죄대책은 '시민에게 정신적 쇼크(moral panic)를 주는데 지나지 않는다'란 비판이 급진주의 범죄학자 등에 의해서 제창되었다. 이런 상황에서 범죄실태를 보다 정확히 파악하기 위해 영국 내무성은 1983년에 '전영국범죄조

7) 김준호 외 2인, 1991:32.

사'를 실시했다. 조사는 16세 이상의 약 1만명을 대상으로 범죄피해경험을 면접조사 형식으로 이루어졌다. 그 결과 공식통계에 나타나지 않은 많은 범죄가 존재한다는 사실이 밝혀졌다. 그 후 전영국범죄피해조사(BCS)는 오늘날까지 수차례에 걸쳐 실시되어 범죄피해 실태파악에 중요한 역할을 하고 있으며 영국의 형사사조에 강한 영향을 미쳤다.

일본의 피해조사는 '도시방법연구센터'에 의한 범죄피해자 발생실태에 관한 조사와 1992년부터 약 3년에 걸쳐 '범죄피해자 실태조사연구회'에 의한 전국규모의 범죄피해자 실태조사가 행해져 1996년에는 '범죄피해자연구'라는 책자로 발간되어, 범죄피해조사에 크게 기여하였다.

우리나라의 경우는 1990년 한국형사정책연구원에서 서울지역의 범죄실태에 대한 조사를 한 것이 최초라고 볼 수 있다. 이를 계기로 우리나라의 범죄피해실태 및 범죄문제와 관련된 여러 가지 정보를 얻기 위하여 3년마다 범죄피해조사를 실시하여 '한국의 범죄피해에 대한 연구'라는 책자를 발간하고 있다. 범죄피해조사는 형사사법기관에서 발행하는 통계에서 얻을 수 없는 범죄 관련정보를 일반인을 대상으로 한 피해실태에 대한 조사를 통하여 얻으려는 의도에서 출발하였으며, 공식통계의 가장 큰 문제점인 '숨은 범죄(hidden crime)'의 문제를 해결하기 위하여 실시하고 있는 것이다.

2) U.N.범죄피해조사

유엔에서 실시하고 있는 세계범죄피해조사의 역사는 다른 범죄조사에 비해 그리 오래 되지 않았다. 1990년대 중반에 미국은 범죄를 통해 사회적 불안이 가중됨에 따라 이를 해결하는 방안의 하나로 대통령 산하의 범죄예방위원회의 주도하에 범죄피해조사를 시작하였다.[8)]

세계범죄피해조사의 주요 목적으로는 첫째, 국가 간 범죄비교를 할 수 있도록 범죄통계에 대한 통일을 기하고 궁극적으로 범죄에 대한 올바른 예측을 하기 위함이다.

세계 각국은 범죄에 대한 정의(正義)와 범죄통계수법이 제각기 달라서 국가 간 범죄의 객관적 비교는 불가능하였다. 유엔은 이런 점을 보강하기 위해 공통규격을 가진 유엔조사를 실시하여 국가간 범죄 비교의 객관적 기준을 마련하였다. 둘째, 위에서 언급하였듯이 각국의 형사사법기관에 의한 범죄의 공식통계에 대한 대안적 입

8) Doerner and Lab, 1998:28.

장에서 세계범죄피해 조사를 실시하고 이를 바탕으로 각국의 범죄예방 전략을 수립하는 데 도움이 되고자 하는 것이다.

그 후에 미국범죄피해 조사는 세계범죄피해 조사의 탄생에 일조하였을 뿐만 아니라 세계범죄피해 조사에 대한 방법론과 이론을 제공하였다.

현재의 세계범죄피해 조사는 유엔이 관장하는 국제조사로 1989년 제1차 조사를 시작으로 매 3~4년마다 한번씩 실시하며 2006년 현재 제5차 세계범죄피해 조사를 실시하였다.

제1차 세계범죄피해 조사는 1987년 바르셀로나에서 열린 유럽평의회 지역 간 정부회의의 결의에 따라 네덜란드의 법무성을 중심으로 18개국이 참여하였으며 1989년에 실시하였다. 각국은 전국을 대상으로 2,000명 이상의 전화인터뷰를 실시하였다. 이들 국가 중에서 인도네시아와 폴란드는 전국조사가 아닌 1개 도시를 대상으로 한 조사를 실시하였다.[9)]

앞으로 UN에서 실시하고 있는 이 세계범죄피해 조사는 세계화시대를 맞이하여 국가 간 협력과 인터넷을 이용한 정보의 공유로 더욱 발전시켜야 할 것으로 본다.

3) 범죄피해조사의 장점

범죄피해조사의 장점과 단점을 살펴보면 장점으로는 첫째, 형사사법기관에서 수집한 공식통계보다 더 좋고 자세한 정보를 제공할 수 있다. 둘째, 피해자조사는 보통 범죄피해의 위험성이 높고 낮음에 관련된 다수 요인에 관한 자료와 다양한 집단의 위험성의 분포에 관한 자료를 제공해 준다. 셋째, 범죄피해 이후 피해자가 겪는 영향, 피해의 결과 그리고 피해자조사는 다양한 형사사법기관과 그들의 업무수행결과 그리고 각 기관이 고객에게 제공하는 서비스의 질을 평가할 수 있게 하며 이웃감시와 같은 특정한 범행사건의 감소와 예방에 관한 프로그램의 효과성을 평가하게 해줄 수도 있다. 넷째, 피해자는 형사사법기관과 피해자의 상호작용의 정도나 상호작용의 부족함에 대한 정보를 제공하며, 형사사법기관의 업무수행과 그들의 피해자에 대한 만족도를 측정할 수 있게 해주어서 결국 사법제도에 대한 공공의 태도를 측정할 수 있게 해준다. 다섯째, 시민들의 범죄피해에 대한 두려움과 실제 피해위험성이나 피해경험과의 관계도 측정할 수 있어서 객관적 피해위험성과 그러한 위험성에 대한 주관적 인식의 차이도 측정할 수 있게 해준다. 끝으로 피해조사는

---

9) Mayhew and Van Dijk, 199:8.

자신의 피해사실을 경찰에 보고하지 않는 피해자 수와 그들의 특성 및 피해사실을 신고하는 피해자와의 차이점에 대한 가치 있는 정보를 제공해 주며 이는 특정한 범죄피해를 신고하지 않는 이유를 알 수 있게 해준다.[10)]

4) 피해조사의 발전

① 초기의 피해자조사기

초기의 피해자조사는 이러한 조사를 통하여 과연 일반시민들로부터 민감한 정보를 얻을 수 있을지 여부와 형사사법기관이 이렇게 얻어진 피해자에게 기초한 사실들을 어떻게 이용할 수 있는지를 검증하기 위한 일련의 광범위한 타당성연구에 지나지 않는다고 할 수 있다. 이를 위하여 면접자가 조사 참여자에게 지난 12개월 동안 자신에게 일어났던 사건에 관하여 묻고 그 중에서 가장 최근에 발생한 두 사건과 가장 심각했던 두 사건에 관한 보다 상세한 정보를 얻으려고 노력하였다.

이 조사결과는 매우 극적인 것이었지만 그 유용성을 의심할 만한 충분한 문제점도 발견되었다.

② 조사대상자의 기억 정확도 검증기

초기피해자 조사에서 지적되었던 조사대상자의 기억정확도를 검증하기 위한 노력이라고 할 수 있는데, 이를 위해 경찰기록과 피해자 조사자료를 비교분석하는 것이었는데 소위 '역방향 기록검사(reverse records check)'와 '순방향 기록검사(forward records check)'가 그것이다.

'역방향기록검사'란 먼저 경찰기록에서 피해자를 찾아서 이들에게 피해조사를 행하여 그 결과를 경찰기록의 내용과 비교, 평가하는 것이고 '순방향 기록검사'라는 것은 먼저 조사대상자에게 피해조사를 한 다음 그 결과를 경찰에 확인하는 방식이다.

이들 피해자(조사대상자)의 기억 정확도 조사는 그 이후의 조사도구에서 개선되었던 다수의 요인들을 파악하는데 기여한 것으로 알려지고 있다. 즉 과거피해에 대한 매우 일반적인 질문보다는 구체적인 질문을 함으로써 더 정확한 정보를 얻을 수 있고, 더 정확하게 기억해 낼 수 있다는 것을 알게 되었다.

---

10) 이윤호, 전게서, 104면.

③ 전국범죄조사기

미국의 전국범죄조사(National Crime Survey)는 초기 기술적 연구에서 지적된 다수의 지적들을 함축한 조사였다. 끼워 넣기나 기억력 쇠퇴의 문제를 해결하기 위하여 면접을 6개월 단위로 묶어서(bounding) 3년 동안에 걸쳐 가구주가 아니라 가구의 구성원 모두를 대상으로 실시하였는데, 처음의 면접은 피해정도를 추정하기 위해서가 아니라 바로 그러한 목적을 위해서 실시되었다. 이 전국 범죄조사가 직면했던 부담의 하나는 바로 조사대상에서 빠지는 사람과 남는 사람의 문제였다. 즉 이 조사에서는 표본이 거주자가 아니라 가구를 기초로 이루어졌기 때문에 첫 조사의 참여자가 이사를 나가고 새로운 거주자가 입주하게 되어 사실상 조사대상자가 바뀌게 되는 경우가 생기게 되었다.

④ 전국 범죄피해조사의 개선과 보완기

전국 범죄피해조사(National Crime Victimization Survey)에서 지금까지 지적된 문제점을 개선하고 부족한 것의 보완을 시도하였다.

우선 참조기간을 짧게 하여 응답자의 기억을 향상시킬 수 있는지를 시험하였는데, 그에 따르는 비용이 지나쳐서 그 이후에는 활용되지 않았다. 또한 응답의 정확성을 높이기 위해 피해에 대한 자세한 설명을 제공하는 시도(probing, screen questions)도 하였는데 이는 오해의 소지가 있어서 더 개선될 여지가 있는 것으로 판명되기도 하였다. 한편, 조사기간에 이사를 가게 되는 문제를 해결하기 위하여 가구가 아니라 조사대상자를 기초로 표본을 추출하자는 제안도 추적에 따른 시간과 노력 등 절차적 문제로 타당성이 없는 것으로 판명되기도 하였다.[11)]

5) 피해조사의 문제점과 한계

(1) 일반적 문제점

① 표본상의 문제점

표본의 대표성이 확보되지 않는다면 정보의 신뢰도(reliability)에 문제가 생기고 따라서 결과의 일반화가 어려워지는 것인데, 일반적으로 진정한 대표성이 있는 표

---

11) Hindelang, op, cit, PP. 57~69.

본을 추출하기란 매우 어려운 것이다. 특히 전국단위로 이루어지는 피해자조사의 경우는 표본의 대표성을 확보하기가 더욱 어려운데 실제로 과대표출(overrepresentation)과 과소표출(underrepresentation)을 경험하고 있다. 가구를 표집대상으로 하고 18세 이상 거주자만을 면접하기 때문에 기업이나 18세 이하 시민의 피해조사는 제외되기 마련이다. 또한 면접자가 주로 주간에 가정을 방문하여 면접하기 때문에 직장생활을 하지 않는 주부나 노인 등이 과대 표출되고 직장인은 과소 표출 되고 있다. 또한 조사대상이 되는 강력범죄는 비교적 발생빈도가 높지 않기 때문에 표본의 크기가 충분하지 않으면 사례의 수가 불충분해지고 통계적 분석이 어려워지게 된다.[12)]

그리고 표본의 모든 구성원을 다 면접할 수 없는 것도 문제가 되고 있다. 지정된 사람이 이사를 가고 추적이 불가능하거나, 표출된 가구가 빈집일 수도 있고 또 모든 면접대상자가 다 면접에 응하지 않을 수도 있으며 면접에 응하더라도 모든 질문에 성실하게 응답하지 않을 수도 있기 때문이다.[13)]

② 비용상의 문제점

표본의 대표성을 갖기 위해서는 충분한 크기의 표본이 필요하지만 지나치게 큰 표본은 실질적으로 큰 비용의 부담이 따르게 된다. 피해조사의 비용문제는 대체로 지나치게 큰 전국규모의 표본과 면접자가 가구를 방문하여 대면면접(face-to-face-interview)을 이용한다는 점에 기인하고 있다. 따라서 표본의 크기를 작게 함으로써 비용을 줄일 수 있으나 이는 표본의 대표성을 크게 훼손할 수 있기 때문에 일부에서는 우편을 통한 설문조사나 전화면접의 방법을 사용하기도 한다.

(2) 오류

오류에는 고의적 오류와 비의도적 오류가 있다. 고의적 오류는 첫째, 의도적으로 면접자에게 정보를 잘못 전하거나 판단을 그르치게 하는 것을 의미한다. 예컨대, 응답자가 사건을 조작, 왜곡, 과장 등을 하거나 경미한 사건을 크게 부풀리는 것을 말한다. 둘째, 자기자신의 피해사실을 여러 가지 이유로 면접자에게 제대로 말하지 않는 경우를 말한다. 예컨대, 자신이 당한 피해사실을 진지하고 자세하게 이야기하지 않고 자기가 하고 싶은 피해사실만을 골라 말하기 때문에 과소보고(underreport)

---

12) Fattah, *op. cit.*, p. 35.
13) 이윤호, 전게서, 106면.

가 될 가능성이 있다.

비의도적 오류는 피해사실을 모르거나 잊었거나, 질문을 잘못 이해하거나, 사건을 잘못 알고 있는데 따른 오류라고 할 수 있다.

우리가 여기서 알아야 할 것은 소위 말하는 끼워 넣기라(relescoping)는 것인데, 이것은 응답자들이 자신의 피해발생시기를 제대로 기억하지 못해 일어나는 착오로 발생하는 것을 말한다. 이러한 착오는 정확하게 기억하지 못해서 조사대상 기간 외에 발생한 사건을 기간 내에 발생한 것으로 아는 것을 Forward relescoping이라고 하며, 조사기간 이후에 발생한 것을 기간 내에 발생한 것으로 잘못 아는 경우를 Backward relescoping 이라고 한다. 이러한 문제를 해결하기 위한 방안으로 조사대상기간을 예를 들어 분기별로 묶어서 조사하거나(bounding) 또는 조사대상 기간을 짧게 할 것을 제안하고 있다.[14)]

(3) 문제점

피해자조사가 범죄피해측정에 과연 어느 정도의 확실성과 정확성이 있는가가 문제이다. 왜냐하면 다음과 같은 문제점이 있기 때문이다.

첫째, 범죄피해조사는 피해자가 파악될 수 있는 범죄사건의 피해를 측정할 뿐 기업범죄나 피해자 없는 범죄의 피해를 측정하는 데는 한계가 있다. 예컨대 피해자 없는 범죄의 경우는 피해자가 동시에 가해자이기 때문에 문제가 있고 기업범죄는 피해자들이 일반적으로 피해사실을 잘 알지 못할 수 있다.

둘째, 피해자조사는 사람들의 기억력과 참여의지 또는 비용의 문제로 대부분 쉽게 기억될 수 있는 중요범죄로 한정되고 모든 유형의 범죄피해를 다 조사할 수는 없다는 것이다. 셋째, 피해조사는 12세 또는 18세 이상의 사람으로 한정하기 때문에 대상에서 제외된 사람들의 피해는 조사될 수 없다. 넷째, 피해조사는 사람들을 중심으로 하기 때문에 일부 조직도 피해자가 될 수 있음에도 불구하고 조사에서 제외되고 있다.

(4) 피해자조사와 공식통계의 상호보완

피해조사가 공식통계보다는 훨씬 더 다양한 통계를 제공하고 있다. 그러나 공식통계도 나름대로의 장점이 있다. 따라서 피해자조사와 공식통계는 피해자학에 있어

---

14) 이윤호, 상게서, 109면.

서 상호 보완관계를 갖고 협력하여야 한다. 왜냐하면 공식통계에서 얻을 수 없는 정보를 피해자조사에서 얻을 수 있으며, 피해자조사에서 얻을 수 없는 정보를 공식통계에서 얻을 수 있기 때문이다. 예컨대 살인피해자에 대한 정보는 공식통계에서만 얻을 수 있지만, 강도나 강간을 당한 사람들에 대한 정보는 제공받지 못하는 것에 비해 피해자조사는 경찰에 신고하지 않은 사건에 대해서도 정보가 수집되기 때문에 보다 다량의 완전한 정보를 얻을 수 있다. 매년 정기적으로 하는 피해자 조사는 지역주민의 협조나 형사사법기관의 전문성의 향상 등 환경의 영향을 받지 않는다. 그러나 피해자조사는 응답자의 진술에 전적으로 의존해야 하며 또한 조사대상에서 제외되는 사람들의 피해에 대해서는 어떠한 정보도 제공받을 수 없다는 단점이 있다.

CIRMINA
VIMTIMS
STUDY

제3장 피해자학의 역사

지금까지 대부분의 범죄학자들은 범죄자인 가해자의 측면만을 중시하여 범죄의 원인과 범죄방지대책에 대하여 주로 연구하여 왔으며, 범죄로 인한 피해자에 대하여는 거의 관심이 없음은 물론이고, 형사사법절차에 있어서도 거의 관심을 갖지 못하였다.

처음으로 범죄피해자연구에 관심을 갖기 시작한 범죄학자 및 심리학자는 18~19세기 피타벌(C. Pitaval), 포이에르바하(P. J. A. Feuerbach) 등이며, 이들은 범죄피해자의 유형을 구체적 형사사례를 통하여 소개하였다.

그 이후 1920년대 스위스 클레리크(Clerik), 1930년대 미국의 서덜랜드(E. H. Sutherland)와 독일의 로에스너(Roesner), 1940년대 독일의 베셀(H. von Wessel), 켐플러(Kempler), 슈스터(Schuster), 엑스너(Exner), 바더(Bader) 등의 초기연구학자들을 생각해 볼 수 있다.

오늘날과 같은 피해자학이 본격적으로 연구되기 시작한 것은 이스라엘인으로서 루마니아에서 변호사로 일하고 있었던 멘델존(E. Mendelsohn)이 1940년 '범죄학에 있어서 강간과 부인 사법관의 중요성'이라는 연구논문을 전개하기 시작하면서부터라고 볼 수 있다.

현대의 피해자학은 1948년 독일의 범죄학자인 헨티이(H. von Hentig)에 의하여 선도되었다. 그는 '범죄자와 그 피해자'(The Criminal and His Victim)를 비롯하여 '범죄자의 심리', '존속살인의 문제' 등 처음으로 피해자학을 체계적·학문적 수준에서 구성했다.

그는 범죄학에 대한 보조과학으로서 피해자학의 의미를 강조하였다. 즉 범죄피해자학은 피해자를 범죄발생원인의 환경적 요소로 파악하였으며, 가해자와 피해자 즉 행위자(doer)와 그 행위로 고통 받는 자(sufferer)의 관계에서 피해자의 존재가 오히려 범죄자를 만들어 낸다고 보았다.

멘델존은 1940년에 발표한 '범죄학에 있어서 강간과 부인 사법관의 중요성'이라는 연구논문을 계속 발전시켜 드디어 1956년에 발표한 '생물학, 심리학, 사회학의 새로운 영역'이라는 논문을 출발점으로 피해자학이라는 새로운 학문이 탄생한 것이다.[15)]

최근의 동향은 아메룩센(Ameluxen), 카이저(Kaiser), 괴핑거(H. Goppinger), 미야자와 고이찌(宮澤浩一), 나까다 오사무(中田修) 등이 피해자학의 학문적 성격에 대하여 논하였고, 사실학으로 범죄학의 한 분야로 인정하였다. 1973년 예루살렘에서 3년마다 한 번씩 열리는 제1회 국제피해자학 심포지엄이 개최되었고 1980년에는 피해자학 세계회의, 1985년에는 자그레브에서 제5회 국제피해자학 심포지엄이 개최되었다.

이러한 세계적 흐름에 따라 우리나라도 1987년 11월 28일 '범죄피해자구조법'이 제정되어 다음해인 1988년 7월 1일부터 시행되었다. 1992년 4월에는 한국피해자학회가 아시아에서는 두 번째로 창립되었으며, 매년 일본피해자학회와 상호방문을 실시하고 있을 뿐만 아니라 세계피해자학회에도 관여하고 있으며 자주 피해자 관련 논문이 발표되는가 하면 저서도 여러 편 발간되었다.

우리나라 피해자학회 초대회장은 민건식 변호사인데, 그는 일본 慶應大 객원연구원으로 가 있을 당시 일본의 피해자학회 초대회장인 미야자와 고이찌(宮澤浩一)의 도움을 받아 우리나라 피해자학회 설립에 큰 공헌을 하였다.

---

15) B. Mendelsohn, Une nouvelle branche de science bio, psyche, social, La victimologie, Revue internationale de criminologie et poice, 1956, p. 95.

제4장 범죄피해자학의 연구대상

제1절 범죄피해자와 범죄피해

1. 범죄피해자

1) 범죄피해자의 개념

피해자란 용어는 라틴어의 Victim에서 유래되었는데 여기에는 두 가지 의미를 내포하고 있다. 하나는 종교적 의식의 제물로 바쳐진 생물·희생물을 의미하고, 다른 하나는 타인의 행위에 의해 침해받거나 파괴당한 인간, 조직, 도덕 또는 법질서를 의미한다. 이 두 가지 의미 중 오늘날에는 일반적으로 전자의 의미보다도 후자의 의미로만 사용되고 있다.[16)]

범죄피해자학에 있어서 범죄피해자의 개념은 관점에 따라 여러 가지 의미로 사용되고 있는데 다음과 같이 4가지로 나누어 볼 수 있다.

16) Karmen, Andrew, Crime Victims: An Intrduction to Victimology, Wardsworth Publishing Company(Belmont, California, 2002, p.2.

2. 범죄피해자의 유형

범죄피해자의 개념은 학자의 견해에 따라 최협의, 협의, 광의, 최광의의 의미로 나뉘어 볼 수 있다고 하겠다.

1) 최협의의 개념

최협의의 의미는 피해자는 범죄로 인하여 법익이 침해 또는 위협된 자를 말한다고 한다. 이는 보호법익이 주체뿐만 아니라 행위의 객체가 된 자를 포함하며 자연인에 한하지 않고 법인은 물론 법인격 없는 사단·재단도 포함한다고 본다. 또한 피해자는 범죄로 인한 직접적인 피해자만을 의미하고 간접적으로 피해를 입은 자는 제외한다.[17] 이와 같은 견해는 범죄피해자의 개념을 실제 형법상의 의미의 범죄피해자로 한정하는 견해로 형법상 범죄성립의 요건에 해당하는 범죄로 인한 피해를 입은 사람만을 피해자로 본다.

2) 협의의 개념

협의로 이해하는 견해에서는 피해자를 범죄자(가해자)의 상대방으로 인식하지만 반드시 법률상의 관계에서 논의하는 것은 아니며, 범죄 역시 형법상의 것만 아니라 작위적으로 형법상에서 제외된 경우와 법률적 불비에 의해 무시되고 있는 범죄현상도 그것이 사회생활상 커다란 영향력을 가지며 유해한 경우에는 범죄의 테두리에 포함시킨다. 협의의 범죄피해자개념을 요약하면 실질적 범죄, 즉 형사정책적 범죄개념에 기초하여 사회적으로 유해한 행위를 통해 법익을 침해당한 사람을 피해자로 보는 것을 말한다.

3) 광의의 개념

광의의 개념은 범죄피해자의 개념을 형법으로부터 도출하는 대신 형법상 의미 있

17) 안황권·김상돈, 범죄피해자학, 백산서당, 2003, 24-25면.

는 충돌이나 갈등 또는 분규를 실마리로 하여 이와 관련된 일정 범위 내에서 피충격자를 피해자로 본다. 이는 분쟁을 형사절차에 따라 해결하는 순간에 발생하는 손해까지도 피해개념에 포함된다고 보는 견해이다. 광의의 개념을 요약하면 직접 법익을 침해당한 피해자뿐만 아니라 그와 밀접한 관련이 있는 자(가족)들까지 피해자로 보는 것을 말한다.

4) 최광의의 개념

최광의로 보는 견해는 피해자의 개념을 최대한 넓게 인정하는 것으로 멘델존(B. Mendelsohn)이 대표적인 제창자라고 볼 수 있다. 그는 1975년 국제피해자학연구회에서의 특별강연을 통하여 피해자는 에너지에 의한 피해자, 산업재해에 의한 피해자, 자연계에 있어서의 피해자도 포함되어야 하고, 나아가 교통사고, 노동계 등에 의한 피해자도 포함된다고 한다. 그리고 그 피해는 누구에 의하여 발생했는가를 묻지 않고 스스로 자초한 피해자도 포함하며 부주의한 운전에 의하여 스스로 발생시킨 자상이나 자살까지도 피해의 하나로 포함하는 것을 말한다.[18] 이를 요약하여 말하면 '범죄피해자'를 '피해자'로 파악하고자 하는 견해로써 범죄뿐만 아니라 범죄와 관련이 없는 자연재해나 사고 등에 의해서 피해를 입은 자까지를 피해자로 보는 견해이다.

3. 범죄피해자의 개념

범죄피해자라 함은 범죄로부터 직접 또는 간접적으로 피해를 입은 당사자를 말하는데, 우리나라의 경우 『범죄피해자구조법 제2조 제1호』에서 정의하는 범죄피해를 받은 자를 말한다.

1) 직접피해를 입은 개인 또는 집단

범죄피해자란 범죄로 인하여 육체적·정신적 상처와 고통, 재산상의 손실을 입거나 기본권을 침해당한 집단을 의미한다.

18) 최인섭 외2인, "범죄피해자 실태조사연구", 한국형사정책연구원, (2006. 12), 42면.

2) 간접적 피해자

간접적 피해자라 함은 일반적으로 피해방지를 위해서 노력하는 과정에서 피해를 당한 사람을 말하는 것으로 UN의 "사법의 기본원칙" 제2조는 "직접피해를 당한 자 뿐만 아니라 그 가족, 피부양자 및 피해자지원 또는 후속적 피해방지를 위해 노력하는 과정에서 피해를 당한 사람도 피해자에 포함된다."고 하여 간접피해자를 인정하고 있다.

제2절 범죄피해자의 유형

1. 헨티히(Hans von Hentig)의 분류

미국에서 망명한 독일의 범죄학자 헨티히(Hans bon Hentig)는 피해자학의 선구자이다. 그는 1948년에 발간한 「범죄자와 그의 피해자」(The Criminal and His Victim)라는 책에서 범죄이중주(The Duet Frame of Crime of Crime)란 가설을 제창하였다. 이 책에서 헨티히는 범죄를 행위자(doer)와 수인자(suffer)의 상호관례로 파악하였다. 피해자가 자신의 행동이나 특성 또는 사회적 지위로 인하여 범죄행위의 원인을 제공하는 경우가 적지 않다는 점[19]에서 피해자를 '행위도발자'로 묘사하였다. 그래서 그는 피해자가 범죄를 유발하는 성향 또는 특성에 따라 피해자를 3가지 범주로 분류하였다.

(1) 일반적 피해자

일반적 피해자란 연소자, 노인, 정신박약자 또는 정신장애자, 이민자, 소수민족, 평균능력 이하자(둔감한 자, 알코올 중독자) 등으로 육체적·정신적 행동특성이나 사회적 지위가 열악하다는 점 때문에 일반적으로 피해자가 될 소지가 큰 피해자를 말한다.

---

19) 예컨대 먼저 공격적인 행위를 함으로써 피해를 유발하는 경우를 말한다.

(2) 심리학적 피해자

심리학적 피해자란 무기력한 자, 의기소침한 자, 탐욕자, 품행이 방정하지 못한 자, 호색가, 고립되어 외로운 자, 실연자, 독선적인 자, 남을 괴롭히기 좋아하는 자, 궁박한 상황에 있는 자 등 심리학적 관점에서 볼 때 피해자가 되기 쉬운 자를 말한다.

(3) 저항하는 피해자

활동적인 피해자(activating victim) 또는 저항하는 피해자란 스스로가 범죄자로 전락하는 피해자를 말한다. 원래 자신에게 피해를 야기하였다고 생각되는 사회제도 등에 반항함으로써 스스로 범죄를 자초하여 범죄자가 되는 경우를 말한다. 즉 이는 2차, 3차 피해현상의 역작용을 범죄라는 형태로 극복하는 피해자를 말한다.

2. 미야자와(宮澤浩一)의 분류

미야자와 교수는 누가 보더라도 불쌍한 피해자 즉 의심할 여지없는 피해자를 일반인은 대체로 동정하는데 이들을 평균적 또는 전형적 피해자라고 하였고, 우발적 범죄에 의한 피해자나 희생자는 모든 사람의 동정을 받는 데, 이를 동정 받는 피해자라 하였으며, 이에 반해 탐욕이나 공격성 등으로 인해 원인을 제공한 피해자를 동정 받지 못하는 피해자라고 하였다.

또 범죄에 직면하여 적극적으로 자신을 방어하는 피해자를 투쟁하는 피해자라 하였고, 범죄상황에 직면했을 때 저항을 포기하고 범죄자의 공격을 받아들이는 피해자를 침묵하는 피해자라고 하였다.

3. 엘렌베르거(Ellenberger)의 분류

외형적으로 특정한 요인 즉 연령, 직업, 정신병적, 사회적, 신체적 상황 등 때문에 피해를 당하는 사람을 일반적(현실적) 피해자라고 하며, 실제적으로는 범죄피해를 당하지 않았지만 자기혐오 경향, 우울증 및 아벨증후군과 같은 특징을 가지고 있어 범죄피해자가 될 가능성이 높은 자를 잠재적 피해자라고 하였다.

4. 멘델존(Benjamin Mendelsohn)의 분류

멘델존은 이스라엘의 변호사로서 흔히 피해자학의 "아버지"라고 부르는데, 그는 피해발생에 대한 피해자의 책임의 정도(피해자의 유책성)에 따라 다음과 같이 여섯 단계로 분류하였다.

영아살해의 피해대상인 영아나 약취유인의 피해대상인 유아같이 아무런 자각이 없이 피해를 입는 자를 전혀 잘못이 없는 피해자라고 하였고, 무지로 낙태를 감행하다가 사망한 임신부와 같이 책임이 매우 적거나 조금 인정되는 피해자를 '책임이 매우 적거나 조금 인정되는 피해자'라 하였으며, 동반자살자, 자발적인 피해자, 살인을 촉탁하거나 승낙한 자, 매춘과 같은 피해자 없는 범죄로 인한 피해자 등을 가해자와 똑같은 정도의 책임이 있는 피해자라 하였고, 화를 돋구어 범죄를 촉발한 피해자와 같은 경우를 가해자보다 더 책임이 있는 피해자라 하였으며, 공격적 피해자나 정당방위의 상대방, 예컨대 침입절도를 시도하다 집주인의 총에 맞은 자와 같은 경우를 '책임이 아주 많은 피해자'라 하였으며, 범죄피해를 가장하고 타인을 무고한자, 피해 망상자·히스테리 발작자·병적거짓말쟁이와 같은 경우를 기만적 또는 상상적 피해자라 하였다.

제3절 범죄피해자의 특성

1. 일반적 특성

미국의 범죄피해자 보호센터(National Center for Victims of Crime; NCVC)의 피해자조사데이터에 의하면 피해자 특징으로는 성별, 연령, 사회적 지위 및 인종이 주목할 만하다.

범죄피해자를 특정 짓는 중요한 요소인 성별에 대한 범죄피해자를 보면 강도나 폭행피해자의 경우 남성이 여성의 약 2배였다.

연령의 경우는 피해자가 될 위험성은 고령자보다 저연령층이 높다. 미국 NCVC에 의하면 피해자가 될 위험성은 10대 후반부터 높아져 25세경에 급격히 감소하는

데 연령과 피해자와의 상관관계는 저연령층 즉 소년들이 가지고 있는 라이프스타일과 관련이 있다고 본다. 예컨대 심야시간까지 외출이나 비행소년과의 교제는 소년들의 비행가능성을 높일 뿐만 아니라 피해를 입을 위험도 그만큼 높아지게 되기 때문이다.

사회적 지위는 부유층보다는 빈곤층에 피해자의 역할이 높음이 밝혀졌다. 미국의 경우 이런 현상은 빈곤층이 주로 소위 슬럼가라고 하는 범죄다발지역에 거주하고 있기 때문인 것으로 생각된다.

다음은 인종의 경우로 흑인은 타인종과 비교하여 폭력범죄의 피해자가 될 위험성이 높다. 예컨대 흑인이 강도피해자가 될 위험성은 백인에 비해 약 두 배가 높다. 또 1987년 미국의 질병관리센터의 조사에 의하면 흑인남성이 살인피해자가 될 위험성은 흑인여성과 비교해 4.8배, 백인남성과는 7.7배, 백인여성과는 21.9배 높았다. 최근 분석에서는 흑인에 대한 범죄는 백인에 대한 범죄에 비해 범죄의 형태나 무기의 사용 등의 점에서 점점 흉악화되는 특징을 가지고 있는 것으로 보고되었다.

영국과 미국의 피해조사에서는 피해자가 되기 쉬운 요소로 남성, 30대 미만, 독신, 야간, 다량의 음주 등으로 나타났다. 또 범죄피해자의 대부분은 동시에 가장범죄자가 되기 쉽다고 지적 받는 요소(남성, 저연령, 빈곤, 유색인종 등)를 함께 가지고 있는 것으로 나타났다.

제4절 사회환경

1. 사회환경의 의의

범죄피해의 원인으로 사회환경 역시 큰 영향을 미치는 것으로 나타났는데, 피해자의 가정환경이나 교우관계 등 개인적 환경은 물론이고 사회상황의 변화도 피해의 발생에 큰 영향을 미친다는 것이며 이는 범죄학에 있어서 범죄가 범죄자의 개인적 환경 외에도 사회환경 및 자연환경의 변화에 의해서 큰 영향을 미치는 것과 마찬가지라고 볼 수 있다.

2. 사회 환경별 범죄피해

오늘날 범죄피해의 주요한 환경으로는 기업범죄피해자, 아동학대피해자, 음주운전피해자, 강간피해자, 기타 피해자를 들 수 있는데 이를 분설(分說)하면 다음과 같다.

1) 기업범죄피해자

오늘날 기업범죄의 피해는 언론에 보도되는 바와 같이 생각보다 광범위하게 이루어지고 있다고 볼 수 있다. 기업범죄의 피해자로는 소비자와 노동자만이 아니라 일반시민도 피해자가 될 수 있다. 예컨대 공공사업의 입찰의 경우 담합에 가담하지 않은 기업이나 사업의 발주처인 중앙정부나 지방자치단체 등의 공공단체도 피해자가 된다. 또 기업범죄의 피해는 재산상의 피해에 그치지 않고 생명과 신체에 대한 중대한 위험을 가져와 자유주의 시장경제제도나 증권제도에의 신뢰에도 치명적인 영향을 입힌다. 이처럼 기업범죄는 광범위하고 중대한 피해를 주기 때문에 최근 기업범죄의 중요성이 인정되어 기업에 대한 엄격한 형법적용 등을 포함한 적절한 대책이 강구되어야 할 것이다.

2) 아동학대 피해자

오늘날 미국의 가정 내 폭력은 큰 사회문제화 되고 있는데 미국에서는 매년 약 150만명의 아이가 양친에게 폭력 등의 학대를 받고 있는 지적이 있다. 특히 미국에서 양친에게 성적학대를 받는 아이의 수는 1976년에는 만명 중 한명 꼴이었는데, 오늘날은 약 만명에 100명의 아이가 부모에게 성적학대를 받고 있다고 한다. 이런 학대경험은 아이가 성장 후에도 마음의 상처로 계속 남아 정신장애를 일으킬 수 있다. 이 때문에 나라마다 아동학대를 금하는 법률의 제정이나 캠페인 활동, 전문가의 부모에 대한 상담 등 여러 가지 아동학대 방지활동이 이루어지고 있다. 이것은 우리나라도 예외는 아니다.

3) 음주운전 피해자

음주운전의 피해자라 함은 음주운전이 원인이 되어 발생한 교통사고피해자를 말하는 것으로, 음주운전피해로 일생동안 장애자가 되어 생활해야 한다든지, 아니면 생명을 잃는 등으로 갈수록 음주운전에 대한 사회의 비난이 고조되고 있다.

미국에서는 음주운전의 피해자나 그 유족들은 「일상적으로 가장 빈번히 일어나는 폭력적 범죄」라 하며 음주운전자에 대한 엄중한 제재와 엄벌을 요구하고 있다.

일본 역시 음주운전 피해자에 대한 보상과 함께 음주운전의 엄중한 제재와 적절한 법적 대응이 이루어지고 있는 추세이다. 음주운전자에 대한 강력한 처벌은 전세계적인 현상으로 한국의 경우에도 경찰에 의한 음주운전단속과 음주운전자에 대한 강력한 처벌을 통해 음주운전을 예방하고자 노력하고 있다.

4) 강간 피해자

강간죄에 대해 이제까지 가해자는 남성, 피해자는 여성으로 한정된다고 생각되어 왔다. 하지만 페미니스트운동의 고양 등으로 여성이 남성에 행하는 강간이나 동성간의 강간도 있을 수 있다는 주장과 함께 유럽 형법의 규정에 새로운 강간형태와 규제형태의 개정작업이 이루어지고 있으며, 영국이나 미국의 많은 주는 부부간의 강간죄 성립을 면제하는 규정이 차례로 폐지되고 있는 추세이다.

5) 매스미디어의 피해자

신문이나 TV 등의 매스미디어의 범죄보도는 증가하고 있다. 그러나 이러한 매스미디어에 대해 범죄보도의 증가는 무죄추정을 받아야 하는 피의자나 피고인을 범죄자로 취급한다든지, 피해자의 허락도 없이 피해자의 실명이나 사진을 크게 보도함으로써 피해자의 인권을 침해하는 경우가 적지 않다. 이 때문에 많은 나라에서 피해자의 인권을 보호하려고 노력하고 있다. 미국의 전미피해자원조기구(NOVA)가 보도윤리조항을 작성, 매스미디어에 대해 한계를 준수하도록 하고 있으며, 일본에서는

1989년에 일어난 「여고생 콘크리트 매장 살인사건」에서 피해자의 실명과 사진이 보도되어 피해자나 가족의 사생활이 크게 침해되었다는 각성과 더불어 피해자나 그 가족의 사생활의 침해를 최소화하려는 노력을 기울이고 있다. 그러나 오늘날에도 언론기관의 자체적인 노력이나 근본적인 개선책이 없이 범죄피해자에 대한 무차별적인 경쟁보도로 법정다툼이 일어나고 있는 실정이다. 한국의 경우에도 범죄보도의 선정성과 경쟁적인 보도로 인하여 범죄피의자 및 범죄피해자의 개인정보와 얼굴사진이 여과 없이 보도되는 경우가 많이 있다.

6) 기타 피해자

이 외에도 ① 정신장애 범죄자의 피해자, ② 고령자학대의 피해자, ③ 집단따돌림의 피해자, ④ 환경범죄의 피해자 등에 대한 실태파악과 적절한 대응의 필요성이 주장되고 있다. 이처럼 새로운 피해자를 연구대상으로 확대하는 경우 요구되는 것은 피해자학의 연구영역이 확대되는 것이 아닌 사회구조의 변화에 새로운 범죄현상이 탄생되는 것이 그 원인이다. 따라서 피해자학의 연구대상은 사회의 변화에 병행하여 이후에도 확대를 계속할 필요가 있다고 생각한다. 더구나 대구지하철 방화사건의 범죄자는 정신장애형 범죄의 대표적인 예라고 할 수 있다. 정신장애 범죄자의 피해자는 범죄자와 개인적 원한이나 특별한 동기 없이 피해를 입는 경우가 많고 방화, 살인의 경우 선량한 많은 시민들이 범죄피해자가 될 수 있다는 점에서 많은 관심과 형사정책적인 연구가 필요하다고 생각한다.

CIRMINAL
VIMTIMS
STUDY

제2편

범죄피해원인론

제1장 범죄피해의 원인

제1절 가해자와 피해자의 상호작용

범죄원인을 임의적으로 해명하는 것이 불가능한 것처럼 피해원인을 명확하게 밝히는 것 또한 어려운 일이 아닐 수 없다. 범죄원인을 규명할 때처럼 범죄피해원인을 찾기 위해서는 개인적인 특성에만 관심을 갖는 것이 아니고 가해자 또는 제3자와의 사회적 상호관계 속에서 문제를 야기시키고 그로 인해 피해자가 발생한다는 여러 요인을 종합적으로 파악해야 한다는 것이다.

범죄는 가해자와 피해자 또는 제3자의 상호작용으로 구성되는 역동적 과정이라고 볼 수 있다. 일반적으로 범죄사건의 일반적 진행과정은 일정한 행위 실행에 대한 범죄자(가해자)의 결의 → 범죄실행 → 피해발생의 순서로 이루어진다. 범죄자의 행위동기가 형성되는 시기, 이유와 과정은 물론 범죄 실행행위의 경과와 피해발생의 직접적·간접적 원인 등 매우 다양한 형태로 나타난다. 예컨대 과실범죄의 경우 발생한 피해는 처음 가해자가 의도한 것과는 전혀 다르게 큰 피해를 초래할 수도 있다.

살인이나 상해와 같은 폭력적 범죄의 일반적 진행과정을 보면 첫 단계는 가해자와 피해자 사이에 언어적 갈등을 야기하는 과정이라고 볼 수 있으며, 두 번째 단계는 위협이나 회피행위가 중심이 되는데 이때 상황을 중재하려는 제3자의 노력이 있을 수 있다. 세 번째 단계에서는 물리적인 공격이나 충돌이 일어나는데, 이 과정에

서 피해자의 공격적 행동과 가해자의 공격적 행동이 상호 보복적으로 반복되면서 갈등을 고조시킨다.[1)]

이와 같은 일련의 과정 속에서 가장 핵심적인 역할을 수행한 대상을 가해자라고 볼 수 있다. 그러나 대부분의 사건의 경우 가해자의 일방적 행위에 의하여 피해자의 피해가 발생하는 것은 아니며, 어디까지나 가해자와 피해자 또는 제3자 사이의 상호작용을 통하여 이루어진다고 볼 수 있으며 가해자의 행위는 피해자의 반응에 따라 달라질 수도 있다.

경우에 따라서는 가해자보다 오히려 피해자가 주도적 역할을 수행하기도 한다. 예컨대 가해자와 피해자는 사건이 일어나기 전부터 일정한 인과관계를 맺어 전에도 가끔 다투고 있는 경우로 폭력을 행사해 온 부부 사이 또는 채무불이행자와 채권자사이에 다툼이 있는 경우라든가 취기를 이용하여 평소의 불만을 야기하며 언쟁하는 과정에서 도발적 모욕적인 언사를 주고받다가 격분하여 범행을 저지르는 것 등이라고 볼 수 있다.

종래의 피해원인론은 범죄원인에 관한 이론을 응용하거나 피해자학적 관점에서 수정하여 전개되어 왔다. 피해원인론도 결국 범죄사건을 전제로 하여 사건의 일방 당사자인 피해자가 그 피해를 당하게 된 원인을 해명하려는 것이므로 범죄원인론의 영향을 받을 수밖에 없기 때문이다.

제2절 피해자의 개인적 또는 환경적 요인

1. 개관

앞에서 언급한 바와 같이 범죄원인과 마찬가지로 피해원인도 개인적 원인과 환경적 원인으로 분류하여 논하는 것이 가능하다. 피해자의 육체적·정신적 특성이나 사회적 지위 등 개인적 요인과 가정환경·교우관계 또는 사회상황의 변화가 모두 피해자화에 영향을 미칠 수 있다.

그러나 특정한 소질 또는 환경적 요인에 의해 획일적으로 피해원인을 설명할 수는 없다. 범죄사건은 피해자의 일방적 작용으로 인해 발생하는 것이 아니기 때문이다. 피해자는 오히려 범죄사건의 소극적 당사자일 뿐이다. 경우에 따라서 피해자는

---

1) 박순진, "범죄자와 피해자의 상호작용에 관한 연구", 1999.6. 44면.

단지 가해자가 범죄를 범하려고 할 때 우연히 그곳에 있었던 것일 수도 있다. 가령 과학적 방법에 의해 실시된 피해실태조사를 통해 전체 범죄피해자 중 남성이 차지하는 비율이 여성보다 높다는 사실이 증명되었다 할지라도 그것은 오직 일반적으로 남성이 여성에 비해 특정한 범죄의 피해자가 될 가능성이 높다는 것을 나타낼 뿐이다. 따라서 어떤 이가 범죄피해를 당한 원인을 해명하기 위해서는 그 사람의 소질이나 그를 둘러싼 환경을 분석하는 것만으로는 부족하다. 가해자와 제3자의 상황을 포함하여 범죄사건과 관련된 제반 요인을 종합적으로 고려해야만 한다.

2. 개인적 요인

범죄피해자가 되기 쉬운 개인적 특성은 이를 생물학적 측면과 정신심리적 측면 및 사회경제적 측면에서 각각 정리해 볼 수 있을 것이다. 먼저 생물학적 특성을 파악하기 위한 인자로는 성별·연령·체격과 체력 또는 외모 등을 상정할 수 있다. 정신심리적 특성은 정신장애·성격이상·지능박약·알코올 또는 약물중독의 여부 및 자기생활에 대한 만족 등을 기준으로 추론할 수 있으며, 사회경제적 특성을 파악하기 위한 지표로는 직업·직위·경제적 능력 및 사회적 지위 등을 들 수 있다.

3. 환경적 요인

범죄피해를 당하기 쉬운 환경적 요인도 역시 자연환경, 개인환경 및 사회환경 등으로 나누어 볼 수 있을 것이다. 시간·장소·날씨 또는 계절 등 자연환경적 조건은 범죄행위에 영향을 미치는 것과 마찬가지로 피해발생에도 영향을 미친다. 개인환경적 요인 속에는 가정·학교·직장·거주지와 출퇴근 또는 통학의 방법 및 경로 등이 포함될 수 있으며 사회환경적 요인 속에는 경기변동·정치상황·매스컴의 보도태도 등이 포함된다.

제3절 피해자중심이론

범죄피해자에 대한 관심은 예방 의학적 측면에서 비롯되어 범죄피해는 가해자-피해자 사이의 상호작용에서 발생한다는 인식하에서 다음의 5가지 개념을 기반으로 하여 피해자 중심이론이 전개되고 있다.

1. 근접성과 동일집단

범죄가 빈번히 발생하는 지역에서 생활하는 사람들이 범죄피해의 가능성이 높다는 것이다. 이러한 근접성에 기초한 이론은 동일집단이론으로 구체화되었다. 근접성이론이 가해자-피해자간에 물리적 거리에만 초점을 맞춘 것이라면 동일집단 이론은 물리적 거리뿐만 아니라 가해자와 피해자 간의 밀접한 상호작용 속에서 범죄가 발생한다는 점을 강조하고 있다.[2)]

2. 노출(exposure)

노출(exposure)이란 범죄에 대한 취약성을 말하는 것으로 가해자가 쉽게 범죄를 저지를 가능성을 말한다. 예컨대 야간에 위험지역을 돌아다니는 사람의 피해가능성이 높은 것은 피해자가 그만큼 범죄에 노출되었기 때문이다. 어떤 노출과 취약성에 기초한 이론은 일상생활 노출이론과 생활양식 노출이론으로 발전되었는데 이를 살펴보면 다음과 같다.

1) 생활유형 노출이론(Lifestyle Exposure Theory)

생활유형 노출이론은 범죄피해자들이 가진 독특한 생활태도와 방식 때문에 다른 사람들보다 더 범죄피해를 본다는 주장으로, 환언하면 생활양식의 차이가 범죄피해

---

2) 이성호 외 2인, 전게서, 67면.

의 위험에 처해질 상황을 결정한다는 것이다. 즉 범죄피해 가능성은 범죄자와의 접촉 및 범죄에의 노출이라는 두 가지 변수에 의해 결정된다고 보고 개개인의 생활양식으로 인해 접촉과 노출의 기회가 많을수록 범죄피해를 당할 가능성도 높아진다고 보는 것이다.

여기서 말하는 생활유형에는 일상적인 여가시간과 가정, 학교, 직장 등에서의 직업활동이 포함된다. 생활유형은 또한 성별·연령·결혼상태·수입·인종을 비롯한 개인적 특성 또는 시간과 장소에 따라 달라지며 생활유형에 따른 범죄 피해의 종류와 정도에도 차이가 있다. 이 주장에 따르면 소수인종의 젊은 남성의 범죄피해율이 높은 이유는 범죄를 저지를 수 있는 동종의 젊은이와 더 많이 접촉하기 때문이라고 한다.

생활유형의 노출이론을 요약정리하면 생활유형 노출이론은 성별이나 소득수준의 차이가 그 사람의 생활유형의 차이를 가져오고 이것이 위험성에의 차이를 초래하여 결국 범죄피해위험성의 차이로 이어지게 된다는 것이다. 이처럼 생활유의 차이가 피해가능성에 영향을 미치는 것은 생활유형의 차이는 특정한 시간과 장소 및 특정한 상황 하에서 특정 유형의 사람과 상호작용할 위험성도 다르기 때문이라는 것이다.[3)]

2) 일상활동이론(Routine Activity Theory)

일상활동이론은 Cohen과 Felson이 발전시킨 이론으로 범죄피해현상을 설명하는데 가장 보편적이라고 볼 수 있는 이 이론은 '생활양식 노출이론'을 보다 발전시킨 이론이라고 볼 수 있다. 이 이론은 앞에서 언급한 두 학자들의 견해에 따르면 첫째 동기가 부연된 범법자, 둘째 적절한 표적, 셋째 보호능력의 부재라는 세 가지 요건이 모두 충족되어야만 범죄가 발생할 수 있다는 전제로부터 출발한다.[4)]

이 조건들은 당연히 피해발생의 가능성을 결정짓는 요인이기도 한데, 이것들은 개인의 일상적인 활동양식에 따라 좌우된다고 한다. 예컨대 개인의 일상 활동, 즉 집단 또는 개인의 기본적 욕구를 충족시키기 위한 활동양식에 따라 범죄피해의 가능성이 달라진다는 것이다.

일상 활동은 가정 내에서 일어나는 경우와 가정 밖에서 일어나는 경우로 나누어

---

3) Meithe & Meier, *op. cit.*, pp. 34~36.
4) Cohen & Felson, *op. cit.*, p. 589.

볼 수 있다. 사회변화는 가정 내에서 일어나는 일상 활동과 가정 밖에서 일어나는 일상 활동의 빈도에 변화를 초래한다. 시민들의 사전주의 조치의 강화는 잠재적 범죄표적에의 접근성을 줄이기 때문에 장기적으로는 범죄율을 낮출 수 있으며, 이와 반대로, 현대사회의 다양한 일상 활동의 변화에 따른 여가활동의 증가와 그로 인한 가정생활의 축소 그리고 독신생활자 증대에 따른 매력적인 범죄표적의 제공을 증가시키는 반면, 보호능력의 수준을 낮추기 때문에 결과적으로 범죄피해를 증대시키게 된다.

일상활동이론을 요약정리하면 피해자가 높은 가시성(visibility), 접근성(accessibility), 그리고 매력성(attractiveness) 등 높은 표적적합성(target suitability)을 가지고 있으나, 보호능력(guardianship)은 낮을 때 약탈범죄의 위험성이 가장 높다고 예측할 수 있다는 것이다.[5)]

3) 표적의 유인성

유인성이란 범죄가해자가 범죄대상자를 물색할 때 결과로 얻을 수 있는 이득이 높은 정도를 말한다. 예컨대 고가의 보석목걸이를 하고 다니거나 고액의 현금소지를 하고 있는 사람이 절도나 강도의 피해자가 될 가능성이 높은 것 역시 가해자 입장에서 보면 그만큼 범죄의 성공으로 인해 얻는 심리적 만족이 커서 범행을 감행할 가능성이 높기 때문에 그러한 대상은 매력적이 될 수 있다는 것이다. 구조적 선택모형에 의하면, 범죄표적을 선택할 때 중요한 것은 표적과 관련된 상이한 가치(differential value)와 주관적 유용성(subjective utility)이라고 한다. 여기서 표적의 매력성은 고가이거나 이동이 용이한 재화의 소지 여부, 공공장소에서의 보석패용 여부, 사회경제적 지위나 가족의 소득 등을 활용하여 측정하고 있으나[6)], 지금까지의 연구결과는 일치된 결과를 내놓지 못하고 있다.

4) 보호의 능력(Capable guardianship)

보호의 능력이란 범죄피해의 대상이 될 수 있는 사람이나 물품에 대한 범죄의

5) 이윤호, 전게서, 45면.
6) Miethe and Mierer, *op. cit.*

발생을 미연에 방지하기 위한 보호나 방어의 능력이라고 할 수 있는데, 이는 사회적인 능력과 물리적 능력으로 나누어 볼 수 있다. 사회적 보호능력이란 가족구성원, 이웃주민과의 친분 또는 협조 등으로 보호받을 수 있는 가능성을 말한다. 예컨대 혼자 사는 사람이 여러 명의 가족과 함께 사는 사람보다 피해가능성이 높은 것을 말한다. 물리적 보호능력이란 방범시설이 잘 갖추어진 집이나 동네에 사는 사람이 그렇지 않은 경우보다 범죄피해가 적다는 것이다. 예를 들면 경비가 있는 아파트가 경비가 없는 연립주택보다 그리고 CCTV 등 방범장비가 설치된 집이 설치되지 않은 집보다 절도피해율이 낮은 것은 범죄에 대한 보호능력이 높기 때문인 것이라고 할 수 있다.

5) 합리적 선택이론

유인성이론이나 보호능력이론이 좀더 발전하여 합리적 선택이론이 발생하였는데, 합리적 선택이론이란 가해자와 피해자 모두를 고려한 이론이다. 즉 가해자가 피해자를 선정하는데 있어서 되는대로 아무나 선택하는 것이 아니라 범죄의 성공가능성이 높다고 기대되는 보상이 높은 사람을 표적으로 삼는다. 피해자의 일상생활이나 보호능력을 포함하여 유인성이 높으면 높을수록 범죄대상으로 선택될 가능성이 높다는 이론이다.

3. 상호작용이론

범죄피해란 일반적으로 가해자인 범죄자와 범죄로부터 피해를 당한 피해자와의 상호작용, 대학 진학률 증가, 여성의 사회참여 기회의 증가, 도시화, 여가활동과 각종 생활 편의시설의 확대 등은 가정 밖에서의 활동기회를 증대시킴으로써 개인이 범죄로부터 피해를 입을 확률이 높다는 것이다. 이에 반해 시민들의 사전주의 조치의 강화는 잠재적 범죄표적에의 접근성을 줄이기 때문에 장기적으로는 범죄율을 낮출 수 있는 것이다.

제4절 범죄피해의 환경적 원인

범죄피해를 당하기 쉬운 환경적 요인도 역시 개인환경, 사회적 환경 및 자연환경 등으로 나누어 볼 수 있는데, 개인 환경은 가정·학교·직업 등의 요인인데, 이는 범죄의 개인적 원인에서 고찰한 바 있으므로 환경적 원인에서는 주로 사회적 환경으로서 경기변동 정치상황, 매스컴의 문제, 기타 사회제도의 문화적 요소 등이 포함 될 것이다. 또한 시간·장소·날씨·계절 등의 자연환경적 요소는 범죄학에서 범죄가 발생하는 요인과 마찬지로 범죄피해가 발생한 요인으로서 중요한 변수가 될 것이다.

1. 부문화이론

부문화란 "각 사회에 있어서 그 사회의 일반적 문화체계와는 구별되는 문화속의 문화"를 말한다. 볼프강(Wolfgang)은 특정지역이나 특정집단에는 그 사회적 지배문화에서는 강조되지 않는 폭력 또는 유사한 다른 행위를 사용하는 것이 오히려 권장되는 하위문화적 가치체계가 있다는 가정을 제시하고 있다. 싱거(Singer)는 피해자와 범죄자의 역할 간에는 양자택일을 할 가능성이 높아진다는 부문화 즉 하위문화적 규범특성 때문에 이러한 사회에서는 때로는 범죄자가 되기도 하고 때로는 피해자가 되기도 한다고 주장하였다.

2. 사회해체이론

사회는 여러 기능들이 복합적으로 모여서 하나의 체계적 구조를 가지고 있는데 이중 하나의 기능이 붕괴되거나 변화될 때 다른 분야로의 상호 연쇄작용이 일어나는데 사회해체란 바로 이러한 부분간의 상호작용이 결여되거나 잘못 적용된 상태를 말한다. 사회해체란 사회변동, 이민증대, 계층 간의 갈등, 윤리의식의 저하 등으로 종래 사회구조가 붕괴됨에 따라 현존 사회적 행동기준보다는 반사회적 태도와 행위가 일반화하게 되는 상태를 말한다.

사회심리학자인 쿨리(Cooley)와 토마스(Thomas)는 이러한 사회의 각 제도가 조직화되지 못하고 분화·해체됨으로써 각각 달리 움직일 때 사회구성원들의 가치관, 태도도 분열되고 기능장애를 갖게 되어 각종 사회문제를 일으키게 되는데, 그 중의 하나가 바로 범죄문제라고 하였다. 예컨대, 가정불화는 사회해체에 영향을 받아 가정역시 해체됨으로써 가족구성원의 비행가능성이 커지고 아버지의 콤플렉스, 실직상태, 경제력저하, 가난, 좌절감 등이 가정폭력, 아동학대 등을 초래하게 되며 사회적 붕괴와 사회적 관계의 파멸이 곧 범죄피해를 증가하는데 기여한다는 주장이다.

3. 분화적 접촉이론

범죄는 학습에 의해서 발생한다는 이론이 분화적 접촉이론이다. 이 이론의 핵심은 즉 빈도, 기간, 순위, 강도에 의해 그 접촉의 정도가 다양해지고 얼마나 자주 만나며 오랫동안 접촉했는가에 따라 학습의 정도에 차이가 있게 되는데, 이러한 학습의 양과 질에 따라 범죄의 빈도가 결정된다는 이론이다. 즉 접촉을 통한 학습의 내용은 범죄기법을 포함하여 범죄에 대한 동기, 욕망, 합리화, 범죄행동에 대한 합리적·긍정적 해석의 습득 등이다. 이러한 서덜랜드(Sutherland)의 분화적 접촉이론을 피해자학적 관점에서 보면 다음과 같다.

폭력적인 남편의 대부분은 과거 어린 시절 자기 자신도 부모에 학대당했거나 아니면 적어도 그들의 부모가 구타하거나 당하는 것을 보고 자학했다는 것이다. 즉 부모들이 싸우는 것을 보고 자란 아이들이 부모들의 싸움을 한 번도 못 본 아이들에 비해 훗날 자기 자신의 배우자들과 싸움하는 일이 훨씬 많다는 것을 입증하고 있다. 역시 아내를 때리는 남편은 어린 시절에 매를 맞으며 자란 사람이라고 한다. 결국 폭력이 한세대에서 다음 세대로 이어져 하나의 규범처럼 되어버리고 만다. 피해자 역시 피할 수 없는 여건에서 살아가면서 피해당하는 행위 그 자체를 학습을 통해 서서히 수용해나간다는 관점에 주목해야 한다.

4. 근접성 이론

범죄자는 자신과 비슷한 배경이나 환경의 피해자를 선전하는 경향이 있다는 이론이다. 따라서 이는 피해자의 행동이나 생활양식보다도 오히려 지역적 근접성 때문에 범죄자와의 접촉기회가 높아지며 그로 인해 범죄피해가 발생할 가능성이 높아진다는 것이다. 또한 피해자는 범죄를 촉발하는 것만이 아니라 잘못된 장소와 시간에

와 있다는 점이 더욱 범죄피해 가능성을 증대시킨다는 점이다. 미테(Miethe)와 마이어(Meier)에 의하면 범죄피해의 가능성은 어떻게 사느냐보다는 어디에 사느냐에 더 의존한다는 점에서 범죄수준을 결정짓는 지역적 특성을 중요한 요소로 꼽았다. 이렇게 본다면 범죄는 일반적으로 비행지역에서 발생할 가능성이 높은데 그 이유는 이들 지역에 동기화된 범죄자가 많이 상주하기 때문이라고 한다. 이러한 비행지역으로는 우범지역, 유흥업소와 상가밀집지역, 불량배들이 자주 눈에 띄는 지역들을 들 수 있다. 근접성이론은 시카고 지역에서 비행자들의 거주 지역을 조사 연구한 쇼우와 멕케이(Shaw & Mckay)의 문화전달이론과 밀러(Miller)의 하층계급문화이론 등과 근원적인 연관성이 있다고 본다.

5. 동일집단이론

범죄자와 피해자는 실질적으로 유사한 특성을 가진 동일한 성격집단이라는 이론이다. 즉 범죄자의 생활양식은 곧 범죄피해자가 될 수 있는 위험을 가지고 있다는 것이다. 예컨대 맥더못(Mcdermott)은 학교범죄에서 피해학생들은 자신들의 위신을 회복하기 위해 또다른 피해학생들에 대해 범죄를 통한 새로운 피해를 줌으로써 자기 자신은 범죄자이면서 동시에 피해자라는 점을 밝혔다. '싱거(Singer)는 필라델피아 인구통계를 이용한 자료를 통해 폭행피해자 대부분이 폭행범죄자임을 발견했다. 또 다른 학자들의 연구는 강도, 폭행 범죄피해자에서 개인적 피해와 범죄피해행위와의 상관관계가 높다는 것을 밝혔다.

제5절 피해자화 원인론

피해자화 원인에 관한 보다 의미 깊은 연구는 1970년대 이후부터 본격적으로 전개되었다. 이 시기 피해자화에 관한 연구들은 머튼(R. Merton)의 아노미이론, 시카고학파의 구조기능주의 이론과 생태학이론, 이를 발전시킨 클로워드(Cloward)와 올린(Ohlin)의 기회이론 등 미국 범죄사회학파의 범죄학이론으로부터 크게 영향 받았다.

1. 가해자-피해자 상호작용이론
(Victim-Offender interaction Theory)

1) 피해자 유발·촉진이론
(Victim Provocation·Precipitation Theory)

(1) 정의

정의를 언급하기 전에 먼저 유발과 촉진의 차이를 알 필요가 있다고 본다. 먼저 피해자촉진의 행위적 개념은 범죄피해의 병리를 설명하기 위한 시도로서 사회과학자들에 의하여 이용되고 있다. 법률적인 입장에서 피해자 유발이 있었는지 여부를 결정하는 주요 범주는 피의자의 마음의 상태와 가해자의 자기통제의 상실이라고 할 수 있다. 피해자학의 관점에서 피해자촉진을 결정하는 유일한 범주는 피해자의 행위가 범죄의 직접적이고 적극적인 촉진제였는지 여부라고 할 수 있다. 피해자유발과 촉진의 두 개념이 분명하게 구분되는 것은 다수의 피해자 행위유형이 유발의 법률적 규정에는 적합할 수 있으나 촉진의 행위적 규정에는 적합하지 않거나 그 반대의 경우가 있다는 사실로서 입증되고 있다. 또한 촉진이나 유발 어디에도 해당되지 않는 행위도 있을 수 있다. 예컨대, 상호 말다툼 같은 것은 법률적으로 충분한 유발도 아니고 그렇다고 피해자 촉진살인에 대한 기존의 해석에도 포함되지 않는 것이다.[7)]

(2) 학자들의 견해

이 이론을 주장하는 학자들은 살인 뿐 아니라 폭행, 강도, 강간 등의 경우에도 이 이론을 적용할 수 있다고 한다. 블랙(Donald Black)은 폭력범죄의 가해자와 피해자는 아는 사람들 사이에 존재하는 상황적 조건 때문에 발생하는 예가 많은데 이때 피해자가 스스로 피해를 촉발한 것으로 판단되는 사례도 상당수 존재한다고 하였다.[8)] 그 밖에 600건의 강간사건을 분석한 아미어(Menschim Amir)도 강간사건의 19% 정도는 피해자촉진이론에 의해 설명 가능하다고 주장했다.[9)] 그가 말하는

---

7) 이윤호, 전게서, 80면.
8) Black Donald Crime as Docial control, American Sociological Review 83(1983), 1087~1111aus 참조.

피해자촉진을 실제로 피해자가 성적관계에 동의했으나 실제 행동전에 철회하거나 가해자가 제안했을 때 완강하게 반항하지 않은 경우였다고 한다. 특히 성적인 관계를 바라는 것처럼 보일 수 있는 언어나 몸짓을 할 때 피해자인 여성의 성적관심으로 인하여 피해를 자초하는 상황이라고 한다9).

(3) 비판

그러나 '촉진'이라는 개념을 어떻게 이해하는가에 따라 이 이론의 결론은 크게 달라질 수 있다. 첫째, 범죄행동은 피해자의 행위로 설명될 수 있다는 가정이나, 아무런 범죄행위가 일어나지 않은 상황에서도 '촉진'으로 파악되는 요인 등이 나타날 수 있다는 것이다. 예컨대, 만취한 상태로 귀가하거나 장시간 밤늦은 시간이나 인적이 드문 산을 산행하는 여성의 경우 범죄피해를 당하지 않을 수 있는 것처럼 '촉진' 그 자체만으로는 범죄행위를 일으키는데 충분하지 않을 수 있다는 것이다. 둘째, 피해자촉진은 다만 피해자가 신호를 보낼 때만 가해자가 행동을 시작한다고 가정하고 있으나 이는 많은 범죄자가 사전에 미리 계획하며, 단순히 다른 사람의 행위에 반응하는 것이라는 것은 아니라는 점을 간과하고 있다. 셋째, 피해자의 행위가 범행을 일으키는 필요충분조건이라는 가정은 잘못된 가정이라는 것이다. 오히려 그 반대의 경우도 많으며, 실제로 다수의 많은 범죄자들이 피해자의 행동 여하에 상관없이 범행하는 경우도 많다는 것이다.

끝으로, 피해자의 의사도 피해사건으로 판단 또는 평가할 수 있다고 가정하고 있다.

2) 상황적 전이이론(Situated Transaction Theory)

범죄는 가해자와 피해자 사이에 형성되는 상황의 변화에 따라 발생한다는 주장이다. 즉 서로 아는 사람끼리 갈등이 발생하고 그 갈등을 조정하려는 노력이 실패하는 경우에 살인으로 발전한다는 것이다.

럭켄빌(David Luckenbill)은 살인사건에 이르는 상황의 변화를 다음의 6단계로 나누어 설명하였다. "첫 단계에서는 피해자가 가해자를 비난 또는 모욕하거나 그 의견에 반대하는 등 공격적인 것으로 해석될 수 있는 행동을 취한다. 두 번째 단계

9) M. Amir, Patterns in Forcible Rape, Chicago: University of Chicago Press, 1971, pp. 265~266.

에서는 가해자가 이를 도발로 받아들이고 세 번째 단계에서는 가해자가 자신의 체면이나 명예를 살리기 위한 행동을 취한다. 이 때 피해자에 대해 폭력 사용을 하지 않을 것 같은 분위기가 조성된다. 네 번째 단계에서는 피해자도 폭력사태를 피하기 어렵다고 인식하고 과격하게 반응하게 된다. 이때는 제3자도 가해자와 피해자의 갈등이 폭력사태로 진전될 것으로 인식하고 중재를 시도하거나, 방관하거나, 야유 또는 선동을 통해 폭력적인 반응을 촉진시킬 수도 있다. 다섯 번째 단계에서는 가해자와 피해자 사이에 물리적 폭력이 시작된다. 여섯번째 단계에서는 구체적인 피해가 발생하고 가해자가 도망치거나 사법당국에 의해 체포됨으로써 사건이 종결된다. 럭켄빌은 계획적인 살인을 제외한 대부분의 살인사건이 이와 같은 단계를 거쳐 발생한다고 주장하였다."[10]

이 이론도 역시 살인이라는 특수한 형태의 범죄유형을 중심으로 한 것이므로 범죄피해현상 일반을 설명하기는 어렵다고 본다.

2. 범죄기회이론(Opportunity Theory)

1) 개관

범죄기회이론은 본래 모든 범죄는 동기화된 범죄자의 의지보다는 범죄를 범할 기회가 주어질 때에 발생한다는 이론이다. 즉 행위자가 원하는 문화적 목표를 달성할 정당한 수단을 갖지 못한 상황에서 정당하지 못한 수단으로 그 목표를 달성할 기회가 주어지는 때에 범죄가 발생한다는 것이다.[11]

2) 생활양식 노출이론(Lifestyle Exposure Theory)

생활양식 노출이론은 범죄피해자들이 가진 독특한 생활태도와 방식 때문에 다른 사람들보다 더 범죄피해를 본다는 주장이다. 환언하면 생활유형의 차이가 범죄피해의 위험해 처해질 상황을 결정한다는 것이다. 즉 범죄피해 가능성은 범죄자와의 접

---

10) 박순진, 범죄자와 피해자의 상호작용에 관한 연구(전주1), 43면: 장준오, 세계범죄피해조사(전주3), 60면 이하.

11) Amir, Menachim Patterns of ForcibleRape, University of Chicage Press, 1971 : 장준오, 세계범죄피해조사(前註3), 60면에서 재인용.

촉 및 범죄에의 노출이라는 두 가지 변수에 의해 결정된다고 보고, 개개인의 생활양식으로 인해 접촉과 노출의 기회가 많을수록 범죄피해를 당한 가능성도 높아진다고 보는 것이다.

여기서 말하는 생활유형에는 일상적인 여가시간과 가정, 학교, 직장 등에서의 직업활동이 포함된다. 생활유형은 또한 성별·연령·결혼상태·수입·인종을 비롯한 개인적 특성 또는 시간과 장소에 따라 달라지며, 생활양식에 따른 범죄 피해의 종류와 정도에도 차이가 있다. 이 주장에 따르면 소수인종의 젊은 남성의 범죄피해율이 높은 이유는 범죄를 저지를 수 있는 동종의 젊은이와 더 많이 접촉하기 때문이라는 것이다.[12)]

3) 일상생활이론(Routine Activity Theory)

범죄피해현상을 설명하는데 가장 보편적이라고 볼 수 있는 이 이론은 '생활양식 노출이론'을 보다 발전시킨 이론이라고 볼 수 있다. 이 이론은 첫째 범죄를 범하려는 의지를 가지고 있으며 그 의지를 실천할 능력을 가진 범죄자의 존재, 둘째 적절한 범행대상의 존재, 셋째 범죄 실행을 억제할 수 있는 장치(예컨대 감시인 또는 보안시설)의 부존재라는 세 가지 요건이 모두 충족되어야만 범죄가 발생할 수 있다는 전제로부터 출발한다.

이 조건들은 당연히 피해발생의 가능성을 결정짓는 요인이기도 한데 이것들은 개인의 일상적인 활동양식에 따라 좌우된다고 한다. 요컨대, 개인의 일상활동, 즉 집단 또는 개인의 기본적 욕구를 충족시키기 위한 활동양식에 따라 범죄피해의 가능성이 달라진다는 것이다. 개인의 일상적인 활동에 따라 그 자신 또는 범행대상인 물건이 당해 범죄가 발생한 시간에 그 곳에 있었던 것이기 때문이다.

일상활동은 가정 내에서 일어나는 경우와 가정 밖에서 일어나는 경우로 나누어 볼 수 있다. 사회변화는 가정 내에서 일어나는 일상활동과 가정 밖에서 일어나는 일상활동의 빈도에 변화를 초래한다. 예컨대 대학 진학률 증가, 여성의 사회참여 기회의 증가, 도시화, 여가활동과 각종 생활 편의시설의 확대 등은 가정 밖에서의 활동기회를 증대시킴으로써 개인이 범죄피해에 노출될 가능성을 높인다고 한다.[13)]

---

12) 장준오, 세계범죄피해조사(전주3), 56면 이하.
13) 박순진·최연신, 한국의 범죄피해에 대한 조사 연구(III)(전주 10), 32면: 장준오, 세계범죄피해조사(전주3), 57면.

4) 구조적선택이론(Structural Choice Theory)

전술한 바와 같이 개인의 일상활동에 따라 특정한 범죄를 범하거나 그로 인해 피해를 당할 가능성(기회)이 창출되는데 범죄자는 그러한 복수의 범행기회 중 어느 것을 선택하여 실행에 옮긴다는 주장이다.

미테(Terance D. Miethe)와 마이어(Robert F. Meier))는 구조적 선택을 설명하기 위한 두 개의 명제를 제시하였다. 첫째, 일상생활을 영위하는 과정에서 잠재적 가해자와 피해자가 접촉함으로써 범죄의 기회가 창출된다. 둘째, 범행대상(사람이든 물건이든)에 대한 관여자의 주관적 평가와 보호장치(감시인 또는 보호설비)의 수준에 따라 범행대상이 결정된다. 이 결정(선택)은 그 행위에 대한 보상과 그것에 수반하는 위험성의 정도에 따라 결정된다.[14)]

14) 장준오, 세계범죄피해조사(전주 3), 58면 이하.

CIRMINA
VIMTIMS
STUDY

제2장 피해원인론의 한계

독일에서는 제2차 세계대전을 전후하여 전쟁으로 인한 혼란기를 상징하는 범죄가 특별히 증가했다고 한다. 당연히 피해자도 증가했을 것이다. 사행심이 지나친 사람이나 공격적 성향을 가진 사람은 그렇지 않은 사람보다 범죄 피해자가 되기 쉽다는 사실도 상식적으로 추론 가능하다. 이처럼 개인의 소질과 환경이 범죄피해의 원인이 될 수 있다는 점에 관한 한 이론의 여지가 없다. 그러나 어떤 개인적 특성 또는 환경적 요인이 어떤 종류의 피해를 유발한다는 일의적 결론을 내리는 것은 불가능하다. 범죄란 가해자와 피해자의 상호작용을 통해 발생하는 사회적 현상이며 개인의 소질이나 환경은 그들의 상호작용과 결과에 영향을 미치는 수많은 변수 중 하나일 뿐이기 때문이다.

사회학적 범죄이론을 응용하여 피해자화 현상을 설명하려는 학자들은 예외 없이 일탈과 그로 인한 피해는 가해자와 피해자 사이의 상호작용을 통해 발생한다는 것을 전제로 그들의 개인적·환경적 특성을 종합적으로 고려해야 한다고 주장한다. 앞에서 설명한 이론들은 가해자와 피해자의 상호작용에 영향을 미치는 여러 요소 중 어느 것을 강조하는가에 따라 구별할 수 있지만, 잠재적 피해자의 생활양식 또는 활동방식에 따라 범죄피해를 당할 가능성이 좌우된다고 주장하는 점은 일치한다. 그러나 그 중 어떤 이론도 범죄피해의 원인을 완전하게 설명할 수는 없다.

피해자학의 궁극 목표는 피해자화 원인에 관한 이론적 해명이 아니라 피해자화 방지 및 피해자 보호대책을 탐구하는 데 있다. 이를 위해서는 피해발생의 일반적 원인을 찾아내고자 노력하기보다 범죄유형별로 피해의 현황, 피해자 특성 및 욕구

(needs) 등에 관한 실증적 자료를 수집·분석하고 그 결과에 따라 구체적 대응책을 마련하는 것이 더욱 효과적일 것이다.

CIRMINAL
VIMTIMS
STUDY

제3편
범죄피해자의 유형 및 범죄피해자의 특성

CIRMINA VIMTIMS STUDY

제1장 범죄피해자의 유형

제1절 생래적 범죄피해자(Born Victim)

생래적 범죄피해자란 '선천적으로 범죄피해자로 태어난다' 고 주장하는 학설로 헨티히(Von Hentig)는 생래적 범죄자가 있다면 생래적 피해자도 있음이 분명하다고 주장하였으며, 엘렌버거(Ellenberger)는 범죄피해자가 타고난 무의식인 성향과 소질로 인하여 범죄자를 유인하는 생래적 피해자로 간주될 수 있는 피해자가 많을 것이라고 주장하였다.[1)]

그러나 이 생래적 범죄피해자는 생래적 범죄자와 마찬가지로 받아들이지 않고 있으며, 이 생래적 피해자의 개념은 피해자화에 대한 소인, 경향, 성향, 취약성과 같은 다른 확률적 개념으로 대체되고 있다

1) H. Ellenberger "Psychological relationship between criminal and victim",archives of Criminal Psychodynamics, 1995, 2:257~291 p. 277.

제2절 문화적 유형(Cultural Types)

1. 이상적 피해자(The ideal Victim)

이상적 피해자란 피해자 자신을 가장 피해자라고 인식하는 사람도 아니며 그렇다고 가장 많이 피해를 당하거나 피해자가 될 위험성이 가장 많은 사람을 뜻하는 것도 아닌 경우를 말하는 것으로, 범죄에 직면했을 때 가장 쉽게 피해자가 될 완전하고 정당한 위치가 되는 사람을 말한다. 예컨대 부상당한 사람을 어깨에 부축하고 한 낮에 길을 가던 노파가 덩치 큰 청년한테 머리를 가격당하고 핸드백을 날치기 당했다고 할 때 피해를 당한 노파와 같은 경우를 말한다. 이 경우 노파는 늙어서 약할 뿐만 아니라 부상당한 사람을 부축하고 있어서 손을 쓸 수가 없고, 한낮에 길을 걷는다고 비난 받을 일도 아니며 건장한 젊은 청년으로 그가 누구인지 알려지지 않았고 피해자와 아무런 관계가 없다는 점에서 이상적 피해자의 유형에 속한다는 것이다. 이상적 피해자의 반대는 한 청년이 술집에서 술을 먹다가 지인한테 머리를 맞고 돈을 뺏기는 경우라고 할 수 있다.[2)]

그런데 이상적 피해자는 이상적 범법자를 필요로 한다고 한다. 즉 이상적 피해자와 이상적 범법자는 상호의존적이라고 한다. 그러나 이상적 피해자가 실제 피해자(real victim)의 수와 반드시 관계가 있는 것은 아니라고 한다. 그것은 대부분의 이상적 피해자가 기장 빈번하게 피해를 입는 것은 아니기 때문이다.

2. 문화적으로 정당한 피해자(The Culturally Legitimate victims)

문화적으로 정당한 피해자는 강간의 피해자를 기술하기 위하여 처음 사용된 개념으로서 사회화와 성역할 학습(Sex-role learning)이 남성과 여성을 악용하여 가해자와 피해자를 양산하는 것으로 지적하고 있다.[3)] 대부분의 권한과 영향력을 남성이 소유하는 남성지배적인 사회에서는 여성을 범죄피해의 정당한 객체로 보는 사고가

---

2) N. Cristie"The ideal victim", in E. A. Fattah(ed), From Crime Policy to victim Policy, London Macmillan, 1986, pp. 17~20.

3) 이윤호, 전게서, 125면

팽배하다고 한다. 그러한 사회에서는 사회화과정이 여성을 잠재적 피해자의 역할을 하게하고 강간이 사회적으로 용인되거나 정당한 피해자가 되게 하는 절차를 제공하게 된다는 것이다.[4)]

3. 적절한 피해자(Appropriate Victim)

문화적 규범과 부문화적 규범이 특정한 개인이나 집단을 범죄피해자화의 적절한 표적으로 지향하는 경향이 있다. 청소년 폭력조직과 같은 경우, 조직 외부의 사람들에 대한 폭력은 용인되고 때로는 권장되기도 하지만 조직원에 대한 폭력은 강력하게 비난한다. 이들 집단을 지배하는 규범체계가 이들 자기집단 외의 집단구성원을 범죄피해의 적절한 표적으로 지명하기 때문이다. 많은 국가에서 아직도 배우자 강간은 범죄행위가 아니며 남편에게 강간당한 아내는 문화적으로 정당한 피해자로 인식되고 있으며 최근까지 아동학대에 있어서 아동은 양육과 훈련과정에서 물리력의 이용에 대한 정당한 표적으로 고려되었다. 심지어 현재도 일부에서는 부정한 아내는 문화적으로 정당한, 합법적인 피해자로 치부되고 있다.[5)]

1) 비인격적 피해자(Impersonal Victims)

정부, 대기업, 조직과 같은 비인격적 불특정, 무형의 피해자도 흔히 범죄피해의 적절한 피해자로 간주되고 있다. 이들에게 범행하는 것은 개인에 대한 범행보다 죄의식을 적게 느끼게 하고 도덕적 제재를 적게 받게 하여 범죄자에게 도덕적 저항을 적게 불러일으키게 한다. 따라서 이처럼 피해자를 인격화함으로써 잠재적 범법자에게 동정심을 불러일으키는 것이 현대 범죄예방기술로 시도되고 있다. 예를 들어, “길거리에 쓰레기를 버리면 미화원 아저씨가 힘들게 돼요”라고 팻말을 붙임으로써 쓰레기 불법투기를 줄이려는 시도가 좋은 예라고 할 수 있다.[6)]

---

4) K. Weis and S. Borges, “Victimology and rape: The case of the legitimate Victim”, “Issues in Criminology; 1973, 8(2): 72~116 victim”
5) 이윤호, 전게서, 125~126면.
6) E. O. Smigel and H. L. Ross, Crimes against Bureaucracy, New Yo가: Van Nostrand, 1970, pp. 763~764.

2) 당해도 마땅한 피해자(Deserving Victims) 등

버릴 수 있는 피해자, 확대할 수 있는 피해자, 가치가 없거나 당해도 마땅한 피해자와 같은 이들 세 유형의 문화적으로 정당피해자를 특정짓는 것은 이들 피해자에 대한 사회의 태도와 반응이다. 일반적 범죄피해자에 대한 공중의 태도는 그들에 대한 동정과 같은 긍정적인 것이나 이들 유형의 피해자에 대한 범죄피해는 그러한 긍정적 태도나 반응은 불러일으키지 않는다고 한다. 이들 세 유형의 피해자는 여러 가지 면에서 공통점이 있으나, 주요한 차이는 문화적 전형과 사회적 태도 그리고 사회의 공범체계에 의하여 인식되고 처리되는 방식에서 찾을 수 있는데 이를 차례로 설명하면 아래와 같다.

첫째, 버릴 수 있거나 확대할 수 있는 피해자의 유형의 전형적 집단으로는 범죄자, 무법자라고 볼 수 있으며 이들에 대한 사회적 태도는 적의, 적대, 증오적이며 피해에 대하 사회적 반응은 즉각적인 안도감을 갖는다고 볼 수 있다.

둘째, 가치 없는 피해자의 전형적 집단으로는 일탈자와 부랑자가 있으며 이들에 대한 사회적 태도는 경멸하거나 모멸하며 이들 피해에 대한 사회적 반응은 무언의 승인이 이루어진다.

셋째, 당해도 마땅한 피해자의 전형적 집단으로는 부정직자 흡혈귀를 들 수 있으며 사회적 태도는 무관심이며, 피해자에 대한 사회적 반응은 무반응 내적 만족이라고 한다.

이들에 대하여 좀더 자세히 설명하면 버릴 수 있거나 확대할 수 있는 피해자는 증오에서 나오는 적의와 적대이며, 그들의 피해는 안도의 한숨과 함께 때로는 환영받기도 한다.

그들은 버릴 수 있기 때문에 쉽게 희생되고 다른 사람을 억제하기 위하여 희생양으로 이용되고 있다. 그래서 이들 피해자들은 다른 말로 '사회적 쓰레기(social junk)로 표현되기도 한다.[7)]

가치 없는 피해자는 주류사회로부터 분리된 부문화를 가지고 있으며, 이들 가치 없는 피해자에 대한 사회적 태도는 경멸 그자체이며 그들의 피해는 묵시적으로 승

---

7) S. Spitzer, "Towards a Marxian theory of deviance", Social Problem, 1975, 22: 638~651.

인되고 있다. 이들은 동성애자, 마약중독자 매춘부, 포주 등과 같이 우리 사회의 일탈자들이다. 그러한 신분으로 인하여 이들은 경찰의 보호나 심지어 자신의 범죄피해조차 신고하기를 꺼린다. 따라서 이들은 잠재적 범법자들에 의하여 처벌받지 않고 비난받지 않고 범행할 수 있는 쉬운 표적으로 간주되고 있다.

제3절 구조적 유형(Structural Types)

구조적 유형은 일부 구조적 변수로 인하여 다른 집단보다 범죄의 노출은 더 많이 되고 보호는 적게 받게 되어 다른 사람에 비해서 특정유형의 범죄피해에 더 취약한 집단이라고 할 수 있다. 정치, 경제적 계층화는 부와 권력의 불평등한 분배를 초래하고 특정집단과 계층을 피해자의 역할로 몰아넣게 된다는 것이다. 실제로 최하위 계층의 사람들이 피해자의 다수를 점하고 있다는 사실이 이를 보여주고 있다.

이러한 유형의 집단과 사람들에게는 가부장적 사회에서의 여성이나 소비사회에서의 조직되지 않은 소비자와 같이 권력과 힘이 적은 사람, 노인과 장애인 등 노약자, 아동, 재소자, 정신장애자, 고아 등 무력하거나 무방비한 사람, 가지지 못한 사람, 종교적 또는 인종적 소수자, 동성애자, 마약중독자나 매춘부와 같은 일탈자 등이 있다. 또한 구조적 취약성은 직업과도 관련이 있어서 택시기사나 은행창구근무자 또는 주유소나 24시간 편의점 근로자도 범죄의 위험에 더 많이 노출될 수 있다.[8)]

제4절 행위적 유형(Behavioral Types)

1. 유발 촉진피해자(provoking, precipitating victims)

이런 유형의 피해자는 자신의 행위가 자신에 대한 공격의 촉매나 기폭재로 작용하거나 범행을 촉진시키거나 범행에 불을 붙이는 피해자이다. 볼프강(Wolfgang)이 일찍이 피해자가 직접적이고 긍정적인 촉진자인 살인범죄를 '피해자가 촉진한' 것으로 기술한 이래 널리 사용되고 있다. 이 경우 피해자가 먼저 살상무기를 보이거나

8) 이윤호, 전게서 128면.

사용하거나 주먹을 날린 것으로 설명되고 있다.

2. 동의하거나 자발적인 범죄피해자

범죄피해가 항상 피해자의 의지에 반해서 또는 피해자의 동의 없이 일어나는 것은 아니고, 피해자가 자발적이고 동의하는 상대일 때도 발생하는 범죄가 있게 된다. 이렇게 피해자가 반대하지 않는 행동도 범죄로 하는 것은 피해자 자신을 보호할 능력이 없거나 자유로운 동의를 할 수 있는 능력이 없다고 판단되는 개인을 보호하기 위해서라고 볼 수 있다. 설사 합의에 의한 것일지라도 상대가 미성년인 성관계, 특정 연령 이하의 아동을 특정 직종에 고용하거나, 아동에게 술을 제공 또는 판매한다든지, 유흥가 같은 특정 장소에 미성년자를 출입시키는 것 등이 좋은 예라고 할 수 있다. 이와 같이 미성년자에게만 국한되는 것은 아니고 때로는 정신장애자와 같이 보호의 필요성이 있는 성인에게까지 확대될 수 있다. 이와 같이 법률이 동의하고 자발적인 피해자를 만들게 되는 것인데 이러한 피해자에 대한 범행은 그 암수가 매우 많은데 그것은 이들 피해자는 형사사법제도에 비협조적이며 보상제도로부터 제외되기 때문이다. 다만, 이들 피해자가 공갈이나 협박에 의하여 범죄자(가해자)에게 협조하는 피해자와 혼동되어서는 안 된다.[9]

3. 주의하지 않는 피해자(Reckless Victims)

범죄피해에 대항하여 자신의 재산과 생명을 동일한 주의나 노력을 경주하는 것은 사람에 따라 다르다고 한다. 각자가 취하는 태도와 행위, 그리고 사전주의와 보호대책 등이 그 사람의 조심성 여부, 주의 여부 등으로 구분할 수 있게 해준다. 그러나 이러한 개인적 속성은 그 사람의 일반적 태도나 행위유형을 기술하는 것이지 모든 상황에서 항상 동일한 행위와 태도를 취하는 것은 아니다. 정적인 속성이 아니라 시간과 상황에 따라 달라지는 것이라고 할 수 있다. 예컨대 연령에 따라 결혼 여부에 따라 예전보다 더 주의를 기울이는 것과 같다. 뿐만 아니라 이러한 속성은 자신이 상호작용하는 사람과 상호작용의 종류에 따라 변하기 때문에 역동적이라고 볼 수 있다. 예컨대 낯선 사람과 상호작용할 때에는 매우 조심스럽지만 가족이나 친구와 상호작용할 때에는 덜 신중할 수 있다고 본다.

---

9) 이윤호, 상게서, 129면.

제5절 일회성, 반복적 피해자 등[10)]

학자들은 피해의 빈도에 따라 피해자를 일회성 피해자 간헐적 피해자, 반복적 피해자, 습관적 피해자 등으로 피해자를 나눌 수 있는데, 이를 분설(分說)하면 다음과 같다.

일회성 피해자란 단한번의 피해만 경험한 피해자이고, 간헐적 피해자는 오랜 기간 또는 평생에 서로 관련되지 않고 별개의 피해를 2~3번 경험한 피해자이며, 반복 피해자는 비교적 짧은 기간 동안에 지속적이고 빈번한 형태의 피해를 경험한 피해자이고, 습관적 피해자는 인생이 일련의 지속적인 피해로 점철된 피해자라고 할 수 있다. 한 가지 주의할 것은 일회성 피해자는 분명하지만 간헐적, 반복적, 습관적 피해자의 유형화나 범주화는 어느 정도 임의적인 것이다. 그러나 반복적 피해자나 습관적 피해자 특정유형의 범죄피해와 관련된 변수와 요인을 밝히는데 도움이 되며, 피해성향과 취약성의 개념을 더 잘 이해할 수 있게 해 주기 때문에 피해자학적 연구에 특히 중요하다고 보겠다.

10) Fattah, op. cit., pp. 105~108.

제2장 범죄유형별 피해자특성

제1절 사회변화와 범죄피해

우리나라의 급속한 경제발전에 따른 인구의 급증 및 도시로의 집중, 고도의 경제성장 특히 지식정보화사회에서의 인터넷의 발달은 우리의 사회구조와 일상생활을 근본적으로 바꾸면서 범죄현상도 사회현상의 일부로서 함께 수반되는 상호 밀접한 관련성을 갖게 되었다.

1) 범죄피해발생의 추이

2007년 법무연수원이 발간한 「범죄백서」를 토대로 최근의 한국사회에서 발생한 범죄발생 추이를 살펴보면 1977년 506,545건에서 2006년 1,829,211건으로 지난 30년간 약 3.6배 증가하였고, 인구비 발생건수도 기간 중 1,391건에서 3,734건으로 약 2.7배 증가하였다. 연도별로 보면 1977년 506,545건 이후 매년 지속적으로 증가하여 1989년 1,07399건을 기록하였다. 그 후에도 발생건수는 2004년까지 계속적인 증가추세에 있었으나, 2005년부터는 감소추세를 보이고 있다.[11] 이러한 범죄발생의 증가추세는 주로 특별법범의 급증에 기인한다. 이는 자동차 보급의 증가로 인한 교

11) 법무연수원, 범죄백서, 27면.

통범죄의 급증에 기인하며 사회구조의 복잡한 현상은 각종형태의 반사회적 행동이 확산되면서 여러 가지의 특별법 제정으로 규제가 확대 강화되고 있는데 기인함과 일반 형법범의 꾸준한 증가라고 볼 수 있다.

제2절 범죄피해자 특성

1. 개관

1) 범죄피해자의 일반적 특성

1995년 한국형사정책연구원이 한국에서 발생한 범죄피해를 조사하였는데 범죄피해유형을 크게 가구범죄와 개인범죄로 나누고, 가구범죄는 자동차부품절도, 자동차절도, 주거침입절도, 주거침입강도 등 네 가지와 개인범죄는 대인절도, 대인강도, 폭행 및 상해, 성폭력과 성희롱 등 네 가지로 모두 8가지의 범죄유형에 대해 피해실태를 분석한 결과 범죄피해자의 일반적 특성은 다음과 같다.

(1) 범죄피해의 경험 유무

범죄피해를 경험한 가구나 개인의 상당수는 반드시 동일한 범죄는 아니지만 두 번 이상의 중복피해를 경험한 것으로 나타났으며, 피해경험자 1인당 피해건수는 가구범죄 1.58건, 개인범죄 1.54건, 전체범죄 1.73건으로 나타났다.

(2) 성별·연령·학력에 따른 개인범죄 피해율

남자에 비하여 여자의 피해율이 높고, 연령별로는 10대와 20대의 피해율이 다른 연령층에 비해 훨씬 높은 것으로 나타났는데, 10대의 피해율은 30대의 두 배에 이른다. 학력별 피해 현황은 전문대 이상 대졸 이상의 학력을 가진 고학력층의 피해율은 13%에 이르지만, 중학교 이하의 저학력자의 피해율은 6% 정도의 피해를 경험한 것으로 나타났다.

(3) 피해자의 거주지역, 직업특성에 따른 피해율

거주지역별 피해자의 피해율은 광역도시가 22.8%로 가장 높고, 중소도시가 22%, 서울특별시 20.5%, 읍·면지역이 18.4%로 나타났다. 가구주의 직업별 피해율은 생산직 13.9%, 전문·관리직 13.3%의 경우 상대적으로 높았으며, 농·어업이 8.8%이나 판매·서비스업에 종사하는 자는 낮은 편이었다.

2) 강력범죄 피해자의 특성

살인, 강도, 강간, 방화 등 강력범죄 피해자의 성별·연령별 피해율을 보면 남자의 경우는 30세 이상 40세 이하가 살인에서는 31.6%, 강도에서는 27.8%로 가장 높은 비율을 보이고 있고, 강간(강제추행 포함)에서는 21세 이하 30세 이하가 29.1%로 가장 높은 비율을 보였다.

여자의 경우 살인은 41세 이상 50세 이하가 31.5%, 강도에서는 21세 이상 30세 이하가 34.9%로 가장 높은 비율을 보이고 있으나 , 강간에서는 21세 이상 30세 이하가 37.5%로 가장 높은 비율을 보이고 있고, 31세 이상 40세 이하가 18.3%로 그 다음을 차지하고 있다.

강간을 제외한 강력범죄의 경우 31세 이상 40세 이하가 범죄에 가장 많이 노출되어 있는 연령층임을 알 수 있으며, 6세 이하도 살인에서 2.6%, 강간에서 2.0%를 차지하고 있어 방어능력이 없는 어린이들을 상대로 강력범죄도 적지 않게 발생하고 있음을 알 수 있다.

제3절 살인범죄의 피해

1. 살인범죄의 개념

살인이란 고의로 타인의 생명을 단절시키는 행위를 말한다. 즉 살인범죄란 사람을 살해함으로써 그 생명을 침해하는 범죄이다. 살인죄는 전체 형법상 범죄 중에서도 극단적으로 법질서를 파괴하고 또한 개개의 피해자 가족, 그리고 현장부근 주민들에게 직접적으로 충격을 일으킬 뿐 아니라 일반사회에까지 생활의 안전을 위협하여 범죄 불안심리를 가중시킨다.

살인범죄는 범죄현장에서 단서를 얻는 것이 보통이고, 여기에서 단서를 얻지 못하면 범인 검거 전망은 낙관할 수 없다. 살인 현장에는 피해자의 사체는 있으나 신원이 불명한 경우가 있으므로 이런 때에는 피해자 신원판명이 범죄원인의 파악과 사건해결의 실마리가 된다.[12)]

살인범죄는 대부분 '동기와 목적'이 있기 마련이며 이에 대한 규명이 선행되어야 한다. 그러므로 수사관은 이와 같은 점에 과학적인 수사기법과 풍부한 경험을 살려 계획수사와 공조수사체제로 착실히 사건수사를 진행시켜야 한다. 타인의 생명을 빼앗는 살인범죄에 대해 우리나라의 형법은 여러 가지로 구성되어 있지만, 과실로 인하여 사람을 사망에 이르게 한 경우에는 과실치사(형법 제267조)를, 음주상태에서 식칼을 가지고 달려드는 자를 넘어 트리고 목을 졸라 사망에 이르게 한 경우는 정당방위(형법 제21조)로서 죄가 되지 않는다.[13)]

2. 살인범죄의 종류

살인죄를 광의적으로 분류하면 보통살인(형법 제250조 제1항), 존속살해(형법 제250조 제2항), 영아살해(형법 제251조), 촉탁·승낙에 의한 살인(형법 제252조 제1항), 자살교사 및 방조(형법 제252조 제2항), 위계·위력에 의한 살인(형법 제253조)이 있다. 위의 어느 것이든 미수를 벌하고 살인죄, 존속살해죄 및 위계·위력에 의한 살인죄에 대하여는 예비·음모죄를 인정하고 있다.[14)]

3. 살인범죄의 처벌법규

1) 보통살인죄(형법 제250조 제1항) 형법 제250조 [살인, 존속살해] ① 사람을 살해한 자는 사형, 무기 또는 5년 이상의 징역에 처한다.
   사람을 살해함으로써 성립한다. 처벌은 사형, 무기 또는 5년 이상의 징역이다. 유기징역에 처할 때는 10년 이하의 자격정지를 병과 할 수 있고(제256조), 미

12) 오희택, 수사실무(1983, 법전출판사), pp. 215~230.
13) 이존걸(2000), 「살인범죄의 원인과 대책」, 한국법학회 법학연구.
14) 김일수, 형법각론(1997, 박영사), p.41.

수범도 처벌 한다(제254조). 법정형의 범위가 넓은 것이 특색인데 정상이 가벼워 작량감경하면 형의 집행유예까지 선고할 수 있게 된다.

2) 존속살인죄(형법 제250조 제2항) 형법 제250조 [살인, 존속살해] ② 자기 또는 배우자의 직계존속을 살해한 자는 사형, 무기 또는 7년 이상의 징역에 처한다.

자기 또는 배우자의 직계존속을 살해함으로써 성립한다. 처벌은 사형, 무기 또는 7년 이상의 유기징역이며, 유기징역에 처할 때(작량감경의 경우에 한함)는 10년 이하의 자격정지를 병과할 수 있다. 미수범도 처벌한다. 이는 직계존속이라는 신분관계를 기초로 형을 가중하는 것으로 그러한 신분이 없는 공범자는 보통살인죄의 형을 과한다.(제33조 단서).

4. 피해현황과 피해자의 특징

2007년도 법무연수원이 발행한 범죄백서의 내용을 토대로 살인범죄의 발생추이와 범죄행위의 특징을 살펴보면 다음과 같다.

1) 발생추이

살인은 1977년 506건에서 2006년, 1,064건으로 2배 이상 증가하였다. 살인범죄의 발생추이를 보면 1997년까지는 대체로 500~800건 사이에서 증감을 거듭하다가 1998년 966건, 1999년 984건으로 다시 증가하였고, 2000년에는 964건으로 감소하였다가 2001년에는 1,064건으로 다시 증가하였다. 2002년에는 964건으로 다소 감소하였다가 2005년까지 약간씩 증가 추세를 보인 후 2006년 다시 감소하였다.

2) 범죄행위의 특징

2006년의 강력범죄의 경우 발생지역별 구성비를 보면 대도시와 중소도시에 집중되어 있는데 살인범죄의 경우 이러한 도시지역 이외의 지역에서도 상당수 발생하고 있는 것이 특징이다. 발생 시간대별로는 밤에 발생하는 경우가 37.9%, 오후 발생하는 경우가 18.3%, 새벽에 일어나는 경우가 10.4%의 순으로 나타났다.

범죄소지의 경우 범행 중 흉기를 소지한 비율은 살인이 87.3%로 다른 강력범죄(강도 57.1%)이며, 사용흉기의 종류는 도검(刀劍)이 62.4%로 강도 32.7%에 비하여 거의 배 가까이 되었다.

살인범죄자의 특징으로는 먼저 연령별 구성비를 보면 소년의 비율은 2.1%로 강도 25.1%에 비해 상대적으로 낮은 비율을 보이고 있고 41세 이상 50세 이하가 3.3%로 나타났다. 학력은 959명 중 초등학교 이하가 147명으로 15.3% 중학교 졸이 189명으로 19.7% 고등학교 졸아 305명으로 31.6%, 대학교졸 이상이 89명으로 9.3%, 미상(未詳)이 229명으로 23.9%로 나타났다.

살인의 전과 회수별 구성비는 조사자 959명 중 전과가 전혀 없는 경우가 254명으로 26.5%를 차지하고 초범이 100명으로 10.4%, 재범이 80명으로 8.3% 3범이 62명으로 6.5% 4범 이상이 347명으로 36.2%를 차지하였으며, 未詳(미상)이 116명으로 12.1%를 차지하고 있다.

3) 피해자의 특징

살인범죄 피해자의 성별 , 연령별 현황을 보면 남자의 경우 살인에서는 41세 이상 50세 이하가 31.2% 가장 높은 비율을 차지하고 있고 여자의 경우도 남자의 경우와 같이 41세 이상 50세 이하가 31,3%로서 제일 높은 비율을 보이고 있다. 특히 문제가 되는 것은 6세 이하도 살인의 경우 1.8%나 되어 방어능력이 전혀 없는 어린이를 상대로 한 살인범죄도 적지 않게 발생하고 있음을 알 수 있다.

제4절 연쇄살인범(Serial killer)

1. 연쇄살인범의 기원과 정의

연쇄살인범의 기원은 연쇄살인의 역사에 비해 생각보다 그리 오래되지 않았다.

연쇄살인이란 말을 처음 사용한 것은 미국 FBI 요원 로버트 레슬리인데, 그는 70년대에 영국에서 열린 국제회의에 참석하였다가 거기서 깊은 인상을 받고 반복적으로 살인을 저지르는 사람을 연쇄살인범이라 부르기 시작했다. 미국 인쇄매체에서 연쇄살인범이라는 말이 처음 등장한 것은 1981년에 뉴욕타임즈 매거진에서 M.A 파브르가 쓴 기사였다.

연쇄살인범(serial killer)이란 단어는 특정한 유형의 범죄자들을 지칭하기 위해서 만들어진 것이지만 명확한 정의에 관해서는 이견이 분분하다.

FBI에서 내린 연쇄살인범에 대한 정의는 "살인사건 사이에 냉각기를 둔 채 세 곳 이상에서 세 차례 이상 살인을 저지르는 것"이라고 하였으며, 미국국립법연구소에서 내린 정의는 "둘 이상의 연이은 살인, 각각은 독립적인 사건이어야 한다. 항상 그런 것은 아니지만 대체로 한 사람이 혼자서 범행을 저지른다. 살인은 몇 시간 혹은 몇 년이 지난 뒤 일어날 수도 있다. 범행동기는 심리적인 것이며 범인의 행동과 물적 증거를 토대로 보면 가학적인 성범죄 양상을 띤다"고 하였다.

2. 연쇄살인범의 특징

3년마다 열리는 국제법의학협회 심포지엄에서 수감된 36명의 연쇄살인범을 대상으로 연구한 결과 연쇄살인범의 10가지 특성은 다음과 같다.

첫째, 미국의 경우, 연쇄살인범의 대다수는 독신의 백인 남성이었다.

둘째, 놀라운 것은 거의 대부분의 범죄자들이 모두 보통사람들보다 지능지수가 높다는 사실이다.

셋째, 이들은 뛰어난 두뇌의 소유자임에도 학업성적은 형편없었던 것으로 나타났으며, 심지어 전문적인 직업이나 고정된 직장을 가진 적이 없었다.

넷째, 대부분의 범죄자들은 어려서부터 아버지에게 버림받거나 홀어머니 밑에서 성장했다. 가정에서 이들 어머니의 역할은 대개 타인을 지배하는 위치에 있었으며 어머니의 독선적인 성향은 사후 범죄자들의 사회성과 인간관계 및 왜곡된 성관념에 큰 영향을 미쳤다.

다섯째, 집단의 유전 내력이나 배경 면에서 봤을 때 대다수의 연쇄살인범들의 가족 중에는 유전적인 정신질환과 폭력적인 성향, 혹은 범죄 내력과 알코올 중독이라는 병력을 갖고 있는 경우가 많았다.

여섯째, 조사대상이었던 범죄자들은 대부분 학대 속에 성장했으며 그들은 항상 지울 수 없는 어두운 기억과 그늘을 기지고 있었다. 정신적 학대 등 성적 학대든 혹은 부모님의 화풀이 대상이었던 한결같이 힘든 어린 좌절을 겪었으며 이러한 트라우마(심리적 상처)는 자라면서 영원히 잊을 수 없는 내적 치욕과 불안정한 분노로 자리를 굳힌다.

일곱째, 일반적으로 어려서부터 학대를 받고 자란 살인범들이 특히 남성권위자들에 대하여 일종의 장애심리를 보이는 이유는 항상 아버지의 빈자리를 느끼며 성장했기 때문이며, 독신적인 어머니의 주도하에 유년시절을 보낸 범죄자들은 여성에 대한 모종의 적의를 품고 성장하게 된다.

여덟째, 대다수의 살인범들은 유년시절에 정신적 질병을 앓은 병력을 가지고 있다. 그런가하면 폭력적인 성향이나 자살 등의 충동을 보임으로써 정신병원이나 보호소 등의 공용기관에 수용된 경험이 있다.

아홉째, 거의 대부분의 살인범들은 반사회적, 반인류적 이념을 갖고 있다. 그들은 사람들과 어울리는 것을 싫어하고 괴팍하며 온갖 세상의 불합리한 것에 분개하고 증오한다. 또 일반적으로 소년기에 자살이나 자해하고자 하는 욕망을 갖고 성장하기도 한다.

열 번째, 살인범은 특정한 폭력행위나 혹은 성에 대한 변태적 환상에 사로잡혀 있으며, 특히 관음증과 도착증 증세를 보인다.

3. 우리나라에서 일어난 연쇄살인범죄

끝으로 범죄행위 특징 중 최근 국민을 경악하게 만든 연쇄살인사건을 들 수 있다. 2009년 1월말에 들어난 연쇄살인범 강호순(38)이 2006년 12월부터 2008년 12월까지 2년간 경기서남부 지역에서 실종된 부녀자 7명을 모두 살해해 암매장한 것으로 드러났다. 희대의 살인마로 기록된 유영철은 지난 2003년 9월부터 불과 10개월 만에 21명을 살해하고 시신 11구는 토막 내 암매장했다.

사회에 무조건적인 불만을 품었던 유영철은 잡히지 않았다면 100명까지 살해할 생각이었다고 말해 더 큰 충격을 줬다. 서울 서남부 지역 연쇄살인범 정남규는 2004년 1월부터 2년 동안 13명을 숨지게 하고 강도상해 사건만 25건을 저질렀다. 역시, 살인을 통한 만족감을 위해 무차별적인 연쇄 살인행각을 벌인 것으로 밝혀졌다.

2000년 검거된 정두영은 부산과 울산 지역에서 부유층 9명을 잇달아 살해했다. 정두영은 둔기를 주로 사용했는데 이후 유영철이 범행수법을 모방한 것으로 알려졌다.

또 2002년 4월에는 택시기사로 위장한 20대 2명이 유흥비 마련을 위해 불과 3일만에 여성 5명을 살해하고 트렁크에 싣고 다닌 사건이 있었다.

이에 앞서 지난 94년에는 지존파 조직원 6명이 사업가 부부 등 5명을 잔인하게 살해하고 암매장하거나 불태워 세상을 경악케 했다.

또 같은 해에는 부녀자 6명을 연쇄납치하고 살해한 온보현 사건이 잇달아 터져 사회를 불안 속으로 몰아넣기도 했다.

이밖에도 지난 82년에는 경남 의령에서 순경 우범곤이 총기를 난사해 주민 56명이 숨졌고, 75년 김대두는 수원과 평택 등을 돌며 17명을 살해했다.

그리고 지난 86년부터 91년까지 경기도 화성 일대에서 부녀자 10명이 성폭행 당하고 숨진 화성 연쇄살인 사건은 지금까지 미제로 남아 있다.

4. 연쇄살인범죄의 원인과 대응방안

1) 연쇄살인범죄의 원인

(1) 생물학적 원인[15)]

생물학적 원인은 뇌 기능에 이상이 생겨 의사결정 과정에서 올바른 판단을 할 수 없고, 감정표현에 문제가 있다거나 DNA, 호르몬 분비가 비정상적인 데에서 오는 좌절과 분노 등의 극한 감정을 분출하게 되는 것을 말한다. 좋은 가정의 아이들이 자라서 폭력범이 되는 것은 뇌의 생물학적인 결함이 원인일 수도 있다.

Southern California 대학의 심리학 교수 Adrian Raine은 "폭력아동들의 부모들은 '내가 무엇을 잘못했을까?'하고 생각하지만, 정상적인 가정에서 자란 아이들이라면 그 해답은 생물학적인 결함일 가능성이 많다"고 최근 밝혔다. 그는 최근 연구를 통해 범죄학계의 오랜 미스터리인 '왜 일부 범죄자들은 명백히 성장배경의 산물임에 반해 또 일부는 겉으로 보기에 좋은 환경에서 자랐음에도 범죄자가 되는가?' 하는 의문을 풀었다고 말했다.

Raine은 이 연구가 이제까지의 연구 중 가장 광범위하게 살인자의 뇌를 영상 분석한 연구라고 밝혔다.

대상자 38명 중 26명이 "좋은" 가정 출신이었다. 그러나 이들은 "나쁜"가정 출신의 대상자들보다 뇌 중앙부의 '전액골 앞에 있는 피질(prefrontal cortex)'의 활동도가 5.7% 더 낮았으며, 또 오른쪽 뇌 부분의 orbifrontal 피질의 활동도도 14.2% 더 낮았다. 이 두 가지 피질 영역은 공격적인 행동을 억제하는 것으로 알려져 있다.

Raine은 "이러한 뇌의 특징을 가진 범죄자들은 감정과 분노를 통제하는 제동장치가 부족하다"며 "이들은 날 때부터 이러한 뇌기능 장애를 가졌다"고 말했다. 뇌는 유전자, 더리 손상, 출생 시의 합병증, 임산부의 알코올이나 담배의 남용으로 인해 기능 장애를 일으킬 수 있다. 두뇌활동의 차이는 나이, 성별, 민족성, 혹은 일반

---

15) http://www.abcnews.com : 1998년 04월 07일.

적인 뇌기능 장애와 관련해서 나타나지는 않았다.

이같이 생물학적인 원인이 여러 명의 희생자를 내는 '연쇄살인'으로 이어지는 것이다.

(2) 심리학적 원인

심리적으로 어린 시절 육체적·정신적 또는 성적인 학대를 당해 가학적 분노가 잠재돼 있을 수도 있다.

위의 연쇄살인범의 특성에서 제시한 것과 같이 연쇄살인범들은 어려서 학대를 당한 경험이 많다는 것을 알 수 있다. 이런 경험은, 성장하면서 잠재적으로 그 무엇인가에 대한 분노와 증오를 키울 수 있게 한다.

자신을 학대한 자가 아닌 막연히 그 무엇에 대한 복수심으로 변해 다른 사람들을 학대하고 살인하면서 자신의 분노를 씻으려는 것으로 보인다.

(3) 사회적 원인

가난 등 사회적 문제가 범죄로 이어지기도 한다. 어릴 때부터 갖고 싶은 물건을 갖지 못했을 때 생기는 좌절감이라든지, 멋있게 우아하게 꾸미면서 살고 싶은데 현실적으로 돈이 없어 욕구를 충족시키지 못할 경우 범죄를 저지를 수도 있다. 이처럼 목적(욕구)과 수단(수입 등 현실적 제약)간의 괴리가 클수록 범행 욕구가 커진다는 것이다.

사회적 가치기준이 흔들릴 경우에도 흉악범죄가 많이 발생한다고 한다. 과거에는 노인을 위해 거의 무조건적으로 자리를 양보했으나 요즘 세태는 그렇지 않은 경우가 많다. 이처럼 사회 가치기준이 변하면서 흉악범죄가 발생할 가능성은 매우 높아졌다.

특히, 사회경제적 상황은 범죄의 아주 중요한 원인이 된다.

부의 불평등이 클수록 이들은 상대적 박탈감을 느끼게 되고 부를 가진 사람들에 대한 분노로 이어지게 되며 이는 곧 범죄로 나타나게 되는 것이다.

문제의 더 큰 심각성은 이런 범죄 가해자뿐 아니라 피해자도 모두 사회적 약자라는 데 있다. 바로 약자가 약자를 해치게 된다는 것이다.

2) 연쇄살인범죄의 대응방안

(1) 개관

연쇄살인범죄에 대한 대응방안을 생각해 볼 때, 무엇이 효과적이고 올바른 범죄대책인가를 알아낸다는 것은 결코 쉬운 일이 아니라고 본다.

다만, 그동안의 학자들이 연구해 온 연구결과와 실무상에서 나타난 역사적 교훈, 과학의 성과와 현대 문명국가에서 일반적으로 승인되고 있는 보편적 원리에서 그 답을 찾도록 노력해야 할 것이다.

(2) 개인적인 측면

개인적인 측면에서 볼 때 가능한 한 혼자 있지 말고 자신의 위치를 가족이나 주위 사람들에게 말하고 범죄자들의 눈에 띄게 행동하지 말아야 하며, 초기에 범죄에 노출되었을 때는 경찰에 빨리 신고해야 한다.

한적한 곳에 주차하는 것을 피하고 늦은 시간에 주차장에 주차할 경우에도 가급적 어두운 빈자리를 피하는 것이 좋다. 귀가시간이 늦을 경우 합승은 피해야 하며, 택시를 이용할 경우에 범죄에 쉽게 노출될 수 있기 때문에 휴대폰 단축키 특정번호에 112를 입력시켜 놓고 긴급 상황 시 사용하거나 소형 호루라기를 휴대폰에 부착했다가 위급시 사용하는 것도 좋은 방법이다. 야간이나 심야시간대에는 외출을 삼가하고 불가피할 경우 언제 어디를 간다는 행선지를 분명히 가족에게 알려주어야 하고, 귀가가 늦을 경우 마중하는 것도 좋은데 귀가시간이 늦다고 함부로 합승하는 것은 자제하고, 운전석 옆 좌석보다는 뒷좌석에 탑승하는 것이 좋다.

(3) 연쇄살인범죄의 발생 전 예방에 주력

프랑스 범죄학자 뒤르겡이 「사회 있는 곳에 일정량의 범죄가 있는 것은 필연적이다」라고 말한 것처럼 연쇄살인범죄를 완전히 없앨 수는 없고 가능한 한 범죄를 줄이는 것이 최선의 방책이라고 볼 수 있다.

따라서 범죄는 기생요소가 아니라 극히 정상적인 일부분이라고까지 볼 수 있다.

그렇다면 이러한 연쇄살인 범죄의 발생원인부터 생각하지 않을 수 없다.

정신적인 이상에서 오는 연쇄살인 범죄는 예방하기 힘들 것이나 심리적인 요인이나 사회적 요인은 우리가 예방할 수 있을 것이라 생각된다.

그들이 심리적·사회적으로 범행을 저지를 수밖에 없는 요인은 그들이 심리적으로 그들은 자신이 혼자라는 생각을 많이 했고 사회 속에서도 소외받고 있다는 생각을 할 수밖에 없다는 것에 있다.

이를 위해서는 사회정책의 개선이 필요하다. 한 사람이 나서 자라고 성인이 되어서 겪게 되는 사회적인 접점을 중심으로 교육, 제도, 문화, 법체계, 복지정책 등이 어떻게 맞물려 가는지를 빈민, 소외계층을 중심으로 면밀한 연구와 대책이 필요한 것이다.

연쇄살인범의 대부분이 어렸을 때 정상적이지 못한 가정의 불우한 환경속에서 자랄 수밖에 없었고 그에 대한 심리적인 불안과 증오를 어디에도 터놓고 얘기할 수 없다는 우리 사회의 교육적인 구조나 제도적인 문제가 그들을 되돌릴 수 없는 나락으로 빠뜨리게 된다.

처음부터 올바른 방향으로 지도받고 사회에서도 그들에게 관심을 가져주고 노력했다면 그들이 그렇게 극단적인 선택까지는 하지 않았을 것이라 생각된다.

범죄가 발생하기 전 예방단계에서는 가정과 학교와 사회가 협력하여 교육적·사회 정책적 노력을 강화하여 사회기강을 확립하고 사회를 정화함으로써 범죄가 애당초 뿌리내리지 않도록 하는 이러한 예방대책이 가장 중요한 첫 번째 대응방안이라 생각한다.

3) 과학적인 수사기법의 개발·훈련

범죄가 발생한 후에 최선의 대책방안은 범인을 하루빨리 검거하여 더 이상의 피해자들을 만들지 않는 것이다. 이를 위해 수사 인력을 늘리고 과학장비를 보강하여 과학적인 수사기법을 개발 · 훈련하여야 한다.

미국에서만 보더라도 연쇄살인 범죄가 발생하면 경찰력을 특정지역 또는 계층에 집중 배치하게 된다.

FBI에서는 “행동과학부(Behavioral Science Unit)”의 결성 및 “범죄자특성파악(Criminal Profiling)” 기법을 이용하여 관련정보를 모아 연쇄살인사건 용의자의 성격적 특성(character profile)을 조합해서 지역경찰이 연쇄살인사건 용의자를 찾아내고 취조하는데 결정적인 지원 자료로 제공하고 있다.

하지만 현재 우리나라의 일선 경찰서에서 현장 감식을 담당하는 인력은 경찰서당 1~3명이 대부분이어서 1명인 곳이 전체의 34%, 2~3명인 곳이 47%에 달할 정도로 인력부족이 심각한 상태다.

더구나 초·중·고급으로 나뉘는 체계적인 과학수사요원 전문교육이 지난해부터 비로소 본격화돼 질적인 자질 향상이 시급한 실정이다.

한 경찰 간부는 "지금껏 경찰의 수사는 지역 내 정보망과 범인의 자백에 의존한 측면이 너무 컸다" 며 "이제는 체계적인 과학수사를 도입해 수사의 질을 한 단계 높여야 할 시기"라고 지적했다.16)

그러나 날로 복잡해져 가는 현대 도시사회에서는 경찰의 힘만으로는 검거율을 높이기 어렵고 피해자를 포함한 시민들의 신고·고발 등 협조가 긴요하다. 따라서 수사기관이나 요원들은 피해자나 시민들을 괴롭히거나 불편하게 하지 않는 범죄수사를 함으로써 그 인권을 존중하면 시민들의 신뢰가 증대되어 검거율을 높이는데 큰 도움이 될 것이다.

4) 사회구조에 대한 편견 타파

연쇄살인 범죄 뿐 아니라 최근 범죄 경향은 빈부 격차 물질만능주의로 인해 '부유층에 대한 적개심'이 범죄로까지 이어지고 있다는 것이다.

우리나라의 연쇄살인의 경우 한 인간이 자신의 불행을 막연하게 남의 탓, 구조 탓으로 돌리는 데서 빚어진 범죄였다는 점에서 모든 탓을 밖으로만 돌리려 하는 것 같은 사회 분위기가 전반적이라 할 수 있다.

'부자는 모두 나쁘다'는 식의 사회적인 편견이 우리 인식 속에서 자리잡게 된 것은 매스컴의 영향이 크다고 할 수밖에 없다. TV 뉴스나 신문만 보더라도 일부 부유층들이 보여주는 비정상적 형태들을 많이 접하게 된다.

매스컴을 통해 보아지는 부자들은 자신들의 노력보다는 갖가지 수단과 방법을 동원해 부를 축적하고, 일반 서민들과는 달리 어려운 경제환경 속에서도 쉽게 사치를 일삼는 등 다른 생활을 하고 있는 모습들이다.

매스컴을 통한 이러한 모습들은 일반 서민들을 더욱 허탈하게 만들고 사회 속에서 소외감을 느끼고 사회구조를 원망하게 만드는 것이다.

16) 국민대학교, 박재윤 "범죄대책, 2004."

자신의 노력에 의해, 자신이 스스로 피땀 흘려 노력한 결과로 얻어지는 '부'를 이루고 이를 사회에 기부하거나 환원하는 모습들을 매스컴을 통해 많이 접할 수 있다면 부자들에 대한 편견 역시 조금씩 변화하지 않을까 생각된다.

5) 범죄인을 재사회화하기 위한 다양한 처우

범죄인들의 교정단계에서는 물론 재판단계에서도 범죄인을 처우함에 있어서는 범죄원인에 관한 과학의 성과를 토대로 하여 범죄인들을 다시 사회에서 제대로 생활할 수 있는 처우를 행하여야 한다.

아직까지 범죄학이 범죄원인을 완벽하게 구명하지 못하고 있는 것이 사실이고 따라서 범죄원인론을 토대로 하여 처우를 행한다고 해서 처우의 효과가 확실하게 보장되는 것은 아니다.

그러나 범죄학의 이론 가운데는 검증을 통해 상당한 타당성을 인정받고 있는 우수한 이론들이 적지 않으므로 다소간 시행착오는 있더라도 이를 기초로 처우를 실시하고 처우결과를 다시 원인론에 반영시키면 범죄학과 형사정책이 상호 보완적으로 발전하여 범죄문제를 과학적으로 해결하는 데 한걸음씩 다가서게 될 것이다.

이런 관점에서 이미 교정분야에서는 처우의 개별화·과학화·사회화 등 다원화를 통하여 죄인을 재사회화시키는 것을 목표로 삼아 온지 오래이나 아직은 초창기에 불과하므로 과학전문가들은 범죄예측과 처우의 과학화를 위해 더 한층 창의를 발휘해야 할 것이고, 법률전문가들은 과학전문가들의 의견을 이해하고 존중하는 자세를 가지도록 노력해야 할 것이다.

5. 결론

'유영철'과 2009년 초에 밝혀진 '강호순'의 연쇄살인 사건이 발생한 후 언론은 너도나도 사건 보도에 열을 올렸다. 그만큼 사회는 충격과 공포 속에 휩싸여 있었고, 이는 사회의 가치관까지도 흔들리게 했다.

사회의 가치관까지 움직이게 되는 연쇄살인 범죄는 더 이상 영화 속의 이야기가 아니며 다른 이의 이야기가 아닌 것이다.

연쇄살인 범죄는 그 단어의 뜻처럼 계속 반복되어 언젠가 또다시 우리사회를 공포와 충격으로 몰아넣을 것이다.

앞서 말했던 것과 같이 이 연쇄살인 범죄는 단순한 범죄와 달리 모든 사람들, 특히 모든 여성들이 대상이 되며 언제 어디서부터 어떻게 발생하게 될지는 예측할 수 없다. 아무런 이유도 없이 어떠한 대응도 할 수 없이 한 사람의 비정상적인 행동 때문에 무고한 사람이 죽어야만 한다면 이처럼 비극적인 범죄가 어디에 있단 말인가?

하지만 사건은 또다시 발생할 것이다. 지금도 누군가 범행을 계획하고 범행을 저지르고 있을지도 모른다.

범행이 발생되면 즉각적인 초동수사가 이루어지고 과학적인 기법을 통한 범죄에 대한 분석이 우선시되어야 한다. 더 많은 피해자가 발생하지 않기 위한 방법이다.

그러나 모든 범죄가 그렇듯이, 가장 최선의 방책은 범행이 발생하지 않도록 사전에 미리 예방하는 것이다. 따라서 비록 연쇄살인 범죄 예방에 묘방은 없을지라도 가정과 학교와 사회가 협력하여 교육적·사회 정책적 노력을 강화하여 사회기강을 확립하고 사회를 정화함으로써 범죄가 애당초 뿌리내리지 않도록 하는 것이 필요하다.

범죄 예방의 중요성은 아무리 강조해도 지나침이 없을 것이다.

제5절 강도범죄의 피해

1. 강도범죄의 의의

1) 강도의 개념

강도(强盜)란 폭행, 협박 등의 강제적인 행위로 남의 금품을 빼앗는 일 , 또는 그러한 도둑을 말한다. 강도범죄는 보통 형법상의 범죄와 특수법사의 범죄로 구분이 되는데 이 두 가지를 모두 포괄하고 있는 범위가 넓은 영역이라고 볼 수 있다.

2) 강도의 종류 및 그 사례분석

(1) 강도(단순강도)

상해를 입히지 않은 상태에서의 금품 갈취, 언어로 협박하는 것 등을 말한다. 예컨대, 대낮에 주택에 침입하여 혼자 있는 주부에게 상해를 입힐 듯이 말하여 반항할 수 없도록 한 후 금품을 갈취하는 경우, 으슥한 곳에 숨어 있다가 지나가는 행인을 주먹으로 후려쳐 쓰러뜨린 후 가방을 빼앗아 도주한 경우와 같은 것을 말한다.

(2) 특수강도

흉기로 협박하여 금품을 갈취하는 것을 말한다. 예컨대 야간에 남의 집에 칼을 들고 침입하여 칼로 협박하여 돈을 빼앗는 경우, 2인 이상이 합동하여 회사경비실에 침입하여 경비원을 칼로 위협하고 사무실 서랍 등을 뒤져 금품을 빼앗은 경우, 영업용 택시에 손님을 가장하여 승차 후 운전사를 칼로 위협하여 현금을 빼앗고 택시를 빼앗아 도주한 경우, 혹은 그 반대의 경우 특수강도죄가 성립한다.

(3) 인질강도

인질을 이용하여 금품을 갈취하는 것을 말하는 것으로, 예컨대 어린이를 유괴하여 어린이 부모에게 석방의 대가로 금품을 요구하거나 금품을 빼앗은 경우, 아들이 택시 운전사인 것을 알고 그 집에 찾아가 부모에게 아들이 교통사고를 일으켰다고 속여 돈을 준비하도록 한 후 부모를 유인하여 창고에 가두어놓고 가지고 온 돈을 빼앗은 경우 인질강도죄가 성립한다.

(4) 강도상해

흉기로 사람에게 해를 입힌 후 금품을 갈취하는 것을 말하는 것으로, 예컨대 심야에 귀가중인 행인의 머리를 쇠파이프로 때려 상처를 입히고 현금, 수표가 들어있는 지갑을 빼앗은 경우, 남의 집에 침입하여 장롱 속에 있던 금목걸이를 훔친 후 집주인에게 발각되자 집주인을 칼로 찔러 상해를 입힌 경우, 영업용 택시에 손님을 가장하여 승차한 후 택시운전사를 칼로 위협하고 돈을 내놓으라고 위협했으나 거절한다고 운전사의 팔뚝을 찌르고 돈을 빼앗은 경우 강도상해죄가 성립한다고 보겠다.

(5) 강도살인, 강도치사

흉기나 신체의 일부로 사람을 죽인 후 금품 갈취하는 것을 말하는 것으로, 강도가 복면을 하고 남의 집에 침입하여 혼자 있는 주부를 칼로 위협하고 돈을 내놓으라고 하였으나 주부가 사람살려 하고 소리를 치자 잡힐 것이 두려워 그 집에 있던 넥타이로 주부를 목졸라 살해한 경우 강도살인죄 성립, 남의 집에 침입하여 집을 보던 노인을 칼로 위협하고 돈을 빼앗은 후 밖으로 나오려고 할 때 노인이 뒤따라 나오는 것을 주먹으로 때리고 도주했으나 노인이 뇌진탕을 일으켜 병원에 옮겨 치료 중 사망케 한 경우 강도치사죄가 성립한다고 보겠다.

(6) 강간(단순강간)

여자를 칼로 위협하여 돈과 목걸이를 빼앗은 다음 다시 그녀를 간음한 경우 강도강간죄가 성립한다.

(7) 해상강도

항구에서 흉기를 이용한 협박을 통해 금품이나 수출, 수입제품을 갈취하는 것을 말한다. 예컨대, 여러 명이 보트를 타고 인천항에 정박 중인 해상의 화물선에 올라가 당직중인 항해사를 칼로 위협하고 손과 발을 끈으로 묶어 놓은 후 돈을 빼앗고 갑판 위에 있던 전자제품 박스를 모터보트에 옮겨 싣고 운반하여 이를 빼앗은 경우 해상강도죄가 성립한다.

(8) 강도미수

강도 과정에서 타인에게 검거되는 경우를 말하는 것으로, 예컨대 주택에 침입하여 주부의 어깨를 붙잡고 반항하지 못하게 한 후 금품을 요구하였으나 피해자가 사람 살려달라고 구원을 요청하자 옆집에 사는 주민이 달려와 체포된 경우 강도미수죄가 성립한다고 보겠다.

(9) 준강도

강도행위 후 달아나는 과정에서 발각돼 검거되는 과정에서 타인을 폭행하여 반항하지 못하게 하고 도주하는 경우를 말한다. 예컨대, 타인의 주택에 침입하여 장롱속을 뒤져 현금 등을 훔친 후 그 집에서 나오다가 집주인에게 발각되어 붙잡히자 체포를 면할 목적으로 집주인을 주먹으로 때리고 발로 차서 넘어 뜨려 반항을 못하게 하고 도주한 경우 준강도죄가 성립한다.

(10) 강도예비·음모

강도예비란 강도행위 전 발각되어 검거되는 경우를 말하는 것으로 예컨대, 남의 집에 침입하여 금품을 빼앗을 목적으로 칼을 소지하고 그 집 뒷문 출입구에서 집안의 동정을 살피다가 경찰 순찰차 사이렌 소리에 놀라 도주한 경우 강도예비죄가 성립하고, 친구 2명 이상이 자취방에 모여 용돈을 마련하기 위해 동네 빵집에 들어가 강도하기로 합의한 경우 강도음모죄가 성립한다.

3) 강도범죄의 실태분석 및 발생현황

강도의 경우는 1977년 1,210건에서 2006년 4,684건으로 지난 30년간 약 3,9배 증가하였다. 연도별로 보면 1979년까지는 비슷한 수준을 유지하였으나 1980년 2,374건, 1985년 3,135건, 1990년 4,195건으로 급격히 증가하였다. 그 뒤 1991년 2,766건으로 감소현상을 보였으나 3년 후인 1994년에는 다시 4,469건으로 급증하였다. 이어 1995년 3,414건, 1996년 3,586건으로 다시 증가하기 시작하였다. 이후 1997년 4,282건, 1998년 5,407건, 2000년 5,349건, 2001년 5,546건, 2002년 5,953건으로 대체적인 증가세를 보였다. 2003년에는 7,327건으로 급격히 증가하였다가 2004년 5,762건, 2005년 5,266건, 2006년 4,684건으로 다시 감소하였다. 강도사범의 경우 아래 표에서 보는 바와 같이 지난 10년간 강도는 3,481명에서 2,529명으로 27.4% 감소하였고 강도상해는 3,697명에서 1,806명으로 51.2%의 감소를 보였다. 강도강간은 128명에서 66명으로 48.5% 감소하였고, 강도살인은 94명에서 386명으로 410.6% 대폭 증가한 것으로 나타나고 있으며, 2006년의 경우 전년에 비해 강도 살인이 319.6% 급증하였다. 이와 같이 강도사범 중 가장 피해가 큰 강도 살인사범의 증가는 오늘날의 물질만능주의와 인명경시풍조가 만들어낸 결과로 보겠다.

4) 범죄행위의 특징

(1) 발생지역

2006년의 강도의 발생지역별 구성비를 보면 대도시와 중·소도시에 대부분 집중되어 있고, 특히 강도는 대도시가 47.5%, 중·소도시가 44.6%로 나타나고 있는데 이는 도시의 인구 과밀화에 따른 당연한 현상으로 보여진다.

(2) 발생시간대

강도범죄의 발생시간대별 분포를 보면 밤에 발생하는 경우가 37.9%로 가장 많고 그 다음이 새벽으로 16.8%, 오후 16.2%의 순이었다. 강도범죄의 경우 범죄의 특성상 범죄발생시간대가 주로 야간에 집중되고 있으나 새벽과 오후도 상당한 비율을 차지하고 있다.

(3) 흉기소지 현황

강도의 경우도 흉기소지의 비율이 살인(87.3%)과 마찬가지로 57.1%라는 높은 비율로 나타났으며, 사용흉기의 종류는 살인(62.4%)과 똑같이 도검이 주종을 이루고 있는데 강도는 32.7%가 도검을 사용한 것으로 나타나고 있다.

흉기준비상황을 보면 강도의 경우에는 사전준비를 한 경우가 70.8%, 피해자의 것을 사용한 경우가 8.6%를 차지하고 있으나, 기타의 비율도 커서 그 정확한 현황을 파악하기는 어렵다.

(4) 강도수법별

아래 표는 2002년부터 2006년까지의 강도수법별 발생건수를 나타낸 것이다.

2002년부터 2006년까지의 강도수법별 발생 건수를 보면 2002년에는 침입강도 22.3%, 노상강도 22.3%, 차량강도 2.9%였는데 2006년에는 침입강도 45.3% , 노상강도 16.6%, 차내 강도 1.7%로 나타났다. 2005년과 2006년을 비교하여보면, 침입 강도는 증가한 반면, 노상강도는 감소한 것을 알 수 있다.

〈표 3-1〉 강도수법별 발생건수(2002년~2006년)

연령 \ 구분	계	침입강도	노상강도	차내강도	기 타
2002	6,240 (100)	1,393 (22.3)	1,393 (22.3)	181 (2.9)	3,273 (52.5)
2003	7,706 (100)	1,733 (22.5)	1,619 (21.0)	217 (2.8)	4,137 (53.7)
2004	5,750 (100)	1,944 (33.8)	1,291 (22.5)	118 (2.1)	2,397 (41.7)
2005	5,265 (100)	1,912 (36.3)	973 (18.5)	116 (2.2)	2,264 (43.0)
2006	4,684 (100)	2,123 (45.3)	778 (16.6)	80 (1.7)	1,703 (36.4)

주) 1. 범죄분석.
2. (　)안은 분포배분율
3. 특가법으로 가중처벌되는 경우 포함

(5) 범죄자의 특징

강도의 경우 소년의 비율이 25.1%로서 매우 높은 편이며, 교육정도별 구성비에 있어서는 강도의 경우 중학교 이하의 학력을 가진 자의 비율이 25.2%로 나타나고 있다. 강도의 경우 학력별로 보면 초등학교나 중학교 학력 소지자보다 오히려 고등학교 학력 소지자가 46.2%를 차지하고 있는데, 학교교육에 있어서 인성교육을 강화하는 한편 학교교육과 가정교육의 유기적인 결합을 통하여 건전한 가치관과 도덕성을 함양토록 함이 절실히 요구된다고 보겠다.

전과회수별 구성비를 보면 강도의 경우 2006년의 초범자의 비율이 27.8%로 2005년의 27%보다 그 비율이 높아졌다. 반면에 4범 이상의 전과다수자의 비율은 강도가 2005년에 35.7%이던 것이 2006년에 36.3%로 다소 높아진 것으로 나타났다.

(6) 피해자의 특징

강도의 연령별 구성비를 보면 31세 이상 40세 이하가 21.5%로 가장 높은 비율을 보이고 있고, 피해자와 가해자가 타인인 경우가 71.1%의 높은 비율을 차지하고 있다.

제6절 방화범죄의 피해

1. 방화의 개념

방화란 고의로 불을 놓아 현주건조물, 공용건조물, 일반건조물 또는 일반 물건을 소훼(燒燬)하는 것으로서 실수로 위와 같은 결과를 낳은 실화와는 구분되는 개념이다.

현행 형법에서는 이런 좁은 의미의 방화죄 이외에, 진화를 방해하거나 폭발성 있는 물건을 파열하거나 가스 등의 공작물을 손괴하는 것도 방화죄에 준해서 처벌하고 있으며, 광의의 방화죄에는 이러한 준방화죄가 포함되고 있다.

2. 방화죄의 성격

방화죄는 다수인의 생명, 신체, 재산에 대한 위험성을 초래하는 공공위험죄로서의 성격과 방화와 실화에 의해 건조물이나 일반물건 등이 손괴되는 결과가 발생하므로 재산을 침해하는 성격도 지니고 있다.

공공위험이란 일반적으로 공중의 생명, 신체, 재산을 침해할 가능성을 말한다. 즉 타인의 생명, 신체, 재산에 대한 위험 또는 생명, 신체, 재산에 대한 예측할 수 없는 위험을 의미하는 것이다. 이러한 '위험' 개념은 사회에 위험을 끼치려는 행위자의 의도와는 상관없이, 구체적인 상황 속에서 위험이 발생할 가능성이 있는가에 따라 판단되는 것으로서, 일반인이 심리적으로 위험이 있다고 느낄 수 있다면 '공공의 위험'이 있다고 할 것이다. 따라서 방화죄는 공공의 안전과 평온을 해치는 대표적인 공공위험범죄의 성격을 가지고 있다고 할 수 있다.

한편, 방화의 재산범죄적 성격은 방화라는 범죄가 실제로 개인의 재산을 파괴하는 결과가 발생한다는 점에서 기인한다. 또한 현행 형법에서 자기소유물건에 대한 방화죄의 형벌이 타인소유물건에 대한 방화죄의 형벌보다 낮고, 방화죄가 성립되기 위해서는 재산의 소훼라는 재산침해의 결과가 생겨야 하는 것으로 규정하고 있다는 점에서 현행 형법도 방화죄의 재산범죄적 성격을 인정하고 있다고 할 수 있다.

3. 방화범죄의 실행의 착수시기와 기수시기

방화죄들은 모두 '불을 놓아 … 소훼하여…'로 규정되어 있다. 그리하여 실행착수를 의미하는 '불을 놓아'의 시점과 기수를 의미하는 '소훼하여'의 시점이 언제를 의미하는지 문제된다.

실행착수는 목적물 내지 매개물에 점화함으로써 인정된다고 한다. 즉 점화시기가 실행착수시기이다. 아울러 이러한 점화는 작위로도 부작위로도 가능한데, 작위는 직접 목적물에 점화하거나 매개물에 점화함으로써 성립되고, 부작위는 소화의 의무 있는 자가 의무이행을 하지 않음으로써 성립된다.

기수시기를 의미하는 소훼의 개념에 대해서는 독립연소설, 효용상실설, 절충설이 대립된다.

독립연소설은 불이 매개물을 떠나 목적물에 독립하여 연소를 계속할 수 있는 상태에 이르면 소훼라는 설이다. 목조건물이 많은 우리나라에서는 독립연소만으로도 공공의 위험이 매우 높다는 것이 이 설의 논거이다. 방화죄의 공공위험범의 성격을 강조하는 이 견해는 방화죄의 기수시기를 가장 앞당기는 견해로서, 판례의 입장이다.[17)]

효용상실설은 불에 의해 목적물의 중요부분이 본래의 효력을 상실되어야 소훼라는 견해이다. 독립연소설의 경우 미수, 특히 중지미수의 성립여지가 희박해진다는 것이 논거이다. 방화죄의 재산범적인 성격도 고려하는 이 견해는 기수시기가 독립연소설보다는 늦다. 다수설의 입장이다.

절충설은 목적물의 중요부분에 연소가 개시되었거나 목적물의 일부분이 손괴되었을 때 소훼가 인정된다는 견해이다.

4. 방화죄의 종류

현행 형법에서 기본적 구성요건은 일반물건방화죄(제167조 1항)인데, 이에 대해서는 불법이 가중된 일반건조물등방화죄(제166조), 공용건조물등방화죄(제165조), 현

17) 불이 매개물을 떠나 목적물에 옮겨져 스스로 독립하여 연소를 계속할 수 있는 상태에 이른 때에 소훼가 있고, 반드시 중요 부분이 소실되어 본래의 효용을 상실할 필요는 없다 : 독립연소설(대법원 1970.3. 24, 70도330/대법원 1983.1.18, 82도2341)

주건조물등방화죄(第164조)가 붙어 있고, 특히 일반물건방화죄(제167조 2항)와 일반건조물등방화죄(제166조 2항)에 대해서는 객체가 자기 소유인 때를 따로 구별하여 규정하고 있으며, 행위의 결과에 따라 현주건조물방화치사상, 연소, 방화예비 · 음모 등의 죄가 추가로 규정하고 있다.

1) 현주건조물등방화죄

(1) 개념

현주건조물등방화죄는 불을 놓아 사람이 주거로 사용하거나 사람이 현존하는 건조물 등을 소훼함으로 성립된다. 사람이 주거로 사용하거나 현존하는 건물에 불이 난 때에는 사람의 생명에 대한 위험이 크다는 점을 고려하여 무거운 형으로 벌하고 있다.

(2) 행위객체

사람이 주거로 사용하거나 사람이 현존하는 건조물, 기차, 전차, 자동차, 선박, 항공기 또는 광갱이 현주건조물등방화죄의 객체가 된다.

여기서의 "사람"은 범인 이외의 일체의 자, 즉 타인을 말한다. 범인만 주거에 사용한다든지, 범인만 현존하는 곳은 이에 해당되지 않으며, 범인이 가족과 함께 기거하는 곳은 이에 해당된다. 또한 "주거로 사용한다" 함은 기와침식에 일상적으로 사용하는 것을 말하며, 방화 당시 사람이 현존하고 있을 필요는 없다. 또 건조물의 일부만이 주거에 사용되는 경우도 이에 포함된다. 따라서 학교숙직실에 방화한 경우도 이에 해당된다. "사람이 현존한다"는 것은 사람이 목적물 내부에 있음을 말한다. 현존하는 이상 주거에 사용하는가는 묻지 않는다.

'건조물"이라 함은 가옥 기타 이에 준하는 공작물 일반을 말한다. 즉 지붕을 갖추고 벽 또는 기둥에 의하여 지지되며, 토지에 정착하여 내부에 사람이 출입할 수 있는 곳으로서, 주택, 점포, 창고, 학교, 토막굴, 방갈로, 천막, 텐트 등도 해당하며, 건조물의 부속물도 건조물과 불가분한 일체를 형성하여 파괴하지 않고 뜯어낼 수 없는 것일 때에는 건조물에 해당한다. 또한 건조물은 규모의 대소를 묻지 않으며, 자연적 토굴 등은 건조물이라 할 수 없으나 자연물에 인공적인 시설을 가미하였을 때에는 건조물이라 할 수 있다.

(3) 행위

불을 놓아 목적물을 소훼하는 것이 방화죄가 성립하는 행위가 된다. 여기서 불을 놓는다는 것은 목적물을 소훼하는 일체의 행위를 말하는데, 불을 놓는 방법에는 제한이 없다. 즉 직접 목적물에 방화하건, 매개물을 이용하여 방화하건 상관이 없으며, 작위뿐 아니라 부작위에 의한 방화도 가능하다. 예를 들면 소화할 의무가 있는 자가 쉽게 소화할 수 있음에도 불구하고 화기를 이용하기 위하여 소화하지 않은 경우에는 부작위에 의한 방화가 성립되는 것이다.

(4) 형량

현주건조물등방화의 죄를 범한 자는 무기 또는 3년 이상의 징역에 처한다.

2) 현주건조물등방화치사상죄

(1) 개념

현주건조물등방화치사상죄는 현주건조물등방화죄를 범하여 사람을 상해나 사망에 이르게 하는 죄를 말한다. 이 죄는 공공의 안전 이외에 사람의 생명이나 신체가 침해되어야 성립이 되는 침해점이며, 과실의 경우 뿐 아니라 고의가 있을 때에도 이 죄의 적용을 받게 된다.

(2) 행위

이 죄는 사람의 상해 또는 사망의 결과가 발생해야 하는 것이며, 여기서 사람이란 정범 혹은 공동정범 이외의 사람을 말한다. 상해, 사망의 결과는 방화에 의해 직접 발생한 경우뿐만 아니라, 불을 지른 행위에 의해 인과적으로 발생한 결과도 포함한다. 이 경우 현주건조물방화죄와 상해 또는 사망 사이에는 인과관계가 있어야 하고, 상해 또는 사망에 대한 예견가능성이 있어야 한다. 예를 들면 불을 피하기 위해 건조물에서 뛰어내리거나, 불탄 물건에서 나온 유독가스로 인해 상해를 입거나 사망한 경우는 예견할 수 있는 결과이지만, 피해자가 진화작업에 열중하다가 화상을 입은 경우에는 예견할 수 있는 결과라 할 수 없다.

(3) 다른 범죄와의 관계

먼저 살인죄와의 관계를 살펴보면, 방화 당시 살인의 고의가 있어도 현주건조물등방화치사죄만이 성립한다고 하고, 다만, 존속을 죽인 경우는 존속살해죄와 현주건조물방화치사죄의 상상적 경합이 된다고 한다. 현조건조물에 방화한 후 불길을 피해 집에서 빠져 나오려는 피해자들을 막아 불에 타 사망케 한 경우에는 현주건조물등방화죄와 살인죄의 실체적 경합범이 된다.

강도살인과의 관계를 살펴보면, 재물을 강취한 후 피해자들을 살해할 목적으로 현주건조물에 방화하여 사망케 한 경우에는 강도살인죄와 현주건조물등방화치사죄의 상상적 경합범이 된다.

화재보험금 편취목적으로 자기 가족이 살고 있는 가옥을 방화한 경우는 현주건조물방화죄만 성립한다. 다만, 방화 후 보험금을 취득한 경우는 본죄와 사기죄의 실체적 경합범이 된다.

(4) 형벌

현주건조물방화의 죄를 범해 사람을 상해에 이르게 한 현주건조물방화치상의 경우에는 무기 또는 5년 이상의 징역에, 사람을 사망에 이르게 한 현주건조물방화치사의 경우에는 사형, 무기 또는 7년 이상의 징역에 처한다.

3) 공용건조물등방화죄

(1) 개념

공용건조물 방화란 불을 놓아 공용 또는 공익에 공하는 건조물, 기차, 전차, 자동차, 선박, 항공기, 광갱을 소훼하는 죄를 말한다. 공용건조물등이라는 점에서 현주건조물등방화죄의 형벌과 같고, 일반건조물등방화죄에 비해 형벌이 무겁다.

(2) 행위

사람이 주거에 사용하거나 사람이 현존하는 건조물 등이 아니면서 공용 또는 공익에 사용하는 건조물일 경우 적용되며, 공용 또는 공익에 사용하는 건조물 등이라도 주거에 사용하거나 사람이 현존한 때에는 본죄가 성립하지 않고 현주건조물등방화죄가 성립한다.

여기서 공용에 공한다는 것은 국가 또는 공공단체 등이 사용한다는 것을 의미하며, 공익에 공한다는 것은 일반인들의 이익을 위해 사용된다는 것을 의미한다. 예를 들면 경찰순찰차, 관공서의 출·퇴근버스 등은 공용에 공하는 건조물이며, 일반버스나 택시 등은 공익에 공하는 건조물이 되는 것이다. 이때의 건조물은 공용 또는 공익에 공하면 되고, 누구의 소유인가는 상관이 없다.

(3) 형벌

공용건조물 방화죄를 범한 자는 무기 또는 3년 이상의 징역에 처한다.

4) 일반건조물등방화죄

(1) 개념

일반건조물등방화죄는 현주건조물등방화죄나, 공용건조물등방화죄에 해당하지 않는 건조물을 소훼한 때 성립하는 죄이다.

일반건조물등방화죄는 건물 등의 소유권이 누구에게 속해있는지에 따라서 일반건조물등방화죄와 자기소유일반건조물등방화죄로 구분되는데, 건조물 등이 자기소유인 경우에는 타인소유인 경우에 비해 형벌이 가볍다.

(2) 형벌

일반건조물등방화죄를 범한 자는 2년 이상의 유기징역에 처하며, 자기소유일반건조물등방화죄를 범한 자는 7년 이하의 징역 또는 1천만원 이하의 벌금에 처한다.

5) 일반물건방화죄

(1) 개념

일반물건방화죄는 건조물 이외의 물건 소훼한 경우에 해당하며, 이때에도 소유권이 누구에게 속해있는지에 따라서 일반물건등방화죄와 자기소유일반물건등방화죄로 구분되는데, 물건 등이 자기소유인 경우에는 타인소유인 경우에 비해 형벌이 가볍다. 또한 이 경우에는 공공의 위험이라는 구체적 위험이 발생해야 한다.

(2) 형벌

일반물건방화죄를 범한 자는 1년 이상 10년 이하의 징역에 처하며, 자기소유일반물건방화죄를 범한 자는 3년 이하의 징역 또는 700만원 이하의 벌금에 처한다.

6) 기타

(1) 연소죄

연소죄는 자기소유건조물, 또는 물건에 대한 방화가 확대되어 타인 소유물에 연소한 경우를 처벌하기 위한 자기소유물에 대한 방화죄의 결과적 가중 규정이다. 여기서 연소란 행위자가 예견할 수 없었던 물체에 불이 이전되어 소훼하게 하는 것을 말하며, 이때 자기물건이 소훼되었을 뿐 아니라, 이로 인하여 공공의 위험이 일어나야 한다.

자기소유물건에 불을 놓아 현주건조물, 공용건조물, 또는 일반건조물을 연소한 경우에는 1년 이상 10년 이하의 징역에 처하며, 자기소유물건에 불을 놓아 일반물건에 연소한 경우에는 5년 이하의 징역에 처한다.

(2) 방화예비음모죄

방화예비 또는 방화음모죄는 방화죄를 범할 목적으로 예비, 음모함으로써 성립하는 죄이다. 예비란 실행의 착수 이전의 준비행위로서, 점화하기 위하여 방화 재료를 쌓아 올리거나, 목적물에 기름을 붓는 등의 행위 등도 처벌된다.

(3) 준방화죄

그 밖에 진화방화죄, 폭발성물건파손죄, 가스전기 등 방류죄, 가스 전기등 공급방해죄도 방화죄에 준해서 처벌된다.

5. 방화범죄의 특징

방화는 다른 범죄에 비해 손쉽게 행할 수 있으나, 그에 비하여 인명, 재산상의 손실은 상상을 초월하기 때문에 심각한 범죄라 할 수 있다. 방화는 증거가 소실되는 경우가 많기 때문에 수사가 가장 곤란한 범죄로서 방화범죄의 특징을 정리하면 다음과 같다.

1) 방화장소

방화장소는 시골이 도시보다 많고, 주거건물보다 헛간, 가축사, 곳간 등이 많은데, 그 이유는 실행해도 발견될 위험이 적으며, 가열물이 많기 때문이다. 단, 보험사기 방화는 도회지에 많다.

2) 방화계절

방화는 여름과 겨울에 많이 발생하는데, 여름에는 더위 때문에 감정의 자극성이 높아지기 때문이며, 겨울에는 경제적인 요인 때문에 방화범죄가 많이 발생한다.

3) 범죄자 연령분포

청년기, 젊은 장년기가 많다는 것은 일반범죄와 유사하지만, 일반 범죄에 비해서는 아동기와 노년기에도 많은 편이다.

6. 방화범죄의 원인 및 문제점

1) 방화범죄의 원인

(1) 방화범죄에 대한 사회 전반의 인식부족

한 경찰 관계자는 “사회적 소외, 약자계층 등이 개별적 고통이나 불만을 불특정 다수 등에게 돌리면서 홧김에 저지르는 우발적, 현실불만성 방화가 늘고 있는 것 같다”며 “공동사회에서 소외되지 않고 더불어 살아가는 사회적 관심과 제도가 필요하다”고 지적했다.

방화범죄에 대한 관심과 그 대책 마련을 소홀히 한다면 대구 지하철 참사 같은 비극이 다시 일어날 수도 있다. 더 곪기 전에 심각한 사회문제로 여겨 지금부터 차근차근 대책을 세워야 한다.

(2) 방화범죄 전담조직 및 연구기관의 미비

경찰관들은 한 달에 4~5시간의 지방청 교육만으로 정확한 화인조사를 위한 전문지식을 얻기 어렵다. 그리고 방화사건 수사에 관련하여 지식부족으로 정확한 수사가 불가능한 경우 대부분 누전으로 처리하고 있는 실정이다.

또 일선 경찰서의 협조요청이 있어야 출동하는 서울경찰청 화재수사협의회(경찰 소방관 국립과학수사연구소 가스안전공사 등 전문가 7～8명으로 구성)도 일선의 소극적인 자세로 지난해 7월 창설된 이래 단 3차례만 가동됐다.

중앙소방안전기술위원회 김운형(金運亨 · 40)위원은 경찰과 소방 모두 화인분석이 가져올 책임소재에서 벗어나 체계적인 전문지식을 갖출 수 있는 시스템 보완이 시급하다며 허술한 화재조사가 반복적인 화재참사를 유발하는 간접적인 원인이 될 수 있다고 지적했다.

미국의 경우 70년대 후반 방화범죄만을 전담하는 특수조직(Arson Task Forces)을 출범시켰다. 또 ‘화재방지 및 통제에 관한 법(Fire Prevention and Control Act)’을 만들어 방화 억제 예산을 크게 늘렸다. 이를 통해 방화범죄의 발견 기술을 발전시키고 대(對) 국민교육 프로그램을 개발하는 등 집중 지원하고 있다.

일본도 70년대 들어 매년 1천 건 이상의 방화 범죄가 일어나자 86년 도쿄 소방청에 방화화재예방대책위원회를 설치해 행정, 사회심리, 교육 등 다양한 각도에서 조사 연구해 종합대책 등을 내놓은 바 있다.

유럽의 경우 85년과 89년 벨기에의 브뤼셀에서 유럽방화협의 총회를 열어 방화범의 심리적 동기 및 주요 목표대상에 대한 분석, 효과적인 현장조사 기법 등 20여 가지의 대책을 마련했다.

특히 우리 사회에서도 보험금 등을 노린 지능적인 방화나 정신질환자 등에 의한 우발적 방화가 늘어날 가능성이 많은데도 불구하고 현재 이를 전담하는 조직이 없다는 것이 큰 문제점이다.

(3) 급증하는 방화와 수사체계상의 결함

방화(放火)와 '원인을 알 수 없는 화재' 가 매년 꾸준히 늘고 있다. 선진국들의 경우 화재원인 분석률이 90% 이상인데 비해 국내 분석률은 70%대에 그치고 있어 상당수의 방화사건이 '원인불명' 으로 종결된다는 지적도 나온다.

특히 원인불명인 화재사건의 증가는 수사기관의 전문성 부족, 경찰과 소방관계자의 허술한 공조체계 등으로 화재원인 조사가 소홀하게 이뤄지고 있기 때문으로 분석되고 있다.

화재가 발생하면 반드시 경찰과 소방관계자들로 합동수사반이 만들어지고 이들이 함께 만든 보고서가 일반에 공개되는 미국과 달리 국내 경찰과 소방당국은 각자의 보고서를 만들 뿐 공통된 조사결과를 내지 못하고 있다. 실제 지난해의 경우 방화 건수에 대해 소방당국과 경찰은 각각 2,559건과 1,263건으로 다르게 파악했다.

(4) 법률적 문제점

우리나라의 경우 방화범죄에 대한 관심의 부족으로 입법적 불비와 방화범죄의 대응책을 처벌에만 한정하는 문제점이 있다.

또 방화범죄의 경우 동질의 강력범죄에 비하여 법정형이 낮게 규정되어 있는 실정이다. 반드시 법정형이 높다고 하여 그 범죄의 통제가 잘 이루어지는 것은 아니겠지만 적정한 형벌을 부과하는 것과 균등한 형벌부과가 양형의 목표이므로 이를 개선하는 것이 바람직하다.

2) 방화범죄의 대책

(1) 법률적 대응방안

위에서 언급한 바 있듯이 방화범죄에 있어서는 법정형의 개선으로 방화범죄의 감소효과를 볼 수 있을 것이다. 타 범죄에 비해 상대적으로 낮은 형벌은 범죄를 조장할 우려가 있기 때문이다. 그러므로 형평성을 고려한 법정형을 부과할 필요가 있다.

그리고 보험사기를 위한 방화의 경우에도 현행 형법의 경우에는 적절한 범죄예방효과를 보지 못한다. 경제범의 성격을 가지게 되는 보험사기 방화의 경우에는 더욱 강력한 형벌을 규정하여 방화범죄의 예방과 감소의 효과를 볼 수 있도록 해야 한다.

(2) 정책적 대응방안

① 방화범죄 전담조직 및 연구기관의 설립

방화범죄에 대한 정확한 통계자료 및 방화범죄에 관련한 정보를 수집, 체계적으로 관리하여 각종 연구를 수행할 전문연구기관이 설립되어야 한다. 이러한 연구기관은 방화범죄를 통제, 예방, 수사하는데 유용하게 활용되어 현재의 수준보다 훨씬 높은 범인 검거율 및 방화범죄 감소율을 가져다 줄 것이다.

또 방화범죄만을 전담하는 조직도 필요하다. 방화범죄의 경우 검거기간이 길면 길수록 범인 검거율이 현저히 감소하고 있다. 그러므로 방화범죄 전담조직을 통해 전문적인 수사가 이루어져 조기에 범인을 검거할 수 있도록 해야 한다.

현재 우리의 경우 경찰과 소방이 합동수사를 하는 체계이지만, 이는 여러 가지 부작용을 낳고 있다. 소방관들은 경찰이 사건현장에서 소방법보다 형법이 우선이라며 뒤늦게 도착해서도 경찰관이 조사를 주도한다며 불만을 토로하고 있고, 경찰관들도 전문수사요원의 부족, 법정소송에 휘말릴 우려 등을 이유로 적극적인 수사를 하지 못하고 있다. 그러므로 방화사건의 경우에는 방화수사전담조직이 설치되어 전문적인 수사를 할 수 있도록 해야 한다.

② 방화범죄의 정확한 통계파악

현재 방화범죄에 대한 통계를 파악하는 명확하고 통일적인 기준이 없다. 모든 범죄에 대응하기 위해서 우선 그 범죄의 실태를 정확히 파악하는 것이 필요한데도 우리의 경우 정확한 방화사건의 실태파악이 어려운 실정이다.

따라서 방화범죄의 실태를 정확하게 파악하기 위해서 명확하고 통일적인 분류기준을 정하여 정확한 통계를 내어 방화범죄에 대한 대응책을 도출해 내어야 한다.

③ 관련기관간의 협조체계 구축

방화범죄가 가지는 특성상 소방기관, 경찰기관, 보험회사, 언론기관 등과의 협력이 없이는 그에 대한 수사 및 대책마련이 어렵다. 그러므로 방화의 의심이 있는 화재에 대하여는 소방기관과 경찰기관의 공통된 관심이 필요하다. 또한 보험회사도 보험가입자에 대한 각종 정보를 토대로 하여 보험금 지급을 목적으로 하는 방화의 가능성에 대하여 경찰과 공조하여 엄밀한 조사를 실시해야 한다. 방화의 예방을 위해서도 소방기관 및 경찰기관의 대응노력과 함께 보험사기를 억제하기 위해 방화범죄에 악용되기 쉬운 보험회사의 관련법규를 재검토하는 등의 관련기관간의 협조적인 노력이 필요하다.

④ 방화범죄자의 처우

방화범죄는 모방성과 상습성이 다른 범죄에 비해 강한 범죄이다. 따라서 죄자를 처벌에만 의존하는 것은 방화범죄자의 재범성을 통제하는데 도움이 되지 않는다. 그러므로 방화범죄의 경우 정신감정을 철저히 하여 정신병질자를 분류하고 전문적인 정신의학적 치료를 지속적으로 하는 것이 필요할 것이다. 또한 저지능이나 하류직업군 및 하류층에 속한 범죄자에 대한 문제는 국가적 차원에서 복지혜택을 부여하여 사회에 적응할 수 있도록 처우개선에 대한 대책도 필요할 것이다.

⑤ 전문성을 갖춘 인력 구성

방화범죄는 현장의 증거가 화재로 인해 사라지기 때문에 감식가에 의한 현장감식은 매우 중요한 증거수집 방법이다. 그러나 이런 중요한 감식이 전문성을 갖추지 못한 감식가에 의해 이루어질 경우 증거수집을 하지 못해 범인검거를 못하게 될 수도 있다. 따라서 화인(火因)조사를 위한 기술의 과학화와 유용한 화재감식 기술의 개발은 반드시 이루어져야 한다.

그러므로 방화범죄를 수사하는데 있어서 관련 있는 경찰수사관, 소방관, 감식관 등은 충분한 교육과 경험을 바탕으로 한 전문성을 갖춘 사람들로 구성되어야 한다. 또 방화범죄자들의 심리에 대한 연구도 방화범죄의 수사와 통제에 있어서 반드시 필요한 요소이므로 심리학 및 사회학의 전문가들도 수급할 필요가 있다.

방화범죄는 증거가 화재로 인하여 소실되기 때문에 화재감식가의 현장감식은 매우 중요한 요소가 된다. 따라서 화인조사를 위한 기술의 과학화와 함께 보다 유용한 화재감식 기술의 개발이 필요할 뿐만 아니라 방화범죄 수사의 관련인들 즉 수사관, 소방관, 검사, 판사, 보험조정인을 화인조사를 위해 충분히 교육시킬 필요가 있으며 방화범죄는 인간의 심리와 많은 연관성이 있으므로 심리학 및 사회학을 전공한 인력들을 수급할 필요가 있을 것이다.

방화는 사회적 스트레스 증가와 관련성이 높다며 방화범죄는 앞으로 지속적으로 증가할 것으로 보이므로 지금이 바로 화재 전문요원을 집중 양성해야 되는 시기이다.

(3) 사회적 대응방안

위에서 보았듯이 방화범죄자들은 사회적 열등감이나 소외감 등에서 출발하는 경우가 많다. 그러므로 방화범죄를 줄이기 위해서는 이런 소외된 계층의 사람들에 대한 국가적·사회적 차원의 지원과 관심이 필요하다.

정신질환자나 자살경향이 강한 환자에 대해서는 치료를 받기에 충분한 지원과 주위의 관심이 직·간접적으로 방화범죄를 막을 수가 있을 것이다. 그리고 주민들 스스로 방화범죄의 심각성을 자각하고 이를 방지하지 위해 노력을 경주해야 할 것이다.

(4) 예방을 위한 교육적 방안

방화범들은 어릴 때부터 불장난을 통해 얻은 쾌감을 잊지 못해 성인이 되어서도 계속하여 방화를 저지르는 자가 많다. 그러므로 유치원이나 초등학교에서부터 불장난 방지를 위한 교육 및 지도가 절실하다. 특히 화재의 위험성을 확실히 인식시켜 다시는 불장난을 하지 않도록 엄격하게 지도하여 방화벽이 생기지 않도록 주의해야 한다. 아울러 방화범죄가 발생했을 때의 막대한 피해를 널리 홍보하여 일반인들이 범죄에 나아가지 못하도록 하는 노력도 해야 할 것이다.

제7절 성폭력범죄 피해

1. 개관

성폭력이란 강간·강제추행 등의 성범죄와 같은 법적 개념과 가벼운 성희롱·관음증과 같은 단순한 성적일탈과 같은 사회학적 개념 등을 포함하는 종합적인 개념으로 자연인인 상대의 의사에 반한 일체의 성적 폭력행위하고 정의할 수 있으나, 이를 좀더 요약하여 말하면 성적 영역에서 허용된 상대자와의 허용된 행동에서 벗어난 일체의 행태라 할 수 있다.

범죄피해란 인간의 성적 행태를 규율하는 형법규범의 위반행위라고 형식적으로 정의할 수 있으나, 넓게 보면 성적영역에서 허용된 상대자와의 허용된 행동에서 벗어난 일체의 행태라 할 수 있다. 성폭력범죄는 현재 지속적으로 증가하고 있으며, 그로 인한 성폭력범죄의 피해 또한 지속적으로 늘어나고 있다.

아래에서는 성폭력 범죄로 인한 피해를 법무연수원에서 발행한 범죄백서에 나타난 통계를 참고하여 분석하고자 한다.

〈표 3-2〉 강력범죄의 죄명별 발생현황(1997~2006년)

연도 \ 구분	합계	살인	강도	강간 (성폭력 포함)	방화
1997	12,967	789	4,282	7,120	776
1998	15,416	966	5,407	7,886	1,157
1999	15,633	984	4,712	8,830	1,107
2000	17,780	964	5,349	10,189	1,278
2001	18,480	1,064	5,546	10,446	1,375
2002	17,759	983	5,953	9,435	1,388
2003	20,416	1,011	7,327	10,365	1,713
2004	19,539	1,082	5,762	11,105	1,590
2005	19,941	1,091	5,266	11,757	1,827
2006	21,006	1,064	4,684	13,573	1,685

위 <표3-2>에서 나타난 바와 같이 최근 10년간 강력범죄(강력범죄란 살인·강도·성폭력·방화범죄를 말함) 중에서 성폭력범죄가 차지하는 비율을 보면 1997년에 전체 강력범죄자는 12,967명에 성폭력범죄자는 7,120명이고, 2000년에는 17,780명에 10,189명이었으며, 2005년에는 19,941명에 11,757명, 2006년에는 21,006명에 13,573명으로 강력범죄 중에서 과반수이상이 성폭력범죄자임을 알 수 있다. 성폭력범죄자가 이렇게 증가하고 있는 요인은 여러 가지 있겠으나 그중 가장 중요하다고 보는 요인은 너무 가벼운 처벌이라고 보겠다.

예컨대 미국의 경우 비교적 가벼운 형벌이라고 볼 수 있는 집행유예로 풀려나는 경우는 20%에 불과하나, 우리나라의 경우는 50%가 넘을 뿐만 아니라 징역형량도 미국의 1/4 정도도 되지 않는다.

한편, 성폭력범죄자의 연령별 구성비와 교육정도별 구성비는 아래 <표 3-3>, <표 3-4>와 같으며 이 표에 나타난 바와 같이 성폭력가해자는 30대와 40대가 가장 많은 비율을 차지하고 있으며, 19세 이하도 8.7%를 차지하고 있음을 알 수가 있다. 또한 성폭력가해자의 학력은 고등학교 이상이 가장 많은 비율을 차지하는 바, 이는 혈기 방장한 사춘기 생활이 가장 큰 원인이라고 보겠다.

〈표 3-3〉 강력범죄자 연령별 구성비(2006년)

죄명 / 연령	합계	살인	강도	강간 (성폭력 포함)
계	959 (100)	3,047 (100)	10,353 (100)	1,049 (100)
19세 이하	20 (2.1)	766 (25.1)	979 (9.4)	92 (8.8)
20~25세	54 (5.6)	482 (15.8)	1,121 (10.8)	29 (2.7)
26~30세	78 (8.1)	402 (13.2)	1,260 (12.2)	47 (4.5)
31~40세	218 (22.7)	626 (20.5)	2,907 (28.1)	278 (26.5)
41~50세	316 (33.0)	389 (12.8)	2,273 (21.9)	381 (36.3)
51~60세	128 (13.4)	90 (2.9)	867 (8.4)	125 (11.9)
60세 이상	59 (6.2)	26 (0.9)	423 (4.1)	46 (4.4)
未 詳	86 (8.9)	266 (8.7)	523 (5.1)	51 (4.9)

주) 1. 범죄분석. 2. ( )안은 분포배분율

우리나라 경우 청소년 성폭행범이 꾸준히 증가하고 있으며, 성폭행의 특징으로는 집단화, 누범화, 연소화 등이다. 또 2005년 범죄분석(대검찰청)에 따르면 10대 강간범의 경우는 50.7%가 공범인데, 이는 청소년들이 강간을 또래집단의 오락이나 특정의식으로 여긴다든지 호기심이 가장 큰 원인이라고 보겠다. 특히 이들은 죄의식이 낮고 범죄를 해도 학생이므로 가볍게 처벌할 것이라는 기대심리와 형사사법기관의 온정적 처벌경향 등이 요인이라고 추정할 수 있다. 특히 청소년 성폭력사범의 저연령화의 현상은 경제성장으로 인해 갈수록 좋아지는 영양식단으로 인하여 청소년의 체격이 조기에 발달하는 것이 큰 요인이라고 보겠다.

〈표 3-4〉 강력범죄자 교육정도별 구성비(2006년)

죄명 / 연령	살인	강도	강간 (성폭력)	방화
계	959 (100)	3,047 (100)	10,353 (100)	1,049 (100)
19세 이하	147 (15.3)	185 (6.1)	686 (6.6)	184 (17.5)
20~25세	189 (19.7)	582 (19.1)	1,159 (11.2)	190 (18.1)
26~30세	305 (31.8)	1408 (46.2)	3,586 (34.6)	422 (40.2)
31~40세	89 (9.3)	311 (10.2)	2,169 (20.9)	93 (8.9)
41~50세	229 (23.9)	561 (18.4)	2,753 (26.6)	160 (15.3)

주) 1. 범죄분석. 2. ( )안은 분포배분율

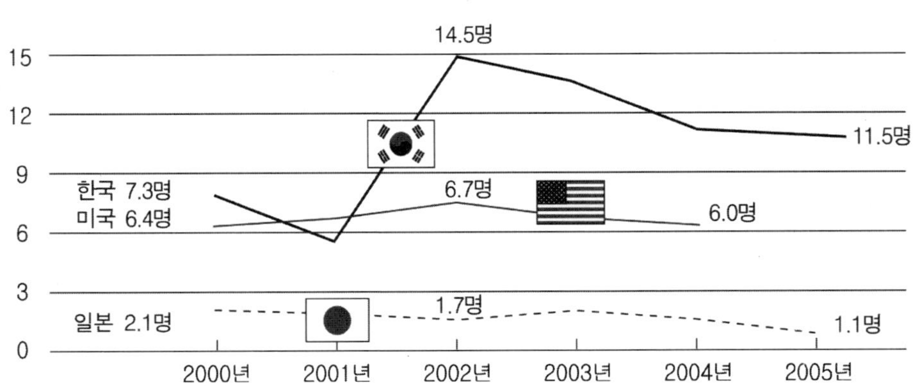

[그림 3-1] 인구 10만명 당 10대 간강범 추이

[그림 3-1]에 의하면 우리나라 10대 강간범의 증가속도가 매우 가파르게 상승하고 있는 것을 볼 수 있다. 청소년인구 10만명당 강간범의 수를 보면, 미국은 6.0명, 일본은 1.1명인데 반해 우리나라는 11.5명으로 일본보다 무려 10배나 되고 미국에 비하여도 거의 2배가 된다고 보겠다.

최근 크게 사회문제화되고 있는 아동성폭력 피해와 관련해 이화여대 한인영 교수의 발표자료(2006, 아동기획포럼)에 따르면 피해아동은 여아가 88.5%이고 피해 시기는 유치원과 초등학교 시기의 아동이 73%이며, 발생장소는 아동에게 친밀한 곳, 즉 피해아동의 집(45.3%), 학교 유치원 등의 순이다. 가해자는 남성이 98.6%, 성인이 81.8%, 피해아동과 아는 사이가 74.3%였으며, 가족이나 친족인 경우가 43.2%나 되었다. 이중 아동을 보호해야 할 의무가 있는 아버지·손위인척·교사 등의 비율이 39.8%로 나타나 가해자 3명 중 1명은 피해자를 보호해야 할 의무가 있는 사람이었다.[18)]

한편, 국가청소년위원회가 2006년 12월 19일 발표한 통계자료에 의하면, 아동·청소년 성범죄피해자는 2001년 8월 1차 신상공개 이후 제11차까지 1만 1,887명이며, 연령별로는 13세 미만이 3,090명으로 26%나 차지했다. 13세미만 아동 성 피해자가 지난 1차 신상공개 때 74명에서 412명으로 6배나 크게 증가한 것이 큰 특징이라고 보겠다.

성폭력 연령별 피해에 대해 <표 1-4>를 통하여 살펴보면 성폭력 피해는 남자의 경우 31세 이상 40세 이하가 27.5%로서 가장 많은 비율을 차지하는 바 이에는 강제추행이 상당히 포함된 것으로 추정된다. 여성의 경우는 21세 이상 30세 이하가 39%로 가장 높고 그 다음이 16세 이상 20세 이하가 19.8%이고 50세 이상의 피해여성도 증가되고 있다.

최근 우리나라에서 발생한 아동 성폭행 피해자 중에는 성폭행범인이 피해자를 잘 아는 가까운 주변인물이 많은 것이 특징이다. 예컨대 2007년 4월 제주도에서 일어난 양지승 어린이 사건의 경우 이웃에 사는 성폭행 전과가 있는 49세의 송 모씨에 의해 성추행 당한 뒤 살해되었고, 2006년 2월 용산에서 발생한 허양사건도 동종범죄로 집행유예 중인 이웃의 김 모씨가 성폭행하려다 살해한 사건이다. 또 같은 해 3월에 발생한 30대 주부 강간살인사건도 이웃집에 사는 강간전과 5범이 저지른 사건이었다.

2007년 12월부터 2008년 초까지 세상을 떠들썩하게 했던 안양 초등생 이혜진(당시 11세), 우예슬(9세)양과 군포에서 정모(44세)씨 등 3명을 살해한 정성현(39세)

18) 경기복지뉴스, 2006. 10. 7.

역시 이웃에 산 것으로 언론들은 보도하였다(조선일보, 2007. 4. 27, 중앙일보, 2008. 6. 19 등). 뿐만 아니라 휴대폰의 대중화로 인하여 청소년들에 의해 휴대폰이 성매매와 성범죄의 도구화로 되어가며 휴대폰을 통한 성 피해도 급증하고 있다.

아래 표에서 성폭력피해자와 가해자와의 관계로 살펴보면, 아는 사람이 1,935건인 83.5%이고 모르는 사람이 306건으로 13.2%, 미상이 76건에 3.3%로 아는 사람이 절대다수를 차지하고 있다. 아는 사람의 경우 직장 내가 527건에 22.7%로 가장 많았으며, 다음으로는 친족·친인척 360건에 15.5%, 학교·학원내가 235건에 10.1% 등의 순으로 성폭력 가해자가 아는 사람인 경우가 가장 많은 것으로 나타났다.

가해자에 의한 피해자별 직종을 살펴보면 교사나 교수 등 교육자에 의한 피해가 125건에 5.4%로 의사 등 의료기관 종사자에 의한 피해가 51건에 2.2%, 목사 등 성직자에 의한 피해가 24건에 1.0%로 등의 순이었는데 이는 학생지도와 교육, 그리고 업무적인 관계에서 많이 이루어지는 것으로 추정된다.[19]

〈표 3-5〉한국 성폭력상담소에 접수된 성폭력의 가해자와 피해자의 관계(2006년)

<table>
<tr><th colspan="11">아는 사람 1,935(83.5)</th><th rowspan="3">모르는 사람</th><th rowspan="3">미상</th><th rowspan="3">총계</th></tr>
<tr><th colspan="2">친족, 친·인척 360(15.5)</th><th rowspan="2">직장내</th><th rowspan="2">친밀한 관계</th><th rowspan="2">채팅·소개로 만난 사람</th><th rowspan="2">동네사람</th><th rowspan="2">서비스제공자</th><th rowspan="2">성직자·신도</th><th rowspan="2">학교·학원내</th><th rowspan="2">주변인의 지인</th><th rowspan="2">기타</th></tr>
<tr><th>친족</th><th>친·인척</th></tr>
<tr><td>313
(13.5)</td><td>47
(2.0)</td><td>527
(22.7)</td><td>182
(7.9)</td><td>80
(3.5)</td><td>120
(5.2)</td><td>101
(4.4)</td><td>23
(1.0)</td><td>235
(10.1)</td><td>119
(5.1)</td><td>188
(8.1)</td><td>306
(13.2)</td><td>76
(3.3)</td><td>2,317
(100)</td></tr>
</table>

이렇게 성폭행범이 급증하고 재범률도 높아짐에 따라 성폭행범에 대한 강력한 처벌을 원하는 절대다수의 여론에 힘입어 앞으로 성폭행범의 경우에는 2007년 4월 2일 국회를 통과한 전자팔찌법[20]은 4월 27일 법률 제8394호로 공포되었으며, 2008년 10월 28일부터 시행하게 되었다.

이 법의 주요 내용은 전자팔찌는 성폭력범죄자로 두 번 이상 징역 이상의 형을 선고받고 그 형의 합계가 3년 이상인 사람이 출소한 지 5년 이내 다시 성범죄를

---

19) http://www.sister.or.kr

20) 이법의 정식명칭은 「특정성폭력범죄자에대한위치추적장치부착에관한법률」이다.

저질렀거나 수차례 이상 상습적으로 또는 19세 미만의 피해자에게 성범죄를 저지른 사람에게 부착할 수 있도록 했다.

법은 또 '전자장치의 착용 여부를 타인이 알지 못하도록 기계를 고안해야 한다'고 규정하여, 인권침해 소지를 줄이도록 했다.

1) 성추행

성추행이란 성욕의 자극, 흥분 또는 만족을 목적으로 하며, 건전한 상식 있는 일반인의 성적 수치심, 혐오감을 느끼게 하는 일체의 행위라는 견해와 객관적으로 일반인에게 성적수치와 혐오의 감정을 느끼게 하는 일체의 행위라는 견해가 있다. 성적개념을 어떤 의미로 파악하던 성추행은 통계를 잡을 수 없을 정도로 우리 일상생활에서 비일비재하게 이루어지고 있다고 볼 수 있다.

2) 성희롱

성희롱이라는 정의는 학자에 따라 다양하다. 지광준은 성희롱이란 음란한 눈빛과 가벼운 성적인 농담·장난을 하한선으로 하고 타인의 특정 부위를 더듬고 만지는 손짓 등의 강제추행을 상한선으로 하는 중간영역이라고 하고, 자스트로우(Charles Zastrow)는 강간도 성희롱에 포함시키고 있다. 그러나 강제적인 성적관계를 대상으로 하는 모든 폭력을 의미하는 성폭력과 성희롱은 다르다고 보겠다. 왜냐하면 성희롱이란 폭력이 아닌 다른 방법으로 피해자에게 성적자극을 주어 피해자가 성적 수치감을 일으키게 하는 모든 행위가 성희롱이므로 폭력을 구성요건으로 하는 성폭력과는 다르기 때문이다. 한마디로 말하여 성희롱이란 협박이나 강제성을 반드시 요하지 않고 형법상의 범죄행위가 아닌 것이 성희롱이라고 볼 수 있다. 우리나라의 『인권법』은 '성희롱(sexual harassment)을 업무 및 고용 기타 관계로 인해 자기의 보호나 감독을 받는 자에게 성과 관련된 언동을 해 성적굴욕감이나 혐오감을 느끼게 하는 행위'로 규정하였고. 『남녀고용평등법』 제2조2항에서는 직장 내 성희롱을 '사업주, 상급자 또는 근로자가 직장 내의 지위를 이용하거나 업무와 관련하여 다른 근로자에게 성적인 언어나 행동' 등으로 또는 이를 조건으로 고용상의 불이익을 주거나 또는 성적 굴욕감을 유발하게 하여 고용환경을 악화시키거나 고용상의 불이익을 주거나 그 개념 정의가 단순한 성적 혐오로부터 강간, 강제외설에 이르기까지 다양한 형태가 있다. 일반적으로 성희롱은 직장 내 성희롱과 학교 내 성희롱 등으로 나눌 수 있다. 직장 내 성희롱은 작업상 이익을 매개로 부하 여직원의 성적 희롱을 요구하거나 또는 어떤 사람의 성별을 이유로 그 사람이 원하지 않는 고용조건을 부과하는 것이다.

직장 내 성희롱 실태를 알아보기 위해, 1998년 7월 행정자치부가 남녀공무원 500명을 대상으로 성희롱실태를 조사한 결과인 「여성백서」에 의하면, 56%가 여성비하의 모욕적인 언사, 43%가 의식적 따돌림, 29%가 기타 성희롱을 경험했으며, 최근 대구시 공무원을 대상으로 조사한 결과에서는 남성도 성희롱을 경험한 것으로 나타났으며, 조사대상자인 여성 137명, 남성 198명 중 성희롱을 경험했다는 응답자가 여성은 90명으로 65%, 남성은 65명으로 34%에 이르고 있는 것으로 나타났다.

학교 내 성희롱은 언론에 자주 보도되는 바와 같이 교·강사와 학생간의 성적이나 학점, 채용 등을 미끼로 성희롱이 빈번히 이루어지고 있을 뿐만 아니라 2006년 초에는 국회의원인 최모 의원의 동아일보 여기자와의 성추행사건으로 세상을 떠들썩하게 한 사건이 일어나는 것은 물론 갈수록 성희롱에 대한 문제가 사회적으로 크게 부각되고 있다.

3) 강간

강간이란 완력 또는 신체손상의 위협에 의하거나, 또는 피해자가 동의할 능력이 없을 때의 강제성교라고 할 수 있다. 강간 역시 연도별로 꾸준한 증가추세를 보이고 있으며 강간죄의 신고율이 10%미만에 불과하여 암수가 많아 정확한 피해수치를 파악할 수 없는 것이 문제라고 할 수 있다.

4) 성폭력범죄피해자의 특징

여성 성폭력 피해자가 전체의 91%이며, 남성피해자는 9%로 대부분의 피해자는 여성이고 여성피해자 중 40.6%로 남녀 포함한 전체 성폭력 범죄피해자 중 미성년자가 여성피해자 중 절반을 차지한다. 여성피해자 중에는 10대의 비율이 가장 높아 10대 여자청소년의 성폭력범죄피해가 가장 심각하다.

5) 성폭력피해자의 피해내용

성폭력피해자들은 심한 후유증을 겪게 되는 것이 문제라고 볼 수 있는데 심리적 후유증으로는 과잉반응, 우울, 죄의식, 수치심, 순결상실감, 강박장애, 파괴적 행동을 나타내며, 부정적 자기개념, 환각, 환청 등에 시달리는 등 인지지각능력에 심각한 장애를 경험하고 대인기피, 남성기피, 과잉통제 등의 사회후유증이 있어 원만한 사회생활이 어려울 뿐만 아니라 나아가 자해, 자살, 보복살인 등 공격적·가학적 행동유형을 나타내게 된다.

제8절 가정폭력범죄 피해

1) 가정폭력의 개념

가정폭력이란 가족구성원에게 신체적·정신적 상해나 재산상의 피해를 가하는 것이라 정의할 수 있으며, 가정폭력에는 구성원의 유형에 따라 부부폭력, 아동학대, 노인학대 등 다양한 형태가 있다.

가정폭력은 서로 신뢰관계에 있는 가족구성원 사이에 행해진다는 점 때문에 외부로 드러나기 어렵고 습관적·반복적으로 일어나면서 상황이 점점 악화되어 가는 특성이 있다. 또, 직접피해자 뿐만 아니라 가족구성원인 남편이나 자녀들에게까지 피해를 낳게 하는 문제가 있다.

2) 가정폭력의 피해유형

(1) 부부폭력

UN아동기금(UNICEF)은 2000년 제6차 세계여성대회[21]를 통해 "여성과 소녀에

---

21) 제6차 세계여성대회는 2000년 6월 5일부터 9일까지 미국 뉴욕 UN본부에서 "여성 20~21세기의 성적평등과 발전·평화"를 주제로 하여 여성에 대한 차별과 폭력문제를 집중 논의한 회의

대한 가정폭력"이라는 보고서를 발표하였는데, 세계여성의 20~50%가 가족에게 폭력을 당하고 있다고 하였다. 이 보고서에 따르면, 세계여성의 20~50%가 가족에게 폭력을 당하고 있다고 밝혔고, 가정폭력으로 고통을 겪는 여성의 비율은 일본 59%로 가장 높으며 다음이 니카라과 52%, 인도 45%, 케냐 42%, 우간다 41%에 이어 한국 38%의 순이었다. 특히 한국의 경우 조사대상 28개국 중 남편 혹은 전남편, 동거남에게 매 맞는 여성의 비율이 6위를 차지해 충격을 주고 있다.

또한 국제사면위원회(Amnesty International)는 세계여성의 날에 즈음한 보고서3)를 통해 전 세계의 수백만 여성들이 가족이나 고용주에 의해 매일 고문, 강간, 구타를 당하고 있다고 밝혔다. 사면위는 "여성에 대한 폭력을 휘두르는 자들은 대부분이 가족, 또는 이웃 또는 고용주들"이라며 "많은 여성들에게 가정은 테러의 장소"라고 지적했으며 미국에서 발행된 각종 보고서를 인용, "미국에서 15초마다 여성 1명이 구타당하며 70만명의 여성이 해마다 강간 당한다"며, 서방 선진국과 개발도상국을 막론하고 도처에서 여성에 대한 차별행위가 자행되고 있다고 지적했다.[22)]

우리나라의 경우 전통적인 가부장적인 사회분위기로 인하여 가정폭력이 사회적 관심을 끌지 못하였으나 여성에 대한 폭력 근절과 민주적이고 평등한 사회건설이라는 목표아래 여성의 전화가 1983년에 창립되면서부터 사회학자, 여성단체 등에 의해서 체계적이고도 본격적인 조사연구가 시작되었다. 이러한 노력에 힘입어 1998년 7월 1일부터 "가정폭력범죄의처벌등에관한특례법"이 발효 시행되면서 폭력구사자에 대한 엄격한 처벌을 통해 건강한 가족관계가 유지되도록 국가공권력이 개입하게 되었다.

(2) 아동학대(Child Abuse)

아동학대의 정의는 첫째 아동학대의 범위를 신체적 학대로 제한하는 좁은 의미의 정의로서 의학적 정의를 들 수 있다. 1962년 캠프(Kempe)와 그의 동료들은, 뚜렷하게 신체적으로 학대받은 어린이에게는 피학대증후군이 보인다고 말한다.[23)] 즉 「부모나 보호자의 행위 혹은 태만으로 인하여 초래되는 비우발적인 신체적 상처」를 학대로 정의하였다.

두 번째 법적인 정의는 미국연방정부의 학대방지 및 치료법에 의하면 "18세 이

를 말한다.

22) 김병준, 「신종범죄론」, (서울: 창조문화, 2006), 47면.

23) R.J. Gelles, "Violence Toward Children in the United State", 1978.

하의 어린이가 그 어린이의 복지에 책임 있는 사람으로부터, 건강과 복지에 해를 입거나 이를 위협하는 환경 하에서 신체적·정신적 손상, 성적학대, 방치 혹은 냉대(maltreatmenr) 받는 것(Nelson, 1984)"이라고 정의하고 있다. 한편, 우리나라 『아동복지법』 제2조에 의하면 아동학대라 함은 "보호자를 포함한 성인에 의하여 아동의 건강복지를 해치거나 정상적 발달을 저해할 수 있는 신체적·정신적·성적 폭력 또는 가혹행위 및 아동의 보호자에 의하여 이루어지는 유기와 방임을 말한다"고 정의하고 있다.

아동학대의 유형으로는 신체적 학대(physical Abuse), 정서적 학대(Emotional Abuse), 방임에 의한 학대(Abuse by Neglect), 성적 학대(Sexual Abuse) 등을 들 수 있으며, 피해아동은 보건복지부와 중앙아동보호전문기관이 2007년도 발행한 아동학대 현황보고서에 의하면 2007년도 한 해 동안 아동보호전문기관에 접수된 아동학대 신고는 9478건으로 2006년 8903건에 비하여 6.5% 증가했고, 학대아동 보호건수는 5202건에서 5581건으로 7.3% 증가했다.

아동학대 사례유형별 건수를 분석한 결과 방임이 2107건(37.7%)으로 가장 높은 비율을 차지했고, 두 가지 이상의 학대가 함께 발생하는 중복학대가 2087건(37.4%), 정서학대 589건(10.6%), 신체학대 473건(8.5%), 성학대 266건(4.8%), 유기 59건(1.0%)의 순으로 조사됐다.

피해아동의 연령분포는 초등학생에 해당하는 연령인 만 7~12세 사이의 아동이 전체의 52.7%를 차지했는데 이는 초등학생의 경우 영유아와 달리 학교 등 외부에 노출되어 있는 시간이 많아 가정 내에서 발생한 학대 흔적이 비교적 쉽게 발견되고, 청소년기에 비해 아동의 자기보호능력이 낮기 때문인 것으로 분석된다.

이동학대는 가정 내에서 전체보호사례의 79.6%로 가장 많이 발생했고 아동학대 행위자는 아동의 부모인 경우가 전체 학대피해아동보호사례의 81.1%나 차지했다.

아동학대 발생빈도는 학대가 거의 매일 발생한 경우가 50.5%로 가장 많았고 2~3일에 한번 발생한 경우가 10.8%로 나타났다.

(3) 노인학대

노인학대의 범주에는 가정내 노인학대(Domestic Elder Abuse)와 시설내 노인학대(Institutional Elder Abuse)로 구분될 수 있다.

가정내 피해노인과 특별한 관계에 있는 성인자녀, 배우자, 친지 등의 보호제공자가 행하는 학대라는 점에서 시설내 학대와 구별된다. 시설내 학대는 노인에게 비용을 받고 제공하는 요양원 혹은 다른 시설에서 발생한다.

미국의 노인법(Older American Act)에서는 노인학대에 포함되는 개념으로 학대(Abuse), 방임(Neglect), 착취(Exploitation)의 세 가지 개념으로 정의하고 있다.

일반적으로 학자에 따라 그 개념정의를 달리하고 있으나, 노인학대의 개념은 노인 스스로 자기를 돌보지 않거나 노인의 부양이나 수발을 담당하고 있는 부양자가 의도적 또는 비의도적으로 노인에게 신체적. 정서적, 성적, 재정적 손상을 가하거나 부양의무를 소홀히 하는 것을 의미한다.[24)]

일반적으로 학자에 따라 그 개념정의를 달리하고 있으나 노인학대의 개념은 노인 스스로 자기를 돌보지 않거나 노인의 부양이나 수발을 담당하고 있는 부양자가 의도적 또는 비의도적으로 노인에게 신체적, 정서적, 성적, 재정적 손상을 가하거나 부양의무를 소홀히 하는 것을 의미한다.[25)]

노인학대의 유형[26)]으로는 신체적 학대(Physical Abuse), 정서적 학대(Emotional Abuse), 경제적 학대, 방임(Neglect)에 의한 학대 등을 들 수 있다.

보건복지부와 중앙노인보호전문기관이 10일 내놓은 '2006년 전국 노인학대상담사업 현황보고서'에 따르면 지난해 전국 18개 노인학대예방센터에 신고된 노인학대 사례는 모두 2274건으로 전년도(2038건)보다 11.6%가 증가했다.

유형별로는 언어·정서적 학대가 42.3%로 가장 높고, 이어 방임(22.2%)과 신체적 학대(20.9%), 재정적 학대(11.3%)가 뒤를 이었다. 학대 가해자는 아들이 55.5%로 가장 많았고, 다음으로 며느리가 11.8%, 딸 10.4%, 배우자 7.3%로 나타났다. 결국 학대받는 노인 10명 중 8~9명이 가족들로부터 학대를 당하고 있는 셈이다

학대 유형별로는 언어·정서적 학대가 1557건(42.3%)으로 가장 많았고, 방임 816건(22.2%), 신체적 학대 768건(20.9%), 재정적 학대 415건(11.3%) 순으로 나타났다. 이와 함께 85살 이상의 초고령 노인의 학대는 17.8%로 조사됐다. 이는 전체 노인 인구 가운데 85살 이상의 초고령 노인의 비율이 5.7%인 점을 감안하면 초고령 노인의 학대 비율이 상당히 높다는 것을 보여준다. 특히 초고령 피해노인의 52%(187건)가 70살 안팎의 고령 자녀로부터 방임학대를 당하고 있는 것으로 나타났는데 이는 노인에 의한 노인부양이 노인학대의 또다른 원인이 되고 있음을 알 수 있다.

---

24) 이화여자대학교, 사회사업연구회 역, 「가족학대, 가족폭력」, (나남출판사, 2001) 384~385면.
25) 천정태/옥장흠, 노안복지론(학이당, 2003), 174~175면.
26) 노인학대의 유형에서는 김미혜/이선희(1998)가 노인학대를 측정할 수 있는 도구의 개발을 위한 요인분석을 실시한 결과 70개 항목 중 대표성이 있는 것을 선정하였다.

제9절 청소년범죄 피해

1. 개념

청소년이란 문자 그대로 청년과 소년을 합쳐서 청소년이라고 한다. 청소년의 정의는 학자마다 나라마다 다양하게 정의하고 있으나, 대체로 사춘기에서 청춘기까지 즉 성인이 되기 전까지를 말한다고 보겠다. 연령 범위에 대해서는 견해차이가 있으나 대체로 14~19세의 미성년자를 일컬으며, 이들이 일으키는 범죄를 청소년범죄라 한다. 청소년범죄는 그들의 미성숙성과 단순성, 충동성 때문에 일으키는 것으로 교육을 통해서 인도될 수 있다는 관점에서 세계 대부분의 나라는 성인범죄와는 달리 취급하고 있다.

2. 청소년범죄의 추세

2006년 바다이야기 등 불법 사행성 게임장과 관련하여 단속이 강화됨에 따라 도박 등 풍속사범과 절도범의 증가로 2,000년 이후 감소하던 소년범은 전년에 비하여 8.6% 증가하였으며 전체 범죄자의 4.6%를 점유하고 있다. 소년범죄의 구성비를 보면 폭력범이 30%, 절도범이 33.8%, 교통사범 등 특별법범이 26.3%를 각각 차지하고 있다.

2008년 10월 서울지방경찰청이 국회 행정안전위 최인기(민주당) 의원에게 제출한 자료에 따르면 청소년범죄가 서울청 지역 내에서만 2006년 2만3304건, 2007년 2만 231건, 올해 8월까지 1만 8472건으로 집계됐다. 또 청소년범죄에 대한 재범률도 30%를 웃돌고 있으며 청소년범죄의 약 40%를 15, 16세가 차지하고 있는 것으로 조사됐다.

특히 청소년범죄가 조폭화, 집단화 등의 경향으로 가고 있고 청소년들이 대부분 학생이라는 점에 비춰 자연스럽게 학교폭력 건수도 증가하고 있는 양상이다.

최의원은 "청소년범죄를 줄이고 재범을 예방하기 위해서는 청소년담당 경찰에 대한 법적·제도적 장치 마련으로 전문성을 갖추고 검거와 처벌보다는 예방을 위한 교육이 시급하다"고 지적했다.[27]

3. 청소년범죄의 특징과 범죄의 위험성

청소년은 신체발달에 비해 정신적으로 성숙하지 못해 감정통제력 부족하여 우발적인 범죄를 일으키고 주위의 유혹에 쉽게 빠져들어 유흥비 등을 마련하기 위해 범죄를 저지르기도 한다. 또한 정보통신산업의 발달로 인터넷을 통해 폭력·음란 매체물을 쉽게 접할 수 있게 되었고 무분별한 유흥업소의 확산으로 청소년이 범죄환경에 노출되어 있어 정서적으로 불안정한 청소년의 비행을 부추기고 있다.

한편, 청소년의 범법행위 뿐만 아니라 가정해체 및 선도 인프라부족 등으로 비행소년들이 사회로 복귀할 수 있는 안전망이 미흡하여 다시 유해환경에 노출되고 범죄에 빠져들게 되는 것이 더욱 큰 문제라고 할 것이다.

청소년기는 인격이 형성되어 가는 과정에 있기 때문에 아주 중요한 시기라고 볼 수 있다. 왜냐하면 청소년기는 '자기다운 것'이 굳어가는 시기이기 때문에 잘못 굳어져 인격이 잘못 형성되면 비행이나 범죄로까지 이어질 수 있기 때문이다.

오늘날 한국사회에 있어서 청소년들은 더 이상 방치할 수 없는 심각한 많은 문제점을 던져주고 있다. TV 및 각 매스컴에서는 비행청소년들의 행태가 연일 보도되고 있고, 이는 부모와 교사는 물론 모든 기성세대들의 많은 우려를 낳고 있다. 인간은 누구나 청소년기를 지났거나 또 앞으로 지나게 되겠지만 이 청소년기를 잘못 보내면 훗날 성격형성이 왜곡되어 반사회적(antisocial)으로 되거나 노이로제와 같은 정신병이 오는 수도 있고 난폭한 행동으로 폭행 등 범죄행위로까지 이어질 수가 있다.

4. 청소년범죄의 동향

1) 청소년범죄의 폭력화 경향

아래 그림[28])에서 청소년범죄의 폭력화경향은 전체 청소년 형법범죄 중 폭력범죄(강력범죄와 폭력범죄)가 차지하는 비율과 폭력범죄 중 강도와 폭력행위 등 처벌법

27) mkbae@newsis.com
28) 김지선, "청소년범죄의 발생실태와 특성", 한국형사정책연구원/한국형사정책학회, 2007춘계 학술세미나자료집, 108면.

위반의 비율을 통해서 확인해 볼 수 있다. 먼저 청소년 형법범죄 중에서 폭력범죄가 차지하는 비율의 변화를 살펴보면, 1966년에는 재산범죄의 구성비가 62.2%로 폭력범죄보다 훨씬 높았으나 이후 재산범죄의 구성비는 감소되고, 폭력범죄의 구성비는 증가되어 1975년부터는 폭력범죄의 구성비가 재산범죄의 구성비보다 높아지기 시작하였는데 이러한 경향은 지속되어 1990년에는 폭력범죄의 구성비가 62.4%까지 상승하여 재산범죄와의 격차가 최대로 벌어졌으며, 이후로도 폭력범죄의 구성비가 재산범죄의 구성비보다 청소년범죄의 폭력화경향이 뚜렷이 나타났다.

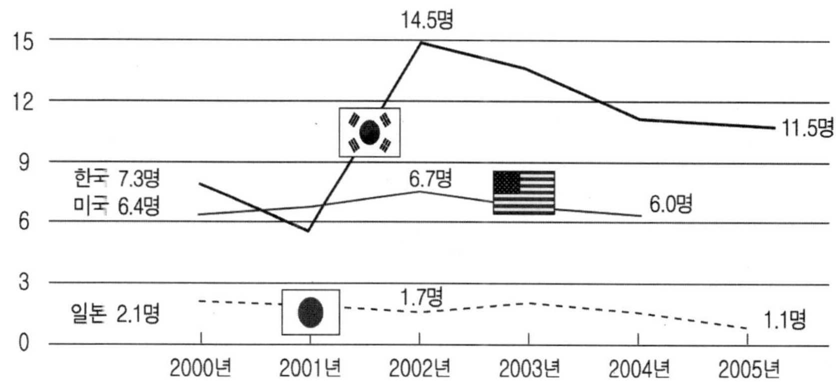

[그림 3-2] 청소년 형법범죄 중 폭력범죄와 재산범죄의 구성비 변화추세

2) 청소년 재범자 및 누범자의 증가

공식통계자료인 「범죄분석」, 「청소년백서」, 「소년보호통계」 등에 대한 분석을 통하여 처분결과별 재범현황을 살펴보기로 한다.

먼저 검거된 청소년 형법범죄자의 전과현황을 살펴보면, 1966년 전과자의 비율이 4.9%에 불과하였으나 지속적으로 증가하여 2006년에 32.8%로 지난 40여 년간에 걸쳐 약 6.7배 증가하였다. 재산범죄의 경우에는 1966년 전과자의 비율이 5.7%였으나 이후 지속적으로 증가하여 2005년에는 33.4%로 5.9배 증가하였으며, 폭력범죄의 경우에도 마찬가지로 1966년 전과자의 비율이 3.1%였으나 이후 지속적으로 증가하여 2005년에는 32.3%로 10,4배 증가하였다. 폭력범죄자보다는 재산범죄자의 재범률이 약간 더 높게 나타났으며, 재범자의 증가속도는 폭력범죄자가 더 높은 것으로 나타났다.

전체적으로 범죄를 저지른 청소년 10명 중 약 3명 정도는 과거에 한번 이상 범죄를 저질러 형사사법기관에 의해서 처리되었던 경험이 있는 것으로 나타났다.

아래 그림을 통하여 주요 청소년 범죄유형별로 재범자의 비율과 3범 이상자의 비율을 살펴보면, 절도범의 경우 1966년 재범자의 비율이 5.9%였으나 2005년에는 30.9%로 약 5.2배 증가하였다. 강도 범죄의 경우 1966년 재범자의 비율이 9.1%였으나 2005년에는 30.9%로 약 5.2배 증가하였다. 마지막으로 강간 및 성폭력범죄의 경우에는 1966년 재범자의 비율이 1.3%에 불과하였으나 지속적으로 증가하여 2005년에는 29.5%로 약 22.6배 증가하였다. 2005년을 기준으로 볼 때, 강도범죄의 재범률 비율이 46.9%로 절도나 강간 및 성폭력범죄에 비해 훨씬 더 높은 것으로 나타났으며, 강간 및 성폭력범죄는 지난 40년간 재범자비율의 증가속도가 가장 빠른 범죄인 것으로 나타났다.

청소년 범죄자의 재범과 관련해서 더욱 우려할 만한 상황은 재범소년 중 전과 3범 이상 청소년의 비율이 급격히 증가하는 등 누범화 경향이 뚜렷하다 .

3) 여자청소년범죄의 증가

아래 그림에서 나타난 바와 같이 여자청소년범죄자는 1966년 여자청소년의 비율이 11.3%였으나 1990년까지는 계속적으로 감소하여 50%로 낮아졌다가 이후 다시 증가하여 2005년에는 11.0%를 차지하였다. 폭력범죄와 강력범죄를 함께 합쳐 광의의 폭력범죄에서의 여자청소년이 차지하는 비율을 살펴본 결과, 1966년에는 6.7%였으나 이후 지속적으로 감소하는 추세를 보이다가 1990년 이후부터 급격히 증가하여 2005년에는 22.7%로 증가하였다. 이는 1966년에 비해 3.4배 증가한 것이다.

1995년 이전까지는 여자청소년비율이 폭력범죄보다 재산범죄가 더 높았으나 그 이후부터는 역전되어 여자청소년의 비율이 재산범죄보다 폭력범죄에서 더 높게 나타났다. 이러한 결과는 전체 형법범죄에서 여자청소년의 비율 증가를 주도하는 것은 폭력범죄에서의 여자청소년의 증가라는 점을 보여준다.

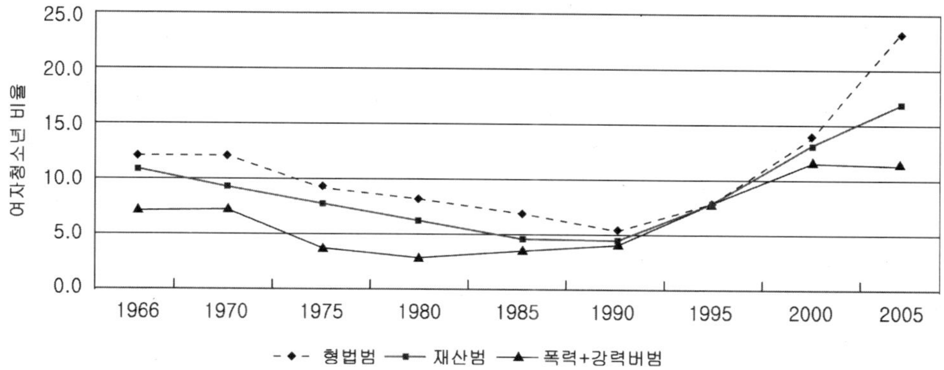

[그림 3-3] 청소년 형법범죄 유형별 여자청소년 비율변화 추이

4) 청소년범죄의 저연령화

또 하나 청소년범죄의 특성으로는 저연령화 경향이다. 이를 알아보기 위해 형법범죄, 폭력범죄, 강력범죄, 재산범죄와 청소년 범죄를 대표하는 절도, 강도, 강간 및 성폭력, 폭력행위 등 처벌법 위반죄 등으로 세분화하여 청소년범죄자의 평균연령을 분석해보기로 한다.

먼저 청소년범죄부터 살펴보면, 청소년 형법범죄자의 평균연령은 1966년 17.0세에서 1968년 16.8세, 1979년 17.3세, 1996년 16.5세로 지속적으로 평균연령이 낮아지다가 다시 조금씩 높아지기 시작해 2004년 16.8세였다. 그러나 2005년에는 16.5세로 낮아져 저연령화 경향을 보이고 있다.

5. 청소년범죄자의 대책

1) 비행소년의 처리절차상 문제점과 개선방향

경찰이 범죄소년을 검거한 때에는 검사에게 송치해야 하지만 촉법소년과 우범소년을 발견했을 때에는 경찰서장은 검사를 거치지 않고 직접 관할 소년법원에 송치하여야 한다(소년법 §4②). 따라서 현행법상 경찰에게는 비행소년을 소년법원이나 검찰에 송치하지 않고 독자적으로 훈방 처리할 수 있는 권한이 없다. 그러나 실무상은 소년경찰직무규칙과 범죄수사규칙 등의 근거에 의하여 비행소년을 소년법원이나 검찰에 전건 송치하지 않고 경찰 독자적으로 선별처리하고 있다.

먼저 범죄수사규칙에 따르면 사법경찰관이 소년사건을 수사한 결과 피해자가 12세 이상 14세 미만의 촉법소년으로서 그 행위가 형법상 금고 이하의 형에 해당하는 경우에는 당해 소년에 대하여 적당한 선도보호조치를 취하도록 되어 있다. 이 경우 보호자가 없거나 보호자에게 감호하는 것이 부적당하다고 인정될 때에는 아동복지법에 의한 조치를 강구하거나 보호사건으로서 직접 소년법원에 송치하도록 되어 있다(범죄수사규칙 §202①). 그러나 촉법소년의 행위가 형법상 금고이상의 형에 해당하는 것일 때에는 경찰 독자적인 행위를 할 수 없고 소년보호사건으로서 소년법원에 직접 송치하도록 되어 있다(동조②). 또 12세 이상 18세 미만의 우범소년인 경우에는 먼저 경찰 독자적으로 적절한 선도보호조치를 취할 수 있도록 하고, 이 경우에는 보호자가 없거나 보호자에게 감호하는 것이 부적당하다고 인정될 때에는 촉법소년과 마찬가지로 아동복지법에 의한 조치를 강구하거나 소년보호사건으로서 직접소년법원에 송치하도록 되어 있다(동조 §③4). 그러나 우범소년 처리 당시 그 연령이 18세 이상일 때에는 자체 선별권이 없는데도 경찰이 훈방 등 자의적인 조치를 하는 것은 상위법인 소년법을 무시하는 처치이며 하위규범인 범죄수사규칙에 의하여 촉법소년과 우범소년에 대해서 경찰이 선별적으로 처리하는 것 또한 공정성과 투명성차원에서 문제가 있을 수 있다.[29]

한편, 소년경찰직무규칙에 의하면 소년경찰은 소년법상의 범죄소년, 촉법소년, 우범소년 이외에도 불량행위소년(동규칙 §2,6)[30]과 요보호소년[31](동조 §7호)에 대해서도 관찰대상으로 하고 있다(동규칙 §20, §21).

소년경찰은 불량행위소년을 '풍기사범'이러고 부르고 현장에서 주의, 조언, 제지 또는 필요에 따라 보호자에게 연락, 조언하도록 하고 있으며(동규칙 §21), 요보호소년에 대해서는 아동상담소, 복지시설, 기타 관계 기관이나 단체에 통고하거나 또는

29) 한국형사정책연구원, "소년사범의 적정한 처리절차에 관한 연구," 2005년, 91면; "소년심판에 대한 일고찰", 소년법연구 창간호, 2002년, 237면; 강영철, "소년사건처리절차의 현황과 개선방안", 소년보호연구 창간호, 1999, 83~86면.

30) 불량행위소년은 비행소년은 아니지만 음주, 끽연, 싸움, 기타 타인의 덕성을 해치는 행위를 하는 소년을 말하며, 여기서 타인의 덕성을 해치는 행위란 홍행장출입, 남녀혼숙, 흉기소지, 환각물질 흡입 등과 같은 행위를 말한다(형사정책연구원, 전게논문, 93면의 주 재인용).

31) 요보호소년은 비행소년은 아니지만 학대, 혹사, 방임된 소년 또는 보호자로부터 유기 또는 일탈되었거나 그 보호자가 양육할 수 없는 경우, 기타 경찰관직무집행법 제4조 또는 아동복지법에 의하여 보호를 필요로 하는 소년이다.

보호자에 대한 주의, 조언을 하는 등 소년보호를 위해 필요한 조치를 취하도록 되어 있다(동규칙 §20).

그러나 소년풍기사범으로서 즉심회부, 관계당국 통보, 엄중훈계방면조치를 취하고 있는 불량행위 중에는 폭력행위등처벌에관한법률에 위반하는 범죄행위가 될 수 있는 행위도 많다. 이런 경우에는 원칙적으로 경찰이 검찰이나 소년법원에 송치하여야 하나, 그렇지 않고 대다수의 불량소년을 훈방하거나 보호조치를 하는 것은 어떻게 보면 소년의 낙인효과를 방지한다는 순기능도 있으나, 범죄가능성이 많은 비행소년을 아무런 보호조치 없이 훈방하는 것은 형사정책적 관점에서나 본래의 소년법의 입법취지에도 맞지 않다고 본다. 현재 경찰의 불량행위소년들에 대한 처리는 거의 대부분이 보호자에게 단순히 인계하는데 그치고 있다.[32)]

그러나 이렇게 단순히 보호자에게 인계하는 것은 앞에서 말한 바와 같이 낙인효과방지에는 효과가 있을지 모르나 법치국가에서 적법절차를 거치지 않는 것은 문제의 소지가 많다고 본다. 따라서 앞으로 체계적인 교육과 적절한 교육 프로그램으로 재비행이나 범죄를 방지하도록 하여야 할 것이다.

2) 경찰의 비행방지대책의 내실화

현재 경찰이 실시하고 있는 제도로는 첫째 비행소년 조사시 인권보호와 재비행방지, 소년의 특성과 환경분석을 위하여 전문가(범죄심리사 등) 참여제를 운영하고 있으며, 둘째, 전국경찰관서에 청소년 고충상담실을 설치하여 청소년들의 고민이나 애로사항을 직접 면접이나 전화상담을 통하여 들어주고 문제의 사전진단과 해결을 도모하려고 하고 있다. 또한 청소년들이 쉽게 접근할 수 있는 인터넷을 이용한 사이버 상담제를 도입하여 운영하고 있다. 셋째, 각급 경찰관서별로 범죄예방교실을 운영하여 경찰관이 직접 학교를 방문하여 지역사회와 연계한 다양한 범죄예방교육을 실시하고 있다. 넷째, 한국 BBS 연맹, 한국청소년육성회 등 청소년단체와 연계하여 전국 지방청에서 '사랑의 교실'을 운영하고 있다. 이 활동은 비행소년이나 불량소년, 중·고등학교의 문제학생 등을 상대로 인성교육을 실시하여 비행예방 및 성인범죄화하는 것을 차단하려고 노력하고 있다.

그러나 이러한 제도들이 형식적이고 열거적인 내용에 불과하다는 비판의 목소리 또한 간과할 수 없다고 본다. 왜냐하면 청소년의 비행이나 범죄예방에 그리 큰 효

---

32) 보호자의 인계는 매년 97%를 상회하고 있다.

과를 거두지 못하고 있다는 것이 통계가 보여주고 있기 때문이다. 앞으로 보다 효과적이고 내실을 기할 수 있는 비행방지대책이 시급하다고 보겠다.

최근에는 경찰단계에서 다이버전(diversion)을 도입하려는 움직임이 보인다. 선도조건부 훈방이 바로 그 예이다. 그러나 경찰의 다이버전은 경찰이 갖고 있지 않은 권한을 행사하는 것이며 경찰이 다이버전을 행사하더라도 검찰이 또다시 수사를 재개한다면 이중수사의 논란이 일 우려가 있을 뿐만 아니라 소년의 지위가 매우 불안정하게 되어 법적안정성을 해칠 우려가 있는 바 이의 도입은 신중해야 할 것으로 본다.

3) 촉법소년과 우범소년 처우의 합리화

촉법소년이란 형벌법령에 저촉되는 행위를 한 10세 이상 14세 미만인 소년을 말하는 것으로 촉법소년에 대한 처리통계는 통계를 발표하는 곳마다 통계수치가 달라 신뢰하기 어려우나, 그 가운데서도 가장 신뢰할 만한 수치는 법원소년부가 제시하고 있는 경찰서장으로부터의 송치인원이라고 볼 수 있다.[33] 경찰서장은 촉법소년과 우범소년을 직접 법원소년부에 송치할 수 있는데 우범소년은 극소수에 불과하므로 이 인원은 촉법소년으로 보아도 무방할 것이다. 다음 표를 보면 경찰서장으로부터 법원소년부로 송치되는 인원은 2003년까지는 감소하였으나 2004년부터는 증가로 바뀌고 있으며 2005년도에는 전년보다 약 20%가 증가하고 있다. 법원소년부가 보호처분을 과한 인원 가운데는 소년원송치처분도 상당수에 이르는데 죄종별로는 절도가 가장 많다. 12, 13세의 촉법소년은 의무교육대상자이므로 가능한 한 시설내 처우는 피하는 것이 좋다고 보겠지만, 비행이 무거우며 부모가 감호능력이 없는 경우의 소년들은 오히려 소년원송치처분이 바람직하지 않을까 생각한다. 특히, 심리불개시나 불처분결정 혹은 1호처분을 받고 귀가한 촉법소년들의 경우 계속적인 지도와 적절한 재비행방지 대책이 필요한 바 이들에 대하여 국가와 가정·학교·지역사회가 연계하여 이들 소년에게 지속적인 관심과 지원을 하여야 하며, 재비행방지 프로그램에 의한 체계적인 교육과 지도가 필요하다고 보겠다.

우범소년이란 집단적으로 몰려다니며 주위 사람들에게 불안감을 조성하는 성벽이 있거나 정당한 이유 없이 가출하거나 술을 마시고 소란을 피우거나 유해환경에 접

---

33) 최종식, "소년범죄의 대책", 한국형사정책연구원/한국형사정책학회, 2007춘계학술세미나자료, 119면.

하는 성벽이 있고, 나아가서 그의 성격이나 환경에 비추어 앞으로 형벌법령에 저촉되는 행위를 할 우려가 있는 10세 이상의 소년을 말한다(소년법 §4①3호). 따라서 우범소년이란 성인에게 문제가 되지 않는 소위 신분비행(status offender)을 저지른 소년이다. 소년법이 특히 우범규정을 두고 있는 것은 보호주의의 이념에 따라 비행소년을 조기에 발견하여 보호·교육시킴으로써 장래 범죄를 저지르지 않도록 예방함과 동시에 건전한 육성을 기하기 위한 취지이다.

소년법의 우범규정은 주관적이고 규범적인 요소가 내재되어 있기 때문에 명확성의 원칙에 어긋나며 인권상의 문제를 야기할 수 있는 등 본래 법 취지와는 달리 부작용을 초래할 우려가 있는 바 우범규정을 소년법에서 제외하자는 견해가 다수설이다. 그러나 소년법의 성격을 어떻게 보느냐에 따라 다르다고 보겠으며, 소년법을 형사법적인 성격을 강조한다면 우범소년을 부정하게 되겠지만 소년법을 사법적 성격과 아울러 복지법적인 성격을 중시한다면 우범소년규정은 그대로 존치하는 것이 바람직하다고 보겠다. 한편 이번 2008년 촉법소년과 우범소년의 연령을 현행 12세 이상에서 10세 이상으로 낮추었다..

〈표 3-6〉 촉법소년(12~13세)의 처리 현황

구분	경찰서장이 소년부에 송치한 인원	법원소년부의 보호처분 상황			
		소 계	보호관찰처분	소년원송치처분	기 타
2000년	5,853	5,587	미상	83	5,504
2001년	4,741	2,696	648	93	1,955
2002년	4,512	2,564	489	64	2,011
2003년	4,474	2,679	524	79	2,076
2004년	4,881	2,458	미상	64	2,394
2005년	6,060	3,417	1,188	83	2,146

※ 출전 : 법무연수원, 범죄백서 ; 보호국, 보호관찰 통계연보로부터 재구성.

필자의 견해는 소년법에서 우범소년규정을 삭제해서는 안 된다고 보며 현행대로 보호처분의 가능성을 열어 두어야 한다고 본다. 다만, 우범소년에 대한 다양한 보호처분과 처우프로그램이 개발되어야 한다고 본다.

6. 범죄소년에 대한 대책

소년형법범 중 2002년까지만 해도 폭력범죄가 가장 많은 비중을 차지하였지만 2003년부터는 재산범이 폭력범을 추월하여 가장 많은 수치를 나타내고 있으며 2004년에 들어서는 형법범 가운데 절반을 차지하고 있다. 재산범의 내용을 보면 약 70~80%가 절도인데, 가장 큰 문제는 경제적인 어려움에서가 아니고 호기심이나 하나의 놀이로서 자행되고 있다는 것과 절도는 소년비행에서 초발형 비행으로 가장 높은 비율을 차지하며 점차 다른 범죄로 전이하고 있는 것으로 나타나는 것이다. 따라서 이들에 대해서 가정과 학교, 지역사회가 연대한 홍보교육을 강화하고 초기단계에서 집중적인 재범방지 교육과 치료가 필요하다고 본다.

소년범죄자의 직업별 현황 중에는 학생이 가장 많은 비중을 차지하고 있을 뿐만 아니라 다른 직업군과는 달리 최근 증가일로에 있다는 것이다.

학생범죄자의 범죄유형으로서는 폭력범이 가장 많은데 폭력범 가운데는 학교폭력이 심각하다는 인식이 넓게 퍼져 있는데 한 설문조사에 의하면 남학생의 약 90%, 여학생의 약 94%, 교사의 약 41%가, 학부모의 약 75%가 학교폭력이 심각하다고 응답하고 있다.[34)]

학교폭력에 대한 대책이 시급한데, 2004년에 제정된 학교폭력예방및대책에관한법률은 이에 대한 대책으로 학교폭력예방 및 대책에 관한 5년 단위의 기본계획을 수립하여야 하며(동법 §6①), 교육과학기술부부장관 소속하에 학교폭력대책기획위원회를 설치하여 운용하도록 하고 있다(동법 §7). 뿐만 아니라 학교장은 상담실을 설치하여 전문상담교사를 두도록 하며, 교사 중에서 학교폭력문제를 전문으로 담당하는 책임교사를 선임하도록 되어 있다(동법 §12①,③). 학교장은 학교폭력의 예방을 위하여 교육을 정기적으로 실시하고, 피해학생에 대한 보호대책을 마련할 뿐만 아니라 자치위원회에서는 학교폭력과 관련하여 분쟁이 있는 경우에 그 분쟁을 조정할 수 있도록 하였다(동법 §12①~16).

법무부의 학교폭력의 예방과 근절 종합대책을 살펴보면 첫째, 2006년 5개 학교에서 시범적으로 운영하던 '학생자치법정[35)]'을 교육부와 연계하여 운영하도록 적극

34) 신명희, "학국청소년의 문제행동과 교육적 대책-학교폭력과 집단괴롭힘을 중심으로-", 한일교육문제세미나 1호, 2002, 103면.

35) 2006년에 5개 학교에서 시범운영하던 것을 전국 16개 학교로 확대 운영한 결과 학생들과 학교측의 높은 호응을 받아 'Law Educator법 교육 출장강연' 전국적으로 확대하여 실시하였다.

권장하도록 하였다. 출장강연에서는 변호사 등 법률전문가들이 경험담과 함께 학교폭력 관련 법률지식을 전달한다.

다음은 가해청소년에 대한 '대안교육'과 '멘토링'을 실시하고 소년보호시설을 대안교육센터로 변경하여 학교부적응 청소년은 물론 학교폭력 등 비행성향이 높은 청소년들에 대한 집중적인 인성교육과 법 교육을 실시할 계획이라고 한다. 넷째 학교폭력 피해자에 대한 무료법률지원과 법무부 홈페이지(www.moj.go.kr)에 '학교폭력 무료법률상담코너'를 개설하여 대한법률구조공단 소속 공익법무관이 제공하는 사이버 무료법률 상담을 받을 수 있도록 한다. 또한 전국 55개 검찰청에 설치되어 있는 '범죄피해자구조지원센터'로부터 하교폭력피해자가 피해구제를 신청할 경우 구조금 지원 등 피해구제를 받을 수 있도록 하였다. 다섯째, 2007년 개정소년법에서는 '보호자 교육명령제'를 도입함은 물론, '학교폭력 매뉴얼'을 교육부와 공동으로 개발하여 보급하였다.

이상과 같이 학교폭력에 관한 대책에 관한 매우 구체적이고 상세한 대책을 수립하였는데 얼마나 그 집행부서나 집행권자가 실천의지를 갖고 운영하는가가 가장 큰 관건이라고 보겠다.

7. 기소유예처분자의 문제와 대책

기소유예처분은 범죄사실 그 자체가 가벼운 소년으로서 본인이 반성하고 있으며 보호자 등에게 충분한 감호능력이 있는 경우, 또는 범죄사실 그 자체는 무겁지만 초범이며 본인이 깊이 뉘우치고 있고 보호자 등에게 충분한 감호능력이 있기 때문에 국가의 적극적(강제적)인 보호조치가 필요하지 않는 경우가 될 것이다. 이러한 원칙 하에서 기소유예처분이 내려지고 있다고 보지만, 문제는 이러한 판단에 필요한 사전조사가 충분히 이루어지지 않은 상태에서 선의권 행사가 이루어질 수도 있다는 데 문제가 있다. 아래 표를 보면 2005년도에 검찰이 처리한 전체 소년가운데 기소유예처분을 받은 범죄소년은 33,683명(약 50%)인데 이 가운데 흉악범으로서 기소유예된 소년은 190명(약 0.6%)이며, 폭력범이 약 33.7%, 재산범이 약 44.4%를 차지하고 있다. 재산범이나 폭력범 등 비교적 경미한 범죄를 저지른 소년 이외에 흉악범죄를 저지른 일부 범죄소년에 대해서도 기소유예처분이 내려지고 있음을 알 수 있다.

〈표 3-7〉 기소유예 처분을 받은 범죄소년의 주요 죄종별 현황(2005년)

인원	흉악범					폭력범	재산범			기타범
	계	살인	강도	방화	강간		계	절도	기타	
33,683 (소년범의 약 50%)	190 (0.6%)	1	82	36	71	11,340 (33.7%)	14,945 (44.4%)	13,494	1,650	7,208 (21.3%)

이러한 이유로 2004년부터는 재범소년 가운데 기소유예의 전력이 있는 소년범의 재범률이 전체 소년범 가운데 차지하는 재범비율을 상회하기 시작하였다. 그만큼 기소유예된 범죄소년에 의한 재범이 늘어나고 있다는 것을 입증하는 것이다.

이러한 기소유예소년에 대한 재범률의 증가문제는, 소년사법제도의 특수성과 전문성을 간과하고 다른 보완대책 없이 국가소추기관인 검사에게 선의권 행사를 일임한데도 그 원인이 있다고 보겠다. 현재 소년전담검사가 사건을 처리하고 있다고 하지만 오로지 소년사건만을 전문적으로 처리할 수 있는 제도적 환경이 갖춰져 있는 것도 아닐 뿐만 아니라 소년사법은 성인형사사법과는 근본적으로 성격이 달라 독자적인 특수성과 전문성을 요구하기 때문이다. 따라서 소년사건에 대해서는 수사단계에서부터 재판단계는 물론 교정단계에 이르기까지 별도의 전문적인 처우와 대응이 필요하다고 본다.

특히 검사가 최초의 단계에서 범죄소년에게 형사처분이 타당한가 보호처분이 적절한가를 판단하기 위해서는 소년에 대한 전문적인 요보호성에 대한 조사가 이루어져야 하는데 검찰본래의 기능과 현재의 역량을 감안하면 이를 기대하기 어렵다고 본다. 따라서 이러한 선의권행사는 검사가 아닌 소년법원에 맡기도록 하는 것이 타당하고 합리적이라고 본다. 나아가 기소유예소년에 대한 적절한 재비행방지프로그램에 의한 교육과 지도가 필요하며 '청소년예방센터'의 활용은 그 하나의 예가 될 것이다.[36)]

36) 최종식, 전게논문 129면.

8. 보호처분의 다양화와 내실화

보호처분은 소년법의 요체이다. 왜냐하면 비행소년을 처벌하는 것이 아니라 환경조정과 성행의 교정을 통하여 건전하게 육성시키려는 것을 목적으로 하고 있는 교육처분이기 때문이다. 따라서 이 보호처분을 어떻게 잘 운영하느냐에 따라 소년법의 성패가 좌우된다고 해도 과언이 아니다. 그러나 현행제도는 많은 문제를 안고 있으니 이를 살펴보면 첫째, 1호처분은 보호자 또는 보호자를 대신하여 소년을 보호할 수 있는 자에게 감호를 위탁하는 처분인데 실질적으로 비행소년을 단순 훈방하여 개선되지 않은 이전의 열악한 환경으로 복귀시킨다는 것[37]이다. 따라서 1호분의 실효성을 높이고 대상자의 재비행을 방지하기 위해서는 처분 후 일정한 재비행 방지프로그램에 의한 체계적인 교육과 지도가 필요하다고 본다.

둘째, 보호관찰의 내실화이다. 보호처분 가운데 보호관찰처분을 받고 있는 소년이 가장 많은 점을 감안할 때 보호관찰의 내실화가 시급하다. 특히 보호관찰은 사회내 처우로서 소년이 정상적인 사회생활을 영위하며 재비행에 빠지지 않도록 감독과 지원을 해야 한다는 측면에서 아주 중요하다고 보겠다. 이런 문제를 해결하기 위해서는 전문성을 갖춘 보호관찰관의 증원이 이루어져야 한다고 본다.

셋째, 6호 처분은 아동복지법상에 따른 아동복지시설이나 그 밖의 소년보호시설에 감호를 위탁하는 사회 내 처분으로서 지역사회의 활용하에 나름대로 장점이 있는 보호처분인 바 현재 운영비가 부족하여 제 기능을 제대로 발휘하지 못하므로 운영비를 국고나 지방자치단체에서 제대로 지원을 하든가, 별도의 국·공립시설을 광역 및 도청소재지별로 하나씩 신설하여 보다 활성화 하도록 하여야 할 것이다.

넷째, 소년원은 그동안 괄목할 만한 발전을 하여 보호처분 가운데 가장 내실화를 이룬 보호처분이라고 볼 수 있는데, 소년원 수용인원이 줄어든다는 이유로 17개 소년보호기관 중 7~8개의 보호기관을 폐지하여 남는 인력을 일부는 보호관찰직으로 보내고 일부는 "청소년범죄예방센터" 설치에 필요한 인력으로 보충한다는 것이다. 그러나 신중하게 시행하여 소년원 교육에 지장을 초래하는 일이 없어야 한다고 본다.

---

37) 이은한, "비행사건처리절차 개선을 위한 제언", 소년법연구 제2호 2007, 165~166면.

9. 결어

청소년 비행은 형사사법기관과 같은 국가기관의 책임이나 어떤 한 단체나 개인의 책임만은 아니고 우리 모두의 책임이라고 본다. 따라서 가정과 학교, 사회가 유기적으로 연결된 비사법적·복지정책적 대책이 필요·충분하여야 한다고 본다.[38] 또 한 번 범죄나 비행에 빠진 청소년들은 재비행이나 재범죄의 유혹에서 벗어나기 힘들다고 본다. 따라서 국가의 바람직한 범죄예방정책하에 지방자치단체나 지역사회·학교·가정에 이르기까지 모두 관심을 갖고 협력할 수 있는 종합적이고 체계적인 그리고 지속적인 대책의 수립이 필요하다고 본다.

제10절 학교폭력피해

1) 개념

오늘날 학교폭력이 일상화·보편화·만연화되었음은 물론 일본사회의 병폐라고 볼 수 있는 이지매가 뿌리 내린 지 오래며 우리나라도 이에 뒤질세라 왕따라는 용어가 생겨난 지 오래되었다. 따라서 왜 학교폭력은 일어나는가 어떻게 하면 학교폭력을 없앨 수 있을까에 대하여 검찰·경찰 등 형사기관은 물론 여러 사회단체 등 일반사회인의 관심이 집중되어 있다. 그러나 이러한 현상과는 달리 아직 학교폭력의 정의마저 확립되지 못하고 교내폭력·학교폭력 등 여러 가지 용어로 사용되고 있다.

학교폭력이란 첫째, 교사에 대한 폭력사건, 둘째, 학생상호간의 폭력사건, 셋째 집단 또는 집단의 위력을 배경으로 하여 학교시설 비품 등을 손괴하는 사건을 말한다. 이러한 정의를 참고로 하여 학교폭력의 형태를 분류하면 크게 학교 내와 학교 외로 나눌 수 있고, 학교 내의 것으로는 다시 교사에 대한 폭력, 학생간의 폭력, 학교시설이나 비품에 대한 폭력 등이 있고, 학교외의 것으로는 교사에 대한 폭력, 동일학교의 학생간의 폭력, 둘 혹은 그 이상의 학교간 또는 학생 상호간에 의한 폭력 등으로 분류할 수 있다. 일반적으로 학교폭력이란 학교 내에 있어서의 폭력사건을 말하며 폭력은 주로 학생 상호간 또는 교사에 대한 폭력을 말한다.

38) 최종식, 전게논문, 133면.

2) 학교폭력의 실태

학교내외에서 발생하는 학교폭력에 대한 실상에 대하여 한국형사정책연구원이 조사한 바에 의하면 학교 내 폭력은 66.9%였던 것이 53.2%로 크게 줄어든 반면, 등·하교길, 학원가, 오락실, 독서실 등과 같이 학교 밖에서 발생하는 폭력건수는 증가추세에 있는 것으로 보고되었으며, 특히 폭력, 금품갈취 등이 전 분야에서 발생률이 높았다. 특히 언어폭력과 사이버폭력분야에서는 초등학생의 피해율이 각각 12.1%, 4.6%로 가장 높게 나타나 저연령화가 심각한 것으로 나타났다.[39]

또한 청소년폭력예방재단이 2006년 가을에 실시한 조사결과는 다음과 같다.[40]

첫째, 초등학생의 학교폭력피해율이 고등학생 8%, 중학생 16.8%보다 높은 17.8%로 나타나서 초등학교 4~6학년 학생이 학교폭력의 주된 대상임을 보여 주었다.

둘째, 여학생 폭력의 증가추세가 뚜렷해졌다. 여학생의 폭력경험 피해비율이 1999년에는 4.4%에 지나지 않았으나 2006년에는 13.9%로 7년 사이에 3배 이상으로 늘었다. 특히 여학생 가해자는 5배 이상 급증했으며 남학생의 피해 역시 1999년에 10.2%이던 것이 2006년에는 20.6%로 증가하였다.

셋째, 학교폭력을 당하고 신고하는 학생 수가 늘어나지 않고 오히려 2배 가까이 줄었으며, 학교폭력 미신고율이 1999년에는 25.6%였는데 2006년에는 45.9%나 되었다.

가장 문제가 심각한 것은 앞에서도 밝힌 바와 같이 초등학생의 피해율이 계속증가하고 있다는 것인데, 2001년에는 8.5%이던 것이 2006년에는 17.8%로 2배 이상 증가하였다.

이와 같이 학교폭력 피해가 계속하여 증가하고 있는 것은 2004년에 제정한 『학교폭력 예방 및 대책에 관한 법률』과 5개 정부부처가 세운 학교폭력예방 및 대책에 관한 5개년 계획 등이 실효를 거두지 못하고 있다는 것을 입증하고 있다고 본다.

① 일반화·저연령화·연계화

최근 학교폭력은 지속적인 선도와 단속활동으로 점차 안정적인 추세를 보이고 있으며 학교폭력 형태는 단순폭력, 금품갈취, 집단따돌림이 주를 이루고 있고 저연령

---

39) 세계일보, 2007, 3, 6.
40) 동아일보, 2006, 12, 25.

화되고 있다.

불량서클은 교내단위에서 벗어나 중고교, 동급학교 간 연계성을 보이고 있으며, 여학생들의 학교폭력은 현재까지 경미한 수준이나 꾸준히 증가하고 있는 추세이다.

② 금품갈취 피해증가

최근의 학교폭력의 피해는 금품갈취, 구타, 폭행 순으로 많이 일어나고 있다.

③ 광범화·흉포화

학교폭력 서클의 대표격인 일진회 등 불량서클은 인터넷을 통하여 급속히 확대되어 지역연합까지 구축해 나가고 있으며, 집단폭행 등 점점 흉포화되어 가고 있다.

3) 학교폭력의 특징

그간 학자들의 연구결과를 토대로 한 최근의 학교폭력의 특징을 살펴보면 다음과 같다.

첫째, 학교폭력이 보다 흉악화되고 있다는 것을 알 수 있다. 교사나 학생을 구타할 때 흉기를 사용하는 경우가 많을 뿐만 아니라 심지어 2008년 10월 15일에는 고교생이 어린 시절 자신에게 꾸지람을 했다는 이유로 후배의 어머니를 흉기로 찔러 살해하고서 태연히 등교했다는 사건이 언론에 보도[41]되는 등 도무지 중·고생이라고는 믿기지 않는 흉악한 사건도 보도되고 있다.

둘째, 교내폭력 모임의 배후에는 졸업생 또는 지역불량모임 등과 교외의 여러 폭력집단과 연계되어 그들의 지원을 받고 있다.

셋째, 학교폭력사건을 일으키는 학생은 학교수업을 불충실하게 받아 학교성적이 불량한자 즉 낙오자가 많을 뿐더러 학교방침에 순응하지 않고 그릇된 가치관을 가지고 있어 자기 자신을 외부로 나타내려는 과시적 성향이 강하였는데 요즘은 일진회 모임처럼 공부도 제법 하고 모범적인 학생들도 학교폭력에 가담하고 있는 것이 특이하다.

넷째, 피해교사는 주로 학생지도에 열심인 교사가 많다는 것이다. 이 말은 일부 교사가 제재학생에게 1:1로 대응하고 있다는 것을 입증하는 것이다. 예컨대 교장, 교감, 생활지도교사, 담임교사 등의 개선에 따른 일관된 지도가 이루어지지 못한다

41) 문화일보, 2008·10. 15일자.

는 것이다.

다섯째, 지역적으로 학생폭력이 갈수록 보편화되고 있을 뿐만 아니라 사건발생이 전과 같이 대도시나 신흥도시 등의 지역에 따라 폭력 발생률 차이를 보이거나 졸업 전후나 입시가 끝난 후 등 한정적으로 있는 것이 아니고 지역 간 차이도 별로 보이지 않고 연중 지속적으로 발생하고 있다는 것이 특색이다.

4) 학교폭력의 원인

이러한 학교폭력은 왜 일어나는 것일까? 이하에 있어서는 이를 규명하기 위해 사회적 배경, 학교에 있어서의 문제점, 가정에 있어서의 문제점, 개인의 문제로 분류하여 간단히 그 원인을 고찰하기로 한다.

(1) 사회적 배경

그간 우리 경제는 비약적 발전을 하는 한편 급격한 가치관의 변화를 가져온 게 사실이다. 민주화가 진행되는 과정에서 가족제도가 붕괴되고 부친의 권위가 떨어지고 전통이나 관습보다 합리성이나 공리성을 보다 존중하는 경향이 강했다.

특히 오늘날과 같은 고도산업사회에서는 이러한 경향이 두드러지고 있다. 맞벌이 부부가 늘어감에 따라 자녀와 대화할 시간이 적어지고 핵가족화에서 한두 명의 자녀만을 둔 부모가 많아져 자녀에 대한 과보호와 간섭을 가져오고 어린이 교육 일변도라는 변칙적인 가족생활이 나타나기에 이른 것이다.

특히 경제공황에 따른 가족의 해체로 인한 여러 가지 문제점, 즉 부모의 가출, 이혼 등으로 학업지도를 제대로 하지 못할 뿐만 아니라, 진학 포기 학업부적응으로 인한 소외와 좌절에 대한 새로운 대안으로써 일탈 또래집단에 가담하고 어느 한 학우를 희생물로 하여 자신의 스트레스를 해소하기 위한 왕따 현상의 출현 혹은 우리나라 사회구조에 있어서 빈부의 격차가 심하다는 것 등도 이와 무관한 것은 아니다. 국민의 상당수의 사람이 중산층이라는 의식을 갖게 되어 무엇보다 어린이들의 장래를 위해서는 대학에 진학시켜야 한다는 생각과 자녀들의 적성이나 지능 등을 고려하지 않고 전공이나 직업을 갖도록 강요하는 것도 생각 이상의 스트레스를 받게 하여 결과적으로 현실 도피형 비행을 낳게 한다든지 중산층 학생들의 비행이 증가하는 결과를 초래하였다. 또 국민생활의 향상은 어린이들에게는 무엇이든

욕심나는 것은 얻을 수 있고 필요 없는 것은 버리게 된다는 [쓰다버린 시대]를 낳은 것이다. 또 고도산업사회의 삐뚤어진 면은 사회면에 있어서도 나타났다. 교통사고가 급증하고 공해문제가 중대한 사회문제가 되고 도시화의 물결은 농촌지역에까지 밀려오고 노동인구의 도시집중과 농촌의 이농현상은 전 사회차원에서의 문제를 제기하기에 이르렀고 미혼모, 소년 소녀가장 등이 많아져 오늘의 시대를 [불확실성의 시대] 또는 [불안의 시대]라고 부르기도 하게 되었다. 이러한 사회적 불안이 순간적인 행동이나 단락적인 행동을 낳고 비행에 대한 죄악감을 희박하게 하는 원동력이 되기도 한 것이다. 놀이형 비행이 횡행하고 무엇이 위법이고 무엇이 합법인가를 잘 모르게 되어 어린이들의 비행을 용이하게 하거나 정당화시키는 결과를 낳았다.

현재 교내폭력사건을 일으키는 소년들 역시 이러한 시대에 탄생한 젊은이들인 것이다. 좌절감을 모르는 어린이들이 처음 만나 시련의 장이 학교라고 한다면 그리고 사회구조의 변화에 가장 민감한 것이 젊은이들이라는 것을 생각하면 교내 폭력사건은 일어날 수밖에 없다는 것이다. 어린이들은 또 지금까지 학교를 신성시하여 교내에 있어서는 상당히 거친 어린이들까지도 교내에서는 결코 폭행을 해서는 안된다고 생각한 어린이들도 폭력행위를 교내에서 할 수밖에 없다는 사태까지도 되어버린 것이다. 지금까지 엄하다고 생각한 교사들까지도 그저 우왕좌왕 할 뿐이며 학생들은 학교야말로 가장 스트레스를 해소할 수 있는 곳이라고 생각한 것이다.[42)]

(2) 학교에 있어서의 문제점

오늘날의 학교교육은 사회인으로 바랄 수 있는 인격형성을 위한 것이 아니고 입시나 취직을 하기 위한 수단으로서의 교육에 불과하다고 밖에 볼 수 없다. 물론 최근 교육개혁으로 이와 같은 병폐를 없애고 참교육을 하려는 노력이 없지는 않다. 그러나 진행 중인 교육개혁이 어느 정도 성공을 거둘지는 모르나 앞서 말한 진학을 위한 학업성적만을 중시하는 사태는 '학업성적 불량자' 바꾸어 말해 입시에 실패한다든지 직장을 갖지 못하는 낙오자를 낳게 되는 결과가 되어, 그들 낙오자들의 인격형성을 위한 것이 아니고 입시나 취직을 하기 위한 수단으로서의 교육에 불과하다고밖에 볼 수 없다. 물론 최근 교육개혁으로 이와 같은 병폐를 없애고 참교육을 하려는 노력이 없지는 않다. 그러나 진행 중인 교육개혁이 어느 정도 성공을 거둘지는 모르나, 앞서 말한 진학을 위한 학업성장을 갖지 못하는 낙오자를 낳게 되

---

42) 김용준, 「형사정책학」, (서울: 교학사), 2006, 256~263면 참조.

는 결과가 되어 그들 낙오자들이 교내폭력을 낳는 예비군이 된 것이다. 이런 것은 교내폭력의 주체가 학업성적 하위자가 압도적으로 많다는 사실을 보더라도 명백하다.

그밖에도 교사와 아동·학생의 신뢰관계의 부족과 아동·학생 상호간의 인간관계가 좋지 않은 것이 교내폭력의 원인이 된다고 하는 것이다. 학생지도나 학교운영에 있어서 교직원의 지도체제의 불일치가 교내폭력을 낳기 쉬운 환경을 제공하고 있다고 한다. 우리들은 학습제도나 생활지도가 불철저하다는 사정을 고려하면서 어떻게 하면 학교가 공부할 수 있는 장소이며 놀기 좋은 장소가 될까 다시 한번 곰곰이 생각할 필요가 있다고 할 것이다.

(3) 가정에 있어서의 문제점

오늘날 가족제도의 변천이 교내폭력의 원인이 되었다고 하는 것은 사회적 배경을 고찰할 때 지적한 바 있지만, 구체적으로는 급격히 진행된 핵가족화 등으로 가정생활의 변화나 양육상의 가치관의 다양화가 가정교육의 동요와 혼란을 가져왔으며 그 것이 교내폭력의 원인이 되었다고 볼 수 있을 것이다. 또 자녀중심주의의 가정생활이 부모의 과보호, 과간섭을 낳고 어린이들의 자율심을 상실케 하는 것임을 유의할 필요가 있다. ① 부모의 이혼, ② 부(모)의 가출, ③ 경제적으로는 안정되어 있지만 과보호 하는 가정, ④ 교육을 모에 전적으로 맡기는 가정, ⑤ 어린이 교육에 자신을 상실한 가정, ⑥ 부의 부제 특히 심리적인 부재가정 등이 교내폭력을 낳은 전형적 가정이라고 볼 수 있어 확실히 부모의 신뢰감의 실추가 교내폭력의 원인이라고 할 수 있을 것이다.

(4) 개인의 문제

이상과 같이 교내폭력의 원인에 대하여 언급하였지만 뭐니 뭐니 해도 교내폭력을 야기하는 가장 중요한 원인은 본인 자신이라고 볼 수 있다. 일본의 堀久는 『교내폭력의 실태와 그 고찰』 이라는 논문에서 교내폭력을 일으키는 학생들의 인격특성에 대해서 ① 학업목표가 불분명하고 막연한 진학지망의 경우가 많다. ② 학습의욕이 부족하고, 지능은 낮지 않지만 학력은 낮고, ③ 자기현시욕, 자기중심성이 강하고 마음대로 생활을 하며 규제에 대해서는 반발하고, ④ 감정의 동요가 심하고 정신불안정의 경향이 있다. ⑤ 책임감, 자성심, 억제력, 인내력 등이 부족하다. ⑥ 학교폭력 이전에 퇴학, 수업방해, 무단외박, 가출, 흡연, 조폭행위, 절도, 신나 남용 등의 문제행동을 하고 있다. ⑦ 여러 사람이 집단을 만들고 행동을 같이 한다. ⑧ 교외의 비행집단과 연계되어 있는 것이 많다. 이러한 개인적 특성을 열거하고 있는데 이를 요약하면 생활에 대한 충족감의 부족과 협조성, 연대성의 결여, 학습의욕의 저하, 자주성과 인내성의 결여 등이 문제행동을 일으키는 학생들의 공통적인 인격특성을 갖는다고 볼 수 있다. 기타 매스컴의 영향이나 지역사회의 연대의 부족, 건전한 놀이시설의 부족 등도 학교폭력의 원인이 된다는 것을 잊어서는 안 될 것이다.

5) 학교폭력의 대응

학교폭력은 본래 학교폭력인 이상 먼저 학교에 있어서 만반의 대책을 강구할 필요가 있다는 것은 말할 필요도 없다. 그러나 학교에 있어서 학생의 폭력행위를 줄이기 위한 이렇다 할 뾰족한 대책이 있는 것도 아니다. 일반적으로 말해 교장, 교감, 직원회 등이 조직적인 일체감을 갖고 학생지도체제를 확립하는 것이 무엇보다도 긴요하다고 볼 것이다.

물론 근본적으로 ① 학생의 개성이나 능력에 상응한 교육의 추진과 수업의 충실을 도모할 것, ② 학교시설과 환경의 정비를 도모할 것, ③ 마음의 여유에 중점을 둔 교육을 행할 것, ④ 학생 개인의 이해를 깊이 하기 위한 교육상담활동을 활발히 할 것 등이 중요하다는 것은 말할 것도 없다. 또 교사 자신도 교육에 열성을 갖고 교사로서의 사명감을 갖는다는 것도 중요하다. 또한 주요한 학교폭력의 배경이 되는 요인의 조기발견과 어린이· 학생의 적절한 지도를 실시하기 위해서도 교사간의 생활지도를 위한 역할 분담을 명확히 하고 초기예방에 노력하는 것이 중요할 것이다. 또 교내폭력의 예방책으로서는 학교와 가정이 여러 가지 기회를 통해 연대를 밀접하게 하고 지역관계 여러 기관과의 협력체제하에서 교외지도활동을 강화하여야 한다고 생각한다.

(1) 가정에 있어서의 대응

학교폭력의 대응에 있어서 가장 중요한 것이 가정에 있어서 대응이라고 해도 과언이 아니다. 가정이야말로 학생에 있어 가장 안전한 장소이며 인격형성의 장소인 것이다. 어린이는 부모의 생활태도를 보고 배우는 것이 많다고 것을 감안할 때 건강한 가정생활의 실천만이 가정교육의 기본이라고 할 수 있다.

현대와 같이 핵가족화된 가정생활에 있어서 부모와 자녀간의 대화 활성화, 가정에 있어서 부권회복의 문제, 부모의 역할을 명확히 하고 자녀의 장래목표에 대해서 자녀의 의견을 존중하는 것이 건전한 가정설계를 위해서 중요한 요인이 될 것이다. 한마디로 가정은 자녀교육의 기본이며, 본거라는 것을 명확히 알고 가정의 갈 길, 그 자체를 다시금 생각해 볼 필요가 있는 것이다.

(2) 지역사회에서의 대응

학교폭력 그 자체는 학교, 가정뿐만이 아니라 지역사회와도 깊은 관계가 있는 것이 사실이다. 그렇기 때문에 지역사회의 환경을 쟁점화하고 지역사회를 어린이 성장과 발달을 촉진하는 최적의 장소로 만드는 것이 학교폭력에의 유효한 대책의 하나라는 것은 말할 필요가 없다. 그렇기 때문에 지역사회에 있어서 각종 단체의 협력을 바라고 지역 주민의 학교 폭력에 대해 관심을 높이면서 공적기관과의 연락을 가지고 인접학교와의 연계하는 것 등이 필요한 것은 말할 것도 없다. 학교에 있어서 비행의 조기발견이 학교 폭력예방의 중요한 수단이 되는 것은 분명하며, 지역사회로서의 홍보활동, 건전한 놀이장소 등의 제공 등은 유효한 비행대책들이라고 말할 수 있다.

(3) 경찰에서의 대응

학교폭력의 범죄로서 이상 언급한 학교, 가정, 지역상회의 힘만으로는 어려운 것이며 마지막으로 경찰의 힘을 빌리지 않을 수 없다. 물론 교육상의 입장에서 경찰에서의 대응은 신중을 기해야 한다고 보며, 경찰의 구체적인 대응책을 보면 ① 학교담당 경찰제를 재정비하고, ② 학교주변에 정사복경찰관을 배치하며, ③ 전국일제 검문검색을 보다 확대 실시한다. ④ 학교주변에 방범초소를 확대설치하고, ⑤ 학교주변 유해업소를 집중단속 한다는 것 등이다.

⑥ 이외에 교내 폭력서클과 폭주족이나 졸업생의 지역불량서클 등 교외의 조직폭력배와의 연계를 단절하기 위해 교외서클의 해체를 철저히 하고, ⑦ 교내조폭집단이 모이기 쉬운 장소에 대한 가두보도를 강화한다. ⑧ 마지막으로 이같은 폭력집단서클이나 폭력집단의 아지트를 해체 또는 폐쇄한다는 것 등을 들 수 있다.

6) 결여

결론적으로 학교폭력에 대한 대책에 대하여 요약 정리하여 몇 가지 언급하고자 한다.

먼저, 어느 학생이나 학교가 즐거운 배움의 장이라는 인식을 심어주는 것이 중요하기 때문에 이를 위한 인성교육과 사회성 함양 등의 교육프로그램 개발에 주력하여야 한다고 본다.

둘째, 교사의 자질능력의 향상을 위해 학생지도주임에 대해 연수를 실시하여 학생들의 문제행동에 필요한 지식과 지도·조언능력을 향상시켜야 할 것으로 본다.

셋째, 교육상담 체제의 충실을 꾀하기 위해 전국 초·중·고등학교에 [스쿨 카운슬러]를 배치하고 초등학교 단계에서 조기 문제행동을 예방하기 위하여 [학생 및 학부형 상담원]을 배치함과 동시에 유관기관과의 연계를 추진하는 [학생지도추진 협력원] 제도를 만든다.

끝으로 학교·가정·지역·유관기관과의 연계를 위하여 국무총리 주관 하에 교육인적자원부, 경찰청 등이 협력하는 일원화된 지원시스템을 구축하는 것이 바람직하다고 본다.

제11절 국가권력에 의한 범죄피해

1) 국가권력에 의한 범죄의 개념

국가권력에 의한 범죄란 국가기관이 범죄를 통제하기 위한 활동을 수행하는 도중에 그 권력을 남용하여 불법을 자행함으로써 국민의 기본권을 침해하는 범죄를 일컫는다. 이는 범죄통제과정 중의 범죄라 하여 '통제범죄'라고도 하고, 형법상으로는 직권남용죄, 불법체포감금죄, 폭행죄, 가혹죄 등으로 규제하고 있다. 또한 주로 사법기관의 법적용과정에서 적용해야 할 법규정을 적용하지 않거나, 그릇되게 적용하는 경우인 소위 '법 왜곡' 현상을 범죄로 보아 '사법방해죄'라 하기도 한다. 이는 형법상 직권남용, 불법체포감금, 폭행가혹죄 적용의 사실상 곤란성을 극복하기 위한 취지이다.

2) 국가권력에 의한 범죄피해 실태

국가권력에 의한 국가권력 남용행위를 범죄통제를 담당하는 기관과 기능별로 그 유형을 살펴보면, 결창은 집회와 시위방해, 시위참가자 강제격리, 시위대 구타, 최루탄 남용, 무차별적 불심검문, 강제연행, 불법감금, 밀실수사, 고문, 사건조작, 편파적 수사, 총기남용, 가택연금 등을 들 수 있고, 검찰의 경우에는 부당한 공소권행사, 경찰의 고문 조작지휘 및 협조, 시국사건에 대한 대량 구속영장 신청 등이 있고, 법원의 경우로는 압수수색영장, 구속영장 남발, 고문에 의한 자백을 근거로 한 유죄판결, 시국사건 관련 부당한 양형, 법정경찰권의 남용등을 들 수 있고, 행형기관의 경우로는 특별사(중구금시설) 수용, 계구(포승, 수갑, 방성구) 남용, 집단구타, 치료거부, 강제급식, 도서열독, 서신 및 면회제한, 전향강요 등을 들 수 있다. 또한 국정원 및 기무사의 경우로는 강제연행, 불법감금, 밀실수사, 고문, 변호인접견 제한, 프락치이용, 전화도청, 서신검열, 비밀사찰, 선거개입, 정치공작, 테러, 사건조작과 은폐 등이 있다. 국가권력 남용행위는 주로 불법관행 구조에 의해서 이루어지는데, 불법관행은 강제연행, 불법감금, 고문 등이 주를 이룬다. 이들에 의한 주요한 범죄피해는 다음과 같다.

(1) 불심검문에 의한 인권침해

『경찰관직무집행법』 제3조제17항에 의하면 경찰관은 수상한 거동 기타 주위의 사정을 합리적으로 판단하여 어떠한 죄를 범하였거나 범하려 하고 있다고 의심할 만한 상당한 이유가 있는 자 또는 이미 행하여진 범죄나 행하여지려고하는 범죄행위에 관하여 그 사실을 안다고 인정하는 자에 대해서 불심검문을 할 수 있다. 경찰관이 불심검문을 함에 있어서는 당해인에게 자신의 신분을 표시하는 증표를 제시하면서 소속과 성명을 밝히고 그 목적과 이유를 설명하여야 하며, 동행의 경우에는 동행장소를 밝혀야 한다. 따라서 자신의 소속과 이름을 밝히지 않고 하는 불심검문은 절차상 위법이며, 또한 불특정 다수인을 무차별 검문하는 것도 위법이며 국민의 기본적 인권에 대한 침해다.

또한 불심건문을 당하는 자는 형사소속에 관한 법률에 의하지 아니하고는 신체를 구속당하지 아니하며, 그 의사에 반하여 답변을 강요 당하지 아니한다. 다시 말하면 적법절차에 의하지 않는 심문 및 강요된 진술을 거부하는 묵비권을 행사할 수 있다. 그러나 현실적으로 범인검거라는 본래의 취지를 벗어나 일상적으로 남용되는 사례가 많다. 그 일례로 1996년 6월 30일 대구 모 목욕탕 탈의실에 경찰관이 들어와 시민들에게 주민등록번호와 이름을 검문한 사례와, 2005년 6월, 충남지역 모경찰서가 불심검문시 확보한 불특정 개인의 신상정보를 전산관리하고 있는 것으로 드러나 인권침해 논란이 일었던 경우도 있다.

(2) 임의동행의 남용을 통한 강제동행

경찰관직무집행법(§3②,④)에 명시되어 있는 임의동행요구 규정을 남용해 동행을 강요하거나 강제 동행함으로써 사실상 체포·구금에 해당하는 행위를 하는 경우가 많다. 이는 영장제도에 대한 회피로서 사실상 불법체포죄(형법 §124)에 해당하는 경우이다. 대표적인 사례로 1996년 8월 14일 모 대학에서 개최한 학생집회와 관련하여 학교 주변의 백화점, 병원, 거주지역 등에 있는 학생은 물론 버스에서 개최한 학생집회와 관련하여 학교 주변의 백화점, 병원, 거주지역 등에 있는 학생은 물론 버스를 타고 대학앞을 지나 귀가하는 일반시민과 인근전철역에 내리는 경우도 불심 검문 후, 임의 동행해 인근 경찰서에서 46시간 불법감금해 많은 비난을 받은 바 있다.

(3) 불법보호조치

범죄통제기관이 보호조치를 남용해 수사나 행정의 편의상 불법구금을 하는 경우를 말한다. 대법원판례는 "법정의 절차 없이 피의자를 보호실에 구금하는 경우는 수사목적 달성을 위해 적절한 행위라고 하더라도 법정의 조건을 구비하지 아니하고 이를 행하는 것은 직권남용의 불법감금에 해당한다" 고 판시한 바 있다.

(4) 가혹행위 및 고문

고문은 자백이나 정보를 얻어 내기 위해서뿐 아니라 위협을 가하거나 처벌하기 위해 신체적·정신적으로 가혹한 형태의 고통을 체계적으로 가하는 반인간적 행위이다. 과거 의문사 및 최류탄에 의한 사상이 대표적인 사례이다. 이러한 가혹행위 및 고문은 그 예방을 위해서 관련공무원의 엄중한 처벌은 물론 사후 피해자에 대한 적절한 보상이 필수적이다.

제12절 직업형 범죄 피해

1. 개관

범죄가 직업과 관련하여 특정계층에서 많이 발생한다는 주장은 크게 둘로 나눌 수 있는데, 하위계층에서 많이 발생한다는 주장과, 상위계층에서 오히려 더 많이 발생한다는 이론이다. 범죄가 사회경제적 하위계층에서 많이 발생한다고 주장하는 대표적인 이론은 Merton의 아노미이론, Shaw와 Mckay의 사회해체이론, Cohen과 Cloard 및 Ohlin의 비행하위문화 이론 등이 있다. 이에 대해 Sutherland, Veblen, Sorokin 등은 지배층의 부도덕성을 강조하며, 사회경제적 상위계층에서 범죄가 더 발생한다고 주장했다.

서덜랜드는 화이트칼라 범죄를 직무수행과정에서 이루어지는 범죄행위로 파악하고 이러한 범죄는 중상위계층에서 많이 발생하며, 재정적 손실은 물론, 사회적 관계와 조직을 약화시키고, 사회해체를 촉진한다고 보았다. 또한 화이트칼라 범죄는 죄의식이 없으며, 더욱이 사회적·조직적 관행으로 합리화하는 경향이 있다고 하였다. 사회적 지위나 직업에 따라 피해자성이 높아지기도 하고 낮아지기도 한다. 피해의 성질에 따라 다르겠지만, 사회적 비난이 큰 경우에는 이를 면하기 위해 피해사실을 숨기기 때문에 피해자성이 높아지게 된다. 반대로 높은 지위나 고수입의 직업은 자기방위의 가능성을 높인다. 사회계층으로서 직업과 관련한 범죄는 상당히 많은 유형으로 나누어 볼 수 있으나, 이 책에서는 직업형 범죄피해를 기업범죄, 전문직업인범죄(의료, 변호사 등), 경제범죄, 공무원범죄, 정치인범죄(부패범죄) 등으로 분류하여 살펴보기로 한다.

1) 기업범죄피해

(1) 기업범죄의 의의

기업범죄란 합법 또는 불법적으로 조직된 기업 또는 그 직원이 기업관련 업무를 수행하는 과정에서 주주, 고객, 직원 국민, 국가, 다른 기업이나 국민에 대해 손해를 가하는 일체의 행위를 말한다.

기업범죄와 경제범죄는 그 내용에 중첩되는 부분이 많아 매우 유사한 측면이 있지만, 경제범죄는 조세범이나 외환사범처럼 기업과 무관한 개인이나 국가(북한)가 주체로 될 수 있으며, 기업범죄 또한 그 내용에 있어서 경제범죄 외의 범죄인 기업인이 정치인에게 뇌물을 제공하는 뇌물죄도 포함된다는 점에서 차이가 난다고 하겠다. 둘째, 기업범죄의 주체는 기업 또는 화이트칼라층이 주도하지만, 경제범죄는 국가 또는 화이트칼라층 외의 블루칼라층에서도 행한다는 점에서 차이가 있다. 예컨대 신용카드관련 범죄나 산림법위반 등과 같은 블루칼라층도 범죄를 저지르는 경우를 말한다. 그러나 경제범죄와 기업범죄는 공통점도 갖고 있으니 그것은 경제범죄와 기업범죄는 피해자의 피해감정이 미약하다는 점과 범죄의 진화속도가 빠르다는 점 그리고 범죄자의 낮은 죄책감과 국민의 법감정이 약한 점, 경제적 상징조작으로 처벌과정에서 비범죄화의 가능성을 갖는다는 점에서 공통점을 갖는다.

요즘 들어 대기업과, 기술집약적 중소기업에서 원천기술이 중국이나 다른 나라로 유출되어 국가적으로 매우 큰 경제적 손실을 초래하고 있다. 이외에 SK 글로벌의 분식회계사건, 신동아그룹 외화 도피사건, 현대비자금 사건, 공적자금비리 수사사건 등에서 드러났듯이 기업이 자신의 막대한 자금력과 조직력을 이용하여 범죄를 주도함으로써 심각한 사회적 폐해를 발생시키는 사례가 빈번하게 발생하게 되면서 기업범죄에 대한 관심을 가져야 할 때가 온 것이다. 특히, 기업범죄는 대부분 영업활동과 관련하여 발생하며 그 수법이 지능적, 전문적, 조직적, 비공개적으로 이루어지며 그 피해가 특정 개인에게 귀속되는 것이 아니라 바람직한 기업환경과 경제구조를 악화시키는 등의 모습으로 나타나기 때문에 그 피해를 즉시 파악하는 것은 쉽지가 않다.

(2) 기업범죄의 특성

기업범죄는 대부분 경영자 또는 경영의 책임을 지고 있는 간부들이 주체가 된다고 볼 수 있다. 기업범죄는 일반범죄와는 다른 몇 가지의 특성이 있는데 이를 살펴보면 다음과 같다.

① 영리성

기업범죄는 현대 사회에서 새로 나타난 형태인데 일반 형사범과는 달리 고도의 계획적이고 이성적인 영리추구 속에서 이루어지고 있다. 다시 말하면 기업인이 범죄행위로 인해 얻는 이익과 범행행각으로 부담하여야 할 불이익을 비교형량 하여 이익이 있다고 판단되는 바에 따라 행해진다고 볼 수 있는 것이다. 그러므로 기업범죄의 수법은 실정법에 정면으로 위반하지 않고 우회적인 탈법행위를 이용하는 것이 대부분이다. 또 고도의 영리성을 내포하고 있기 때문에 범죄행위가 장기적 내지 연속적으로 반복되는 특성을 지니고 있는 것이다. 뿐만 아니라 기업범죄는 외형상으로 기업활동의 형태로 나타나고, 영리추구는 기업의 최고 목표치이므로 일반적으로 범죄로서의 인식이 매우 약한 편이다.

② 모방성과 상호 연쇄성

서로 경쟁관계에 있는 기업인은 타인의 불법행위로 인한 부당이득을 좌시하거나 적극적으로 방지하려 하지 않고, 선례를 모방하여 동일한 혹은 더 개발된 수법으로 영리를 추구하고자 하는 속성을 지니고 있는 것이다. 따라서 한 기업이 경쟁관계의 불법행위를 고발하는 것보다 유사한 수법을 이용하여 영리를 극대화하려는 방향으로 나가고자 하는 것이다. 이와 같은 모방성으로 인해 기업범죄는 다른 범죄에 악순환적 경로를 제공하여 주고 연쇄적으로 범죄 고리를 형성해 가는 특성을 지니고 있다. 예컨대 어떤 물품의 절대량이 부족하여 가격이 등귀할 경우 곧 생산을 증대하는 것이 아니고 오히려 매점매석을 통해 이윤을 극대화시키려 하는 경향이 짙으며, 다른 한편으로는 이 물품과 동일 과정을 갖는 또다른 물품의 가격 위반 매매행위를 유발하게 되는 것이다.

③ 지능성과 전문성

기업범죄는 대부분 업무와 관련하여 발생되는 까닭에 지능적이고 전문적인 특성을 지니고 있다. '지능적'이라 함은 행위가 마치 범죄가 아닌 것과 같은 인상을 외부적으로 보이거나, 범죄사실이 발견되지 않도록 은폐하는 것을 의미한다. 여기서 전자는 불법적인 범죄행위가 마치 정상적인 업무수행과정에서 행하여지는 합법적인 행위로 위장되어 나타난다. 그리고 후자, 즉 범죄사실의 은폐는 두 가지 형태로 나타나는 바 '가해자가 누구인지 불분명한 점'과 '피해자가 범죄사실을 의식하지 못하게 되거나, 파악하는데 지체케 하는 형태'가 바로 그것이다. 이와 같은 형상은 기업범죄에 의해 침해되는 법익 자체가 초개인적이고 추상적이라는 점에 기인하고 있다 할 수 있다. '전문적' 이라 함은 기업의 이윤추구와 관련하여 특수한 전문지식을 갖고 그 지식에 기초하여 범죄를 범한다는 것을 의미한다. 이를 넓은 의미로 이해하면 기업범죄는 전문지식에 의한 범죄이기 때문에 범행이 보다 조직적이고 계획적이며 연속적인 범죄로 나타나는 것까지 내포하고 있다 할 수 있다. 예컨대, 기업에 의한 세금포탈의 경우는 일반시민의 납세액을 상승시키게 되며, 가격담합은 소비자로 하여금 더 많은 비용을 부담시키게 되는데 이러한 사실을 피해자 자신은 전혀 모르고 있다는 점이다. 그러므로 기업범죄의 지능성과 전문성은 범죄심사를 어렵게 만드는 중요한 요인이 되고 있고, 설령 범죄를 적발한다고 하더라도 이를 입증하기가 쉽지 않은 것이다.

④ 형벌주체의 특정 곤란성

일반적으로 기업범죄는 기업경영자에 의해 행해진다 하더라도 그 행위의 대부분은 기업체활동의 일환으로 행해지는 것이 대부분이므로 구체적인 사건으로 문제되었을 경우 과연 형사상의 책임을 누구에게 부담지울 것인가 명확하지 않다 할 수 있다. 특히 재벌기업 등 대기업의 경우 이 부분은 더욱 모호하여진다. 이는 기업범죄에 대해 적용법조와 죄명적용의 어려움과 그 맥을 같이하는 것이라 할 수 있다. 현행법 체제에서는 기업경영인을 단순히 기업활동의 주체라고 하여 그 기업의 행위로 나타난 모든 행위에 대해 책임을 물을 수 있도록 규정되어 있지는 않다.

(3) 기업범죄의 발생원인

대기업과 같은 조직체에 의하여 범죄행위가 이루어지는 경우에 이를 설명하기 위해서는 조직체에 대한 연구가 선행되어야 할 것이다. 이런 조직체의 범죄는 일반범죄와는 달리 개인적인 차원에서의 접근방법은 부정당하고 거시적인 접근방법이 요구된다. 아래에서 범죄의 동기가 기업체와 기업체 구성원 사이에 어떻게 형성되어지는가는 자본주의 사회구조와 관련하여 고찰한 다음, 이러한 범죄동기가 기업 및 기업 구성원을 규율하는 사회규제 요소와 어떤 반응을 하면서 실행에 옮겨지는지를 고찰하고자 한다.

① 내재적 원인

기업은 다른 조직체와 마찬가지로 기업이 갖고 있는 특정한 목표에 의하여 일차적으로 '이윤추구'라는 기업의 기본적인 목표에 의하여 운영된다. 자본주의 사회에 있어서 기업의 유지, 존속에 있어서 '이윤추구'가 필수 불가결한 것임은 부인될 수 없는 사실일 것이다. 경영자가 아무리 다른 목표를 강하게 추구하더라도, 주위의 사정이 어떻게 변화하더라도 기업이 이윤추구라는 목표를 실패하면 그 기업은 결국에는 도태되고 말 것이다. 이와 같은 기업의 이윤추구의 원리는 다음과 같은 경로를 통하여 강화되는데 먼저, 기업 중에서 이윤을 극대화하는데 익숙한 기업만이 남게 된다. 이용가능한 합법적인 방법보다 범법적인 대안들이 목표달성에 유리하다고 판단되면 이를 택하게 되고 범죄행위에 이르게 된다. 결국 기업범죄는 자본주의의 시장경제사회에서 결코 포기될 수 없는 기업의 목표인 '이윤추구'행위와 이의 수행과정에서 어쩔 수 없이 부딪치게 되는 여러 가지 제한요소들 사이에서 발생하는 문제들을 위한 시도에서 비롯된다고 할 것이다. 기업조직체 구성원 특성에 따른 원인을 살펴보면 다음과 같다. 모든 거대한 조직에는 구성원의 개별적인 독창성보다는 그 조직체가 갖고 있는 이념에 따라 순응, 적응하도록 하려는 본질적인 경향이 있다. 기업도 하나의 큰 조직체로서 예외는 아니며 그 구성원으로 하여금 기업에 순응, 적응하도록 하는데 이때에 사용되는 중요한 수단은 훈련이다. 기업은 그 구성원들이 갖는 외부조직과의 연관관계를 약화시켜 그들로 하여금 기업에 의존하게 하고 기업에 부속된 존재라는 인식은 커지게 되는데 이러한 과정을 통하여 기업 구성원은 직장동료와 상사를 그의 생활에서 주요한 사람들로 파악하게 되고 기업의 목표를 받아들이게 된다. 다시 말하면, 기업은 구성원들이 공식적, 비공식적 기구들을 통하여 그의 필요에 맞도록 훈련, 교육시키고 그가 현재 차지하고 있는 기업 내의 지위, 직무를 제일 중요하게 생각하게 하여 기업에 전적으로 의존하도록 사회화시키는 것이다.

더구나 기업은 개성을 지닌 개인에 의하여 구성되는 것이 아니고 대체할 수 있는 사람들에 의하여 차지하는 위치의 집합으로 이루어지는 것이다. 따라서 이러한 조직체내에 개인이 담당하게 되는 것은 그들이 차지하고 있는 지위에 부과된 행위를 수행하는 것뿐이다. 이와 같이 개개의 구성원들이 기능적으로 결합하게 되면 개인은 도덕적으로 이완되어 기업을 위하여 자신의 개성도 포기하고 명령을 받은 군인과도 같이 주어진 역할을 수행하게 된다. 그리하여 비록 요구 받은 행위가 반사회적, 범법적인 행위인 경우에도 이를 지적할 수 없게 되고 거부의 의사표시도 할 수 없게 되어 버린다.

② 외부적인 원인

먼저 법규정상의 원인을 살펴보면 다음과 같다. 기업활동은 고도의 복잡성과 기술성을 띠면서 사회전반에 걸쳐 광범위하게 연관관계를 갖고 행하여지고 있으며 기업범죄의 고의와 형태는 시시각각으로 변하고 있는 반면에, 이를 규율하고자 하는 법은 그의 보수성으로 인하여 이를 따라가지 못하기 때문에 법적 규율에 결함이 생길 수도 있는 것이다. 그러나 기업은 그의 행위에 과하게 될 규제법률의 제정에 있어서 그가 가진 힘을 이용하여 이를 저지하거나 그 규제가 최소한에 그치도록 영향력을 행사하는데 기업범죄라고 분류되는 많은 행위들이 형법적으로 규율되지 않고 행정적으로나 또는 민사적으로 규율되는 것은 이와 같은 이유에서이다. 이러한 경우 기업범죄에 관하여는 입법의 단계에서부터 그 규제에 틈이 생기게 되는 것이다.

현재 대부분의 규정을 보면 양벌규정으로 되어 있고 행위자에 대해서는 벌금형 내지 자유형, 기업인 기업에 대해서는 벌금형을 가하도록 규정하고 있다. 사법적으로 처리되는 수도 적지만 그나마 기소되는 경우에도 강한 규제가 가하여지지 않고 많지 않은 벌금이나 기업경영자 개인에게 과하여지는 단기 자유형이 전부이다. 이와 같이 처벌이 미온적이고 벌금이 부과되는 경우에도 너무 경미하여 기업범죄에 대해 거의 규제력을 갖지 못하고 있다. 이러한 경우 기업은 벌금을 그 행위에 따르는 필요비용으로 간주하게 되어 형벌로서의 벌금의 의미는 퇴색되는 것으로 보인다.

이처럼 기업의 범죄행위에 대해서 경미하게 처벌됨으로 해서, 이들을 규율하기 위한 모든 법규들은 단지 선언적 의미만을 갖게 되고 기업은 그의 이윤추구 목적을 달성하기 위한 제반행위들을 별다른 제약을 받지 않고 행하게 되는 것이다.

다음으로 사회환경적 원인을 보면 다음과 같다. 윤리적 행위도 사회, 문화적 환경의 소산이듯이 기업의 범법행위도 이들 둘러싼 사회, 문화적 환경 속에서 발생하는 것이다. 기업경영인들은 '구조적 부도덕성' 이라는 하위문화 속에서 행동을 하기 때문에 쉽게 범죄를 저지르게 된다. 범죄가 묵인되고 그래서 참작의 구실이 되는 그런 관행과 시고방식 속에서 행동하기 때문에 범죄적 동기는 현실화되는 것이다. 미국에서 조사된 바에 의하면 기업인들은 기업의 이윤추구라는 미명 아래 범죄행위를 하고서도 그들의 행위를 합리화시켜버리고 범죄인으로서의 죄의식을 갖지 않게 된다. 이들을 소개하여 보면 다음과 같다. 첫째, 제안되는 모든 법적인 규제수단을 자유기업제도에 대한 정부의 간섭으로 생각한다. 자유방임의 자본주의하에서 많은 발전이 이루어졌으므로 자유기업에 대한 간섭은 중단되어야 한다고 생각한다. 둘째, 규제에 따른 부가적 비용과 관료적 절차로 말미암아 이윤이 크게 떨어지므로 정부의 규제는 정당하지 못하다고 생각한다. 셋째, "대부분의 규제가 이해할 수 없는 것이고 너무 복잡하기 때문에 규제는 불완전하여 결함이 있는 것이다." 라고 생각하고 또 규제법령들이 너무 많아 전부에 대하여 제대로 알고 있지 못하다고 한다. 넷째, 규제라는 사항들이 중요하지 않기 때문에 규제는 불필요한 것이라고 생각한다. 다섯째, 기업범죄에 있어서 고의는 거의 없고, 많은 경우 작위보다는 부작위에 의한 실수로 범하여진다고 생각한다. 여섯째, 같은 분야의 다른 기업은 법을 위반하면서도 정부의 규제를 받지 않는데, 경쟁회사가 범법적 행위를 통해 이익을 획득하지 말아야 할 이유는 없다고 한다. 일곱째, 가격담합의 경우와 같은 행위의 경우 기업에는 수백만 달러에 달하는 금전이 관계되지만 이것이 수많은 소비자에게 분산되어 개개인에게 미치는 손해는 거의 없다고 생각한다. 여덟째, 기업의 이익이 증가하지 않는 그러한 행위는 잘못이 아니라고 한다. 아홉째, 기업은 주식을 통하여 일반 대중에 의하여 소유되고 있다. 따라서 대기업이 사회를 지배하고 있으며 또한 법의 위반에 대해서 면책되고 있다는 주장은 잘못된 것이 아니라고 생각한다. 마지막으로 기업의 범법행위는 경제적 궁핍에 의하여 비롯되며, 주식의 가치보호, 주주에 대한 적당한 배당실시, 고용인의 일자리보호 등등을 목적으로 하여 범하여진다고 한다. 따라서 이러한 행위는 면책될 수도 있다고 생각하게 된다.

미국의 경우 기업인들은 위와 같은 그릇된 관념을 통하여 별다른 양심의 가책을 받지 않는 범죄행위를 하게 되는데, 우리 사회에서도 이와 크게 다르지는 않은 것으로 생각된다. 즉 사업가가 그들의 사업을 규율하는 법령을 위반한 경우에도 그의 동료 사업가들로부터 오히려 제간 꾼으로 칭찬을 받고 기업체에서는 자신들의 범법행위를 정당화하기 위해서 그들의 긍정적인 기능을 강조하는 것 등이 바로 그러한 것들이다.

(4) 우리나라 기업범죄 규제의 문제점

① 현행 규제체계

현행 기업의 위법행위에 대한 규제체제는 민사적 규제, 행정적 규제, 형사적 규제로 나누어 볼 수 있다. 그 중에서 민사적 규제는 사인 당사자 간의 이해조정이라는 의미에서 국가가 부과하는 규제와는 그 성질을 달리한다. 따라서 기업의 위법행위에 대한 공적인 규제는 행정규제와 형벌이 주를 이룬다고 할 수 있다. 그런데 양자는 그 절차와 대상행위와 규제의 강도 등에서 차이를 갖는다. 일반적으로 행정규제는 범죄의 정도에는 이르지 않지만 강제되어야 할 행정의무를 위반한 행위에 대해 부과하는 것이라고 이해된다. 또한 그 절차는 행정기관이 부과하고 집행하는 것이 일반적이다. 이에 대해 형벌은 범죄행위에 대해 부과되며 엄격한 형사절차를 걸쳐 법관에 의해 부과되고 검사에 의해 집행된다. 처벌의 강도에 관해서도 형벌은 행정규제에 비해 당사자에 대한 타격의 정도가 큰 것으로 이해된다.

② 현행 규제체계의 문제점

위에서 기업범죄의 규제체계를 개괄적으로 살펴보았다. 이를 통해 기업의 처벌 상황을 살펴볼 때 다음과 같은 문제점을 지적할 수 있다.

첫째, 기업에 관한 행정규제와 형벌이 타격의 정도에 관한 문제이다. 형벌이 부과되는 행위 중에는 행정규제적 성격을 띤 행정명령(예컨대 조업정지 등)의 불이행 행위가 적지 않은데 기업에 미치는 타격의 정도는 행정규제가 오히려 형벌보다 그 정도가 큰 경우가 많다. 둘째, 기업에 관한 벌금액수에 관한 문제점이다. 즉 기업은 자연인에 비해 자산의 규모가 훨씬 큼에도 불구하고 자연인과 동일한 벌금액을 각 본조에 따라 부과 받는다는 점, 더욱이 자유형과 선택형으로 된 경우의 각 본조의 벌금액은 행위의 위법성의 크기에 비해 현저히 낮게 책정되어 있다는 점 등이다. 셋째, 규제의 필수적 부과 또는 임의적 부과의 문제이다. 행정규제는 주로 '할 수 있다.'라고 규정되어 있고, 형벌은 '처한다'라고 규정되어 있어 행정규제는 그 부과가 임의적인 것으로 형벌은 처벌이 필수적인 것으로 해석될 수 있다. 여기서 발생되는 문제는 행정규제 위반시 형벌을 부과하도록 규정하고 있는 경우에 행정규제 자체가 부과되지 않으면 처벌의 공백이 생길 수 있다는 점이다. 이 문제는 자연인에도 적용되지만 특히 기업처벌에 있어서 보다 무거운 규제가 행정청의 재량에만 맡겨져 있는 반면, 보다 가벼운 규제는 엄격한 형사절차에 입각하여 필수적으로 부과된다는 점이 보다 큰 문제이다.

넷째, 행정청이 부과하는 규제의 불균형의 문제이다. 각 행정청은 전국 각지에 흩어져 통일성을 기하기 어렵고, 규제의 평등을 기하기 위한 노력도 사법부만큼 이루어지지 않는 것이 사실이다. 또한 행정처분의 성질이 절차적 신중성이나 합법성보다는 합목적성에 치우치는 면이 있어 형사판결에 비해 불균형이 심할 것임에 틀림없다. 다섯째, 이론적 문제로서 행정청의 규제체계에는 위법행위의 조사자와 처분자가 일치하는 규문주의 형태라고 할 수 있다. 규문주의 절차 아래에서는 피규제자의 권리보장이 어렵고 규제발동 권한자의 행정처분으로 규제를 부과하는 것이 허용되는 경우도 있을 수 있는데, 경미한 불법행위에 있어서 사건의 신속한 처리를 통하여 당사자의 이익을 도모할 수 있는 경우이다. 따라서 당해 위법행위가 실질적으로 범죄행위에 속하고 그 규제의 내용이 마땅히 형벌이어야 할 경우라면 조사자와 심판자가 분리되는 당사자주의에 의하는 것이 이론상으로도 합당하다고 하겠다. 여섯째, 절차면에 있어서도 형사절차는 당사자대등주의, 변호권의 보장, 변론기회의 보장, 중립적 법관에 의한 판단 등 행정절차에 비해 훨씬 정교하고 치밀한 절차를 보장하고 있다. 그런데 형벌에 비해 그 타격의 정도가 중한 행정규제의 부과절차는 이보다 약식으로 되어 있어 실체적인 면과 절차적인 면이 균형을 이루고 있지 못하다고 할 것이다.

결국은 위와 같은 논의를 종합하여 보면 현행 기업범죄에 대한 규제방안이 정비되어야 할 점은 첫째, 범죄행위와 단순한 위법행위를 구분하여 범죄화와 비범죄화 작업을 하여야 한다. 특히 무분별하다고 할 정도로 범죄화되어 있는 경미한 법익 침해행위들을 "대촉비범죄화" 즉 과태료로 전환하는 작업이 필요하다. 둘째, 행정규제와 형벌을 구분하되 자연인과는 성격과 구조를 달리하는 기업의 특성을 감안하여 타격의 정도, 부과절차 등을 종합적으로 판단하여 규제의 종류와 정도를 재편성하여야 한다. 특히 기업범죄에 적용될 수 있는 효율적 규제의 개발이 시급하다. 셋째, 절차의 면에서 기업범죄 수사상의 여러 가지 문제(자연인의 구속영장과 같이 기업의 조업을 잠정적으로 중단시킬 수 있는 영장제도를 마련할 것인가 등), 공판절차상의 문제(당사자를 누구로 하고, 현실적 소송수행은 누가 담당할 것인가 등). 형벌의 집행방법상의 문제(조업정지, 기업해산 등 새로운 형벌제도와 관련하여 검찰과 행정기관과의 관계는 어떻게 형성할 것인가 등) 등이 있다.

(5) 기업범죄에 대한 형벌부과의 필요성

기업의 범죄능력을 인정하고 이에 대한 형벌을 부과할 경우, 기업의 특성에 합당한 형벌제도를 고안하여야 하는데, 고안의 주된 대상은 현재의 행정규제라고 할 수 있다. 현재의 행정규제 중 일부를 형벌로 도입하는데 대해 그 실익이 무엇인가라는 의문점이 제기될 수도 있다. 이에 대해서는 다음과 같은 이유를 생각해 볼 수 있을 것이다.

첫째, 집행의 확실성이다. 현재 부과되는 행정규제는 행정기관에 의해 부과되고 집행되기 때문에 형벌의 집행에 비해 확실성의 면에서 뒤떨어진다고 보여진다. 즉 일단 행정기관에 의해 행정처분의 형식으로 규제가 부과된다고 하더라도 행정소송상의 행정처분 효력정지가처분 신청에 의해 소송이 최종적으로 확정될 때까지 규제를 피할 수 있다. 그렇다면 중대한 불법행위에 대하여 형사절차상 집중심리제에 의해 형을 확정하고 이를 명확하게 집행하는 것이 바람직할 것이다. 또한 행정처분의 집행에 있어서 자회사를 통한 조업 등으로 실질적으로 규제를 피해 나가는 편법이 활용되고 있는 것이 현실이다. 따라서 검사가 경찰이나 행정공무원과 더불어 기업에 대한 규제를 명확하게 집행할 수 있는 방안이 요구된다.

둘째, 부과의 형평성이다. 행정기관은 각 시나 구로 분산되어 있고 더욱이 지방자치에 따라 분산화경향이 심화되어 유사한 범죄행위에 대해 부과되는 규제가 불균형을 이루기 쉬울 것이다. 이에 비해 상대적으로 사법부가 부과하는 형벌의 종류와 범위는 통일적이고 균형적이라 할 수 있다. 그리고 보다 중립적인 사법부가 범죄의 인정과 양형을 담당함으로써 부정의 소지도 적을 것이다.

셋째, 불법행위자에 대한 직접적인 제재이다. 기업의 조업정지, 해산 등이 민사적, 행정적 규제로 현존하고 있는 것은 사실이지만 그것들이 형사규제로 논의될 때는 그 요건과 본질을 달리하는 것으로 현실적 집행에 있어서도 상당히 큰 차이를 낳을 것으로 예상된다. 또한 효율성의 면에서 볼 것은 지연을 수반하고 위법행위를 반복하는 기업에 대하여 효과적인 규제로서 기능하지 못하며 피해자 보호도 불충분하다고 할 것이다. 기업의 운용과정에서 발생하는 범죄행위에 대한 내용으로서 자연인 행위자에 대한 처벌 외에 기업의 물적 자산의 박탈이나 기업 자체의 운용을 저해하는 것이 올바른 규제인 경우가 대부분일 것이라고 생각된다. 왜냐하면 기업범죄는 기업의 운용을 통해 행해지기 때문에 기업의 운용에 대하여 규제의 초점을 맞추는 것이 정당하고 적합한 방안이기 때문이다. 그런데 그 모든 책임을 인적구성원인 자연인에게 돌린다면 오히려 자연인이 과도한 형벌을 받을 위험성이 있다.

현재 불이익이 큰 행정규제를 단속기관인 행정청이 부과하는 것은 형사절차 이론에 대비하여 보면 규문주위 형태라고도 할 수 있다. 즉 소추자와 심판자가 동일한 형태인 것이다. 규문주의형태에 부과되는 규제에 대해서는 당사자가 승복하기 쉽지 않고 혐의의 인정에 정확성을 기하기 어려우며 당사자의 방어권 행사나 변론기회의 인정에 흠결을 가져오기 쉬울 것이다. 오히려 '불확실할 때에는 피고인의 이익으로'라는 입장에서 무죄측정(無罪推定)에 입각한 형사절차를 밟는 것이 보다 타당하다고 본다. 현재 행정규제에는 청문 등의 절차가 있으나 실질적으로 거의 활용되지 못하고 있어 당사자들이 절차에 참여할 기회를 갖지 못하고 있는 것이 사실이다.

(6) 결어

기업범죄에 대한 규제는 삼면적으로 이루어진다. 즉 기업의 활동과 사회구조에 따라 다양하고 복잡한 경향이 있으나 기본적으로 국민의 인권보장, 사회경제의 보호를 위한 제 원칙을 정하는 헌법에 근거하여 민사규제, 행정규제, 형사규제의 세 가지로 구분할 수 있다. 민사규제는 사적자치의 원칙에 따라 최소한도로 이루어지며 행정규제 또한 행정의 제 원칙에 따라 이루어진다. 형사규제는 형법의 일반 및 특별 예방적 기능, 보장적 기능 등 형법의 기능을 고려하여 보충성의 원칙에 따라 이루어진다. 이는 죄형법정주의의 원칙에 따라 실질적으로 범죄가 그 형벌에 의하여 책임주의를 기초로 하여 범죄와 형벌이 균형을 이루는 한도에서 행해져야 한다.

기업범죄는 경제질서 등 초개인적, 사회적 법익을 침해 내지 위태롭게 하는 범죄이므로 개인적 법익침해에 있어서처럼 법익을 구체적으로 확정하는 것이 용이하지 않다. 예컨대 조세범죄, 정부보조금 사기, 시용사기, 독점범죄 등을 처벌함으로써 국민경제 등이 보호된다고 할 수 있으나, 침해법익이 추상적이므로 이 범죄가 실제로 재정, 국민경제를 침해하였는가를 확인하는 것은 매우 어렵다. 또 기업범죄에 있어서 법익침해는 다수인에게 분산되므로 실제상의 침해를 확정하는 것도 어렵다. 또한 기업 내의 각 계층의 범죄성의 고의를 입증하기도 곤란하다. 그러므로 그 방안으로서 미수범을 처벌하거나 위험범의 형태로 처벌하는 방법을 고려해 볼 수 있고 또 기업의 판대활동 시 소비자에 대해 중요사항 불고지를 사기죄의 전 단계구성요건으로 인정하여 처벌하는 방법도 생각해 볼 수 있다. 그런데 전자의 경우에서 기업범죄를 효율적으로 처벌하기 위해 미수의 단계에서 처벌하는 것은 그 나름의 문제를 가진다. 따라서 이와 같은 처벌의 흠결을 보완하여 '추상적 위험범'의 형태로 처벌하는 것을 고려할 수 있다. 다만, 추상적 위험인물의 처벌이라는 전 단계구성요건의 도입시 처벌의 편의만을 고려한 가벌성의 확대라는 바람직하지 못한 결과를 초래할 위험이 있으므로 이를 모든 경우에 인정할 수는 없고 경제질서에 대한 위해가 명백한 경우나 이로 인한 국민경제적 침해가 막대하여 결과발생의 전 단계에서 처벌의 필요성과 가벌성이 인정되는 경우와 같이 특별한 경우로 제한해야 할 것이다.

제13절 전문직업인 범죄피해

전문직업인이라 함은 일정한 자격을 가지고 그 자격에 의해서 상담업무나 정보제공업무 등을 수행하는 자를 말한다. 이들은 높은 지식의존 직업의 종사를 통하여 자율적이며 권위적인 업무활동을 그 특성으로 한다. 대표적인 전문직업인은 의사, 변호사, 공인회계사, 법무사, 변리사, 세무사, 관세사, 감정평가사, 펀드매니저, 애널리스트 등을 들 수 있다. 이들은 그 업무의 전문성을 통한 서비스를 수행하는 과정에서 각종 범죄나 사고를 유발하여 일반인에게 피해를 야기할 수 있는데 이중 대표적인 몇 가지 범죄피해에 대하여 살펴보고자 한다.

1. 의료사고

1) 개관

의료사고란 병, 의원, 보건소 등 의료에 관련되는 장소에서 주로 의료행위의 수급자인 환자를 피해자로 하고 진단, 검사, 치료 등 의료의 전과정에서 발생하는 인신사고 일체를 포괄하는 용어이다.

본래 의미의 의료행위과정 중에서 발생하는 결과 이외에 병실의 바닥이 미끄러워 넘어지는 바람에 부상을 입은 경우, 정신병자가 발작을 일으켜 같이 입원해 있던 정신병자를 칼로 찔러 살해한 경우, 기구의 결함으로 환자가 부상을 당한 경우 등 병원의 환자관리나 시설관리면에서 발생하는 사고도 포함한다.

의료사고는 그 발생, 원인, 책임의 소재를 일단 도외시한 사회현상을 의미하는 가치중립적인 개념이다. 이 중에는 임상의학의 실천단계에 있어서의 의료수준을 벗어난 사고, 다시 말해 의사에게 당해 결과에 대하여 결과 예견가능성이나 결과 회피가능성에 대한 비난을 할 수 없는 의료사고도 포함한다. 이러한 사고는 의료의 수준에 비추어서 의사에게 주의의무를 위반하였다고 할 수 없는 바, 따라서 모든 의료사고가 의료과오에 해당하지 않는 것은 당연하다.

2) 의료사고 발생현황

의료사고 피해자 지원단체인 의료소비자시민연대(의시연)의 상담통계에서도 증가세는 뚜렷하게 나타난다. 지난해 의시연에 전화와 직접방문으로 의료사고 피해를 상담한 건수는 2598건으로 전년 1305건의 2배에 달했다. 지난해 상담건수 2598건 중 일반병원이 818건(31.5%)으로 가장 많았고 의원 743건(28.6%), 사립대 종합병원 446건(17.1%), 국공립대 종합병원 105건(4.0%) 순이었다. 진료과목별로는 정형외과가 440건(16.9%), 내과 403건(15.5%), 산부인과 400건(15.4%), 치과 241건(9.3%) 순이었다. 특히 정형외과는 전년(197건)의 2.2배, 치과는 전년(79건)의 3.1배로 늘었다.

3) 의료사고의 증가원인

(1) 의료서비스 공급자측 요인

① 의료기관의 대형화에 따른 영리추구화 및 위험관리대책 부재

의료기관의 상업화가 의료사고의 또다른 원인이다. 의료기관이 대형화되면서 의료의 이익추구현상이 짙게 나타나고 있다. 이같이 의료가 상업화되면서 의료인은 환자를 이윤추구의 대상으로 보게 되며 의사와 환자의 관계는 비인격화되어 신뢰관계가 붕괴되게 된다. 이러한 변화는 의료분쟁을 증가시키는 큰 요인으로 작용하고 있다.

② 의료인-환자관계의 비인격화 또는 불신풍조의 확산

의료사고가 의료분쟁으로 확대되는 이유로는 의사에 대한 환자의 인식변화를 들 수 있다. 전통적인 사고에 의하면 의사와 환자간의 신뢰 속에서 의료행위가 의사와 환자간의 수직적 관계에서 시혜적으로 수여되는 것으로 이해되었고 의사는 환자에 대한 강한 도덕적 책임의식을 가지고 의료에 임하고, 환자도 이러한 이해 속에서 의료사고를 이해하게 됨으로써 법적 해결에 의하여 처리하는 것이 아니라 윤리적·도덕적 차원에서 해결하고자 하였다.

그러나 이러한 관계가 사회변화와 함께 변화하는 과정에서 환자와 의사들의 관계는 변화했고 이러한 변화를 적극적으로 수용하지 못하는 의사들과 적극적으로 수용하려는 환자들 간의 불신풍조와 갈등이 확산되고 있다.

③ 의료인의 비민주적인 의료

이제까지 많은 의사들은 일차적으로 환자와 불평등 관계 속에서 만난다. 이러한 불평등 관계가 지속되면 각 환자들에 대한 의사들의 의료관은 우월적 지위를 당연시하게 되는 경향이 있다. 그런 과정에서 의료지식이 모자라는 환자에 대한 의사들의 입장은 설득적 입장이기보다 지시적, 명령적 입장에 처하기 쉽다. 이러한 의사들의 의료관은 환자들에게 불편과 불만의 원인이 되고 이렇게 누적된 환자들의 불만은 의료분쟁을 통해 터져 나온다.

④ 의료인의 의료법 간에 대한 지식 부족

대체적으로 의사들은 의료법을 잘 알지 못할 뿐 아니라 알 필요가 없다고도 생각한다. 그 근원적인 이유로 의과대학 교육에서 의료법이 다루어지는 경우가 거의 없고 이제까지 의사들은 의료법을 알지 못하고서도 의료활동에 큰 지장이 없었다. 이러한 경향이 의료분쟁이 발생했을 때 의료인들 특히 의사들의 법적권한이나 의무를 소홀히 하는 계기가 되었다.

(2) 환자측의 요인

① 환자의 의료본질에 대한 이해부족

의료에 관한 환자의 인식은 의료의 본질적인 부분에까지 미치지 못하는 경향이 있다. 이러한 경향이 환자들의 높은 기대치와 만날 경우 의료에 대한 불만으로 증폭되고 분쟁화하는 요인으로 작용하기도 한다.

② 사회적으로 불신풍조의 만연

의료뿐 아니라 우리 사회의 전반에 걸쳐 불신의 풍조는 만연해 있음은 주지의 사실이다. 이러한 사회적 분위기에 의해 의사들에 대한 환자들의 불신도 증가하고 이것이 의료분쟁 증가의 요인이 되기도 한다.

③ 사회·제도적 요인에 의한 국민의 권리의식 증대

현대 민주사회에서 국민의 권리의식이 고양됨에 따라 환자는 의사와 대등한 입장에서 의료에 적극 참여하기를 원하게 되었다. 최근에는 이전의 의료주권주의에서 의료행위의 전과정에서 의사결정에 참여하기를 주장하는 환자주권주의로 바뀌어 의사와 환자의 관계가 수직적 쌍무적 관계로 전환되었다.

그렇기 때문에 의사가 계약상의 의무를 다하지 못하여 환자에게 손해를 입힌 경우에는 환자는 자기의 권리를 주장하여 손해배상을 청구하거나 형사고소를 하는 것이 일반적인 경향이다.

④ 의료정보의 확산으로 인한 의료사고의 인지수준 향상

과거 환자들은 의료에 관한한 거의 무지한 수준에 머물러 있었다. 그러나 최근들어 의료정보가 확산되면서 환자들은 의사들의 의료행위에 대해 나름대로의 판단기준을 갖고 따져보는 경향으로 변했다. 환자들이 의료를 인지하는 수준이 증가함에 따라 환자들이 의사의 과실이나 과오로 인지하는 능력이 증가했다.

(3) 제도적 요인

① 의료사고에 대한 사회적 보상제도의 결여

의료사고에 대한 사회적 보상제도가 확립되어 있지 못함에 따라 자신들의 억울함을 호소할 수 없는 환자들은 직접적인 폭력행사나 소송을 통해 자신의 손실을 보상받으려는 경향으로 나아가게 되며, 이는 곧 의료분쟁의 증가에 한몫을 하게 된다.

② 적절한 의료분쟁 조정법 및 의료분쟁 조정기구의 부재

다른 이유로 의료분쟁을 조정해 줄 수 있는 기구의 부재를 들 수 있다. 의료사고가 분쟁화되기 전에 사안을 공정하고 객관적으로 판단하여 환자에게는 적정한 피해구제를, 의사에게는 의료활동이 위축되지 않도록 신속하게 해결해 줄 수 있는 기구가 필요하다. 그러나 이러한 활동을 할 수 있는 기구가 부재하거나 존재하더라도 유명무실하므로 환자들이 피해구제를 요구하며 의사에게 폭언을 하거나 병원에서 난동을 부리거나 점거하는 등의 행위로 의사와 환자측의 감정적 대립을 심화시키게 된다. 뿐만 아니라 의료분쟁 조정법이 부재함으로 인해 적절한 구제를 받지 못하는 환자들이 난동 등의 행위를 통해 보상받으려는 경향이 많아지게 된다.

③ 의료인력수급과 병원경영상의 문제

수련의는 의사자격은 있으나 아직 전문의 자격이 없기 때문에 학생의 지위와 비슷하다. 따라서 수련의는 수련병원 등에서 교육을 받는 과정에서 저임금과 과중한 업무를 부여받아 과로에 시달리는 경우가 드물지 않다.

④ 보상제도의 결여

우리나라에서 일어나고 있는 의료분쟁의 적지 않은 부분은 보상제도가 제대로 갖추어져 있지 않아 발생한다. 환자는 우선 의료과실로 인한 손해를 부담하게 됨으로써 심한 정신적인 스트레스를 받는다. 반면 의사는 얼마 되지 않는 치료비보다 최소한 몇 배의 손해를 배상해야 하는 어려움을 겪음으로써 책임을 부인하게 된다. 이러한 이해의 불일치가 심각한 분쟁으로 치닫게 된다.

4) 의료사고에 따른 문제점

(1) 진료환경의 불안

우선 의사들이 느끼는 의료분쟁에 대한 불안은 직접 진료환경의 불안으로 연결된다. 제도적 장치가 마련되지 않은 상황에서 분쟁이 발생하면 피해자인 환자들은 직접적인 협박과 폭력을 행사하거나 때로는 폭력배 등 브로커를 동원하기도 하는 등 극심한 공포분위기를 조성하여 진료를 방해하고 의료인을 위협한다. 뿐만 아니라 의사의 수입에 비해 과중한 배상액으로 인해 분쟁소송에서 패소하면 가산을 탕진하고 폐업하지 않으면 안될 위기에 처하기도 한다.

이러한 상황은 불안한 진료환경을 조성하여 의사들로 하여금 경직된 진료를 하게 하고, 분쟁이나 사고비율이 높은 전문과목의 지원을 기피하는 등의 현상으로 연결된다. 또한 의료인들의 능력을 충분히 발휘할 기회를 차단하여 결국 의료의 비효율화와 환자들의 경제적 손실로 이어지게 된다.

(2) 사고 다발 전문과목의 인력부족 현상

의료분쟁이 심화되면서 이른바 「내·외·산·소」라고 불리우는 내과, 외과, 산부인과, 소아과 등 4개 「메이저 4과」가 기피되고 이비인후과, 안과, 피부과, 정신과, 성형외과 등 「마이너과」에 의사들이 몰리는 심각한 의료 인력수급의 불균형현상이 나타나고 있다. 일반외과의사들 사이에서는 「가장 간단한 수술」이라고 말하는 맹장, 치질, 탈장수술 등이 의료분쟁의 위험성과 저가의 진료비 때문에 수술실이나 입원실을 없애 대학병원에서 이러한 수술을 해야 하는 일이 이제는 당연시까지 하게 되었다. 이제 일반외과, 흉부외과, 산부인과는 전공의를 구하지 못해 스카웃작업까지 해야 하는 지경에 이르게 되었다. 그러나 국가적으로 볼 때 각 전문 진료과가 균형을 이루어야 국민복지정책을 수행할 수 있고, 국민은 제때에 전문의로부터 치료를 받을 수 있는데 의료인력이 특정과에 몰림으로써 국민의 치료받을 수 있는 기본권이 상당한 위험에 놓이게 되었다.

(3) 의료위기 확산과 방어진료 증가

현 의료위기의 원인으로써 의사-환자간의 불신관계가 크게 불거져 나옴으로써 의료계 내부에 방어적 진료 경향이 증가하고 있다. 즉 의사가 의료사고의 문제를 의식해서 의사들 자신을 보호하기 위한 방법이나 조치를 취하는 것을 들 수 있다. 방어적 진료의 적극적인 면으로는 통상 의학적으로 반드시 필요하다고는 인정되지 않는 진단을 위한 검사나 치료절차를 채택하여 부분적인 과잉의료 경향을 유발하는 것을 들 수 있고, 반대로 소극적인 면으로는 비록 통상적으로 의학상 필요한 절차라고 하더라도 나중에 환자로부터 소송이 제기되는 것이 두려워 유보하거나 실시하지 않은 경우를 들 수 있다.

이러한 방어적 진료의 경향은 환자에게 의료비의 상승의 부담을 주고, 최선의 의료를 제공한다는 의료의 목적달성에도 부작용을 주며, 결국 의학의 발전 자체도 저해하고 있다.

(4) 의료비의 증가

의료비 상승의 요인 중의 하나로서 의료과오소송으로 인한 비용 및 의료사고배상책임보험으로 인한 비용 부담도 무시할 수 없는 비중을 차지하고 있다. 의사의 방어적 진료도 의료비를 상승시키는 요인이지만 의료사고로 인한 손해배상비용, 보험료 기타 경제적인 손실도 결국 환자가 지불하는 의료비에 전가됨으로써 이제 의료비용을 상승시키는 새로운 요인으로 자리잡고 있다.

(5) 사법체계의 부담

사회비용 뿐만 아니라 의료사고가 사법부로 갈 경우 법원에서도 정확한 판단을 하기 어렵고 사건의 과중으로 사법체계에 부담을 주고 있다.

(6) 환자나 의사의 정신적 부담

뿐만 아니라 오랜 소요기간 때문에 환자들이 승소를 하더라도 경제적인 도움을 받지 못하고 소송수행과정에서 정신적 소모로 인해 피해를 받는 등 부작용이 많다.

그 부분은 의사들도 마찬가지이다.

(7) 응급진료의 기피

응급진료의 기피는 의료분쟁의 영향으로 생겨날 수 있는 또다른 중요한 문제 중의 하나이다. 사고현장이나 1차 병원인 개인의원에서 의사들이 응급의료를 기피하는 사례가 많은 것은 의료사고로 인하여 제소당하지 않을까 하는 심리적인 요인이 상당히 작용하고 있기 때문이다.

2. 의료사고의 사례

사례는 A모 가정 이야기를 해보려고 한다. A모씨의 숙모가 임신을 하였는데 9개월이 채 되지 않았는데 몸이 좋질 않아서 입원을 하였다. 물론 동네의 조금 규모 있는 여성전용병원이었다. 첫째를 순산하였고 둘째도 그러하리라 하였는데 몸이 조금 좋질 않았는지 입원을 하여야 한다는 말에 바로 입원을 하였다.

그러던 어느 날 밤, 양수가 터졌다. 그래서 급하게 간호사를 콜하였으나 이제 입사한 신참간호사였고 병원에 대해서 제대로 알지 못했다. 그리고 그 병원에 있는 모든 의사들은 회식을 가고 병원에는 아무도 없었다. 병원에는 신참 간호사를 제외하고는 아무도 없었다. 간호사가 급하게 주치의에게 전화를 하여 근처에서 회식하고 있던 의사는 병원으로 왔고 양수가 터진 사실을 알고는 근처에 있는 종합병원 응급실에 연락을 취하여 숙모를 응급실로 보냈다.

종합병원에서는 조금이라도 애를 늦게 낳는 것이 도움이 된다면서 하루 늦게 아이를 낳았고 결국 아기는 인큐베이터 신세를 지게 되었다. 그 병원측에서는 죄송하다는 말을 하고는 병원비를 받질 않았고 삼촌과 숙모는 이리저리 알아보다가 아기가 건강하기에 어떠한 대응도 하질 않았다.

3. 분류별 사례

1) 진단(診斷)

(1) 진단과 정상 과오

① 진단을 위하여 임산부의 하복부를 눌러 수란관파열을 일으킨 것은 의사의 과실이라고 한 사례(대법원 1969.9.30. 선고 89다 1238 판결)

② 뇌염으로 의심되면 즉시 이에 상응하는 조치를 취하여야 하며 Aciclovir(약품명)를 뒤늦게 투입한 것은 잘못된 진단이라고 한 사례
(OLG KOLN Urt v 30.5.1990-27 U 169/89, VersR 1991.186)

③ 조직검사 및 감정의뢰를 위하여 태의 조직편을 적출한 행위는 위법하지 않다고 한 사례(대법원 1974.4.23. 선고 74도 714 판결)

④ 응급실에서는 미룰 수 없는 긴급한 치료만 해도 되며 일반검사까지 할 책임은 없다고 한 사례(OLG Dusseldorf, Urt V 22.12.1988 U 211/87,VersR 1987,807)

⑤ 간암 확진을 위한 개복수술을 한 뒤 치료불능이라고 판단하고 그냥 봉합한 의사에게 과실이 없다고 한 사례(대법원 1977.4.26. 선고 76다 674판결)

⑥ 외과수술 전에는 미리 진단이 충분히 이루어 져야 하는데 꼭 해야 할 조직검사를 하지 않은 것은 과실이라고 한 사례(OLG Kalsruhe, Urt v 5.8.1987-U 62/85. VersR 1989.808)

(2) 진단내용상의 과오(오진)

① 외상 환자에 대한 진찰을 소홀히 하여 경뇌막하출혈을 발견하지 못한 것에 과실이 있다고 한 사례(Niles v. City of San Rafael,116 Rptr 733, Cal 1974)

② 두부 X선 검사를 하지 않아 두개골 골절을 발견하지 못한 것에 과실을 인정한 사례(Zophy v. NewYor? 295 NYS 2d 50, NY 1968)

③ 태아의 머리가 지나치게 컸음에도 난산임을 알아차리지 못한 것 등에 과실이 있다고 한 사례(대법원 1967.7.11. 선고 67다 848)

④ 정형외과 의사가 환자의 하퇴부에 금성색전성 혈관폐쇄가 있는 것을 정맥염으로 진단하고 치료했다면 이는 중대한 의료과오라고 한 사례(OLG Hamm, Uft v 7.121787-3 U 33/85, VerfR 1989,292)

⑤ 외상성 장파열 장폐색증으로 오진하였으니 이들은 조기감별이 어렵다는 등의 이우로 과실이 없다고 한 사례(대법원 1984.4.24. 선고 72다 2319 판결)

⑥ 환자가 과민반응 소인을 숨겨 이를 믿고 진통제를 투여한 의사에게 과실이 없다고 한 사례(Howell v. Outer Drive Jospital, 238 NW 2d, Mich 1976)

2) 투약

① 의약품 사용에 있어서의 주의사항 (BGHVersR1967.775)
② 의약품 판매 및 조제에 있어서 약사의 주의의무에 한계(대법원 1976.2.10.선고74도2046판결)

3) 주사

① 간부종 환자에게 아미노산제 네오아민 주사약을 투여하게 한 것 등에 의사의 과실이 있다고 한 사례(대법원 1974.12.10. 선고 73다 1405 판결)
② 스트렙토마이신과 헤로세친을 투여하기에 앞서 반드시 감작반응 검사를 해야 하는 의무는 없다고 한 사례(제주지법 1973.7.31. 선고 70고단 1123 판결)
③ 쇼크반응검사 결과 음성반응을 보여 페니실린을 투여하였는데 발생한 페니실린 쇼크는 예방 불가능하다고 한 사례(서울고법 1973.12.14. 선고 73나 2702 판결)
④ 조수가 잘못된 부위에 주사하여 손상을 일으킨 것에 대하여 의사도 과실이 있다고 한 사례(대법원 1961.4.26. 선고 4293 형상 960 판결)
⑤ 염화칼리 투여시의 주의의무(대법원 1981.6.23.선고 87다 413 판결)
⑥ 스트렙토마이신 투여 후에 안정조치 및 용태 판찰 등을 취할 주의의무가 있다고 본 사례(대법원 1990.1.23. 선고 87다카 2305 판결)
⑦ 페니실린 투여 후에 갖추어야 할 의사의 주의의무(대법원 1976.12.28.선고 74도 816 판결)

4) 수혈

① 환자를 확인하지 않고 수혈한 것은 의사의 잘못이라고 한 사례(Necolayff v. Genesee Hospital, 73 NE 2d 791, NY 1961)
② 긴급상태라 하여도 혈형을 확인하지 아니하고 수혈한 것은 과실이 인정된다고 한 사례(Weiss v. Rubin, 173 NE 2d 791, NY 1761),

5) 마취

① 난소종양절제수술을 위한 할로테인 전신마취를 하기 전에 혈청의 생화학적 반응에 의한 검사 등 간기능검사를 철저히 하지 않은 것은 의사의 과실이라고 한 사례(대법원 1990.12.11. 선고 90도 694 판결)
② 고혈압 환자에 대하여 발치를 위한 국소마취를 하면서 문진을 하지 않은 것에 치과의사의 과실이 있다고 한 사례(Sanzari v. Rosenfeld, 167 A 2d 625, NJ 1961)
③ 약용량의 2배를 투여하여 일어난 마취사고의 책임은 의사에게 있다고 한 사례(McDaniel v. Labaratorie Inc, 241 NW 2d 822, Neb 1976)
④ 마취제를 너무 적게 투여한 것에 의사의 과실이 있다고 한 사례(청주지법 1984.월일불상 고지 84고약 4219 약식명령)
⑤ 마취제 에폰톨 주사시 의사의 주의의무 – 점액성이 강한 유액 성분이고 반드시 정맥에 주사하여야 하고 이른바 사이드 인젝션(side injection) 방법이 바람직함(대법원 1990.5.22. 선고 90도 579 판결)
⑥ 전신마취를 하면서 삽관술을 하지 않아 기도폐쇄로 인한 질식사를 방지하지 못한 것에 의사의 과실이 있다고 한 사례(춘천지법 강릉지원 1986.12.24. 고지 86고약 2899 약식명령)
⑦ 마취 후 관리의무를 소홀히 하였다 하여 의사의 과실을 인정한 사례(대법원 1962.2.8.선고 4294민상 307 판결)

6) 수술

① 산부인과 의사가 태아의 자궁조기박리에 의한 익혈 등을 알아채지 못하고 적절한 조치를 하지 아니한 것에 과실이 있다고 한 사례(대법원 1969.11.25. 선고 65도 816 판결)
② 낙태수술후 심한 하출혈을 할 경우의 의사의 주의의무(대법원 1971.8.31.선고 71도 1254 판결)
③ 조산된 미숙아를 관리 소홀로 사망에 이르게 한 의사에게 과실 책임이 있다고 한 사례(대전지법 1974.8.24. 선고 사건번호 불상 판결)

④ 자궁적출 수술시 거즈를 잔류시킨 것은 의사에게 과실이 인정된다고 한 사례(조선고법 1917.7.3.선고 사건번호 불상 판결)

4. 의료사고의 해결방안

의료사고는 의료인의 과오나 과실에 의한 것이 있다. 그러나 일반인이 알고 있는 것처럼 그렇게 많지는 않은 듯하다. 의료인의 과실이 없음에도 불구하고 발생한 사고, 즉 무과실 사고가 상당 부분을 차지한다. 물론 우리나라에서는 의료사고에 대한 철저한 조사가 이루어지지 않는 경향이 있어 전체 의료사고 중에 무과실 의료사고가 어느 정도인지는 알 수 없을 뿐더러 과실의 여부는 단순히 과학적으로만 결정할 수는 없고 과실의 기준이 사회적으로 또는 시·공간적으로 달라질 수 있으므로 일률적으로 정할 수 없다.

최근 의료행위의 증가로 의료행위 가운데 일정한 비율이 사고로 귀결된다고 가정하면 의료행위가 많을수록 의료사고가 많아질 것은 쉽게 예측할 수 있다. 또한 의학은 최근 눈부시게 발전하였다. 따라서 예전에는 엄두도 못 내던 치료방법이 개발되었고 못하던 수술을 하게 되었다. 게다가 전에는 일부 대학병원 수준에서나 가능하던 암 수술을 병원 또는 의원에서도 가능하게 되었다. 바람직한 상황이긴 하나 불가능하던 의료행위가 가능해진 만큼은 아니더라도 의료사고의 위험은 증대한다.

의료인의 자질에 문제가 있다고 볼 수도 있다. 전적으로 옳은 지적은 아닐지라도 일부 수긍하여야 할 부분이다. 전 사회적으로 도덕이 땅에 떨어진 이 마당에 의료계라고 해서 성역은 아니다. 의료인 가운데 일부는 금전만능의 의식에 사로잡힌 사람이나 의료인이 마치 특별한 권능을 지닌 것인 양 착각하는 사람이 없지 않다.

환자의 입장에도 문제가 있을 수 있다. 의료행위는 의료인이 혼자 하는 것이 아니다. 환자 측의 성실한 정보제공과 협조가 없으면 완벽한 의료는 이루어질 수 없다. 일부 환자의 무분별한 의료 요구도 의료사고를 일으키는 원인이 된다.

의료사고의 가장 좋은 해결책은 의료사고의 예방이다. 그렇게만 된다면 의료분쟁도 줄어들게 될 것이다. 그러나 의료인의 과실이 없어도 의료사고가 발생할 가능성은 항상 내재해 있는 것이 현실이다. 그래서 의료사고는 의료인 일부에게만 발생하는 사건이 아니라 의료인 누구에게나 생길 수 있는 일임을 상기하여야 하겠다. 앞에서 살펴보았듯이 의료사고 발생시 의료인이 입게 되는 경제적·정신적 손실은 실로 엄청나며 점차 증가하고 있어 의료인의 의료분쟁 발생 시 좀더 적극적인 자세가 요구된다.

가장 좋은 방법은 제도적인 마련이라고 생각한다. 하지만 의료사고 관련법은 18년째 표류하고 있고 의료과실 여부를 판정할 객관적 기관이 없어 환자들이 큰 고통을 겪고 있다. 수사사법기관의 의료기록 감정은 대부분 의사들의 이익단체인 대한의사협회가 맡고 있다. 현행 법체계에서는 형사상 의사에게 업무상 과실 혐의를 적용하는 방법밖에 없지만 환자가 입증책임을 져야 해 환자에게 매우 불리하다. 의료소송 전문 전현희 변호사는 "의료지식이 없는 환자들이 직접 피해를 입증하다 보니 시간과 비용이 많이 들고 감정을 맡긴 의사에 따라 의료기록의 편차가 생기는 등 많은 문제점이 있다. 이 때문에 소송을 도중에 포기하거나 합의로 해결하는 경우가 많다."고 말했다.

앞으로 범국가적으로 의료사고 보험(무과실 사고를 위한 보상을 위해)과 의료분쟁조정법(일반적인 피해나 명백한 의료과실이 발생했을 때 정식소송을 제기하지 않고도 적절한 피해보상을 받을 수 있는 제도)이 제정되어 객관적인 입장에서 의료사고를 조정해결하며 의료인이 마음 놓고 진료할 수 있는 세상이 빠른 시일 내에 오기를 기대한다.

5. 변호사범죄

"변호사는 매우 인기 없는 직업이다. 그것은 정치인이나 자동차 세일즈맨이나 그리고 칼럼니스트보다 더 인기 없는 사람들이다. 며칠 전 어느 선물가게를 지나면서 이렇게 씌어 있는 글을 보았다.

'나의 어머니에게 내가 변호사라고 말하지 마세요. 그녀는 나를 사창가에서 일하는 것으로 생각할 테니….'" 서울지방변호사회에서 펴낸 '미국 변호사 윤리강령' 해제문에 나와 있는 말이다.

변호사 범죄가 언론의 주목을 받고 있다. 12억원 대의 부동산사기를 저지르고 대법원에서 징역 3년의 실형이 선고된 국회의원 출신 변호사 박모씨가 확정판결 직전에 미국으로 도피했다.

변호사로서 사기죄를 범한 것 자체도 잘못이지만 실형이 선고될 것을 미리 알아차리고 도피한데 대한 의혹 때문에 변호사 직업에 대한 비난이 크게 일었다.

그런데 사기범의 중국도피를 도운 혐의로 또다시 변호사가 구속되었다. 변호사가 서울구치소 의무관에게 가짜 소견서를 부탁하면서 돈을 주고 또 교도관에게까지 돈을 주었다는 것이다.

시민들은 변호사가 일반 시민보다 법을 잘 알기 때문에 그만큼 법을 잘 지킬 것이라 생각한다. 그래서 가장 법을 잘 지켜야 할 변호사가 범죄를 저지르게 되면 그만큼 사회적 비난이 빗발치는 것이다.

변호사 중에서도 당연히 범죄를 저지르는 사람 또한 있다. 이번 사건처럼 변호사라는 직업을 이용해 범죄를 저지르는 경우도 있고, 직업수행 과정에서 범죄를 저지르는 경우도 있고, 실수로 의뢰인 등에게 손해를 끼치는 경우도 있다.

변호사도 범죄를 저지르면 당연히 일반인들처럼 처벌을 받는다. 그리고 변호사가 자신의 직업상 주의의무를 다하지 못하여 의뢰인에게 피해를 입히게 되면 당연히 손해를 배상해야 한다.

미국에는 변호사를 잡는, 즉 변호사를 상대로 변호사의 잘못에 대한 소송을 전문으로 하는 변호사들이 많이 있다. 우리나라에는 이런 전문변호사가 드문 편이지만 차츰 변호사를 상대로 한 소송이 늘고 있다.[43)]

변호사의 직무는 일반국민과의 직접 접촉을 통하여 의뢰인의 이익을 보호하기 위해 직업상 법적 의무를 다해야 하는데 변호사의 법률위반행위는 주로 과다한 수임료의 문제, 불성실한 변호행위의 형태로 나타난다.

과다수임료로 인한 법률위반행위는 계속적 또는 기회적으로 거래관계를 형성하는 비고용형 브로커 고용을 통해 주로 이루어진다. 변호사 자격의 엄격한 제한은 변호사에게 독과점적 지위를 보장해 주게 되는 결과, 그 보수에 대해서는 국가가 직접 규제하지 않고 대한변호사회가 그 기준을 설정하고 있다. 성이 없으며 강제성도 없어 형식에 불과한 실정이다. 지방변호사회 보고자료에 의하면 1997년 1월부터 10월까지 '형사사건 수임별 현황'은 월 평균 수임건수 10건 이상이 총 73명으로, 그 중 30건 이상이 4명, 20건 이상이 13명, 10건 이상이 56명으로 나타났다. 월 10건 이상이라면 정상적인 변론준비도 매우 어려운 상황이기 때문에 불성실한 변론을 할 수밖에 없다.

불성실한 변론행위는 항소, 상고, 항소이유서 제출기한 등을 놓치거나 소장제출 지연 등으로 시효를 넘기는 경우라 할 수 있고, 패소가 너무나 당연했는데도 변호사가 성실하게 살펴보지 않고 쉽게 제소나 응소를 권해 무익한 소송을 함으로써 소송비용을 부담케 하는 경우를 말한다. 그 외 변호사가 제대로 사안을 검토하지 못하거나 법률적 주장을 불성실하게 함으로써 이길 수 있는 소송에 지는 경우도 이에 해당된다. 이러한 경우 과거에는 이에 대한 법적 책임을 변호사에게 묻는 경우가 거의 없었다. 최근에 국민의 권리의식이 고양되면서 변호사를 상대로 손해배

43) http://cafe.daum.net/b29/1og9/87

상 등 소송을 하는 사례가 나타나기 시작했다. 또한 사건수임 후 사건 처리를 제대로 하지 않은 경우 계약을 해지하고 착수금 반환을 요구하는 경우 "어떤 경우에도 착수금 반환청구는 하지 않는다."는 사건위임계약서 내용의 약관조항(착수금 불반환 조항)에 대해 불평등조항으로서 불공정약관이라 하여 2005년 5월 26일 공정거래위원회는 이를 삭제하도록 시정권고조치를 내린 바 있다.

6. 증권범죄

증권범죄란 형식적으로는 증권거래법을 위반하여 형사처벌의 대상이 되는 행위를 말하고 실질적으로는 재산죄(사기죄 등)로서의 본질적 위법성을 가진 일체의 증권관련범죄를 말한다. 증권범죄의 주체는 증권시장에 참여하는 모든 사람이 될 수 있으나, 대체로 증권관련 업무에 종사하는 전문 지식인이 주로 저지르는 범죄라는 특성을 갖고 있다. 또한 가진 자의 범죄라는 점에서 화이트칼라 범죄에 속하기도 한다.

증권범죄 중 가장 대표적인 것은 시세조종과 내부자거래이다. 시세조종은 증권가격의 결정에 불공정한 인위적 요인이 게재되어 가격의 조작이 가해짐으로써 유가증권거래의 공정을 해하고 시장질서를 교란하는 행위를 말한다. 내부자거래란 회사 '내부자'가 자신의 지위를 이용해 취득한 미공개의 중대한 정보를 이용하여 회사증권을 거래하는 행위를 말한다.

이들은 모두 증권시장에서의 공정한 가격형성을 저해함으로써 투자자에게 손해를 입히며, 그 결과 시장에 대한 투자자의 신뢰를 해친다.

우리나라의 증권범죄 발생현황은 금융감독원이 발표한 자료인 아래 표과 같이 2007년 1/4분기 시장별 증권범죄 적발현황은 시세조종은 유가증권시장과 코스닥시장에서 모두 감소하였으나 미공개정보 이용은 금분기 중 유가증권 시장에서 적발되지 않은 반면 코스닥시장에서는 우회상장과 관련된 합병, 최대주주 변경, 타법인출자 등의 미공개정보 이용 사건이 9건 적발되어 전년 동기(4건)에 비해 대폭 증가한 것으로 나타났다.

〈표3-8〉시장별 증권범죄 적발현황

구분		'05년	'06년	'06.1분기	'07.1분기
시세조종	유가증권 코스닥	38 67	8 51	4(23.5) 13(76.5)	2(15.4) 11(84.6)
미공개정보 이용	유가증권 코스닥	41 18	10 33	4(50.5) 4(50.5)	- (0.0) 9(100)

한편, 금감원이 발표한 2008년 상반기 주요 증권범죄 발생 현황 분석에 따르면 시세조종사건은 21건으로 저년 동기(32건) 대비 11건(34.4%) 감소하였고 코스닥시장에서 발생한 사건이 전체의 66.7%를 차지 미공개정보 이용사건은 전년 동기(20건) 대비 7건(35.0%) 증가한 27건이 발생하였고, 특히 전년 동기에는 3건이었던 유가증권시장에서의 미공개정보 이용사건이 8건으로 증가 시세조종 전력자 재범현황 상반기 시세조종 혐의자 중 동일한 혐의로 검찰에 이첩된 전력이 있는 혐의자의 비중은 22.2%(12명)로 전년(21.5%)과 유사한 수준이었다. 종래는 증권범죄를 '피해자 없는 범죄'의 대표 유형으로 치부하는 일부 견해가 있었으나 분명 증권범죄로 직접 피해를 당하는 객체는 일반 특정 다수 투자자이다.

다만, 이것이 개별적이 아니라 집단적으로 나타나는 데에는 일반 재산범죄와 차이가 있을 뿐이다. 증권범죄로 인한 피해는 다음과 같이 생각할 수 있다.

자본시장이 건전하게 발전하지 않으면 국민이 소지한 유휴자본은 지하경제로 유출된다. 시세조종이나 내부자거래 등으로 투자자가 불이익을 받게 된다는 확신이 있게 되면 투자동기는 유발되지 않는다. 개인이 소지하는 유휴자본은 증권시장이라는 공개된 통로를 통해 기업에 투자될 때 생산성이 극대화될 수 있으며 또한 기업은 자금을 효율적으로 조달하게 됨으로써 금융시장이 원활하게 기능할 수 있는데 증권범죄가 만연할 때 이러한 자본의 유통구조를 마비시킬 수 있다.

또한 국민의 참여와 견제에 의한 건전한 기업육성을 저해하여 국가적 경쟁력의 저하 및 건전한 자본시장 발전을 저해할 수 있다. 증권범죄에서 가장 문제시되는 것은 적발을 위한 감시체제의 문제뿐만 아니라 적발 이후의 처벌의 실효성문제이다. 또한 피해액의 산정의 정확성과 그 범죄액의 환수문제 등도 향후 집단소송의 제기와 더불어 명확히 규명해 나가야 할 문제로 생각된다.

제14절 정치적 범죄피해

1. 의의

정치적 범죄(political crimes)는 그 동기가 정치적이거나 정치적 지위와 권한을 이용하여 정치적 권위에 저항하거나 도전하는 행위라고 볼 수 있는데, 이를 크게 나누어 정부에 의한 범죄행위와 정부에 의한 범죄는 정부가 기본적인 제도적, 사회적 가치를 위반했을 때 가능한 것으로 이해되고 있다. 이와 같은 범죄는 대체로 정치권력에 대한 반대자나 테러리스트에 대한 정부의 과잉반응, 정치적 부패, 그리고 개인적 이득을 위한 공직자의 정치적 범죄 등이 있다. 반면에 정부에 대한 범죄는 대체로 정부에 대한 저항운동이나 테러행위가 그 대상이 되고 있다.

정치적 범죄개념에 대한 학자들의 견해를 살펴보면 인그라함(Ingraham)은 정치적 질서를 겪고 있는 사람이나 원리에 대한 충성의 배반을 포함하는 것으로 보이는 행위, 그리고 정치적 권위에 대한 도전과 방해를 포함하는 것으로 보이는 행위라고 하였고, 반덴하아그(Banden Haag)는 권력을 억기 위해서, 그리고 권위를 집행하기 위해서 이용되는 법률행위라고 하였으며, 로벅(Robuck)과 웨버(Weber)는 단순히 정부에 의한 범죄와 정부에 대한 봄죄로 크게 나누었고, 하스켈과 아블론스크는 권력 내부의 정치적 범죄로 대별하였다(Erne Vanden Hagg, 1972), J. Roebuck and S. Weber, 1978).

2. 정치적 범죄의 원인

정치범죄의 원인은 그 형태가 아주 다양하여 그 범죄피해 역시 매우 크다고 보겠다. 정부에 의한 범법행위가 그 형태의 다양성만큼이나 그 원인도 다양하다는 주장은 미국의 법무장관이었던 리벨만(Lieberman)이 자신의 조사결과 정부에 의한 법률위반행위의 원인은 매우 다양했다는 사실에 기초한 것으로 그는 일반적 무법성, 경시, 과다하게 애매한 법률, 실수를 인정하지 못하는 무능력, 부패, 정치적 압력, 바보스러움, 자원의 결여, 무감각, 실수와 무시, 전문성의 결여, 시키는 대로 실천하지 못하는 무능력, 국가적 위기, 그리고 불합리한 법률 등 12가지를 지적하였다.

물론, 그가 제시한 12가지의 원인 중에는 비논리적이거나 정부내외의 비범죄활동과 정부범죄를 구별할 수 없기 때문에 정부범죄의 원인이라고 간주되기 쉽지 않다. 그러나, 그 중에서 위에서 기술한 정부범죄의 형태나 개념 또는 정부범죄를 중화하려는 정부의 의도 등을 고려할 때 과다하게 애매한 법률과 실수를 인정하지 못하는 무능력은 어느 정도 정부범죄를 설명할 수 있는 요인으로 보인다.

더글러스(Douglas)는 정부가 비대해질수록 정부가 집행하고자하는 규율은 많아지고 이에 비례하여 정부가 집행하고자 하는 규율이 많아지기 때문에 어쩔 수 없이 관료의 일탈도 그만큼 증대될 수밖에 없다고 주장 하였다.

한편, 정부정책의 부패한 영향력의 존재, 즉 수요와 공급의 불균형으로 인한 공급을 초과하는 특혜의 요구가 있기 때문에 가능하다는 것이다. 시민에게 주어질 수 있는 특혜는 정부에 의해 독점되고, 정부에 의한 특혜나 제재는 관료제의 계층적 특성으로 인하여 많은 시간과 비용을 요하며, 그 결과도 불확실하기 때문에 부정부패에 의한 영향력은 항상 존재할 수밖에 없다는 것이다.

끝으로 마일달(Myrdal)은 관료부패의 원인인 부패를 문화적 특성에서 찾았다. 그는 서아시아국가(저개발국가)와 서구사회(선진개발국가)의 관료부패를 비교한 후 저개발국가의 문화적 특성, 즉 저개발국가에서는 관료들이 자신의 업무에 있어서 공사의 구분이 확실하지 않고, 인정에 많이 좌우되기 때문에 관료부패가 그만큼 요이하다는 것이다.

3. 정치범죄를 범하는 목적

정부에 의한 정치적 범죄를 범하는 목적은 고식적 시혜를 얻기 위한 뇌물수수 등 돈으로 기타 재정적 이득을 취한다거나 체제도전에 의한 정치권력을 유지하기 위하여 정부나 공직자가 자신의 지위와 권한을 과시하기 위한 것 등이었다.

4. 정치적 범죄의 특징

정치적 범죄의 특성은 범죄를 다양한 방법을 통하여 중화시키는데 있는데 이를 살펴보면 다음과 같다.

1) 현실적으로 분명히 사실임에도 불구하고 그런 사실이 있는지조차 모른다고 딱

잡아떼거나 일부특정행위에 대하여 개입되었다는 사실을 시인은 하되 불법적인 범죄행위는 아니었다고 한다.

2) 범죄자체를 무시하는 것으로 만약공직자 개인에 의해서 이루어진 것이라면 언론과의 접촉을 차단하거나 아무런 대응도하지 않는데 이러한 개인적 범행에 대해서 정부가 관련기관이나 단체 등으로부터 어떠한 요구를 취하도록 요구받을 때는 정부가 개입을 할 만한 근거가 없다는 식으로 발뺌을 하기에 급급하다.

3) 비난 자를 비난하는 경우인데 소송을 하면 패소 할 것이 뻔하다는 것을 알면서도 범행을 폭로한 사람이나 언론에 대해서 명예훼손 등의 명목으로 소송을 제기하는데 이렇게 함으로써 시민의 관심을 다른 곳으로 돌리고 자신의 범행을 희석시킨다.

4) 강력한 조치를 취하라는 특정한 범죄에 대해서는 철저한 수사를 약속하기도 하지만 뒤에 서는 사실상 수사를 행하지 않고 얼버무리려고 한다. 끝으로 지금까지 제시한 여러 가지 방법을 적용하기 곤란한 경우에는 어쩔 수 없이 잘못을 시인하기도 하나 그런 행위는 국가보안 등의 국익을 위하여 어쩔 수 없다고 변명한다.

정치인 범죄는 정치인이 공공정책, 정치제도, 권력관계와 관련한 법규를 위반하여 일으키는 범죄를 말한다. 정치인의 범위에는 주로 대통령, 국회의원, 지방자치단체의 장, 지방의회 의원 등과 같은 직선제 선출에 의한 정치적 공무원을 지칭한다. 일반적으로 정치인은 정치활동에 소요되는 자금을 『정치자금에 관한 법률』이 정하는 바에 따라 후원금, 선거관리위원회를 통한 기탁금, 정당의 당비, 국고보조금 형태로 조달하도록 되어 있으나, 현실적으로 이러한 정상적인 방법을 통해서는 고비용의 정치구조에 따른 막대한 자금소요를 충당할 수 없다는 한국적 현실에서 많은 문제를 야기하는 실정이다. 또한 정치권력에 집중되어 있는 무소불위의 권력의 힘은 그 권력을 이용하여 또는 권력에 아부해 치부하거나 일신의 부귀와 영화를 꾀하려는 많은 기업인, 이익단체, 무리꾼들에게 범죄로의 유혹을 제공한다.

그 사례로는 다음과 같은 것을 들 수 있다.

제15절 실업형·재산형 범죄피해

1) 실업문제와 범죄피해

실업은 취업욕구는 있으나 직업이 없는 상태를 말하는데 이는 단순한 무직과는 구별되는 개념이다. 한 사회의 실업률은 미취업자와 실직자를 포함하는데 특정 지역에서 15세 이상 인구의 경제활동인구 가운데 비자발적 실업자의 비율로 파악된다. 우리나라에서는 취업자를 1주 18시간 이상의 노동을 한 자로 정의한다. 우리나라의 실업률은 1985년 4%에서 1990년대 중반까지 하향적 안정세를 이루며 거의 완전고용 수준을 유지하다 1997년 후반 IMF외환위기 이후 대량실업 위기에 직면하였다. 이후 경제성장률은 다소 감소하는 듯하나, 그 문제점과 불안한 상황은 계속 지속되고 있는 편이며, 특히 최근 기업경기의 둔화로 신규취업의 급격한 감소로 인한 청년실업의 급속한 증가와, 조기퇴직과 정규직 감소로 인한 실업자의 양산, 정규직과 비정규직간의 갈등 등은 또한 새로운 노동시장의 변화를 가져오는 것과 함께 실질소득 감소로 인한 생계압박 등이 새로운 범죄의 양상과 그로 인한 범죄피해자의 확대라는 문제를 야기시킬 수 있다는 점을 간과해서는 안 될 것이다.

(1) 실업관련 범죄피해이론

① 긴장이론
② 통제이론
③ 합리적 선택이론
④ 좌파현실주의 이론
⑤ 생활양식·노출이론과 일상활동이론

2) 실업형 범죄피해현황

실업형 범죄피해의 유형은 대체로 곤궁형 재산범죄, 실업자들을 대상으로 한 취업 및 창업사기, 피라미드 조직을 이용한 다단계 판매사기 등이다. 이러한 범죄는 주로 절도와 강도, 공갈, 횡령, 배임, 신용카드 및 부정수표단속법위반, 각종 사기 등으로 구성된다.

(1) 재산범죄피해

① 연도별 발생현황

2007년 법무연수원이 발행한 범죄백서 통계에 따르면 재산범죄 발생건수는 1977년 128,410건에서 2006년 455,948건으로 지난 30년간 약 3.6배 증가하였다. 그 동안의 추이를 보면 1977년부터 1983년까지 대체로 증가세를 유지하다가 1984년 이후 감소세로 돌아서서 1990년 158,413건으로 감소하였으나 1991년부터 다시 증가세로 돌아서서 1996년에는 304,260건을 기록하였다. 그러다 1996년부터 2003년까지는 약간씩 사건수가 감소한 해도 있었지만, 전반적으로는 증가하는 추세를 보였으며 2003년에는 최근 30년간 중 최고수치인 470,826건에 달하였다. 2003년을 정점으로 하여 2004년부터는 사건수가 조금씩 감소하는 추세를 보이다가 2006년 들어 사건수가 약간 증가하였다.

② 피해현황

아래 표는 2006년 재산범죄사건의 피해 정도를 죄명별로 표시한 것이다. 피해액수가 확인된 사건 중 절도죄와 장물죄, 손괴죄에서는 100만원 이하의 사건이 가장

〈표 3-9〉 죄명별 재산피해 정도

피해액 / 죄명	계	피해액	100만원 이하	1,000만원 이하	1억원 이하	10억원 이하	10억원 초과	미상
계	455,948	298,592	81,177	47,818	18,559	3,630	436	5,736
절도	190,745	82,628	69,693	33,889	4,078	107	3	347
사기	203,346	163,430	8,552	12,000	12,575	2,837	284	3,668
횡령	25,084	19,766	856	1,418	1,519	476	89	960
배임	5,402	4,095	20	125	296	196	60	610
장물	2,432	2,139	133	75	43	5	-	37
손괴	28,939	26,534	1,923	311	48	9	-	114

주 : 1. 범죄분석.
2. 특가법으로 가중처벌되는 경우 포함.

많고, 사기죄와 횡령죄, 배임죄에서는 1,000만원 초과 1억원 이하의 사건이 가장 많은 것으로 나타났는데, 10억원 초과하는 피해를 낸 사건도 436건이 발생하여 경제규모의 확대와 더불어 대형 경제사고도 빈발하였음을 알 수 있다.

(2) 피라미드 사기피해

피라미드 사기피해란 다단계라는 용어와 그 판매방식에서 비롯된다. 다단계는 판매원으로 등록한 사람이 하위 판매원이 올린 매출액의 일부를 돌려받는 판매구조를 뜻한다. 이렇게 받아가는 매출을 '후원수당'이라고 부르고, 전체 매출액의 35%를 넘길 수 없다. 그러나 후원수당을 나눠주는 방식인 '보상 플랜'에서 배분비율은 회사가 정하기 때문에, 극소수만 큰 이익을 얻고 나머지는 손해를 볼 수도 있다.

전통적 다단계의 판매구조를 가장 단순화하면 최상위 판매원이 2명을 모집하고, 그 2명이 각각 2명씩 늘려가는 피라미드형 구조가 된다. 이렇게 피라미드와 같은 구조로 이루어진다고 하여 피라미드 판매라고도 한다. 수당배분은 예를 들어 바로 아래단계 판매원 매출의 9%, 2단계 하위 판매원 매출의 5%, 3단계 판매원 매출의 3% 식으로 이뤄지며, 이를 '브레이크 방식'이라고 한다. 하위판매원을 1명만 데려오면 수당을 지급하지 않고 2명 이상을 모집하면 수당을 더 주는 '바이너리 방식' 같은 변형도 있다. 암웨이 등 대부분 업체가 이같은 전통적 다단계 판매구조를 갖고 있다.

또한 방문판매를 하기 위해 다단계업체로 등록하려면 3단계 이상의 '판매조직'을 가져야 하나 2단계까지만 갖췄을 경우도 방문 판매업이 된다. 화진화장품 같은 화장품 방문판매회사, 정수기 회사 등이 이에 해당된다. 그러나 일부 대형 회사를 제외하면 방문판매업체 대부분이 매출 규모가 작기 때문에, 최근에는 대형 업체라는 인상을 주기 위해 다단계로 등록하는 경우도 많다.

포인트 마케팅이란 암웨이 등 기존 업체에서 간혹 매출 촉진이나 이벤트로 실시하던 기법을 전면에 내세운 것이 제이유의 포인트 마케팅이다. 직접 하위판매원을 모으지 않아도 회사만 커지면 수당을 받게 되는 것이 특징이다.

다단계의 함정은 "다단계에 빠져드는 이유는 쉽게 큰돈을 번다는 환상 때문이고, 빠져나오지 못하는 이유는 피해보상을 받을 수 없기 때문"이라고 잘라 말했다. 큰돈을 투자했기 때문에, 제이유나 위베스트처럼 회사가 망가져도 본전 생각에 손해를 감수하고 빠져나오지 못한다는 것이다.

그간의 피해사례를 보면 단군 이래 최대사기사건으로 알려진 1조 8,000억원대의 피해를 입힌 2006년 '제이유' 피해에 이어, 2008년에는 이를 훨씬 능가하는 7조원의 피해를 입힌 리드랜 금융사기사건에 이어 11월에는 이른바 강남귀족계로 불리는 다복회 사건도 다단계방식으로 운영되었는데 그 피해액이 수백억이 넘는 것으로 나타났다.

(3) 취직사기 및 창업, 금융, 부동산사기

구직자 10명 중 7명은 취업사이트 사람인(www.saramin.co.kr)이 대학생 및 구직자 737명을 대상으로 설문조사를 실시한 결과, 전체의 72%가 취업사기를 당한 경업이 있다고 답할 정도로 취업 및 창업, 금융, 부동산사기가 많이 일어나고 있다.

특히 IMF경제위기 이후나 최근의 경제상황과 관련해 퇴직자와 실업자가 늘어나자 이에 따른 취직사기와 창업, 금융, 부동산 사기가 급증했다. 취업사기는 취직을 미끼로 하여 주로 유령회사에 대금납입을 가장하는 방법으로 자본이 부실한 회사를 형식적으로 합법적인 양 설립해 기업설립과 관련해 이루어지는 경우가 많고, 금융사기는 주로 저금리시대와 관련해 부동자금 등을 고금리로 활용가능하다고 유인하여 이를 착복하는 이른바 파이낸스사기가 그 대표적인 사례이었으며, 창업사기는 '무보증 무료', '가맹비 없음', '기자본 전혀 필요 없음'등 파격적인 조건을 제시하고, 대대적인 광고로 가맹점을 끌어 들인 뒤 잠적하는 프랜차이즈 사기가 주종을 이룬다. 2003년 이후 소위 기획부동산의 형태로 쓸모없는 땅이나 비무장지대와 같이 개발이 불가능한 땅을 유인해 시가와 엄청난 차이가 나는 부동산을 구입하도록 하는 부동산 사기피해 등이 있다.

제16절 신체형 범죄피해

1. 개념

신체형 범죄피해라 함은 신체에 관한 범죄로 인한 피해를 말한다. 신체에 관한 범죄피해라 함은 넓게 살인이나 성폭력, 확대 등의 경우도 포함이 되므로 사실상 그 구분이 일반적이지 않고 또한 명확하지 않으나, 대체로 인간의 신체에 대한 억압 등 강제력행사와 관련된 범죄를 지칭하는 개념으로서 그 종류로는 폭행, 상해, 폭행치사, 체포, 감금, 유기 등의 죄로 인한 피해가 해당이 된다. 뿐만 아니라 데이트 폭력, 해피슬래핑 등이 있다.

2. 피해현황과 피해자 특징

1) 폭행, 상해

대검찰청이 2007년 발행한 범죄분석에 의하면 신체피해상황과 신체피해(상해)정도는 아래 <표 3-10, 3-11>과 같다.

〈표 3-10〉신체피해 상황

단위 : 건수(발생)

2007년	계			상해			422사망		
	계	남	여	계	남	여	계	남	여
계	397,531	249,832	147,699	390,991	245,301	145,690	6,540	4,531	2,009
	① 100.0	62.8	37.2	98.4	61.7	36.6	1.6	1.1	0.5
살인	892	535	357	470	311	159	422	224	198
강도	1,151	667	484	1,106	645	461	45	22	23
방화	190	104	86	160	90	70	30	14	16
강간	1,308	222	1,086	1,300	219	1,081	8	3	5
폭행	4,159	2,856	1,303	4,082	2,801	1,281	77	55	22
상해	45,619	30,890	14,729	45,537	30,830	14,707	82	60	22
협박	47	20	27	47	20	27	-	-	-
공갈	82	47	35	82	47	35	-	-	-
약취와 유인	12	7	5	10	5	5	2	2	-
체포와 강금	86	21	65	83	20	63	3	1	2
폭력행 등처벌에 관한 법률위반	22,506	16,645	5,861	22,500	16,640	5,860	6	5	1
과실치사상	414	197	217	398	186	212	16	11	5
업무상과실치사상	1,600	1,285	315	812	569	243	788	716	72
실화	60	36	24	45	26	19	15	10	5
유기	9	7	2	2	2	-	7	5	2
낙태	1	1	-	-	-	-	1	1	-
교통사고처 특례법위반	319,395	196,292	123,103	314,357	192,890	121,467	5,038	3,402	1,636

주)1.①은 백분율(%), 2. 특정(경제) 범죄가중처벌 등에 관한 법률로 가중처벌되는 경우 포함
자료) 대검 범죄분석 2007

〈표 3-11〉 신체상해 정도

단위 : 건수(발생)

2007년	계	전치2주 이하	전치1개월 이하	전치2개월 이하	전치4개월 이하	전치6개월 이하	전치6개월 초과
계	59,813	37,204	16,971	3,891	1,494	146	107
	100.0	62.2	28.4	6.5	2.5	0.2	0.2
살인	273	44	124	63	17	14	11
강도	770	489	214	43	16	3	5
방화	45	27	9	5	4	-	-
강간	1,019	759	218	28	5	4	5
폭행	2,351	1,950	314	64	16	2	6
상해	24,681	17,747	5,681	959	230	41	23
협박	33	27	6	-	-	-	-
공갈	59	40	19	-	-	-	-
약취와 유인	5	3	1	-	1	-	-
체포와 감금	75	48	21	4	2	-	-
폭력행 등처벌게 관한 법률위반	322	169	88	40	16	4	5
과실치사상	463	112	136	95	76	17	27
업무상과실치사상	14	3	7	2	-	1	1
실화	2	1	-	1	-	-	-
유기	-	-	-	-	-	-	-
낙태	20,895	10,288	7,464	2,076	1,009	44	14
교통사고처 특례 법위반	8,805	5,497	2,669	511	102	16	10

주)1.①은 백분율(%), 2. 특정(경제) 범죄가중처벌 등에 관한 법률로 가중처벌되는 경우 포함
자료) 대검 범죄분석 2007

2) 데이트 폭력 피해상황

(1) 데이트 폭력의 정의

이전의 데이트 폭력에 관련된 연구를 종합하여 결혼한 경험이 없는 남녀가 교제에서부터 약혼이나 동거에 이르기까지, 교제하는 기간 동안 합의 없이 상대방에게 해를 끼칠 의도를 가지고 행하게 되는 신체적, 심리적, 성적인 유머(harm) 행동으로 정의할 수 있다.

(2) 데이트 폭력의 종류

① 심리적 종류

상대방의 자아개념을 손상시켜 피해를 주는 행위를 의미하는 것으로 주로 언어적인 폭력과 상대방의 물건을 부수거나, 때리려고 위협함으로써 심리적인 위해를 가하는 비언어적인 폭력의 형태를 말한다. 예컨대 고함치기, 날카로운 소리 지르기, 상대방에게 모욕적인 말과 행동, 외모 비난하기, 위협하기 등이 있다.

② 신체적 폭력

신체적 폭력이란 상대방에게 고통이나 상해를 야기하려는 의도를 가지고 수행하는 신체적 힘이나 도구의 사용을 의미하며, 예컨대 떠밀기, 움켜잡기, 팔을 잡고 흔들거나 머리카락 잡아당기기, 뺨 때리기, 물건 던지기, 발로 심하게 차기, 목 조르기 등이 있다.

성적 폭력이란 상대방의 의사에 반(反)해서, 상대방에게 원하지 않는 성적 행위를 강요하여 신체적·심리적 피해를 주는 행위를 말하며, 예컨대 신체적 일부 쳐다보기, 외설적 그림이나 글을 보게 하기, 외모나 옷차림을 성적으로 평가하기, 음담패설하기, 신체 일부의 밀착접촉, 껴안기 및 키스하기, 성교 강요하기 등을 말한다.

③ 해피슬래핑(happy slapping)

해피슬래핑은 신종 신체형범죄로 최근 유럽일대에서 유행하고 있는 것으로 10대들이 아무런 이유 없이 다른 사람들을 구타나 살해하고 이를 휴대폰으로 찍어 친구들과 교환해 보거나 인터넷에 올리는 현상을 말한다. 해피슬래핑은 '행복 때리기'로 번역이 되나 일면 '묻지마 구타'라고 볼 수 있으며, 변형된 '이지메'라고 할 수 있다.

처음 시작된 것은 영국 런던이며 그 후 프랑스와 캐나다 등지의 10대 청소년들로 급속히 번지고 있다. 이 해피슬래핑은 텔레비전에서 방영되는 위험하고 폭력적인 스턴트 쇼에서 감수성이 예민한 청소년들에게 영향을 준 것으로 전문가들을 분석하고 있다.[44] 2005년 4월에 영국의 「가디언지」는 경찰이 6개 도시에서 200여건의 해피슬래핑 사건을 조사했다고 보도한 바 있다.

대중매체가 폭력을 부추기고 이를 정당하게 만들고 있는 상황에 대한 사회의 책

44) 세계일보, 2006. 10. 18.

임 의식과 개선 노력이 절실히 요구되고 있다.

제17절 국제범죄피해

일반적으로 국제범죄란 전쟁 등의 침략행위, 무력으로 시민을 지배하거나 대기나 해양오염 등 인류 공동의 이익을 해치는 행위로서 국제조약이나 국제관습법상 국제범죄로 규정해 각국이 보편적으로 관할권을 갖는 범죄를 말한다. 따라서 전쟁범죄, 인도에 관한 범죄, 국제적 마약범죄, 국제적 인신매매범죄, 해적행위, 국제테러 등이 국제범죄의 범주에 들어간다. 그러나 오늘날 비록 국내범죄라 하더라도 급속한 세계화현상으로 인해 조직범죄나 금융범죄 등에서 볼 수 있는 바와 같이 국제간 범죄가 가능하므로 사실상 그 경계가 점점 불명확해지는 경향이 있다. 따라서 이러한 문제를 해결하기 위해서 인터폴과 국제경찰의 개념이 등장하면서 국제간의 공조수사의 필요성과 국가 간 협력의 중요성이 점점 높아지고 있는 것이 현실이다.

이 장에서는 국제범죄의 여러 유형 중 자국민의 피해와 관련하여 가장 중요성이 높은 해외체류 한국인을 대상으로 하는 인질 및 테러범죄와 마약범죄 그리고 국제화경향을 띠고 있는 외국인의 국내에서의 범죄피해에 대해서 알아보기로 한다.

1) 인질 및 테러범죄

인질 및 테러범죄란 일반적으로 개인 또는 민간단체가 자신들의 정치적 요구를 관철시키기 위한 목적으로 외국의 일반대중 또는 시설이나 운송수단에 대한 무차별적인 살인, 상해, 납치, 협박, 파괴 등을 통해 공포를 조성하는 폭력을 말한다.

2) 마약류범죄피해

(1) 개관

마약류란 마약, 대마 및 향정신성 의약품을 총칭하며 넓은 의미에서는 유해화학물까지 포함한다고 할 수 있다. 약물 사용에 대한 욕구가 강제적일 정도로 강하고 투약 회수를 거듭할수록 사용약물의 양이 증가하는 경향이 있으며, 금단현상 등이 나타나고, 개인에 한정되지 않고 사회에도 해를 끼치는 약물로 정의되어 있다. 마약류범죄란 마약류관리에 관한 법률 및 마약류 불법거래방지에 관한 특별법, 특정범죄가중처벌등에 관한 법률을 위반한 범죄를 총칭한다.

(2) 피해자의 특성

마약류중독자들은 기분이 우울하며, 자존감이 낮고, 성격적 문제를 가지고 있는 사람이 많다. 사회에 비동조적일 뿐만 아니라, 반항심이 많고 범죄행위를 일으키기도 한다(Wanberg & Milkman, 1998). 마약류 중독자 중 $\frac{1}{3}$ 정도는 반사회적 성향 외에 신경증적 증상이나 정신병적 증상과 같은 정신과적인 문제를 동반하고 있다고 한다.

조사결과에 의하면 마약류를 남용하는 사람들은 마약류의 중독성이나 의존성 같은 것은 믿으려 하지도 않으며, 이들은 자신들이 마약류에 이미 중독되어 있으면서도 전혀 인식을 못하고 있을 뿐만 아니라 그들 가운데 대다수는 마약류를 인체에 해로운 부정적인 것으로 간주하기보다는 오히려 잘만 이용하면 삶의 보람을 증대시키고 하루하루의 생활에 활력소를 불어 넣는다는 긍정적인 것으로 인식한다고 한다.[45)]

마약남용자의 범행과 관련된 특징으로 이황우 교수는 다음과 같은 여섯 가지를 들고 있다.

① 마약남용자는 자신이 가해자이면서 동시에 피해자이다.

② 마약을 피로회복제로 오인하는 등 마약사용의 동기가 그릇된 지식에서 비롯되는 경우가 많다.

③ 마약의 중독성이 강해 재사용의 유혹을 극복하기 어려워 반복적·상습적으로 행해진다.

④ 폭력·재산·풍속범죄 등을 동반하는 복합범죄가 많으며, 때에 따라서는 3가지 이상의 범죄가 동시에 복합되는 경우도 있다.

⑤ 지능적으로 범행을 은폐하는 경우가 많아 특정의 마약류에 대한 단속이 강화되면 대체마약을 찾아내고, 정맥주법은 흔적이 남아 단속에 적발될 위험성이 크므로 음료수 혼입 등 다른 방법을 사용하기도 한다.

⑥ 오늘날은 과거와는 달리 연령이나 남녀, 직업 등에 관계없이 범죄자의 계층

---

45) 천정환, 「신범죄피해자학」, (서울: 대왕사, 2007), 188면)

이 다양해지고 있는 것이 특색이다.

마약에 중독된 사람의 증상을 보면 정서적인 불안상태를 보이고 눈의 피로와 함께 출혈상태가 상당기간 동안 지속되는 모습을 보이고, 식욕과 성욕의 저하로 체중감소와 영양부족이 나타난다. 또한 정신적 증상으로 환각과 피해망상, 사고력의 저하, 부정적인 인식을 갖게 되고 그 결과 인지능력이 떨어지며, 무책임한 행동들을 보이게 되고 또한 약물남용으로 인한 신체적 합병증이 나타난다.

현재 마약류 범죄는 과거의 특수계층이 아닌 남녀노소, 주부, 유학생, 농민, 운전기사, 의사 등 전계층으로 확산되고 있으며, 세계화 시대를 맞이하여 마약의 국제조직연계로 인하여 가격이 대폭 인하된 데 그 원인이 있으며, 최근에는 신기술의 발달로 새로운 합성마약이 등장하고 있어 마약류 범죄는 갈수록 심각하다고 볼 수 있다.

(3) 피해발생현황

아래 표를 통하여 최근 10년간의 마약류사범 단속현황을 분석해 보면 다음과 같다.

마약류사범은 1997년 6,947건을 기록한 이후 1999년까지는 증가하는 추세를 보였는데, 1999년의 경우 10,589건으로 전년대비 26.8% 증가하였으나, 2000년과 2001년에는 다소 감소하는 추세를 보였다. 2003년 들어 전년대비 29.3%나 대폭 감소한 이래 2004년에는 증가, 2005년에는 다시 감소추세를 보이다가 2006년에는 다시 전년대비 7.8% 증가하였다.[46)]

2006년도의 마약류사범에 관한 범죄백서의 통계에 의하면 지역별로는 대도시지역에서 집중적으로 발생하고 있고 직업별로는 무직인 사람이 계속 가장 높은 점유율을 나타냈고, 유흥업종사자, 회사원, 농업, 도소매업, 서비스업 종사자가 마약류사범에서 높은 점유율을 보이고 있다. 지난 10년간 마약류사범의 각 연령대별 점유율 추이를 살펴보면, 10대의 점유율은 계속 감소추세를 보이다가 최근 들어 점유율이 약간 상승하였다. 20대의 점유율은 지난 10년간 대체로 감소하는 추세를 보였으며, 1999년 이후부터는 40대의 점유율보다 낮은 수치를 기록하고 있다. 30대는 2005년까지 가장 높은 점유율을 나타냈으나, 2006년에는 처음으로 40대의 점유율보다 낮은 수치를 나타내고 있다. 40대의 점유율은 10년간 거의 계속 상승수치를 나타내어 2006년에는 35.2%로 가장 높은 점유율을 기록했으며, 1997년과 비교하여 2배 이상

46) 법무연수원, 2007 범죄백서, 83면.

증가한 것이 특징이라고 보겠다. 특히 마약사범은 60대 이상이 가장 많은 52.8%를 차지하고 있고, 대마사범은 40대가 33.1%를, 향정사범은 40대가 38.5%를 각 차지함으로써 가장 높은 점유율을 보이고 있는 것으로 나타났다. 또 전체 마약류사범에 대한 남자와 여자의 비율은 약 8.5대 1.5이고 각 사범별로 보면 대마사범과 향정사범은 각 9대 1정도인데 비하여 마약사범은 남자와 여자의 점유율 차이가 그리 크지 않다.

한편 대검찰청이 발행한 「2006년 마약류백서」에 의한 마약범죄의 특징은 다음과 같다.[47)]

국제 우편물을 통한 미약밀수사례도 지난해 105건으로 2005년 46건에 비해 2배 이상 증가했다. 국내 히로뽕공급자도 중국에서 동남아 등으로 다양화되고 있는 추세다.

지난 해 적발된 마약류 사범 중 1명은 과거 마약류 관련 전과가 있는 것으로 나타났다.

2002~2004년 30%가량에 머물던 재범률이 2005년 42.8%로 높아졌고, 지난해에는 45%였다. 국내 마약류 사범의 77.9%를 차지한 히로뽕, 엑스터시 중 향정신성의약품사범은 재범률이 51.2%나 되었다. 전통적인 마약류인 아편, 대마 사범이 꾸준히 줄고 있는 반면, 히로뽕 등 신종 마약류사범이 급증하고 있는 것도 최근의 추세이다. 엑스터시 등 향정신성 의약품으로 분류된 신종 마약류는 지난해 3,218정이 밀반입되어 전년대비 127.1%나 증가하였다. 신종마약류는 주로 해외유학생이나 외국인 강사 등이 국내에 들여와 젊은 층을 대상으로 유통시키고 있는 것으로 검찰은 보고 있다.

마약류사범이 1만명 미만이면 마약청정국가로 분류된다. 인구 1만명 기준으로 한국의 마약류 사범이 2명이라면, 미국은 70배가 넘는 1,470명, 태국은 230명, 일본은 60명이다. 히로뽕 1회 투입량인 0.03mg의 소매가가 10만원 안팎이어서 다른 나라에 비해 매우 비싼 편이다. 라오스의 경우 알약형태의 히로뽕 한정이 1달러에 거래된다.

대검이 2006년 적발된 히로뽕과 코카인의 거래목적을 분석한 결과, 전체 거래량 30kg 중 한국을 경유해 국제마약시장으로 다시 밀수출되었거나 적발된 양이 22kg (74%)나 되었다. 국내 소비목적의 거래량 8kg을 훨씬 초과하는 양이다. 문제는 이 때문에 국제 마약조직이 한국을 마약세탁소로 활용하는 사례가 급증하고 있다는 것

47) 동아·한국일보, 2007, 6, 7.)2006년에 적발 된 전체 마약류사범은 7,709명으로 전년대비 7.8% 증가했다.

이다. 한국을 마약운반책으로 활용하다가 적발되는 일이 잦아진 것도 같은 맥락이다.

한국에 대한 히로뽕 최대 밀수국가인 중국에서 '마약과의 전쟁'이 시작되면서 히로뽕 밀제조책이 '골든트라이앵글' 지역 등으로 이동하고 있어 '한국시장'이 곧바로 세계 최대의 마약조직과 직접 맞닿게 되었다. 따라서 국정원은 우선 3월 세계 최대 마약공급지 중 하나인 골든트라이앵글 지역에 대검 마약분사무소를 설치해 수사요원 2명을 상주시키고, 국제마약조직 정보수집을 강화하기 위해 미국마약청(DEA)에 검사와 수사관을 1명씩 파견하였다. 국제공조를 통해 마약제조, 판매책을 먼저 검거한 뒤 이를 토대로 하부조직을 잡겠다는 계획을 세우고 있다.

제18절 외국인범죄피해

1) 외국인 범죄피해의 개념

우리나라는 1980년대 초에 대외개방정책을 실시한 이래 외국인의 출입국이 서서히 증가하여 1986년 아시안게임, 1988년 서울올림픽, 1990년대의 중국과 동남아 각국으로부터의 산업기술연수인력의 유입 등을 계기로 급격한 증가형상을 나타내면서 이에 따른 외국인범죄의 급증이 불법체류자의 처리와 함께 커다란 사회문제로 등장하게 되었다. 외국인범죄라 함은 넓게는 외국인이 국내에서 저지르는 각종 범죄와 외국에서 자국민의 이익을 침해하는 범죄를 지칭하는 개념이다.

2) 외국인 노동자

외국인이 국내에 들어와서 근로자가 되는 경우는 여러 가지가 있으나 대체로 다음과 같은 경우로 나누어 볼 수 있다.

첫째, 외국인 산업연수제도는 외국인산업연수생이 대한민국의 연수업체에서 일정기간 연수토록 함으로써 중소기업의 인력난을 완화하고 연수생에게는 기술습득과 함께 소득을 높여주며 이를 통해 국가 간 협력을 증진시키는 것을 목적으로 하고 있는 제도이다.

둘째, 취업관리제는 중국, 러시아 등의 외국국적을 가진 동포에 대한 취업 우대정책의 하나로 음식점, 간병인, 청소업 등 내국인 기피가 심한 서비스 분야에 일정기간 취업을 허용하여 인력수급을 원활하게 하기 위한 제도이다.

셋째, 고용허가제는 『외국인근로자의 고용 등에 관한 법률』(2003. 8. 16 법률 제6967호)에 의거하여 국내 인력을 구하지 못한 기업이 적정규모의 외국인근로자를 합법적으로 고용할 수 있도록 허용하는 제도로서, 외국인력의 도입 및 관리를 국가가 직접 담당하여 내국인의 고용기회 보호와 중소기업의 인력부족을 동시에 해결하는 한편, 외국인근로자에 대한 효율적 관리체계 구축을 위해 마련된 제도이다.

<표 3-12>는 경찰이 2007년 경찰백서에서 발표한 2000년부터 2006년까지 외국인범죄 단속현황이다. 표에서 보는 바와 같이 2000년 3,438명이던 것이 2006년에는 12,657명으로 3배 이상 증가하였으며, 2005년도의 9,042명에 비해 40.4% 증가한 수치로 경찰은 체류외국인의 증가에 따른 범죄의 증가와 지능범죄에 대한 단속 활동의 결과로 보고 있다. 죄종별로는 지능범이 전년도에 비해 86.6% 증가했고 살인, 강간, 절도 등은 약간 증가한 반면 강도, 마약류 등은 감소한 것으로 나타났다.

〈표 3-12〉 외국인범죄 단속현황

(단위 : 명)

유형별 / 연도별	계	살인	강도	강간	절도	폭력	지능범	기타	처리결과	
									구속	불구속
'00	3,438	18	58	17	444	1,174	449	1,278	660	2,778
'01	4,328	40	113	34	590	1,380	589	1,582	883	3,445
'02	4,221	47	100	41	599	1,865	568	2,001	881	4,340
'03	6,144	32	137	49	630	2,071	834	2,391	1,134	5,010
'04	9,103	60	157	52	825	2,424	1,965	3,620	1,800	7,303
'05	9,042	42	124	62	821	1,919	3,340	2,734	2,169	6,873
'06	12,657	72	107	68	971	2,483	6,229	2,727	1,156	11,501

3) 외국인 노동자의 범죄피해 양상과 실태

이처럼 늘어나는 외국인노동자수는 그로 인한 피해범위도 확대되고 있다. 즉 장시간노동, 저임금, 폭행 및 괴롭힘, 임금체불, 열악한 작업조건, 산업재해, 직업병 등 사회문제로 확대되기도 한다. 외국인노동자의 취업과 관련하여 문제가 될 수 있는 것들로는 첫째, 단순근로자 인력난을 겪고 있는 국내업체가 산업연수생이란 명목으로 연수비자를 발급해 입국시킨 산업연수생을 연수 외에 실제 근로를 시킴으로써 편법으로 활용하는 문제, 둘째, 외국의 인력 송출기관 또는 중개인이 외국인 산업연수생으로부터 실제 소요경비를 훨씬 초과하는 과다한 송출수수료를 징수하는 등 송출비리의 발발로 그로 인한 불법체류로의 연결유혹, 셋째, 현행 외국인력 관리체제는 불법취업자를 양산할 위험성을 갖고 있는 바, 전체 외국 인력의 대다수가 불법 노동시장을 형성하고 있으며, 불법취업자들은 국내 단순근로자등의 실업사태를 야기하고 있다. 넷째 불법취업자의 신분상 약점을 이용해 임금체불, 산재보상 회피, 폭행, 감금 등 각종 인권침해 사례가 증가하고 있다.

외국인의 범죄피해실태는 일반적으로 산업재해, 폭행피해, 성희롱, 기타 인권침해 등으로 나타나고 있다.

4) 외국인노동자 피해의 특징

외국인노동자의 경우 피해를 입게 되는 이유로는 두 가지가 있다. 첫째는 부지에 의한 피해자이고, 둘째는 저항할 수 없는 피해자이다.

첫째 부지에 의한 피해자라 함은 외국인노동자의 경우 외국인이라는 이유 때문에 쉽게 피해자가 될 수 있는 경우를 말한다. 즉 외국인이기 때문에 그 자체가 바로 범죄피해의 대상이 될 수 있다거나 또는 적어도 각종 범죄에서 피해자가 갖는 일반적 특성 외에 외국인이라는 사실이 범죄피해의 부가적 원인으로 작용하는 경우를 말한다.

둘째, 저항할 수 없는 피해자라 함은 자신이 비록 언어 소통과 문화의 이해수준이 높다하여 어느 정도 적용에 어려움이 없으며, 또한 자기피해에 대해서 수사기관 등에의 신고절차를 잘 알고 자기 자신을 잘 방어할 수 있다 하더라도 범죄로 인해 자신이 겪는 정신적, 신체적 고통이나 피해사실을 신고하기가 현실적으로 어려운 사람을 말한다. 즉 형사사법기관에 대한 신고가 자유롭지 못한 사람은 스스로가 이미 불법을 저지르고 있는 불법체류자인 경우가 대부분이다. 만일 피해사실에 대한 신고를 할 경우 직장을 그만 둘 수 있을 뿐만 아니라 강제출국조치를 당할 위험성을 배제할 수 없기 때문이다.

제19절 교통범죄피해

1) 교통범죄의 개념

교통범죄라 함은 일반적으로 협의의 개념인 '교통수단을 대상으로 형법상의 범죄를 행하는 행위'를 말하므로 교통방해죄, 업무상과실치사상죄, 『교통사고처리특례법』위반(형법에 대한 특별법), 『특정범죄가중처벌 등에 관한 법률』 제5조의3 도주차량 운전자의 가중처벌(뺑소니범죄)을 말한다고 할 수가 있다.48) 그러나 이를 광의의 개념으로 볼 때는 교통형사범과 형을 과하도록 되어 있는 교통규칙위반행위를 합친 것으로 이해되고, 최광의로는 광의의 교통범죄와 교통규칙 외의 교통관계 행정법규에 위반한 경우 중 그에 대하여 형을 과하도록 되어 있는 것까지를 포함한다고 볼 수 있다. 여기서 『교통사고처리특례법』이란 제1조(목적)에 나타난 바와 같이 업무상과실 또는 중과실로 교통사고를 일으킨 운전자에 관한 형사처벌등의 특례를 정함으로써 교통사고로 인한 피해의 회복을 촉진하고 국민생활의 편익을 증진하기 위한 법을 말하며, "차"라 함은 『도로교통법』 제2조제16호의 규정에 의한 차와 『건설기계관리법』 제2조제1호의 규정에 의한 건설기계를 말하고(제2조), '교통사고'라 함은 차의 교통으로 인하여 사람을 사상하거나 물건을 손괴하는 것을 말한다. 사고의 유형에는 신호위반, 중앙선 침범, 과속, 끼어들기, 보행자보호의무위반, 무면허운전, 주취, 또는 약물운전, 보도침범, 철길 건널목통과방법위반 등이 있다. 교통방해죄라 함은 교통로 또는 교통기관 등 교통설비를 손괴 또는 불통케 하여 교통을 방해함으로써 성립하는 것으로 일반교통 방해의 죄, 기차, 선박 등의 교통방해죄, 교통방해치사죄, 기차 등의 전복죄 등이 있다.

뺑소니 범죄는 운전자가 사고를 야기하고 환자 등에 대한 구호조치를 않고 현장을 이탈한 경우로 상해치사상 도주, 대물손괴도주, 무과실 운전자의 사고 도주 등으로 분류 되는데 처벌의 법적 근거는 특정범죄가중처벌 등에 관한 법률과 교통사고처리특례법이다. 그런데 뺑소니 중 자동차 등 대물손해만 입힌 경우에는 보통 『도로교통법』 제50조와 제106조로 다룬다. 그러나 사람을 사상케 하고 도망치면 특정『범죄가중처벌에 관한 법률』의 적용을 받아 엄한 처벌을 받게 된다.

48) 천정환, 전게서, 200면.

보통 뺑소니범죄를 범하면 면허가 취소되지만, 자수하면 면허취소가 아니라 벌점을 받게 된다. 물론 인명사고라도 피해자의 상처가 아주 경미한 경우에는 뺑소니로 처벌 받지 않는다.

업무상 과실치사상죄는 교통사고를 일으켜 사상하는 행위에 대해 형사적 규제법인 『형법』 제268조에 규정된 범죄로 업무라는 점 때문에 『형법』 제266조의 일반과실치사상죄와 『형법』 제267조의 과실치사죄는 거의 적용되지 않는다.

2) 피해현황

(1) 피해종류

아래 표는 2002년부터 2006년까지의 교통사고, 인적 피해정도별 현황을 나타낸 것이다. 2006년의 인적 피해사고를 내용별로 보면 총 213.745건의 교통사고로 인한 인적 피해자 346,556명 중 사망자수는 6,327명으로 1.8%이고 부상자수는 340,229명으로 98.2%로서 전년도와 같은 비율이다.

〈표 3-13〉 교통사고 인적 피해 정도별 현황〉

구 분	2002	2003	2004	2005	2006
발 생	231,026	240,832	220,755	214,171	213,745
사 망	7,222	7,212	6,563	6,376	6,327
부 상	348,149	376,503	346,987	342,233	340,229

(2) 피해자 연령

아래 도표는 2006년도 교통사고, 인적 피해자의 연령별 현황을 나타낸 것인데, 이에 따르면 사망자수는 41~50세가 가장 많았고, 부상자는 21~50세의 청·장년층에 주로 집중되어 있는 것으로 나타났다.

〈표 3-14〉 교통사고 인적피해 연령별 현황-2006년

구분＼연령	계	14세 이하	15~20	21~30	31~40	41~50	51~60	61~70	71세 이상	불명
계	346,556 (100)	24,156 (7.1)	22,180 (6.4)	72,461 (20.9)	75,506 (21.8)	76,479 (22.1)	42,897 (12.4)	22,614 (6.5)	1,025 (2.9)	3 (0.0)
사망	6,327 (100)	276 (4.4)	289 (4.6)	701 (11.1)	808 (12.8)	1,144 (18.1)	970 (15.3)	1,071 (16.9)	1,065 (16.8)	3 (0.0)
부상	340,229 (100)	23,880 (7.0)	21,891 (6.4)	71,760 (21.1)	74,698 (22.0)	75,335 (22.1)	41,927 (12.3)	21,543 (6.4)	9,195 (2.7)	- (0.0)

(3) 법규위반별

2006년 발생한 교통사고를 원인별로 분석하여 보면 전체 교통사고의 55.4%, 전체 사망자의 70.1%가 안전의무를 이행하지 않아 발생한 사고이며, 특히 중앙선 침범·과속·신호위반 등 중요 법규위반이 교통사고의 주요 원인임을 알 수 있다.[49)]

〈표 3-15〉 주요 법규위반 행위별 사망자 현황, 2006

계	안전운전 불이행	중앙선침범	과 속	신호위반 미확보	안전거리보호 의무위반	보행자	기타
6,327	4,433	706	161	384	95	209	339

(4) 최근 교통사고의 특색[50)]

① 음주 교통사고의 증가

음주 교통사고는 아래 표 음주 교통사고 발생현황에서 나타난 바와 같이 2004년 25,150건이 발생한 이래 2005년 26,460건, 2006년 29,990건 등으로 계속하여 증가추세에 있으며, 이로 인한 사망자수와 부상자수도 계속하여 증가한 것으로 나타나고 있다.

49) 경찰백서, 경찰청, 2007, 234면

50) 경찰백서, 2007, 235면.

〈표 3-16〉 음주교통사고 발생 현황

구 분	1998	1999	2000	2001	2002	2003	2004	2005	2006	2007
발생건수	25,269	23,718	28,074	24,994	24,983	31,227	25,150	26,460	29,990	28,416
사 망 자	1,113	998	1,217	1,004	907	1,113	875	910	920	991
부상건수	40,489	39,282	47,155	42,165	42,316	55,230	44,522	48,153	54,255	51,370

② 화물차 교통사고의 높은 사망률

2006년 차종별 교통사고 현황을 살펴보면 승용차가 전체 교통사고의 66.5%를 차지한 것으로 나타나고 있어, 화물차교통사고 방지대책이 시급한 실정이다.

〈표 3-17〉 차종별 교통사고 발생 현황 (단위 : 건, 명, %)

구 분	계	승용차	승합차	화물차	특수차	이륜차	기 타
발 생 (구성비)	213,745 (100.0)	142,430 (66.6)	17,644 (8.3)	33,692 (15.8)	1,149 (0.5)	7,588 (3.6)	11,242 (5.3)
사암자 (구성비)	6,327 (100.0)	3,009 (47.6)	601 (9.5)	1,510 (23.9)	80 (1.3)	472 (7.5)	655 (10.4)

③ 이륜차 교통사고의 증가

2007년 경찰백서에 따르면 2006년 이륜차 교통사고는 지난해에 비하여 35.6%가 증가한 7,588건이 발생하여 매우 큰 폭의 증가를 나타내고 있다. 이에 경찰에서는 이륜차 교통사고의 심각성을 인식하고 이륜차 운행문화 개선을 위해 최선을 다해야 할 것으로 본다.

④ 운전경력에 따른 교통사고율

2006년 사고운전자의 경력별로는 5년 미만자의 교통사고율이 24.2%, 5년 이상 10년 미만자는 19.8%, 10년 이상 15년 미만자는 19.2%, 15년 이상자는 27.5%를 차지하고 있어 5년 미만인 자인 초보운전자의 사고율이 다소 높은 것으로 나타났으며, 무면허 등의 사유도 9.3%를 차지하는 것으로 나타났다.[51)]

51) 상계서, 236면.

〈표 3-18〉 운전면허 취득경과 연수별 교통사고 발생현황('06년) (단위 : 건, %)

총 계	5년 미만	5년 이상 10년 미만	10년 이상 15년 미만	15년 이상	무 면 허 및 기타
213,745 (100.0)	51,696 (24.2)	42,236 (19.8)	41,116 (19.2)	58,775 (27.5)	19,942 (9.3)

3) 교통보험범죄피해

교통범죄피해 중 가장 문제가 되는 것 중에 하나는 교통보험범죄피해라고 볼 수 있는데, 이 범죄는 교통사고를 가장한 보험범죄로, 보험범죄의 80% 이상이나 된다고 한다. 손해보험협회가 2006년 4월부터 2007년 3월까지 교통사고피해로 입원한 환자에 대해서 조사하니 병실을 비운 부재환자가 16.6%로 이는 일본의 8배라고 하는데, 이를 봐도 교통사고를 가장한 범죄피해가 얼마나 많이 일어나고 있는지를 알 수가 있다고 보겠다.

이러한 교통사고를 가장한 보험범죄자들의 범행대상은 주로 상대방 운전자의 약점이나 허점을 이용하는 경우가 많은데 예컨대 주로 신호위반이 잦은 심야시간대의 신호위반차량, 차선을 바꾸는 차량, 일방통행료 역주행차량 등으로 그 대상자는 주로 여성운전자, 고령운전자, 초보운전자, 지리를 잘 모르는 외지차량운전자, 공직자 등이 주대상자가 된다.

이러한 교통사고를 가장한 보험범죄는 질적으로 지능화·조직화·대형화되고 있으며 양적으로 증가하고 있다. 이러한 현상은 보험범죄자에게 부담되는 보험금의 증가로 선량한 보험계약자가 보다 더 많은 보험료를 부담하게 되는 피해를 입을 뿐만 아니라, 범죄자가 범행을 일으킬 때 자기신체를 담보로 하기 때문에 범죄인이 반신불수가 된다든지 귀중한 목숨을 잃는 큰 피해를 입는 경우가 있을 수도 있다는 것이다. 뿐만 아니라 범죄자가 병원이나 의원과 짜고 범행을 하는 경우도 많은데 2006년 10월 부산의 16개 자해공갈단은 부산의 모 병원 원모과장 김모씨 등 3명과 짜고 허위진단서를 발급받아 보험금을 부당하게 청구한 사실이 있으며, 2007년에도 경기도 광주시 S외과가 보험사기를 통해 입원비·치료비 등을 과다 청구한 사실을 밝혀냈으며, 2007년 5월 서울 용산경찰서에 붙잡힌 오토바이 보함사기단도 의사와 짜고 교통사고를 일으켰는데, 이들은 사고가 나지도 않았는데도 사고가 난

것처럼 허위진단서를 발급받기도 하였다.52)

이러한 보험사기의 사회적 비용은 연간 1조 6,000억원이라고 하며, 특히 2006년의 경우 보험사기범 가운데 20대가 차지하는 비율이 전체의 47.1%인 3,983명으로 전년대비 51.8% 늘어났으며, 또한 10대 이하도 451명으로 전년대비 127.8%가 증가하였다.53)

이처럼 보험범죄가 급증하는 이유는 보험사기죄가 일반사기죄로 처벌되어 처벌이 미약하고 일부 병원의 위장환자에 대한 처벌규정의 미비 등 법·제도상의 허술함과 일부의사들의 도덕적 해이와 돈벌이 수단으로 생각하는 잘못된 문화로 인해 교통보험범죄가 증가하고 있다. 교통보험사기에 가담한 의료인이 2005년에 340명에서 2006년 417명으로 증가했다.

4) 교통사고범죄피해 예방대책

(1) 선별적 음주운전 단속의 지속적인 추진
(2) 교통안전의식 고취
(3) 교통관련 민간단체의 활용
(4) 안전띠 착용·정지선지키기 생활화 운동의 정착

지난 2001년부터 본격적으로 전개해온 안전띠 착용 생활화 운동과 더불어 정지선 지키기 생활화 운동을 추진하여, 2006년 12월 조사시 정지선 준수율은 71.0%, 안전띠 착용률은 83.1%를 나타내는 등 많은 효과를 거두고 있는 바, 앞으로도 경찰은 정지선 지키기 및 안전띠 착용의 생활화를 위해 지속적으로 추진해야 할 것으로 본다.

(5) 불법 주·정차 대책 지속 추진

불법주차는 교통사고 발생위험과 교통체증을 가중시키는 주된 요인이 될 뿐만 아니라 화재 등 긴급상황 발생시 긴급차량의 통행을 방해하게 된다.

따라서 경찰은 지방자치단체와 함께 교통안전 및 소통확보, 질서 확립 차원에서

52) 내일신문, 2007, 6, 1.
53) 내일신문, 2007, 6, 18.

불법 주·정차행위를 지속적으로 단속해야 할 것으로 본다. 경찰은 운전자가 현장에 있는 불법 주·정차행위와 주요 간선도로상의 주·정차행위에 대하여 단속하고 있으며 시·군·구 등 자치단체에서는 운전자가 현장에 없는 경우와 이면도로에서의 불법 주·정차행위에 대하여 지속적인 단속이 이루어져야 할 것으로 본다.

(6) 도로교통안전관리공단의 홍보활동 전개

지금 실무상 홍보활동의 전개 상황을 살펴보면 도로교통안전관리공단에서는 교통사고 예방을 위하여 각종 매스컴과 어린이 교통안전 홍보관을 통한 홍보활동 및 간행물 발간 등으로 대국민 교통안전 홍보를 지속적으로 추진해 오고 있으며 2006년에는 각종 TV 및 라디오, 신문, 잡지 등을 통해 연간 23,163회에 걸친 교통안전 캠페인을 실시하였다. 아울러 도로교통안전 홍보작품 공모를 통하여 표어·포스터·사진·작문 분야별로 선정·시상하고 체험위주의 어린이 교통안전 홍보관을 운영하여 국민들의 교통안전에 대한 관심을 지속적으로 제고하고 있다.

또한 전국운수업체, 터미널, 역, 경찰관서, 구청, 군부대 등 사람이 많이 모이는 장소를 선정하여 교통사고 사례사진전을 연중 상시 순회전시하여 관람하고 있다. 그리고 교통안전 종합전문지인 월간 '신호등' 발간과 차량용 소형 캘린더 및 교통안전 표지 일람표, 표어·포스터 등 각종 홍보물 간행물을 제작하여 배부하고 있으며, 모범 운전자의 녹색어머니, 청소년등에 대한 교통안전창구를 제작하여 지원하는 등 각종 교통안전 홍보활동을 전개하고 있는데, 이와 같은 실무활동을 지속적으로 확대강화 해야 할 것으로 본다.

(7) 도로교통환경의 개선

교통안전시설은 도로이용자들에게 필요한 정보를 사전에 정확하게 전달하고 또한 통일되고 균일한 행동이 이루어지도록 통제함으로써 교통소통을 증진시키고 도로상의 안전을 보장하는 시설물이다. 따라서 운전자나 보행자가 과거에 경험한 것을 토대로 유사한 교통상황에서 적절히 반응을 할 수 있도록 크기·색상·형태 등에 대한 체계적인 관리와 필요한 적정시설을 확충해 나가는 것이 중요하다.

경찰에서 관리하는 교통안전시설에는 신호기, 교통안전표지, 노란표시 등이 있는데 앞으로도 이를 지속적인 확충이 필요하다고 본다.

교통안전시설 중 교통안전표지와 노면 표시 등은 운전자나 보행자가 알기 쉽도록 그 크기나 색상 등이 통일되고 설치되어야 하며, 특히 지속적인 관리 및 보수가 요구되고 있다. 특히 「교통사고가 잦은 곳」에 개선사업을 지속적으로 추진하여야 할 것으로 본다.

(8) 교통안전의식의 확산

2006년도 초등학생 이하 어린이 교통사고는 19,223건 발생, 276명이 사망하였는데, 이는 선진국에 비하여 사고율이 매우 높다고 보겠다. 특히 어린이는 대표적인 교통약자로 어른에 비하여 두려움이 적고 주의력이 부족하기 때문에 교통사고에 대한 위험성이 크다고 보겠다.

따라서 어린이를 교통사고로부터 보호하기 위해서는 지역과 학교가 참여하는 교통안전 프로그램을 개발하여야 할 것으로 본다. 현재 경찰청별로 교통안전교육, 순회전담 경찰관을 지정하여 각급 유치원·학교를 방문, 교육을 실시하고 있는 것을 보다 확대강화 하여야 할 것으로 본다. 현재 추진 중인 「교통공원」을 더욱 활성화하기 위해 「어린이 교통안전체험교육헌장」의 설계기준을 마련하여 2006년 말 현재 대구 등 6개소를 완공하여 운영 중인 바 나머지도 차질 없이 마련하도록 하여야 할 것으로 본다. 경찰청이 2002년부터 추진 중인 「어린이 교통안전 교육 확대·강화 5개년계획」이 차질 없이 성공을 거둘 수 있도록 하여야 할 것으로 본다.

(9) 노인교통사고 예방대책

노년층은 청장년층에 비해 운동신경이 무디어져 위험발생시 신속한 대처가 어려우므로 자신의 신체적 문제를 이해하고 교통사고유형의 숙지를 통해 안전의식을 고취시키는 것이 중요하다. 경찰은 현재 매년 증가하고 있는 노인 교통사고의 감소를 위해 경로당, 노인대학 등을 방문하여 지속적인 교통안전교육을 실시하고 있으며 야광모자 등 안전장구와 홍보전단을 제작하여 보급하고 있다.

노인 교통사고의 주요 특징은 보행자사고가 많으며 특히 야간시간대(18;00~ 22:00)에 많이 발생한다는 것이다. 이에 경찰은 노인 보행자의 안전을 위해 도로교통안전관리공단, 손해보험협회 등 교통사고 예방 홍보사업 관련단체와 엽조하여 야광 반사제품을 제작·배부하고 있으며 고령자보호를 위한 보·차도 분리시설 및 무단횡단 방지시설 등 교통안전시설을 대폭 확충하고 야간 보행자의 위험성이 현저히 노출되는 지역에 대한 홍보 보도 투광기, 가로등을 자치단체와 협조하여 설치하고 있다.

아울러 신체적인 허약성으로 기동성이 떨어지는 노인운전자의 특성을 감안하여 노인이 운전하고 있다는 것을 다른 사람에게 알려주어 조심운전을 하도록 유도하기 위해 실버마크를 제작하여 전 노인운전자에게 배포하도록 하여야 할 것이다.

(10) 교통관련 민간단체의 활동

현재 우리나라에는 91년에 설립된 한국교통시민연합회, 96년에 설립된 안전생활시민 실천연합, 93년에 설립된 녹색교통운동, 96년에 시작된 걷고 싶은 도시 만들기, 90년에 설립된 교통문화운동본부, 2002년에 설립된 한국생활안전연합 등 많은 교통관련 민간단체들이 활동하고 있다.

이러한 단체들은 자발적으로 교통사고 줄이기 운동, 교통량 줄이기 운동, 빵소니 추방운동, 교통안전진단활동, 어린이보호 등의 다양한 활동과 운동을 전개하고 있으며 이러한 활동은 성숙한 교통문화를 정착시키는데 기여하고 있고 앞으로 그 영향은 더욱 커질 것이라 판단된다.

또한 각 초등하교별로 개별적으로 운영되고 있던 녹색 어머니회가 2006년 2월부터 경찰청 산하 비영리 민간단체로 등록하여 어린이 등·하교 안전지킴이로써 역할을 하고 있는데 앞으로 이를 더욱 활성화하도록 하여야 할 것이다.

(11) 교통경찰행정의 첨단화·과학화

1997년부터 최첨단 신호시스템인 「실시간 신호시스템」[54]을 서울 강남구 서초구 일대 주요 교차로 61개소에 실시간 신호 시스템을 설치하여 시험 운용한 결과 종전보다 약 11.4% 정도의 소통개선 효과를 거두고 있는 것으로 나타난 이후 확대 살치하고 있는데, 2006년 12월 말 현재 서울, 울산, 대전, 전주, 대구, 제주 등 전국적으로 총 2,540기를 설치운영하고 있다.

차량 증가와 함께 신호기, 안전표지, 노면표시 등의 교통안전시설물이 급속히 추가 설치되고 기존 수작업으로 관리하던 것을 서울 시내의 교통안전시설물을 현장실시하여 정확한 초기 데이터를 수집하고 지리정보를 구축한 지리정보시스템(GIS)을 이용한 시설관리 업무를 전산화하였다.

이러한 교통안전시설 현황을 정확하게 관리함으로써 유지보수 대상시설물 정보가

54) 이 제도는 도로에 검지기를 설치하여 교통량을 수집하고 수집된 정보를 신속히 분석, 신호순서와 시간을 실시간으로 자동 조절하는 교통시스템을 말한다.

한눈에 파악 가능하며 정확한 예산책정과 교통정책 수립에 도움이 되는 기초 자료를 지원하고 있는데 앞으로 이를 더욱 유지발전시켜야 할 것으로 본다.

경찰에서는 PDA(Personal Digital Assistance, 휴대용단말기) 무선데이터 통신으로 단속현장에서 교통범칙사항을 실시간 입력 조회할 수 있는 모바일 전자경찰 시스템을 구축 교통단속의 사후처리와 내근 업무 프로세스 개선으로 업무생산성 향상 및 대국민 서비스를 향상시켜야 할 것으로 본다. 또한 인력 중심의 단속에서 벗어나 과학적인 증명자료를 제시할 수 있는 첨단과학장비 중심의 단속으로 국민으로부터 신뢰를 받을 수 있도록 하여야 할 것이다.

제20절 사이버범죄피해

1. 개관

사이버범죄란 컴퓨터 통신 등을 이용하여 사이버공간에서 행하는 범죄를 말한다. 이를 좀더 구체적으로 언급하면 인터넷과 같은 정보통신망으로 연결된 컴퓨터 시스템이나 이들을 매개로 한 사이버공간을 이용하여 공공복리를 저해하고, 건전한 사이버 문화에 해를 끼치는 행위를 말한다.

사이버 범죄는 빠른 시간 안에 불특정 다수에게 많은 피해를 주는 것이다. 그러나 사이버 공간이라는 특성상 정보 발신자의 특정이 어렵고, 전자정보의 증거인멸 및 수정이 간단하기 때문에 범죄 수사에 어려움이 많은 것이 특징이라고 보겠다.

그 범행목적에 따라 사이버 테러형 범죄와 일반 사이버 범죄로 나뉜다.

사이버 테러형 범죄는 해킹, 컴퓨터 바이러스와 같은 유형의 범죄이고, 일반 사이버 범죄는 사이버 명예 훼손과 전자상거래 사기, 개인 정보 침해, 불법 사이트 개설, 디지털 저작권 침해 등을 말한다.

사이버 범죄는 국내 국외에 동시에 발생할 수 있다는 특성을 갖고 있는데, 이에 대처하기 위해 국가 간의 법제도의 상이성을 초월한 국제적인 형사사법의 규칙도 필요하다고 본다.[55)]

사이버테러형 범죄 중 해킹(hacking)이라는 것은 타인의 컴퓨터 시스템에 무단 침입하여 정보를 빼내거나 프로그램을 파괴하는 일을 하는 행위를 말한다. 환언하

---

55) 두산백과사전 EnCyber.com

면 뛰어난 컴퓨터 실력을 이용하여 정보, 시스템에 침입, 그 속에 축적되어 있는 각종 귀중한 정보를 빼내거나 없애는 행위를 말하는 것으로 이러한 행위를 하는 자를 해커(hacker)라고 한다. 오늘날의 해커는 다른 컴퓨터에 불법 침입하여 자료의 불법열람, 변조, 파괴 등의 행위를 하는 침입자, 파괴자를 통칭한다고 보겠다.

컴퓨터 바이러스란 사전적 의미로는 '컴퓨터 프로그램이나 실행 가능한 부분을 변형하여, 그곳에 자기 자신 또는 자신의 변형을 복사하여 컴퓨터 작동에 피해를 주는 명령어들의 조합'이며, 생물학적인 바이러스가 생물체에 침투하여 병을 일으키는 것처럼 컴퓨터 내에 침투하여 자료를 손상시키거나, 다른 프로그램들을 파괴하여 작동할 수 없도록 하는 컴퓨터 프로그램의 한 종류이다. 바이러스는 감염된 디스크로 컴퓨터를 가동시킬 때 혹은 특정 프로그램을 실행시킬 때 활동하며 자료를 파괴하거나 컴퓨터 작동을 방해하고 자신을 복제하여 다른 컴퓨터를 감염시킨다. 이런 점이 생물학적 바이러스와 비슷하기 때문에 바이러스라는 용어를 사용하지만, 다른 일반 프로그램과 동일한 프로그램의 한 종류라고 볼 수 있다.

일반 사이버범죄 중 사이버명예훼손이란 타인을 비방할 목적으로 공연히 홈페이지나 게시판 등의 정보통신망에 사실을 적시하는 타인의 명예를 훼손하는 행위를 말한다.

이러한 사이버명예훼손은 주로 인터넷상의 게시판에서 많이 발생하는데, 가령 2005년도 하반기에 발생한 논문조작사건을 보도한 MBC의 PD수첩 게시판에서 행해진 수개월 동안의 게시판의 글과 댓글이나 KBS의 시사투나잇 진행자들에 대한 극우파들의 사이버명예훼손 등이 그것이다.[56)]

특히 2008년 10월 최진실씨의 자살을 계기로 인터넷상 근거 없는 모욕과 '악플'이 심각한 사회적 문제로 대두하는 가운데, 지난 2004년부터 지난해까지 3년간 사이버명예훼손 범죄가 무려 3배 가까이로 증가한 것으로 나타났다.

경찰청이 2008년 10월 국회 행정안전위 소속 한나라당 정갑윤 의원에게 제출한 국정감사자료를 보면, 지난 2004년 3,667건이었던 사이버 명예훼손은 2007년 28만건으로 173% 급증한 것으로 나타났다.

사이버모욕이란 게시판이나 대화방 및 댓글 등의 사이버공간에서 공연히 타인을 모욕하는 범죄를 말하는데 급증하는 인터넷인구의 증가와 익명성의 보장으로 인해 사이버공간에서의 언어폭력을 통한 모욕이 급증하고 있다.

사이버모욕죄의 보호법은 일반형법의 모욕죄와 마찬가지로 사람의 외부명예이며, 이 점에서는 사이버명예훼손과 유사하지만, 구체적 사실의 적시가 필요 없다는 점에

56) 천정환, 전게서, 21면.

서 사이버명예훼손죄와 차이가 난다. 가령 보도에 불만을 품은 시청자가 게시판에서 여자진행자에게 “개같은 년”하면 사이버모욕죄가 되며, “편파보도하니까 이 죽일 년”과 같이 구체적 사실의 적시가 있으면 사이버명예훼손죄가 되는데, 앞에서 언급했듯이 진행태도에 불만을 품은 특정 이해관계단체나 극우세력들이 진행자나 PD에게 “이 빨갱이야”, “이 미국놈아” 하는 일들이 논문조작사건과 관련하여 많았다.

사이버스토킹이란 게시판·대화방·이메일 등의 정보통신망을 이용하여 상대의 의사에 반해서 의도적·반복적으로 문자·부호·영상 등을 도달하게 하여 상대방이 공포감·불안감·괴로움을 느끼는 행위라고 할 수 있는데, 사이버스토킹은 온라인에서의 스토킹과 마찬가지로 핵심은 피해자의 공포감·불안감·괴로움이다.

오프라인에서의 스토킹은 가해자와 피해자가 신체적인 대면을 하거나 또는 어느 정도 물리적 근접성이 있어야 하나, 온라인에서 이루어지는 사이버스토킹은 그러한 신체적 접촉이나 물리적 근접성이 없어도 된다는 점에서 오프라인스토킹보다 그 피해가 엄청나게 크고 많은 피해자를 가져올 수 있다는 데서 그 심각성이 있다. 왜냐하면 오프라인에서의 스토킹, 가령 치정적 동기에 의한 스토킹이라면 일단 그러한 스토킹이 도달할 때까지 많은 비용이 들지만(시간적·경제적 비용), 음란 메일 등의 사이버스토킹 범죄생산은 최초의 생산비용(클릭 몇 번으로 할 수 있다)과 한계생산비용이 엄청 싸기 때문에 많이 행해질 수 있어 문제의 심각성이 있다. 또한 통신기술의 발달로 사이버스토커는 제3자를 이용하여 사이버스토킹을 할 수 있는 점이 오프라인스토킹과 다른 점이다.

사이버성폭력이란 사이버상에서 음란쪽지를 보내거나, 성희롱적인 말을 하거나, 음란화상채팅 모습을 동영상 촬영하여 유포하는 등 상대방의 의사에 반해서 원하지 않는 접근을 하여 성적 모욕감이나 불안·공포감 등의 정신적 피해를 가져 오는 일체의 행위라고 할 수가 있다.

최근 인터넷의 발달과 각종 상업성이 강한 음란 사이트의 폭증, 화상채팅방·전화방·대화방의 증가, 몰래카메라의 등장, 섹스산업의 발달로 이러한 사이버성폭력은 급증하고 있다. 특히 당사자의 동의 없이 이루어지는 섹스 몰래카메라는 그 유통이 음란 사이트와 파일공유 서비스 등을 통해 급속히 확산되고 있는 현실에서 피해자가 느끼는 정서적 피해는 상상을 초월하고, 이런 사이버성폭력과 결부하여 협박죄나 강요죄 등의 부수적 범죄도 증가하고 있다.

또한 건전한 공개채팅방에서도 상대에게 쪽지를 보내어 사이버섹스(컴섹)나 음란행위를 요구하는 일이 많은 만큼 사이버성폭력은 사이트나 대화방의 성격을 불문하고 도처에서 행해지고 있는 형식이다.

이러한 사이버성폭력을 처벌하는 관련처벌법규에는 통신매체이용 음란죄를 규정한 '성폭력범죄의 처벌 및 피해자보호 등에 관한 법률'과 정보통신망법 및 청소년보호법(성행위장면을 찍은 몰래카메라 동영상 파일이 올라 간 사이트가 청소년유해매체물인 경우), 형법상 협박죄와 강요죄(사이버성폭력이 실제로 강요와 협박이 결부될 경우)의 규정 등이 있다.

사이버테러란 컴퓨터나 네트워크를 이용하여 개인이나 기업 및 국가기관의 컴퓨터에 부정하게 침입하여 자료를 삭제 또는 변형·파괴시키는 행위라고 할 수 있다.

우리나라는 인터넷인구가 3,000만명을 넘어서고 있고, 기업도 전자상거래나 인터넷뱅킹 등 정보통신 인프라에 갈수록 의존성이 증대되고 있으며, 국가도 전자정보시대로의 이행이 급속히 진전되어 국가안보·농업·에너지·운송·산업 등 국가 사회의 주요 기관시설도 정보통신 인프라를 기반으로 하고 있다. 또한 세계 각국도 정보 인프라를 급속히 추진하여 이제는 세계 인터넷으로 연결되는 세계 각국의 정치·국방·경제·산업 등 모든 분야에 복잡한 정보통신 네트워크가 연결되어 있는 만큼 개인·기업·국가·세계는 인터넷이나 정보통신 인프라에 의존도가 필수적이 되어 버렸다. 그러나 인터넷 등 정보통신 인프라가 발달할수록 인터넷 침해사고 등 정보보안문제가 심각히 대두되며, 이는 인터넷구조 자체의 취약성과 인터넷 구조적 특징에서 기인하다.

사이버음란이나 사이버상의 게시판이나 홈페이지 및 이메일 등을 통하여 음란물을 상대방의 의사와 관계없이 유포하거나 광고하는 일체의 불법행위라고 할 수 있다. 이러한 사이버음란을 처벌하는 법규로는 『정보통신망이용촉진및정보보호등에관한법률』 제42조와 제64조 및 제65조가 있고, 『전기통신사업법』 제53조와 제72조가 있으며, 『성폭력범죄의 처벌 및 피해자보호 등에 관한법률』 제14조가 있다.

〈표 3-19〉 사이버범죄 범죄통계(유형별) (2007.12.31)

구분	총계	해킹 바이러스	인터넷 사기	사이버 폭력	불법 사이트운영	불법복제 판매	기 타
03	51,722	8,891	26,875	4,991	1,719	677	8,569
04	63,384	10,993	30,288	5,816	2,410	1,244	12,633
05	72,421	15,874	33,112	9,227	1,850	1,233	11,125
06	70,545	15,979	26,711	9,436	7,322	2,284	8,813
07	78,890	14,037	28,081	12,905	5,505	8,167	10,195

한편, 최근에는 '원링', 'ARS', '모바일콘텐츠 연동'과 같은 스팸광고를 비롯하여

휴대전화 등 모바일 기기를 통한 새로운 유형의 사이버폭력이 나타나고 있다.

2. 신종 사이버범죄

1) 사이버카드깡

(1) 사이버카드깡의 의의와 연혁

① 의의

사이버 카드깡이란 전자상거래의 발전에 따라 새로이 등장한 인터넷상의 신용카드 대금결제방법을 이용한 불법적인 신용대출행위를 말한다. 인터넷상의 새로운 대금결제방법으로는 신용카드 결제대행사(Payment Gate, PG)를 이용한 대금결제가 있다. 신용카드결제 대행회사는 인터넷 쇼핑몰의 신용카드 가맹점 역할을 대행하여 인터넷상에서 인터넷 쇼핑몰과 신용카드회사를 연결하는 기능을 수행한다.[57)]

신용카드결제를 할 경우 해당 신용카드가 사용 가능한 것인지 확인하고 해당 신용카드의 소유주가 사용하는 것인지를 확인해야 하며 신용카드사로부터 승인번호를 발급받아야 한다. 이러한 모든 일을 대행하는 서비스를 PG서비스라고 하며 이를 대행하는 업체를 PG업체라고 한다. 국내에서는 1997년 데이콤, 이니시스 등이 처음 서비스를 개시한 이래, 현재 드림피그, 이니시스, KCP 등 주요업체는 약 20여개에 이르고 있다.[58)]

② 사이버카드깡의 연혁

속칭 '카드깡'이라 불리는 신용카드를 이용한 불법신용카드대출(불법 카드할인)은 사채업자가 특정 카드가맹점과 짜고 카드매출을 대량 발생시켜 조성한 현금으로 급전이 필요한 사람들에게 높은 이자를 받고 대출해주는 행위를 말한다. '깡'이란 일본어 '와리깡'에서 온 말로 할인이라는 뜻이다. 사채업자는 급전이 필요한 사람에게 신용카드를 담보로 미리 출전표를 작성하여 카드사로부터 돈을 청구하거나 물건을 사서 되팔아 현금을 챙기는 수법을 사용하여 카드수수료를 제외한 금액만큼 부당이

---

57) PG란 지불인증을 서비스하는 것을 말한다. 즉 쇼핑몰에서 물건을 판매했을 때 소비자로부터 물품대금을 지불받아야 하는데, 물품대금을 받는 방식은 통장자동이체나 신용카드결제, 휴대폰 결제 등이 있다.

58) 국세청, 보도자료, 2002. 11. 19.

득을 남기게 된다. 그런데 최근 들어 전자상거래의 비약적인 발달로 인터넷을 이용한 '카드깡' 즉 '사이버카드깡'이 새롭게 등장하고 있다. 특히, IMF 외환위기 이후 금융권의 금융소비자에 대한 신용관리가 철저해져 시민들은 제도권 금융에 대한 연체금 등을 막기 위해 사체의 유혹을 느끼게 되고 카드깡업자는 이자제한법의 폐지로 고율의 이자약정도 가능해진데다 소비자 대면접촉이나 매출전표 작성도 필요 없기 때문에 가맹점 개설이 전혀 필요 없고 이로 인한 가맹점 운영비가 들지 않아 종래의 통상적인 카드깡보다 이자율이 낮고, 매출전표가 노출되어 수사기관이나 신용카드 회사 또는 국세청으로부터 전산추적 당할 염려가 없어 사이버카드깡이 횡행하지 않을 수 없게 된 것이다.

(2) 카드깡의 실태

카드깡은 인터넷·생활정보지 등에 "카드 빚 대납" 등의 광고를 낸 후 찾아온 사람들에게 물품판매를 가장하여 허위매출전표를 작성하고 정상 수수료(1.5%~4.5%)보다 훨씬 비싼 월 10~20%의 선이자를 공제하는 수법으로 자금대출을 하는 사례가 빈번히 발생하고 있고, 특히 최근 가장 많이 이용되는 물품으로 사채업자들은 유통이 편리한 상품을 이용하고 있는 것으로 나타났다. 이처럼 상품권을 이용한 카드깡이 성행하자 현재 롯데, 현대 등의 백화점들은 상품권 할인판매와 신용카드판매(법인카드·PP카드[59])를 금지하고 있다.

그 밖에 농수산물과 전자제품도 상당히 이용되고 있는 것으로 나타났다. 특히 쌀의 경우는 환금성이 좋은데다 시장규모가 커 쌀카드 깡이 급속히 환산되고 있다. 미곡종합처리장 뿐만 아니라 할인마트 등에서도 쌀 카드깡이 행해지고 있다.

단속 내용을 분석한 결과 할인금액이 1천만원 이하인 경우가 약 41.5%로 대부분을 차지하였으나 5억 이상을 할인한 경우도 상당수 있다.

인터넷 및 생활정보지 등을 대상으로 사금융 광고실태를 조사한 결과 불법 신용깡 광고를 하는 대부업자가 다수 발견되어 이용자들의 피해가 예상되어 알려드리오니 다음 사항을 유의하시기 바랍니다.

첫째, 카드깡으로 추정되는 광고상 용어로는 신용카드 즉시 대출, 카드장기할부대출, 카드한도(잔액)할부대출, 할부 한도를 현금으로, 카드연체 자금대출, 카드결제대출, 카드한도금액대출 등이다.

---

59) PP카드란 Prepaid의 약자로 선불카드를 의미하는 것으로, 일정액의 현금을 미리 내고 구입한 다음 카드의 액면가 한도 내에서 원하는 물건을 구입할 수 있는 카드이다.

둘째, 신용카드 할인(깡) 광고사례인데 네이버 등 포털사이트 지식검색창에 "카드대납" 등 카드깡문구 검색시 블로그게시판 등에서 카드깡 광고를 접할 수 있는 경우, 대부업자가 자사 홈페이지에 신용카드할인 광고게재시, 인터넷상의 각종 동호회 등 홈페이지 및 카페에 무단으로 신용카드 할인 광고게재, 불특정 다수인에게 스팸메일 전송, 생활정보지(교차로, 벼룩시장, 가로수 등)에서 상품권매입, 법인 CD전문, 할부한도 현금으로 카드한도 대출 등 카드깡을 상징하는 문구로 광고하는 것 등을 들 수 있다.

(3) 사이버 카드깡의 특색

사이버카드깡은 대면접촉이나 신용카드 매출전표 작성이 필요하지 않는 사이버카드깡은 오프라인 상의 카드깡과는 다음과 같은 점에서 차이가 있다.

첫째는 신용카드 대금청구·결제를 PG업체나 인터넷 경매대행업체가 대행하므로 위장가맹점 개설 없이 개인명으로 카드깡하기가 용이하다.

둘째, 종래의 카드깡업자들은 통상적으로 500~1,000만원 정도를 주고 가맹점을 이용했으나, 사이버카드깡은 위장가맹점이 필요없기 때문에 대출이자율이 1·25 낮은 편이다. 이에 따라 카드를 소지한 대출희망자의 유인력이 크다고 보겠다.

셋째, 카드깡업자가 개인 명의로 경매에 참여할 경우 사업자등록이 필요하지 않으므로 수사기관이나 세무당국의 추적이 곤란하다. 즉 신용카드결제대행자 또는 인터넷 경매 대행업체가 카드매출전표 상에 판매자로 되고 카드대금도 수령하기 때문이다.

(4) 카드깡의 유형

사이버카드깡은 종래의 오프라인상의 카드깡 수법과 비교하여 사례를 중심으로 그 유형을 살펴보면 다음과 같다.

① 허위매출전표를 작성하는 방법

카드깡의 가장 전형적인 수법으로 먼저 카드깡업자가 본인이나 타인명의로 유령카드가맹점을 개설한 후 광고 등을 통하여 현금이 필요한 사람들을 유인, 그들이 대출받으려는 금액상당의 물품 등을 실제로 제공한 것처럼 정상 판매를 가장한 가공 카드가맹점 명의의 허위 대출전표를 작성하고서 10%에서 20%의 선이자를 공제한 자금을 지급하는 것을 말한다.

이러한 수법은 매출전표에 유령가맹점이나 위장가맹점이 허위매출전표에 판매자로 찍히기 때문에 지속적인 거래를 하면 발각될 확률이 높은 고정적인 수법이라 할 수 있다. 따라서 물품 거래 없이 허위 매출전표를 작성하는 경우 처벌되는 것을 회피하기 위해 실제 물품구입을 이용한 카드깡이 등장하게 된 것이다.

② 실제 물품구입을 이용한 카드깡

카드깡업자들이 일간신문 등에 '컴퓨터가전대출, 가전매입' 등의 광고를 게재하여 현금대출을 받으려는 신용카드 소지자를 유인한 다음, 이들로 하여금 백화점 등에서 전자제품이나 컴퓨터를 구입하여 오게 한 후 그들이 신용카드나 백화점 카드를 이용하여 구입하여 온 전자제품 등을 재구입하는 형식을 취한 후 선이자명목으로 구입대금의 약 30~45%를 공제한 후 나머지 금액을 지급하여 주거나, 카드깡업자가 이들로부터 신용카드를 받고 대출요구액에 대한 선이자를 미리 떼고 돈을 지급하여 준 뒤 이 카드로 물건을 사는 수법을 이용하는데, 이렇게 취득한 물품을 카드깡업자들은 용산전자상가 등 지하시장에서 상인들에게 무자료로 공급하여 다시 현금화하는 것을 말한다.

위와 같은 방법 외에도 현재 주로 사용되고 있는 물품구입을 이용한 깡의 형태는 상품권깡, 금깡, 노트북깡, 사찰부적깡, 다이아몬드깡 등 다양한 방법으로 카드깡을 하고 있다.

③ 백화점깡

백화점에서 현금으로 물품을 구입한 사람들의 영수증을 수거하여 이를 다시 백화점 카드로 바꿔 결재하는 방법으로, 카드깡 업체에서 일명 '영수증 아줌마' 등을 고용하여 매장에서 현금으로 고액의 물건을 구입하는 사람을 발견하면 따라가서 영수증을 얻거나 돈을 주고 산 다음 이를 카드깡 업주에게 전달해 주면 카드깡업주는 영수증을 보관하고 있다가 깡을 원하는 사람들의 카드를 가지고 백화점으로 가서 '현금으로 물건을 구입하였는데 대신 카드로 대금을 내고 싶다'며 현금을 전액 돌려받아 온 후 10% 정도의 수수료를 받아 챙기는 수법을 말한다.

④ 실물거래 없는 카드깡

먼저 실물거래 없는 카드깡은 인터넷상에서 구매자와 판매자가 아무런 물건의 수수 없이 거래를 가장하여 신용카드결재를 통해 불법적인 카드대출을 하는 행위로 인터넷 쇼핑몰을 이용한 실물거래 없는 카드깡을 하는 형태와 인터넷 경매를 이용한 실물거래 없는 카드깡을 하는 형태, 매매보호서비스를 이용한 실물거래 없는 카드깡 게임 아이템깡 등이 있다.

실물거래 있는 카드깡이란 신용카드 대출행위를 가장하기 위하여 대출희망자의 신용카드로 인터넷상에서 실제로 상품권 등 물품을 구매하고 이를 되팔아 현금화하는 수법을 통해 이루어지는 신용카드대출행위이다. 이러한 행위는 대출자의 신용카드로 물건을 구입한다는 점은 종래의 카드깡과 같다. 그러나 인터넷쇼핑몰이 카드대금을 받기 때문에 카드깡업자는 위장가맹점도 필요 없고 허위매출전표도 필요 없이 물건을 팔 지하시장만 있으면 된다. 신용카드 매출전표에는 판매자료 인터넷쇼핑몰 이름이 찍히기 때문에 노출되지 않는다. 한 사례를 들면 같은 신용카드 중간수집업자들이 수집하여 오는 대출희망자들의 카드정보를 이용하여 인터넷쇼핑몰에서 각종 상품권을 액면가로 구입한 후 중개·알선명목의 수수료 신용카드 결제대금액의 10%를 공제하고 카드중간수집업자의 차명계좌로 송금하고, 구입한 상품권은 구입가에 75% 할인된 가격으로 상품권 매매업자에게 되판매하는 수법으로 현금화하여 77억원에 해당하는 금액을 카드깡하였다.

(5) 카드깡에 대한 법률적용

앞에서 언급한 카드깡의 가장 전형적인 수법인 오프라인 상에서 허위매출전표를 작성하는 방법인 제1유형은 『여신전문금융업법』 (§70②3호)에 의하여 처벌할 수 있으며 실제 물품구입을 이용한 카드깡 가운데 재구입하는 형식을 취하면서 선이자 명목으로 구입대금의 일정한 금액을 지급하여 주는 제2유형과 같은 수법은 여신전문업법 위반으로 처벌할 수 없고, 무자료거래 등을 근거로 『조세범처벌법』(§11조의2①, §13조13호 등) 위반행위는 세무서의 고발이 있어야만 수사를 할 수 있고, 탈세의 경우에는 확정 신고기간이 경과해야만 범죄가 성립되기 때문에 탈세행위로 처벌하는 데는 한계가 있다. 그러나 실제 물품구입을 이용한 카드깡 가운데 제3유형과 같은 수법의 경우에는 카드깡업자 뿐만 아니라 대출을 받은 자도 『여신전문금융업법』에 의해 처벌될 수 있다.

한편, 제4유형부터 제6유형까지 실물거래 없는 사이버카드깡은 『여신전문금융업법』(§70②3호) 위반으로 처벌 대상이 된다. 그러나 제7유형인 사이버카드깡은 여신전문금융업법 위반행위가 아니며, 『조세범처벌법』(§9, §11조의2①, §13)이 적용될 뿐이다.

(6) 대응방안

① 법률적 대응방안

㉠ 카드번호 양도행위 규제

본래 카드깡은 신용카드를 담보로 잡고 빌려주는 것이 통상적이었으나 위의 규정에 의해 처벌 받게 되자, 이제는 카드담보를 대신해 신용카드 번호와 비밀번호만 양도 받거나 또는 신용카드 사본을 카드담보 대신 받는 편법이 빈번히 활용되고 있다. 『여신전문금융업법』은 카드라는 실물을 담보로 잡는 경우에만 처벌을 할 수 있도록 규정되어 있어 이같은 편법을 단속할 수 있는 법적 근거가 없다는 것이 문제인 바 향후 사채업자에게 불법하게 대출받을 목적으로 신용카드 번호를 알려주는 행위도 처벌할 수 있는 법적 근거를 마련하는 것이 시급하다고 보겠다.

㉡ 금전대출을 받은 자에 대한 처벌규정 신설

현재의 『여신전문금융업법』(§70②3호)은 대출을 해주는 자, 즉 카드깡업자만을 처벌하도록 되어 있는 바, 앞으로는 카드깡을 통해 대출을 받은 자도 처벌할 수 있는 근거규정을 신설해야 한다고 본다.

㉢ 실물거래가 이루어지는 카드깡 처벌규정 신설

현재 전자제품이나 쌀 등과 같은 실물거래가 실제로 이루어는 카드깡 수법이 날로 증가하고 있는 추세이다. 그러나 현재의 여신금융업법으로는 사지 않은 물건을 산 것처럼 꾸며 융통하는 행위를 처벌할 수 있을 뿐 실제 물건거래가 이루어지는 쌀 카드깡은 처벌할 수가 없다.

따라서 처벌대상이 되는 카드깡의 범위를 신용카드로 사는 물건을 이용하여 자금을 융통하는 행위에까지 확대하여 이를 처벌할 수 있는 법적 근거를 『여신전문금융업법』에 마련하는 것도 생각해 봄직하다.

㉣ 기타

최근 신용카드를 이용한 카드깡에 대한 강력한 단속결과, 사채업자들이 할부 금융을 이용한 사채업으로 업종 전환하여 이들 사채업자들이 일반 국민을 상대로 무차별적 문자메시지를 보내 찾아온 사람들로 하여금 컴퓨터 등을 할부로 구입하는 것처럼 할부 구매약정서를 작성하게 한 후 할부금융사에 제출하는 방법으로 많은 금액을 융통하고 있다.

그러나 할부금융의 경우 신용카드와 관련한 처벌조항만 존재할 뿐 할부금융을 이용한 불법행위에 대한 처벌규정이 없는 바 이에 대한 규제법규의 마련이 필요하다고 본다.

② 행정적 대응방안

카드깡을 방지하기 위해서는 법적인 미비점을 보완함과 더불어 철저한 신용조사를 통해 카드깡을 저지를 소지가 없는 사람을 엄격하게 선별하여 발급하여 주는 것이 중요하고 카드사들의 자정노력이 중요하다고 보겠다.

③ 사법적 대응방안

생활정보지의 사금융관련 광고실태를 파악하고 적절한 대응방안의 모색과 더불어 한국광고자율심의기구, 한국생활정보신문협회 등 관련 협회에서의 자율규제 노력과 함께 사금융업자의 허위과장광고행위에 대한 엄정한 법집행이 필요하다고 본다.

뿐만 아니라 경찰청, 국세청, 금융감독원 등에서 신용카드 불법사용에 대한 지속적인 감시 및 적발활동을 할 필요가 있다고 본다.

(7) 결어

현재 우리나라 카드사의 연체율이 30~40%에 달한다고 한다. 국민 1인당 3.8매의 신용카드를 소지하고 있다는 통계에 비추어 보면 국민의 30~40%가 신용불량자이거나 잠재적 불량자라고 볼 수 있는 것이다. 이러한 신용불량자의 증가는 신용불량자 개인의 문제이기도 하지만 신용사회의 붕괴라는 시회문제이기도 하며 후자를 우리는 더 심각하게 생각해 보아야 할 것이다.

특히 카드깡의 경우에는 특별한 변제 방법도 없이 최후의 수단으로 사용되고 있어 카드깡을 받은 사람들의 대부분이 신용불량자로 이어지고 있으므로 이에 대한 근본적인 대책을 강구하여야 할 것이다.

2) 신종인터넷 사기

(1) 피싱 사기

피싱(fishing)이란 은행·쇼핑몰·온라인게임 등 유명기관을 사칭하여 가짜 홈페이지 주소가 들어 있는 이메일을 보내고, 위장된 홈페이지에 개인정보를 입력하도록 유도한 뒤 수집한 정보를 악용하는 신종금융사기를 말한다. 피싱사기의 상당수는 위장사이트로 접속을 유도하는 URL이 담긴 이메일이나 게시판 메시지를 통해 위장사이트에서 개인정보를 입력하게 만든다. 이번에 새로 발견된 피싱 이메일에는 실제로도 합법적인 웹사이트 주소가 표시되지만 연결은 피싱사이트로 되는 새로운 형태이다. 따라서 사용자들은 피싱으로 의심하기가 더욱 어려워진다. 시만텍코리아는 이런 경우 해당 링크위로 마우스 커서를 올려놓고 브라우즈 좌측 하단의 상태 표시줄에 나타나는 URL을 다시 한번 확인하라고 권고 한다.[60)]

피싱메일은 '고객의 계좌에 문제가 생겼으니 계좌번호와 주민등록번호를 다시 한번 입력해주십시오. 메일의 요청을 거부한 경우 귀하의 계좌가 잠정적으로 정지 될 수 있습니다' '경품당첨, 계좌잔액증가, 거래내역 변경 등의 내용으로 홈페이지 접속요구', '업그레이드된 인터넷뱅킹 기능사용을 위하여 링크된 홈페이지로 즉시 접속요구' '긴급보완통지'등의 유형으로 구성되어 있다. 이러한 피싱수법도 발전해 이메일로 전파되지 않는 방법도 나타났는데, 이는 기존 피싱과는 달리 해킹과 결합되어 있다는 점에서 위험성이 더 크다고 보겠다.

최근에는 보이스 피싱(voice fishing)도 나타나고 있다. 보이스피싱이란 전화를 이용해 타인의 금융정보를 빼내는 사기 수법인데, 이런 보이스피싱은 국내·외 할 것 없이 기승을 부리고 있으며 보이스피싱수법도 갈수록 진화하여 영역을 다양화하고 있다. 이러한 보이스 피싱에는 고전적 수법인 환급금사기, 예컨대 피해자를 현금인출기 앞으로 오게 해 송금하게 하는 것으로 기존의 피해자들이 돈을 송금하는 방법과 전혀 다른 방법 즉, 메뉴(은행명)을 누르는 방법 대신 코드를 입력하는 방법을 알려주어 쉽게 의심하지 못하게 하는 방법이다.

이러한 보이스피싱은 워낙 교묘해 전문법조인인 판·검사들도 당하고 있는데 2007년 5월 한 지방법원장이 보이스 피싱을 당한 사건이 발생하였다. 이렇게 보이스 피

---

60) 전자신문, 2007. 4. 6.자 시민텍코리아, 신종 피싱 메일경고참조.

싱으로 피해를 당하는 것은 전화를 통한 음성은 원래 음성과 잘 구별할 수 없다는 점, 위기상황에서는 당황하여 인간의 이성적 행동이 잘 나오지 않는다는 점과 우리 한국인 특유의 가족에 대한 애정이 깊다는 점을 이용한 것으로 누구라도 피해자가 될 수 있다는 시사점을 던져주는 것이라고 보겠다.

최근 들어서는 이러한 보이스피싱 사기사건이 널리 알려지자 이를 막아주겠다는 사기도 이루어지고 있으며, 보이스 피싱 사기단을 사기친 프로사기단도 생겨났다.[61]

(2) 파밍(Pharming)사기

2004년부터 전 세계를 들끓게 했던 인터넷사기방식인 피싱에 이어 이번에는 '파밍(Pharming)'이 최근 신종 인터넷 사기수법으로 부상하고 있다.

파밍은 합법적으로 소유하고 있던 사용자의 도메인을 탈취하거나 도메인네임시스템(DNS) 이름을 속여 사용자들이 진짜 사이트로 오인하도록 유도, 개인정보를 훔치는 새로운 수법으로, 기존의 피싱 공격방식보다 사용자들을 쉽게 속일 수 있어 이에 대한 마련이 필요하다.

파밍은 기존의 피싱 공격과는 달리 아예 해당 사이트가 공식적으로 운영하고 있던 도메인 자체를 중간에서 탈취함으로써 사용자들은 늘 이용하는 사이트로 잘못 알고 사이트를 이용함으로써 개인 ID나 패스워드, 계좌번호 등을 쉽게 노출시킴으로써 피해를 입는 것이다.

파밍은 인터넷 하이재킹(hijacking) 수법을 이용해 도메인마다 등록만기와 등록기관 이전 등 복잡한 등록유지절차가 있음을 악용, 특정 도메인을 강탈하는 방식을 사용한다. 파밍은 사용자가 익숙하게 이용해 온 인터넷 주소 자체를 강탈해 사용하기 때문에 사용자들이 쉽게 속을 수밖에 없어 대규모의 피해가 예상된다.

이러한 파밍 피해를 방지하기 위해서는 인터넷 브라우저의 보안성을 강화하고 웹사이트를 속일 수 있는 위장기법을 차단하는 장치를 마련하는 한편, 전자 서명 등을 이용해 사이트의 진위 여부를 가릴 수 있도록 해야 한다. 또한 자신의 도메인 등록대행기관에 도메인 잠금기능(Domain Lock)이 설정되도록 신청하고, 등록기관에 등재된 관리자 이메일이 현재 자신이 사용하고 있는 이메일인지를 확인하는 등 사용하는 DNS 운영방식과 도메인 등록 등을 재점검해야 파밍 피해를 막을 수 있다[62]고 한다.

---

61) 천정환, 전게서, 256면.

62) 디지털 타임스, 2005. 3. 18자.

(3) 포털사이트 검색순위 조작

사이버범죄수사대는 특정업체의 홈페이지 조회 수를 높이는 수법으로 포털사이트에서 검색순위를 상위에 등록시켜주고 돈을 챙겨 업무방해죄 등으로 A인터넷 광고대행사 대표 이 모씨를 불구속 입건했다.

이씨는 자체 개발한 '상위등록 프로그램'으로 광고 의뢰를 받은 750여개 업체의 홈페이지 주소 접속 횟수를 자동 증가시켜 이를 업체가 검색순위 상위에 오르도록 해 포털사이트 서버의 처리속도를 지연시키는 등 업무를 방해한 혐의를 받고 있다. 경찰조사결과 이씨는 해당업체들의 조회수를 1,700여 만회에 걸쳐 증가시켰으며, 검색순위 조작대가로 업체당 80만~440만원씩 모두 15억원을 받은 것으로 드러났다.[63)]

(4) 클릭사기 증가

온라인 광고시장에서 '클릭사기(click fraud)가 극성을 부리면서 구글, 야후 등 포털업체의 광고수익모델이 심각한 위기를 맞고 있다.

클릭사기는 온라인 광고의 클릭수를 고의로 부풀려 경쟁회사의 광고비용을 올리거나 홍보효과를 왜곡시키는 행위를 말한다. 구글처럼 클릭수로 광고료를 산정하는 PPC(Pay-Per-Click)의 수익모델을 갖춘 회사가 클릭사기를 당할 경우 광고주는 홍보효과는 못 본 채 광고비만 늘어나는 피해를 보게 된다. 온라인 광고시장에서 광고회수를 클릭하는 클릭사기가 어제 오늘의 일은 아니다. 하지만 해커들이 최근 온라인광고의 허점을 노리고 정교한 악성 SW를 경쟁적으로 개발함에 따라 그 위험성이 증폭되고 있다.

클릭사기용 악성 SW의 조력은 '봇넷'(botnet)으로 해킹프로그램인데, 이 봇넷에 감염된 PC는 주인도 모르게 다른 사람의 지시로 클릭사기를 비롯한 각종 사이버범죄에 악용되곤 한다. 특히 봇넷이 불특정 다수의 PC속에 숨어서 광고클릭수를 조작할 경우에는 외형상 합법적인 광고클릭과 구별하기가 매우 어렵다.

---

63) 경찰은 하루 1,000회에 이르는 특정업체들의 조회횟수가 1단위까지 같은 점을 확인, 이씨의 검색순위 조작사실을 밝혀냈다. 전자신문 200. 6. 21자 "포털사이트 검색순위조작해 돈챙겨" 기사 참조.

제21절 스토커범죄피해

1) 개념

스토커란 '몰래 접근하다', '미행하다'라는 뜻의 영어 'stalk'에서 유래된 말이다. 스토커는 본인이 일방적으로 관심 있는 상대를 병적으로 쫓아다니는 사람을 말하며, 이러한 행위를 스토킹이라 한다. 외국에서는 비틀스 멤버였던 존 레논, 미국여배우 레베카 셰퍼, 이탈리아의 패션디자이너 지아니 베르사체 등이 스토커에 의해 살해당하는 등 스토커에 의한 피해사례가 급증하면서 사회문제로 대두되게 되었다.

우리나라의 경우를 보면 1998년 세계범죄학대회에서 발표한 연구결과를 정리하면 일반여성의 30%와 연예인의 41%가 일방적이고 지속적인 구애와 같은 신체적, 정신적으로 괴롭히는 스토킹 피해를 경험한 것으로 나타났고, 이형박사가 강북 삼성병원에 근무하는 간호사 107명에 대해 스토킹 피해경험에 관한 설문조사에서 35명인 35%나 피해경험이 있는 것으로 나타났다.

스토커에 대해서 학자들이 보는 시각도 여러 형태로 나타나고 있는데 후미마쇼는 스토커가 병적으로 집착해 따라다닌 끝에 살인까지 이르는 망상범죄의 일종으로 보고, 이창한은 일정기간 동안 의도적·반복적으로 행하여 일반인이라면 누구나 공포를 느낄 만한 행동으로 특정인이나 그 가족들에게 정신적·육체적 피해를 입히는 일방적이고 병적인 행동으로 보고 있다.[64)]

2) 스토커의 특징

스토커의 스토킹의 특징에 대해 여러 학자들의 주장이 있는데, 이에 관해 장규원은 여러 학자들이 주장한 내용을 아래와 같이 소개하고 있다(장규원, 2001:201).

〈와다〉

• 고학력 자존심형 : 좋아 한다는 자신의 심정을 고백할 수 있다면 문제가 없지

64) 이창한, 1998: 9; 장규원, 2001:294 재인용.

만, 좋아 하는 정도가 점점 가슴 속에서만 깊어가고, 혹시 고백해서 싫다는 말을 듣게 되었을 때의 정신적 충격을 생각하느라 고백을 할 수 없는 유형이다. 이로 인한 감정은 자신을 스토킹행동으로 몰아가게 된다.

- 오따구형 : 상대를 스토킹하는 사이에 상대방의 정보를 수집하는 자신의 행위에 기쁨을 느끼게 된다. 또 상대를 계속 따라다니는 것으로 어느 새 상대방을 마음대로 통제하고 있다는 착각에 빠지게 되고, 그 착각과 동시에 그 사람은 그 통제라고 하는 것에 이상하리만큼의 쾌감을 느끼게 된다. 이런 유형의 스토커는 상대방의 정보를 모으는 자기 자신을 사랑하게 됨으로써 자신의 내면에 충실감을 느끼게 된다.

〈이시형〉

- 외관상으로는 멀쩡하나 보통 사람과는 좀 다른 몇 가지 특징이 있는데, 구체적으로 옷차림도 깔끔하고, 제법 멋도 부리며, 자존심이 세고, 자기중심적이어서 상대의 이야기를 듣지 않으며, 일방적으로 자기자랑만 늘어 놓는 점과 편지·FAX·E-mail·전화를 잘 하는 것이 특징이다.

〈미야자와〉

- 자존심이 강하고 허세가 심하며, 독선적이고 제멋대로인데다 더욱이 자기중심적이며, 성격적으로는 망상성과 점착성을 보이고, 범죄에 이르는 상황에서 단락적인 행동을 보인다.

〈야마다〉

- 집요함 : 한번 알게 되면 쉽게 떠나지 않고, 한번 잡으면 쉽게 놓지 않는 끈질김은 일반인들의 상상을 초월한다.
- 제멋대로 : 상대방의 상황은 전혀 고려하지 않고 행동한다.
- 자기주장·자기정당화 : 자기가 하고 있는 일이 정당하다고 믿으며, 다른 사람의 말 따위는 들으려고 하지 않는다.
- 사물화(私物化) : 다른 사람의 개입 따위는 허용하지 않고, 자신만의 것으로 하려는 욕구가 강하다.
- 자신과잉 : 상대를 자기 마음대로 하려는 데서 자신과잉이 생긴다.
- 과대망상: 자기 자신의 세계에 갇혀 생각한다.
- 집착·미련 : 좀처럼 성인이 되지 못하는 유아성에서 오는 것이다.

- 욕구불만 : 대부분의 스토커는 욕구불만을 가지고 있으며, 그것을 상대방을 통해 해소하려 한다.
- 자기애가 강하다.
- 공격성(협박)·잔학성을 보인다.
- 일방적 통제상실
- 그 외 권위적·파괴적 ·유아적·위압적·계획적인 특징을 보인다.

3) 스토킹범죄의 피해

1998년 정신건강연구소가 한국여성 1,327명을 대상으로 한 조사에서 응답자의 30%인 400명이 피해당했다고 한다(최영인 외, 2005:143).

한국형사정책연구원이 2000년 8월에 수도권 주민 1,200명을 대상으로 한 조사에서 여성은 20.9%, 남성은 10.5%가 스토킹피해를 당했으며, 스토커경험 여부에 대해 남성은 10.3%, 여성은 7.1%가 가해경험이 있다고 응답했다. 스토커의 연령별로는 20대가 56.9%, 30대가 18.5%, 40대가 15.4%, 10대가 6.2%이었으며, 스토킹방법에서는 전화가 52.3%, pc통신이 7.7%, 직접 괴롭힘이 6.2%로 나타났다(연합뉴스, 2001. 6. 19).

2007년 상담소에 보고된 스토킹 피해는 총 91건으로, 이는 전체 성폭력 피해 중 4.7%를 차지한다. 그러나 이러한 상담통계는 스토킹 피해만을 호소한 경우만 집계한 것으로 카메라를 이용한 촬영, 강간, 성추행 등 다른 피해와 함께 일어난 경우에는 중복하여 집계하지 않아 실제 피해는 훨씬 많은 수를 차지한다. 스토킹 피해 상담건수는 2003년 96건(3.4%), 2004년 98건(94.1%), 2005년 82건(3.8%), 2006년 91(4.7%)로 매년 약 4% 정도의 스토킹 상담이 접수되고 있다.

대부분의 피해자들은 심한 공포와 불안을 호소하였고, 이로 인해 수면장애를 겪거나, 자살충동을 느끼는 경우도 있었다. 또한 잘 대처하지 못하거나, 가해자를 만났던 자신을 자책하거나, 가해자에게서 벗어날 수 없다는 공포로 인해 위축된 모습을 보였다. 주변에 알릴 수 없어 혼자 고립되어 있는 경우가 많았고, 가해자를 피하기 위해 원치 않는 휴직, 휴학, 이사를 하거나, 연락처를 바꾸고, 외출을 자제하거나, 주변과 연락을 단절하는 등 일상생활을 제대로 영위할 수 없는 경우도 많았다. 또한 스토킹 피해는 피해자뿐만 아니라, 피해자의 가족, 친구, 직장, 학교 등의 주변관계 및 사회생활에도 심각한 영향을 미치고 있다. 학교나 직장에 찾아와서 행패를 부리거나, 가족이나 가까운 친구, 애인이나 남편 등을 지속적으로 괴롭히거나, 협박하는 사례들도 있었다.

4) 스토킹 방지법 추진현황

스토킹 방지법은 지난 1999년과 2003년 두 차례 발의된 적이 있지만 스토킹을 어디까지 범죄행위로 규정할지를 놓고 논란만 거듭하다 번번히 폐기되었고, 현재 국회에 계류중인 스토킹 법안 역시 자동폐기될 위험에 처해 있다. 그러나 현행법으로는 스토킹 가해자에 대해 형법상 협박죄나 경범죄 등으로 처벌하거나 법원으로부터 접근금지 명령을 받는 방법이 있을 뿐이다. 특히 전화나 문자메세지 등을 되풀이해서 괴롭히는 경우에도 10만원 이하의 벌금이나 30일 이하의 구류 또는 과료형에 처하기 때문에 스토킹 피해를 막기에는 역부족이다. 그러나 문제의 심각성에 비해 스토킹 범죄는 이렇다 할 제도적인 보호장치가 없고, 처벌법조차 마련되어 있지 않는 등 법적인 해결책도 미비한 것이 심각한 문제이다.

5) 스토킹피해자의 심리

정신과 의사인 이규환에 의하면 피해자는 다음과 같은 심리를 가진다고 한다(이규환 2002: 86~100).

① 피해자는 스토킹을 당하는 사실이 타인에게 알려졌을 때 사회나 가족으로부터 피해나 불이익이 두려워 부인하려고 한다.

② 피해자는 스토커들이 보이는 위협적 충동 때문에 무력감과 절망감에 빠지고 한편으로는 스토커들의 요구를 들어 주는 자신에 대한 혐오감을 느끼고 그 결과 심한 우울증과 자신에 대한 비난을 하게 된다.

③ 피해자는 스토커가 어떻게 행동을 할지 몰라 불안·공포·불면·악몽이 나타나는 정서적 불안을 겪다가 시간이 지나면서 잘못한 것이 없는데 이런 고통을 당하는데서 분통과 분노를 느끼게 되지만, 스토킹을 효과적으로 막을 길이 없다는 사실에 절망한다.

④ 피해자는 타인이 자신 때문에 고통 받는 것을 두려워하고, 또한 거부의사를 밝혀 스토커를 자극시킬까봐 두려워하므로 스토커의 요구를 잘 거절하지 못한다. 이런 태도에 대해 특히 편집적 경향이 강한 스토커는 자신이 원하는

대로 판단한다. 이렇게 스토커가 피해자를 궁지에 몰아넣으면 피해자는 불안·공포·죄책감·분노 등의 감정적 반응을 보이는데, 이를 피하기 위해 처음에는 스토커의 행동을 무시하려고 하나 사태가 심각해지면 그들이 요구를 적당히 들어주어 달래 보려고 한다. 그러나 그것은 스토커의 행동을 더욱 심하게 만들 뿐이며, 그 결과 피해자들은 더 심한 공포를 느끼게 된다.

⑤ 피해자들은 협박을 당하는 경우를 제외하고는 옛 애인에 의해 스토킹을 당할 때 죄책감을 느끼고, 때로는 스토커의 망상적인 사랑을 진실된 사랑으로 착각하고 피해자의 생각은 스토커에게 묶여 현실 판단력이 흐려지며 스토커가 원하는 대로 왜곡된 시각으로 현실을 바라보게 된다.

⑥ 피해자는 스토커의 위협이 가해질 때 거부감과 죄의식을 동시에 느껴 감정적 혼란을 겪게 되므로 그런 고통에서 벗어나기 위하여 스토커와 협상이나 체념을 하기도 한다.

⑦ 피해자는 염세적이고 냉소적인 관점 등의 후유증을 겪게 되고, 동시에 사랑을 믿지 못해서 낯선 이와의 대인관계를 두려워 하게 되어 인격이 황폐화된다.

⑧ 피해자 중 심한 경우에는 외상후 스트레스장애를 입을 수 있다.

한편, 말로니에 의하면 여성 스토커에 의한 후유증으로 여성 스토커와 비슷한 사람을 보기만 해도 놀라거나 혼자 있을 때나 외출할 때 두려움을 느끼며, 심각한 불면증이나 외상후 스트레스장애처럼 심각한 후유증을 앓는 경우도 있다고 한다(최영인, 재인용).

또한 한국성폭력상담소에 접수된(2006) 스토킹피해자들의 피해는 다음과 같다고 한다(한국성폭력상담소 홈페이지).

대부분의 피해자들은 심한 공포와 불안을 호소하였고, 이로 인한 수면장애를 겪거나, 자살 충동을 느끼는 경우도 있었다. 또한 잘 대처하지 못하거나, 가해자를 만났던 자신을 자책하거나, 가해자에게서 벗어날 수 없다는 공포로 인해 위축된 모습을 보였다. 주변에 알릴 수 없어 혼자 고립되어 있는 경우가 많았고, 가해자를 피하기 위해 원치 않는 휴직·휴학·이사를 하거나 연락처를 바꾸고, 외출을 자제하거나 주변과 연락을 단절하는 등 일상생활을 제대로 영위할 수 없는 경우도 많았다.

제22절 무동기(묻지마)범죄

1. 개념

무동기 범죄란 묻지마 범죄라고도 하는데 범죄자의 범죄동기와 목적이 불분명하며 범행대상자 또한 특정한 원한관계가 없는 불특정다수를 상대로 한 범죄를 말하는 것으로 이 무동기 범죄는 대부분이 극단적인 범죄인 살인으로까지 이어지고 있으며 갈수록 증가추세에 있어 사회적으로 큰 문제가 되고 있다.

2. 특징

무동기 범죄는 금품을 목적으로 하는 생계형 범죄가 아닌 사회전체에 대한 불만 등을 분출하는 표출형 범죄로(이윤호, 2004), 부작위로 범죄를 일으키기 때문에 누구나 피해자가 될 수 있으며 특히 여성, 노인, 아동 등 사회적으로 약자들의 피해가 속출하고 있다.

현대사회의 병폐인 개인만능주의와 인명경시풍조의 극단에서 발생하는 것으로 특히 심리적 극한 상황에 몰린 범인들이 자제력을 잃은 상태에서 범죄를 저지른다.

특히 이러한 범죄는 사전예방이 어렵다. 왜냐하면 언제 어느 때 누가 어떻게 범죄를 저지를지 모르기 때문이다. 예컨대 전동차를 기다리는 사람을 철로에 밀어 넣는다든지 갑자기 지나가는 행인을 흉기로 찌른다든지 하는 경우 등이다.

무동기 범죄의 피해자의 경우 살해당하거나 살해당하지 않았다 하더라도 육체적, 정신적 피해로 인해 사회생활이 힘들다.

이러한 무동기 범죄는 대부분이 범인을 검거하지 못한 채 미제사건으로 남는 경우가 많으며 선진국에서 많이 나타나는 것으로 봐 물질문명의 발달에 따른 일종의 한 병폐라고 볼 수 있으며 향후 증가할 것으로 전망된다.

3. 범죄형태 발생 현황

1) 범죄형태

무동기 범죄는 범죄형태 또한 다양하게 나타나는데 이중 대부분이 사회에 대한 불만 표출 형태이다. 사례에 비추어보면 어떤 특별한 동기나 목적이 없는 연쇄살인, 피살, 피습, 방화, 폭약범죄, 독극물 살포 등이 있다. 다른 범죄와는 다르게 뚜렷한 패턴을 가지지 않는 범죄라고 볼 수 있다.

무동기 범죄는 일반인들에게는 도저히 납득이 가지 않는 범죄행동을 자아내는 것으로 정신과 전문의의 말에 따르면 일반 사람의 경우에는 개인적, 그 외 여러 가지 이유로 사회에 적응을 제대로 못해 좌절을 겪으면서 자기 탓으로 여기는 반면 일부사람들의 경우 마치 다른 사람들 때문에 사회환경 때문에 등 남탓으로 여김으로써 공격성을 분출한다고 한다(신영철, 2004).

2) 범죄의 발생현황

무동기 범죄는 무동기 범죄자의 현실비관이 사회 불만으로 이어지고 이 사회 불만은 급기야 무동기 범죄로 이어져 불특정 다수의 사람을 대상으로 살인이나 범죄 등 극단적인 방법을 통해 공격성을 나타낸다. 이러한 살인뿐만이 아니라 최근에는 경제난이 계속되면서 자신의 불만과 스트레스를 폭력으로 해소하려는 우발적 폭력도 증가하는 추세다. 경찰청 통계에 따르면 지난해 우발적 폭력사건은 2004년 폭력사건은 모두 333,179건, 그리고 현실에 불만을 품은 범죄는 12,621건이 일어났다. 한국형사정책연구원이 발표한 자료에는 아무런 관계없는 타인을 살해한 비중을 보면 70연대 13%이었던 것이 2000연대에는 23%로 무려 10%가 증가한 것으로 나타났으며 앞으로도 증가할 것으로 전망하였다.

경찰에 따르면 최근 1~2년 사이 범죄가 선진국형인 무동기 범죄로 변하고 있지만 수사방식은 크게 개선되지 않아 한계에 봉착한 상황이라고 한다. 살인을 비롯한 강도, 강간, 절도, 폭력 등 5대 강력범죄는 무려 49만 7,066건이 발생, 2002년 47만 5,367건보다 4.6%가 증가했다. 이러한 강력범죄가 늘고 있지만 검거율은 그다지 높지 않고 특히 무동기범죄의 경우는 범죄 검거율이 지극히 낮은 실정이다. 실제로 경찰청이 2004년 행정자치위에 제시한 국정감사 자료에 다르면 지문감식 데이터베이스를 통한 검거건수는 2000년 2,336건(24%), 2001년 2,376건(39%)에 그쳤다.

검거율이 낮은 것은 범인들이 현장에 지문을 남기지 않거나 심지어 지문을 변형하는 등 지능범죄 성격까지 띠고 있어 무동기 살인을 저지르는 계획적인 무동기 범죄자들에게는 지문수사 방식이 무용지물이나 다름없다.

부유층과 여성을 연쇄 살해한 유영철도 현장에 자신의 지문을 남기지 않거나 유전자감식까지 고려해 현장을 방화, 증거를 없애는 주도면밀함을 보였다.

이윤호 교수는 약물중독, 정신질환이 매년 늘고 빈부격차가 커지면서 상대적 박탈감을 느끼는 사람들이 이른바 무동기범죄를 저지를 수 있다고 하였다. 곽대경 교수도 극단적 이기주의, 인명경시, 물질만능주의 등이 사회에 구조적으로 고착화되면 극단적인 묻지마 살인은 언제든지 터질 수 있다고 하였다.

3) 일본의 무동기 범죄사례

2003년 12월 15일, 일본 이바라키현에서 중학생(3학년, 남, 14세)이 철봉(건축자재용, 길이 60센티, 두께 1.8센티)으로 여동생(초등학교, 여, 12세)을 때려 의식은 있으나 두개골이 깨지는 중상을 입혔다. 동기는 [살인방법에 관한 홈페이지]를 보고 누구라도 좋으니까 그대로 해보고 싶었다고 한다. 사건 당시 부모님은 외출 중이었고, 이 중학생은 비행경력도 없었다(자료: http://pine.zero.ad.jp/~zac81405/ ibaraki.htm).

2005년 4월 21일 오사카 공원에서 17세 소년이 유치원생(남, 4세)을 핸머로 때려 중상을 입혔다. 당시 공원에는 유치원생의 엄마가 있었으나 엄마가 아기한테서 눈을 뗀 틈을 타서 범행을 저질렀다. 유치원생을 범행 대상으로 삼은 이유는 자기보다 힘이 약하기 때문이라고 한다. 이 소년의 범행동기는 [인터넷에서 어린이의 불에 탄 시체 사진을 보고 대량살인을 생각했다]고 한다. 이 소년은 2년 전부터 핸머나 칼과 같은 흉기를 사 모아 백 속에 넣어서 집에 감추어 놓았다고 한다. 또한 [길거리에서 누구라도 좋으니까 대량으로 살인을 하고 싶었다]라고 진술했다(자료 : http://d.hatena.ne.jp/kitano/20050424).

(1) 묻지마 연쇄살인사건

서울 지역의 부유층 노인과 전화방·출장마사지 여성 등 모두 20명을 무차별적으로 살해한 유영철이 붙잡혀 전 국민을 충격과 공포로 몰아넣었다.

강력범죄의 일반적인 경향은 점차 지능화되고 흉포화해 가고 있다는 것이다. 유영철사건은 직접적인 원한관계가 없는 범행대상을 선택하고 잔인한 수법으로 저질렀다는 점에서 '묻지마 살인'으로 분류할 수 있다. 이번 사건은 부인과의 이혼, 경제적 곤란 등 열악한 환경에 둘러싸인 30대가 사회로부터 버림받았다는 사실에 분노하며, 그 억눌린 감정을 제3자에게 공격적으로 표출한 것이다. 그는 사회로부터 기회를 박탈당해 차별받고 있다고 확신한 뒤 더 이상 대화를 통한 문제해결은 어렵다고 판단한 것이다. 전과자라는 낙인 속에서 일자리를 찾고 주변의 인정을 받으며 건전한 인간으로 살아가기는 결코 쉽지 않았을 것이다. 다만, 자신의 상황을 사회나 다른 사람의 탓으로 돌리고, 연쇄살인하며 많은 인명을 잃게 한 것은 어떠한 이유로도 정당화될 수 없다.

유영철 사건을 요약한다면 '한 인간이 품고 있는 세상에 대한 잘못된 증오심이 연쇄살인이라는 극단적인 공격행위로 표출된 것'이라고 정의할 수 있다.

그러나 개인의 행동이 우리 사회의 여러 환경과 영향을 받는다는 사실을 인정한다면 우리가 반성하고 고칠점도 적지 않다고 보며 바로 이것이 유사범죄의 재발을 방지하는 최소한의 출발점이라고도 생각한다(곽대경, 2004).

(2) 묻지마 폭약범죄

2004년 6월 4일 강릉의 한 은행 남성이 위협을 한 뒤 사제 폭탄을 터트리고 범인은 자살을 했다. 이 사고로 은행직원 8명은 중경상을 당했다. 2004년 10월 2일 반경 1~2킬로미터에 치명적인 파괴력을 보이는 21개의 다이너마이트로 청와대를 폭파하겠다는 범인이 검찰에 검거됐다. 경찰은 현장에서 21개의 다이너마이트를 압수했다.

이처럼 근래 들어 가공할 만한 파괴력을 가지면서 수많은 무고한 사람들에게 피해를 줄 수 있는 '묻지마 폭약범죄'가 늘면서 폭발물 관리에 비상이 걸렸다. KBS '추적60분'은 2일 방송한 '폭약을 안고 사는 도시'편을 통해 이같은 무방비로 노출된 우리 사회의 폭발물 범죄와 부실한 폭발물관리 실태를 집중 조명했다.

'추적60분'이 이날 방송한 제목처럼 우리는 폭약을 안고 사는 도시에 살고 있다.

근래에 들어 증가하고 있는 폭약범죄는 군대에서 고도의 훈련을 받는 군인이 설치할 수 있는 부비트랩에서부터 공사장에서 구할 수 있는 다이너마이트, 그리고 사제폭탄에 이르기까지 다양한 폭발물이 상용되고 있다.

지난해 전북 전주시 한 주택가에서 발생한 폭발물 범죄는 아직 체포되지 않는 범인이 화장실에 부비트랩을 설치해 폭약이 터지면서 김모씨 등이 부상을 입었다. 피해자 김모씨는 "화장실문을 열자 폭약소리가 나면서 부상을 당했다"고 말했다.

문제는 날로 급증하고 있는 이러한 폭발물 범죄가 동기나 대상이 불분명한 '묻지마 범죄'라는데 문제의 심각성이 더하다. 이러한 묻지마 폭발물 불특정 다수를 대상으로한데다 폭발물의 파괴력이 워낙 커 범죄가 발생하면 무수한 피해자를 낳을 수 있기 때문이다.

종로경찰서에 폭발물을 우송해 협박을 하다 체포된 이모씨는 "자신의 억울함을 여론에 호소하기 위해 범행을 저질렀다"는 어처구니 없는 범행동기를 밝혀 일반인 누구나 폭발물 범죄 피해에 노출될 수 있음을 경고했다(마이데일리, 2005).

(3) 대구 농약요구르트 사건

2004년 9월19일 "대구 달성공원과 두류공원의 벤치 등에 놓인 '농약요구르트'를 마신 뒤 복통과 구토 증세를 호소하며 1명이 숨지고 12명이 식중독 증세를 보이는 등 피해를 입은 사례가 지금까지 모두 7차례 13명이나 되는 것으로 드러났다.

문제는 사건의 대상물이 정해져 있는 것이 아니라 누구나가 대상이 된다는 것과 요구르트뿐만이 아니고 다른 식품류에도 같은 방법의 범죄가 행하여질 때 방비할 대책이 없다는 것이다. 경찰은 수사본부를 설치하고 현상금 2,000만원까지 내걸었으나 뚜렷한 증거를 찾지 못해 결국 미제사건으로 해를 넘기고 말았다.

묻지마 범죄로 인하여 먹는 것도, 다니는 것도 삼가하고 조심해야 할 지경이 되었으니 끔찍하고 답답할 노릇이 아닐 수 없다. 이렇듯 뚜렷한 대상물이 없는 '아무나 죽고 다치라'는 식의 테러, 음식료에 독극물을 주입하는 등 묻지마 범죄실태가 심각하다.

(4) 지하철 묻지마 범죄

서울 목동에서 양재동까지 지하철로 출퇴근하는 여자회사원 29세 김모씨는 얼마 전부터 자동차를 탈 때 좌석의 재질을 확인하는 습관이 생겼다.

김씨는 "언제 어디서 불이 날지 모르기 때문에 되도록 불연재인 철제 좌석이 설치된 전동차를 이용하는 편"이라며 "전동차를 기다릴 때도 뒤에 누가 있는지 자꾸 뒤돌아보게 된다고 하였다.

지난 3일 발생한 서울지하철 방화사건처럼 불특정 다수를 겨냥한 바사회적 범죄가 위험수위에 이르러 시민들이 느끼는 위기감도 높아지고 있다.

지난달 21일에는 노숙자인 50세의 황모씨가 서울 구로역 승강장에서 수원행 전동차를 기다리던 남녀 승객을 3명을 등 뒤에서 밀어 21세의 김모 여인이 타박상을 입는 사고가 발생했다.

이외에도 지난해 6월 지하철 4호선 회현역에서 40대 노숙자가 60대 노인을 아무 이유 없이 흉기로 찔러 숨지게 한 사건도 있었다.

이윤호 교수는 “우리사회가 급격히 산업화되면서 생계를 위한 도구적 범죄보다는 개인적 좌절감과 분노를 드러내기 위한 표출적 범죄가 늘고 있다”며 ‘약물중독, 정신질환 등이 매년 늘어나고 빈부격차가 커지면서 상대적 박탈감을 느끼는 이들의 비슷한 범죄는 더 늘어날 것이라고 예상했다. 곽대경교수는 제3자에게 공격적으로 표출한 것들’이라면서 자신의 힘든 처지가 모두 세상 탓이란 왜곡된 신념이 범행을 저지르게 만든 동기‘라고 말했다.

4) 무동기 범죄의 대응상 문제점

(1) 사전예방의 어려움

실질적으로 범죄의 유형이 다른 범죄와는 달리 언제, 어디서, 누가, 어떻게 왜 범죄를 일으키는지에 대한 사전조사부터 체계적으로 이루어지고 있지 못한 상황에서 사전예방을 한다는 것은 그 자체에 어려움이 따른다. 또한 범죄대상도 광범위하기 때문에 여러모로 예방대책을 세우는데 어려움이 있다.

(2) 범인검거율의 저조

신대방동 여대생 살인사건의 피해자는 사망 직전 ‘모르는 사람이 찔렀다.’는 말을 건냈다. 지난 8월 미아4동과 9동에서 10분 간격으로 일어난 심야 부녀자 피습사건의 피해자들 역시 ‘갑자기 뒤에서 아무 말없이 찔렀다’고 진술했다. 고척 2동 여대생 피살사건은 범인이 피해자의 집 현관 앞에서 기다렸고 피해품이 없는 것으로 미뤄 원한에 의한 면식범 소행으로 추정했으나 주변인 성과가 없었다. 대부분 피해자를 흉기로 난자했다. 잔인한 범죄는 원한이 개입된 것이라는 상식도 뒤엎었다. 30년 경력의 한 형사는 ‘용의자가 주변인을 벗어나면 동종전과자에서 사회 불만자,

여성 혐오자까지 수사대상이 거의 무한대로 넓어진다'면서 '범행동기조차 뚜렷하지 않아 범인검거는 더욱 힘들다'고 털어 놨다.

대낮에 사람들의 출입이 잦은 상가에서 흉기를 휘두르고, 범행현장에 불을 지르는 등 범죄의 흉포화 지능화 성향도 짙었다. 지난 8일 오후 1시쯤 석천동 상가에서 발생한 연쇄피살사건은 피해자가 종업원으로 일하고 있는 비디오방안에 손님이 있는데도 성인 남성 2명을 여러 차례 흉기로 찌른 뒤 유유히 사라지는 대담함으로 시민들을 경악케 했다.

(3) 모방범죄 확산우려

모방범죄 우려도 커지고 있다. 지난 16일 서대문구 홍제동 다세대주택에서 숨진 채 발견된 50대 여성은 머리에 둔기로 수차례 맞아 함몰된 상처가 있었다. 지난 19일 광진구 중곡동에서 50대 건물주를 살해한 세입자 역시 둔기로 피해자의 머리를 수차례 때렸다. 모두 유형철 사건에서 수법을 착안했을 가능성이 있다. 지난 10월 금천구 독산4동에서는 40대 중국동포 여성의 토막난 시체가 여행용 가방에 든 채로 발견되기도 하였다.

이에 대해 표창원교수는 "독재정치나 경제적 궁핍 등 국민을 위협하는 대형 이슈가 사라지면서 개인의 범죄피해에 대한 사회적 관심은 커지고 있지만, 최근 범죄는 현장에서 과학적인 증거를 잡지 않는 이상 용의자를 특정하기조차 힘들다.면서 웰빙 등 삶의 질에 대한 관심이 높아지고 있는 상황에서 살인을 저지르고도 잡히지 않는 '괴물'의 존재는 새로운 위협적 요소로 자리 잡고 있다."고 말했다.

(4) 미제사건의 과다

경찰의 전통적인 수사기법으로는 불특정 다수를 사회적 범죄에 능동적으로 대처하기 힘들다. 그래서 대부분 미제사건으로 남는다. 종래의 "인해전술식 탐문수사"의 한계성을 지적하였다.

불특정다수를 상대로 한 연쇄살인사건은 누가 언제 어느 때 피해자가 될지 모르는 무동기 범죄로 범정부, 범사회적 대책 마련이 시급하다고 보겠다.

묻지마 범죄의 주요 원인으로는 이혼과 재혼실패 등 개인적 불행, 익명성 증가 등 사회구조의 변화, 상대적 소외감과 박탈감 등 개인적 사정과 사회적 배경 등을 '묻지마' 살인 사건의 복합적인 이유라고 볼 수 있는 바 이에 걸맞은 처방이 필요하다.

김시억 교수는 “유씨의 경우 범죄 전과가 많은데도 살인전과가 없었으나 출소 후 연쇄살인만을 한 것으로 미뤄 이혼과 청혼 거절 등 최근의 경험들이 개인적으로 큰 스트레스로 작용했고 이 때문에 극악 범죄를 저지른 것 같다”고 개인에 초점을 맞추어 분석했다. 이어서 김교수는 “유씨의 범행동기를 ”전과 등으로 가족이나 친구들로부터도 인정받지 못할 때 의지가 됐던 아내로부터 버림받은 것이 큰 충격이 됐고 제차 청혼마저 거부당하자 극단적 범행에 나선 듯했다고 말했다.

반면 곽대경교수는 “동기가 불명확한 이른바 ‘무동기 살인이 최근 증가하는 것은 사회가 다원화되고 익명성이 증가하는 등 사회의 구조변화와 관련이 깊다”고 진단했다. 곽교수는 “압축적 경제성장, 전통적 가치관의 붕괴 등 급속한 사회변화 속에서는 적응을 못해 소외되고 상대적 박탈감을 느끼는 사람들이 생기기 마련이라며 ” 유씨 역시 소외감 속에 불우한 처지와 비관적 장래의 책임을 자기능력이나 노력의 부족보다 세상 탓으로 돌리면서 공격적인 행동을 표출한 것이라고 말했다.

이용혁 교수는 “경찰, 검찰, 법원, 교도소 등으로 구성된 형사사법체계의 한계성을 극명히 드러내 보여준 사건”이라며 “범죄인을 개선, 교화하는 교도소의 교정프로그램이 전혀 기능을 발휘하지 못했다는 뜻”이라고 교정행정의 문제점을 지적하였다. 이교수는 “이처럼 위험한 사람을 금세 사회로 내보낸 검찰, 법원 등도 문제가 있었던 셈”이라며 “경찰 역시 과학적, 체계적 수사보다 인해 전술식 탐문수사에 의존하는 한계를 여전히 드러냈다”고 비판했다.

이교수는 이에 따라 “범죄의 원인인 경제적 공황, 빈곤, 실업, 계층 간 편중 등을 그대로 놔둔 채 범죄를 예방하거나 방지하려고 하는 것은 어려운 일이라며” 유관기관과 함께 범정부적, 범사회적 대책을 마련하여야 한다고“고 요구했다.

(5) 지하철 무동기범죄의 무방비

위에서 본 사례와 같이 다른 공공장소뿐만이 아니라 지하철에서 무동기범죄가 상당히 많이 일어난 것으로 나타났다. 지하철에서 노숙하는 사람들을 통제하는 것은 인권에 있어 범죄자로 취급하는 것이라 해서 지하철은 그야말로 두려움의 대상이 되고 있으며, 전동차가 들어와 서기 전에는 안심할 수 없이 경계해야 하는 등 시민들의 불편을 사고 있다.

4. 무동기 범죄의 대책

무슨 범죄든지 최선의 대책은 예방이라고 할 수 있는데, 특히 무동기범죄의 경우는 예방이 최선의 대책이라고 할 수 있다. 앞에서도 살펴보았지만 무동기범죄의 가장 큰 원인 중 하나가 사회적 소외와 이에 따른 좌절 및 증오감이라고 할 수 있다. 갈수록 빈익빈 부익부 현상이 두드러지고 상대적 박탈감이 증대되면서 범죄 가능성은 그만큼 커질 수밖에 없는 것이다. 개인적 불행의 원인을 사회에 모두 돌릴 수는 없지만 개인적인 불행을 최소화할 수 있는 사회적 안전망을 확충할 수 있는 제도적 개선을 이루는 것이 무동기범죄를 방지하는 지름길이라고 본다. 무동기 범죄는 모든 시민을 대상으로 할 수 있으며 특히 사회적 약자를 겨냥할 가능성이 높기 때문에 약자 보호라는 측면에서 정부는 물론 시민사회에서도 이에 대한 제도적인 대책을 적극 모색하고 제도권 내에서 사회에 소외된 자들을 수용할 수 있는 다양한 프로그램을 마련하는 등 실질적인 도움을 줄 수 있는 프로그램을 방안을 강구해야 할 것이다.

1) 시민의 제보 및 신고의식 강화

범죄자의 검거율을 높이기 위해서는 무엇보다도 시민의 제보가 중요하다고 본다. 미국의 경우 무동기 연쇄살인의 80%이상이 시민들의 제보나 신고에 의해 검거된다고 한다. 곧 시민들의 관심과 신고정신만이 무동기범죄의 검거율을 높여 범죄방지를 하는 지름길이라고 본다.

2) 가치관의 새로운 정립

무동기범죄가 주는 가장 큰 충격은 인명경시 풍조다. 사람의 생명을 대체 어떻게 생각하기에 이렇게 연쇄적으로 살인을 저지를 수 있다는 말인가. 주위를 둘러보면 생명을 경시하는 문화가 만연해 있다. 경우에 따라서는 범죄를 은근히 부추기는 문화 또한 없지 않은 게 우리의 현실이다. 문화가 이러하니 생명을 경시하게 되며, 충격적인 범죄가 빈번해진다. 과거 개발시대의 문화로 물론 돌아갈 수는 없을 것이다. 하지만 복합사회에 걸맞은 생명존중사상을 새롭게 확립하지 않으면 이런 유형의 범죄는 언제든지 다시 발생할 수 있다.

3) 경찰업무의 혁신

무동기범죄는 전통적인 수사기법을 더욱 과학화해야 하며 범죄학, 심리학, 사회학 등의 도움을 받아 종합적인 수사방법을 강구해야 한다. 특히 초동수사에 있어 위의 종합적인 수사를 통해 초동수사능력을 강화시켜야 한다. 또한 첨단과학 장비, 선진 수사기법을 활용하는 것도 좋은 대응책이 될 수 있는데 그 한 가지 방법으로 범인상 추정(Criminal Profiling)의 도입도 필요하다고 보겠다.

무동기범죄는 인적·물적 탐문수사를 통해 범인을 추적해나가는 연쇄 고리가 현장에서부터 끊어져 있기 때문에 전통적인 수사기법으로는 손 쓸 도리가 없는 것이 특징이다.

경찰도 지금까지의 주먹구구식 수사의 한계점을 인식, 이에 대한 대안으로 미국·유럽 등에서 실용화되어 있는 범인상 추정(Criminal Profiling) 도입을 추진하고 있다.

범인상 추정이란 아무런 단서 없이 범죄현장 조사·감식을 통해 범인의 프로필을 추적해 용의자를 압축, 범인검거에 조력하는 최첨단 수사기법이다.

경찰청은 사회가 다양화되고 복잡해진데다 범죄를 소재로 한 영화가·인터넷 콘텐츠의 범람으로 엽기적이고 이상 범죄가 증가한다고 보고 이에 대응하기 위해 이달 초부터 본청과 각 지방청에 범죄분석팀을 설치, 운영하고 있다. 경찰청 관계자는 “낙후된 과거 수사기법에만 의지해서는 미해결 사건만 쌓일 따름”이라며 “우리나라도 이러한 유형의 범죄를 전통적으로 연구하고 수사할 수 있는 프로 파일러를 양성할 단계에 와 있다”고 밝혔다.

경찰관계자는 “크리미널 프로파일링의 경우 방대한 범죄관련 데이터베이스(DB)의 축적이 성공의 관건이라고 할 때 단기적으로 효과를 기대할 순 없다”며 “미국이나 유럽처럼 수십년 축적된 자료를 활용할 시점이 돼야 비로소 제 역량을 발휘할 수 있을 것”이라고 밝혔다.

4) 전 지하철에 안전시설물 스크린 도어 설치

폐쇄형 스크린도어는 선로와 승강장 사이에 벽처럼 설치돼 평시에는 닫혀 있다가 전동차가 정차하면 전동차 출입문과 동시에 개폐되는 시설이다. 국내에서는 지난 4월 개통된 광주지하철 일부 역에 처음 설치된 이래 현재 서울 등 대부분의 지하철에 설치되어 있다. 폐쇄형 스크린도어가 설치되면 우발적으로 충동을 일으켜 뒤에서 사람을 밀어버리는 무동기 범죄를 예방할 수 있을 뿐만 아니라 안전사고와 함께 전동차 소음 및 먼지가 줄어들고 냉난방 효율도 높아지는 등 여러 가지 이점이 있을 것으로 판단된다.

5) 사회적 부조리 예방

대구의 '농약 요구르트'사건이 특정 음료회사를 겨냥한 위해일 수도 있다는 전제하에 일반 국민들이 손쉽게 접하는 식품류 제조회사인 해태제과에 대한 이야기이다.

해태제과에는 지난 2001년도의 해태제과의 처리과정을 납득하지 못하는 소외계층인 즉 구 해태제과 주주들이 전국적으로 2만 여명이 존재하고 있다. 이들이 요구하는 것은 2001년에 진행되었던 해태제과 처리과정과 법정처리과정에 있어서의 투명성과 공정성이다.

매각과정과 법정관리과정에 있어서 공개적이 아닌 밀실에 있어서의 진행과정을 투명하게 공개하여 자신들이 가지고 있는 의혹을 해소시켜 달라는 요구를 하고 있는지 벌써 햇수로는 4년째이다.

이들은 이미 주채권은행인 조흥은행 앞에서 장기간 장외집회를 한 바도 있고, 단식농성도, 해태제과 식품 천안공장에 설치되었다는 전화협박을 한 적도, 해태제과 대표이사실에서 한 주주가 음독자살을 하려고 한 일도 있다. 어찌 보면 이들이 품고 있는 의혹은 우리 사회에 만연해 있는 부조리일 수도 있다. 이러한 사회 각계각층의 부조리는 결국 묻지마 범죄로 이어질 수도 있다. 따라서 사회부조리를 척결하는 것이 무동기 범죄를 예방하는 길이라고 본다.

5. 소결

무동기범죄야말로 언제 어느 때 누가 피해자가 될 수 있는지를 알 수 없는 사회의 큰 해악 중에 하나인데도 평소에는 무관심하고 있다가 충격적인 큰 사건이 터질 때만 반짝 신경 쓰고 관심을 보이다가 세월이 좀 흘러 잠잠해지면 언제 그런 일이 있었나 싶을 정도로 사회인식과 사람들의 관심은 멀어지고 만다.

무동기 범죄의 대표적인 사례는 대구지하철방화와 유영철 연쇄살인사건을 들 수 있다. 사건당시는 지하철에 안전시설을 세우느니 지하철 범죄의 예방에 큰 전환점을 맞이해야 하느니 하며 그럴듯한 계획을 세웠으나, 지금 그런 계획들은 제대로 이행이 안 되고 자꾸만 뒷전으로 밀리고 마는 것이 사실이다.

무동기범죄의 방지대책은 지속적인 사회적 관심뿐 만이 아니라 범죄에 대한 예방대책을 수립하였으면 형사사법 분야를 비롯한 유관기관들이 적극적인 상호협력 하에 지속적으로 추진해 나갈 때 무동기범죄의 발생률을 줄이는 결과를 가져오게 될 것이다.

제23절 종교적 범죄피해

1) 의의

종교는 인류사회의 어디에서나 발견되는 보편적 문화형식의 하나이다. 서덜랜드는 종교가 그 자체로서 범죄에 미치는 효과에 관하여는 특별한 증거가 없다고 하였다. 뿐만 아니라 많은 학자들은 종교는 범죄에 대해 억제적 기능을 갖는다고 하였는데, 이는 자기 신앙상의 행위규범과 현실사회 중 국가의 법규범이 일치하는 경우에는 종교에 깊이 심취된 사람은 철저한 준법시민이 되며, 범죄, 범법 행위의 회피에 철저를 기할 수 있다. 이것은 종교적 확신에 의하여 내적 범죄회피동기(법도의식)가 강화된 결과이다. 그러나 경우에 따라서는 종교상의 규범의식과 일반사회의 법규범이 서로 상반될 때에는 종교가 범죄유발요인으로 작용하게 되는 바 종교적 확신범 예컨대 여호와의 증인의 경우가 바로 그것이다.

종교의 범죄학적 가치가 한마디로는 말하기 어렵다. 그러나 일반적인 경우 종교상이 선악 관념과 법률상의 범죄, 비범죄 관념은 일치하는 경우가 더 많기 때문에 종교는 이런 범죄적 억제기능을 갖는다고 말할 수 있다.

2) 학자들의 연구

종교와 범죄와의 관계는 종파에 의한 범죄성에 대하여 논의되고 있는데 아샤펜버그와 봉거의 연구는 신교도보다 구교도의 범죄율이 많다고 하고 유태교는 이 셋 중에서 범죄율이 가장 적음을 보여주고 있다. 이에 대하여 Barnes와 Teeters는 구교가 지배하고 있는 지역은 경제적으로 빈곤하기 때문이고 유태교는 그 간부들이 그 통계의 작성을 통제하고 있기 때문이라고 한다. 이것은 일반적 정교를 말하며, 최근에 문제가 되었던 우리나라 영생교나, 일본의 옴진리교 등의 사이비 종교의 경우는 다르다.

3) 종파별 범죄성의 차이

종파별 범죄성의 차이는 오히려 그 구성원의 경제적·교육적 그리고 가족상황 및 거주지역, 연령, 성별 등의 차이라는 관점에서 파악하여야 할 것이다. 따라서 종교와 범죄의 문제는 이제 범죄원인으로서의 의미보다는 범죄대책이라는 측면에서 중요한 의미를 가지게 된다고 보겠다.

제24절 정치적 범죄피해

1) 의의

정치적 범죄는 그 동기가 정치적이거나 정치적 지위와 권한을 이용하여 정치적 권위에 저항하거나 도전하는 행위라고 볼 수 있는데, 이를 크게 나누어 정부에 의한 범죄행위와 정부에 대한 범죄행위로 양분할 수 있다. 먼저 정부에 의한 범죄는 정부가 기본적인 제도적, 사회적 가치를 위반했을 때 가능한 것으로 이해되고 있다. 이와 같은 범죄는 대체로 정치권력에 대한 반대자나 테러리스트에 대한 정부의 과잉반응, 정치적 부패, 그리고 개인적 이득을 위한 공직자의 정치적 범죄 등이 있다. 반면에 정부에 대한 범죄는 대체로 정부에 대한 저항운동이나 테러행위가 그 대상이 되고 있다.

2) 정치적 범죄개념에 대한 학자들의 견해

인그라함은 정치적 범위란 정치적 질서를 겪고 있는 사람이나 원리에 대한 충성의 배반을 포함하는 것으로 보이는 행위, 그리고 정치적 권위에 대한 도전과 방해를 포함하는 것으로 보이는 행위라고 하였고 반덴하아그(Vanden Haag)는 권력을 얻기 위해서, 그리고 권위를 집행하기 위해서 이용되는 법률행위라고 하였으며, 로벅과 웨버는 단순히 정부에 의한 범죄와 정부에 대한 범죄로 크게 나누었고 하스켈과 아블론스키는 권력내부의 정치적 범죄로 대별하였다.(Erne Van den Hagg, 1972), (J. Roebuck and S. Weber, 1978)

3) 정치범죄를 범하는 목적

정부에 의한 정치적 범죄를 범하는 목적은 고식적 시혜를 얻기 위한 뇌물수수 등 돈으로 기타 재정적 이득을 취한다거나 체제도전에 의한 정치권력을 유지하기 위하여 정부나 공직자가 자신의 지위와 권한을 과시하기 위한 것 등이었다.

4) 정치적 범죄의 특징

정치적 범죄의 특성은 범죄를 다양한 방법을 통하여 중화시키는 것에 있는데 이를 살펴보면 다음과 같다.

① 현실적으로 분명히 사실임에도 불구하고 그런 사실이 있는지조차 모른다고 딱 잡아떼거나 일부 특정행위에 대하여 개입되었다는 사실을 시인은 하되 불법적인 범죄행위는 아니었다고 한다.

② 범죄 자체를 무시하는 것으로 만약 공직자 개인에 의해서 이루어진 것이라면 언론과의 접촉을 차단하거나 아무런 대응도 하지 않는데 이러한 개인적 범행에 대해서 정부가 관련기관이나 단체 등으로부터 어떠한 요구를 취하도

록 요구받을 때는 정부가 개입할 만한 근거가 없다는 식으로 발뺌을 하기에 급급하다.

③ 비난자를 비난하는 경우인데 소송을 하면 패소할 것이 뻔하다는 것을 알면서도 범행을 폭로한 사람이나 언론에 대해서 명예훼손 등의 명목으로 소송을 제기하는데 이렇게 함으로써 시민의 관심을 다른 곳으로 돌리고 자신의 범행을 희석시킨다.

④ 강력한 조치를 취하라는 특정한 범죄에 대해서는 철저한 수사를 약속하기도 하지만 뒤에서는 사실상 수사를 행하지 않고 얼버무리려고 한다.

끝으로 지금까지 제시한 여러 가지 방법을 적용하기 곤란한 경우에는 어쩔 수 없이 잘못을 시인하기도 하나 그런 행위는 국가보안 등의 국익을 위하여 어쩔 수 없었다고 변명한다.

제25절 재산형 범죄피해

1) 개관

재산범죄는 형법상 재산적 법익을 침해하는 죄 중에서 절도, 사기, 횡령, 배임, 장물, 손괴죄를 가리킨다. 사기죄에는 크게 일반사기죄, 컴퓨터 등 사용사기죄, 준사기죄, 편의시설부정이용죄 등이 있다.

일반사기죄에 대해 형법 제347조에는 사람을 기만하여 재물의 교부를 받거나, 재산상의 이익을 취득하거나, 제3자로 하여금 취득하게 하면 사기죄가 된다고 규정하고 있다. 따라서 본죄의 객체는 재물과 재산상의 이익인데, 재물이란 타인소유의 점유의 재물로 동·부동산을 불문하며, 재산상 이익에는 노무의 제공과 같은 소극적 이익(가령 역전시킨 전기계량기를 검침원에게 보여 요금지불을 면제받은 경우)과 일시적 이익 및 영구적 이익을 불문하지만, 재물이나 재산상 이익이 아닌 것은 본죄의 객체가 되지 않는다. 따라서 여성을 기망하여 정조를 유린했어도 정조는 재산상의 이익이 아니므로 사기죄는 성립하지 않는다고 보겠다.

컴퓨터 사용사기죄란 컴퓨터에 허위의 정보 또는 부적절한 명령을 입력하여 정보처리를 하게 함으로써 재산상의 이득을 취득하거나 제3자로 하여금 취득케 하는 것을 말한다. 예컨대 은행원이 자신의 통장에 입금되지 않았음에도 컴퓨터에 허위의 입금 데이터를 입력해 예금잔액을 증가시켜 인출하는 것과 같은 것을 말한다.

준사기죄란 미성년자의 지려천박 또는 사람의 심신장애를 이용하여 재물의 교부를 받거나 재산상의 이익을 취득하는 경우를 말한다. 예컨대 유치원에 다니는 꼬마가 가져온 귀금속을 과자값 정도의 돈을 주고 산 경우라든지, 정신박약아가 종이라고 갖고 다니는 고액 수표를 사탕을 주고 교부 받은 경우 등을 말한다.

편의시설 부정이용죄(형법 §348)란 「부정한 방법으로 대가를 지급하지 아니하고 자동판매기, 공중전화, 기타 유료자동설비를 이용하여 재물 또는 재산상의 이익을 취득하는 것」을 말한다. 예컨대 위조주화를 자판기에 넣어 커피를 빼먹은 경우가 그것이다.

부당이득죄(형법 §349)란 「사람의 궁박한 상태를 이용하여 현저하게 부당한 이익을 취득하는 것」을 말한다. 예컨대 김 모라는 사람의 아들이 심야에 갑자기 교통사고를 당하여 급전이 필요하여 이웃에게 사정이야기를 하고 사줄 것을 요청하자 이웃은 이를 기회로 1억원 짜리 고가품을 100만원이라는 터무니없는 싼값으로 사는 경우를 말한다.

강도죄(형법 §333)란 폭행 또는 협박으로 타인의 재물을 강취하거나, 기타 재산상의 이익을 취득하거나, 제3자로 하여금 이를 취득하게 함으로써 성립하는 범죄를 말한다.

절도란 타인의 재물을 절취하는 것을 내용으로 하는 범죄로서 순수한 재물죄·영득죄·탈취죄로 형법상 절도죄의 보호법익은 소유권이고, 형법상 본죄의 주체는 무제한적이며 객체는 타인이 점유하는 타인의 재물이다.

2) 피해현황

아래 표는 2006년 재산범죄사건의 피해정도를 죄명별로 표시한 것이다. 피해액수가 확인된 사건 중 절도죄와 장물죄, 손괴죄에서는 100만원 이하의 사건이 가장 많고, 사기죄와 횡령죄, 배임죄에서는 1,000만원 초과 1억원 이하의 가장 많은 것으로 나타났는데, 10억원을 초과하는 피해를 낸 사건도 436건이 발생하여 경제규모의 확대와 더불어 대형 경제사고도 빈발하였음을 알 수 있다.

〈표 3-20〉 죄명별 재산피해 정도(2006)

피해액 / 죄명	계	피해무	100만원 이하	1000만원 이하	1억원 이하	10억원 이하	10억원 초과	미상
계	455,948	298,592	81,177	47,818	18,559	3,630	436	5,736
절도	190,745	82,628	69,693	33,889	4,078	107	3	347
사기	203,346	163,430	8,552	12,000	12,575	2,837	284	3,668
횡령	25,084	19,766	856	1,418	1,519	476	89	960
배임	5,402	4,095	20	125	296	196	60	610
장물	2,432	2,139	133	75	43	5	-	37
손괴	28,939	26,534	1,923	311	48	9	-	114

2006년도 재산범죄의 죄명별 재산피해 금액 및 회수 현황을 보면 아래 표와 같은 바, 절도는 2,576억여원, 사기는 2조8,022억여원, 횡령은 3,542억여원, 배임은 2,223억여원의 재산피해를 기록하였으며, 피해자의 피해회수비율을 보면 절도는 6.1%로 나타났고 그 외 범죄는 사기 0.8%, 횡령 1.5%, 배임 0.1% 등으로 대체로 낮은 수준이다.

〈표 3-21〉 죄명별 재산피해 금액 및 회수 현황(2006)

죄명 / 구분	절도	사기	횡령	배임
피해현황	2,576,615	28,022,184	3,542,458	2,223,972
회수현황	157,408	233,963	53,945	2,202
회수율(%)	6.1	0.8	1.5	0.1

제26절 군대폭력 범죄피해

1. 개관

군대폭력이란 군대내에서 이루어지는 신체적·생명적·성적·심리적·언어적·상징적 폭력 및 그로 인한 결과적 행위라고 볼 수 있으며, 좀더 넓게 보자면 상급자가 하급자에게 가하는 신체적인 가학행위이며, 그것은 온갖 다양하고도 강압적이며 일방적인 신체적 위해(危害) 행위를 뜻한다. 신체적 폭력에는 군대에서 가장 많이 일어나고 있는 구타·상해 등의 적극적 폭력행위와 용변참기 등 소극적 폭력행위를 포함하며 생명적 폭력행위란 타살이나 구타 등의 폭력이 원인이 되어 발생한 자살·의문사와 같은 결과적 행위도 포함된다고 보겠다. 성적폭력에는 남성이라는 동성간에 이루어지는 계간(항문으로 성행위를 하는 것)·성추행·성희롱 같은 적극적인 성폭력과 '성경험 말하기 등의 소극적인 성폭력이 있다. 심리적 폭력이란 피해자의 심리에 고통을 가져다주는 적극적·소극적인 일체의 행위를 말하며, 상징적 폭력이란 상징조직을 통해 이루어지는 교묘한 폭력이다. 상징적 폭력의 특징은 앞의 다른 폭력들은 피해자 자신이 피해자임을 인식하고 있지만, 상징적 폭력의 피해자들은 자신이 상징폭력의 피해자임을 모르는 데에 상징적 폭력의 무서움이 있는 것이다.

결과적 행위란 신체적 폭력 등이 원인이 되어 자살하거나 자살한 경우 등을 말한다.[65)]

이러한 군대내 폭력의 근원은 한국군 창군 시 미군정은 민족적인 감정은 전혀 고려하지 않고 단지 기술적인 면만 강조한 결과, 결국 일본군 출신의 군사기술자들이 한국군의 주요 세력으로 등장하면서 일본군의 부정적인 운영방식인 구타, 기합 등이 그대로 한국군에 옮겨졌다.

군대 내의 폭력행위를 당연시하는 사회적인 분위기는 군출신 대통령이 계속 정권을 장악하여 권위주의적인 군사문화의 확산이 이루어졌던 우리의 현대사와 맞물려 있다. 시민사회의 민주화 운동조차 극도로 탄압받던 시대에 군대는 그야말로 인권의 사각지대로 방치될 수밖에 없었다. 그 결과 군대내의 구타, 가혹행위 등 군인 개개인의 인권과 존엄성 침해는 심각한 수준이고, 더 심각한 것은 이로 인해 자살,

---

65) 천정환, 전게서, 276면.

의문사가 이루어지고 있다는 것이다.

이렇듯 군대내 비민주적 폭력행위의 실상은 민주주의와 개인의 존엄을 명시하고 법치주의를 국가통치원리로 삼고 있는 우리의 헌법정신에 반하는 것이다. 우리 사회는 그동안 법의 지배를 통한 법치주의 실현을 형식적으로나마 생활영역에서 비교적 잘 준수되는 수준에까지 이르렀다고 할 수 있다. 그러나 그런 가운데서도 언제나 법치주의의 관심 밖에 놓여 있던 부문은 아마도 군대일 것이다.

2. 군대에 있어서 법치주의와 기본권

1) 군대에 있어서의 법치주의

군대에 있어서의 법치주의의 의의는 두 가지 측면에서 중요하다. 하나는 국민의 기본권보장의 측면에서 군대를 구성하고 있는 개개의 구성원의 기본권보장문제이고, 또 하나는 군대를 어떻게 하면 민주적 통제를 받는 국민의 군대로서 유지할 수 있느냐 하는 것이다. 우리의 병역제도는 국민개병제를 원칙으로 하여 모든 남자는 군대라는 사회를 거치도록 되어 있으므로(헌법 §39, 병역법 §3, 4) 군대 내에서의 기본권문제는 양적인 측면에서도 매우 중요하다. 또한 우리의 헌정사를 돌이켜 보면 군대의 민주적 통제가 민주주의 발전을 위해 얼마나 긴요한 문제인가를 알 수 있다. 그럼에도 불구하고 종래 군사에 관한 사항은 마치 법과 무관한 것처럼 법치주의의 영역에서 방치되어 왔다. 이와 같이 종래 군대에 있어서 법치주의 원리가 지배하지 않는 것(혹은 법치주의는 최소한도로만 적용되는 것)이 마치 당연한 것으로 생각되었던 것은 우리나라 특유의 문화에서 비롯되었다고 보겠다. 그것은 일제 청산의 실패로 일제의 군국주의적 전통이 우리 군대의 형성에 결정적 역할을 수행하게 되었으며, 이것이 6·25를 거치면서 그리고 쿠데타를 통한 정권창출과정을 통하여 정치적 필요에 따라서 확대 재생산되어 왔다고 할 것이다. 법적인 측면에서 이러한 양태를 이론적으로 뒷받침해 준 것이 특별권력관계론이다. 그러나 오늘날 모든 공법학자들에 의해 이 이론은 더 이상 뒷받침되지 못하고 부인되고 있다.

또한 다른 분야의 경우에는 법치주의의 현실을 적어도 우리가 가지고 있는 법체계 정도로는 끌어 올려야 되지 않겠느냐는 주장이 있지만, 군사에 관한 한 그러한 법체계조차 없는 경우가 허다하다. 이는 군사와 관련된 분야에 대하여는 법적으로 규율하려는(그 내용이 어떠해야 한다는 것을 떠나서) 진지한 시도조차도 없었다는 것을 의미한다. 이는 군대에 대한 법적 통제, 즉 문민통제라는 헌법상의 원리가 얼마나 허구적인가를 입증하는 것이다. 여기서는 현재 군사에 관한 제 분야에서 법치주의와 관련하여 국민의 기본권보장이라는 관점에서 문제되는 사항들을 검토해 보고자 한다.

2) 군대내 폭력과 기본권과의 관계

군인은 군인이기 이전에 주권자인 국민으로서 기본권의 주체이다. 그러나 군대는 우리 사회에서 기본권의 사각지대라고 할 수 있다. 군대에서의 기본권 침해는 일상적으로 행하여졌으나, 침해하는 자는 군대의 기능적 특수성을 강조하면서 이를 정당화하였고 침해받는 자도 힘들고 어려운 과정을 어떻게든 참아내기만 하면 된다는 식으로 체념해 버리기 일쑤였다. 따라서 누구나 다 아는 사실에 대해서 누구도 문제삼지 않을 뿐만 아니라 언론에도 잘 보도되지 않아 암수가 일반사회에 비해 너무 높은 것이 문제라고 볼 수 있다.

(1) 명령과 기본권

군대내에서의 기본권 침해문제는 기본적으로 명령복종의 관계에 대한 오도된 인식에서 비롯되고 있다. 군대는 법이 지배하는 것이 아니라 계급이 지배하는 것으로 생각하는 경향이 있다. 이러한 사고방식의 논리적 귀결은 위법한 명령에 대한 복종으로 나타난다. 그리고 이를 형사벌이라는 강력한 제재로 보장하고 있는 것이 군형법상의 항명죄라고 생각한다. 이러한 논리는 정당한가. 상관의 명령에는 왜 복종해야 하는가 라는 기초적이고도 간단한 질문에 답해 보면 그 대답은 명백히 '아니오'이다. 군대란 무엇인가. 군대는 국방목적의 행정작용을 담당하는 국가기관이다. 헌법은 행정부의 수반인 대통령에게 국군통수권을 부여하고(§74①) 군대의 조직과 편성은 합참의장제라는 큰 범주 내에서(§89⑯) 법률로 정하도록(§74②) 하고 있다. 정부조직법은 국방부를 설치하여(§29①) 그 장인 국방부장관에게 국방에 관련된 군정 및 군령을 정리하도록 하고 있고(§34①), 국군조직법에 의하여 군대를 설치하고 있다. 대통령은 군대의 최고사령관으로서 헌법과 법률이 정하는 바에 따라 국군을 통수한다. 국방부장관은 대통령의 명을 받아 군사에 관한 사항을 정리하고 합동참모의장과 각군참모총장을 지휘·감독한다(국군조직법 §8). 요컨대 군대는 행정기관인 국방부의 하부조직으로서 당연히 법치주의원칙이 관철되어야 한다. 상관의 명령에 구속력을 인정하는 것도 법률이 상관에게 명령권을 부여했기 때문이다. 따라서 법률에 의하여 권한이 부여되지 않은 사항에 대하여 상관은 명령권을 가지지 아니하며 이 경우 하관은 상관의 명령에 구속되지 아니한다. 법률에 위반되는 명령이 내려진 경우 수명자는 당연히 그 명령을 거부하고 법률에 따라야 한다. 군인은 명령복종의무에 앞서 법령준수의무를 지고 있기 때문이다. 그런데 문제는 상관의 명령권의 범위가 어디까지인가이다. 그것이 직무범위내의 것이어야 함은 명백하다(군인복무규율 §19). 그러나 구체적인 경우에 어디까지 직무관련성을 인정할 것인가는 매우 불확실하다. 적어도 지금까지는 상당히 광범위한 영역에 걸쳐서 상관이 하급자의 기본권을 제약하는 명령을 발해왔다. 그리고 상관의 판단에 무조건 우선권을 부여하여 개개 군인에게 부여된 독자적인 판단영역을 침해하였다. 이는 경우에 따라서는 프라이버시권과 같은 극히 개인적인 기본권을 침해하기도 하며, 또는 정치적 기본권과 같은 공적 기본권을 침해하기도 한다. 하급자(특히 병)는 당해 명령의 직무관련성에 대한 판단이 곤란하므로, 직무명령이 아니라고 판단하여 행동했을 경우 받을지도 모르는 불확실한 위험을 감수해야 한다. 따라서 대부분의 경우 자신의 기본권을 일방적으로 희생할 수밖에 없는 억압적 상황에 처하게 된다. 군인이라는 신분 자체가 일반적인 인격의 형성·발전·발현을 억압하는 특수한 심리구조를 강요한다.

(2) 정치적 기본권

군대에 있어서의 기본권침해는 명령뿐 아니라 하위 법규에 의해서 심화되고 있다. 군인의 집단행위 금지의무나 정치행위 금지의무는 본래의 규정목적과는 달리 국민으로서 마땅히 향유되어야 하는 군인 개개인의 표현의 자유를 침해하고 정치적 생활영역에서 향유되어야 할 광범위한 기본권을 침해하고 있다. 우리의 역사는 이러한 규정들이 그동안 얼마나 편파적으로 적용 혹은 무시되어 왔는가를 반추해봐야 할 것이다. 무력을 동원한 집단적 정치관여 행위를 한 쿠데타세력에 대하여는 침묵하고, 군의 정치적 중립을 요구한 하급장교나 개인적인 정치적 양심에 따라 개인적으로 대중집회에 참석한 방위병에게는 혹독히 적용하지는 않았는지? 또 서적이 군대에서는 금서로 취급되고, 정부의 허가를 받은 국내 유수의 일간지를 마음대로 구독할 수 없게 하지는 않았는지? 군인은 인간으로서의 기본적 인격의 형성이 원천적으로 봉쇄되어 있지는 않았는지에 대하여 냉정히 생각해 볼 일이다. 군대 내에서도 일반 국민과 같이 법치주의가 실현되지 않은 한 군대내 폭력은 존재할 수밖에 없다고 본다.

(3) 군사재판과 기본권

우리의 군사법원법은 이른바 관할관제도와 심판관제도를 두고 있다. 흔히 헌법학자들은 군사법원을 예외법원으로서 헌법이 인정하고 있다고 하여 헌법의 영역에서 이 문제를 입법의 차원으로 밀어내고 있다. 그러나 헌법이 구체적인 형태에 관해 규정하는 바가 없다고 하더라도 모든 형태의 군사재판이 다 가능한 것은 아니다. 전체 헌법질서에 비추어 가능한 군사법원의 형태를 한계지워야 할 것이다. 현행 군사법원법에 의할 경우 보통군사법원은 1인의 심판관(심판관은 일반장교들로 구성된다)과 2인의 군판사(법무관)로 구성된다. 따라서 군사재판은 지휘관의 영향을 절대적으로 받을 수밖에 없고, 더욱이 관할관제도(관할관은 지휘관이 되며, 관할관은 재판관지정·군검찰사무 통괄·확인권을 통한 형의 실질적 변경 등의 권한을 행사)까지 있으므로 지휘관은 사법에 대한 막대한 권력을 보유하게 된다. 이는 지휘관의 의중에 따라 괘씸죄로 처벌받게 될 수도 있는 것이다. 우리 헌법상의 권력구조의 기본원리가 삼권분립에 기초하고 있음은 명백한 것이며, 더욱이 일개 집행기관에 불과한 군지휘관에게 거의 독단적인 사법권력을 부여함은 헌법정신에 위배될 뿐만 아니라 공정한 재판을 할 수 없어 힘있는 자의 봐주기식 재판이 이루어질 가능성이 군대내 폭력을 부추길 수도 있다는 것이다.

3. 군대 폭력의 특성과 그 실태

1) 군대 폭력의 특수성

사회의 민주화가 진행되면서 불법체포 및 고문에 의한 수사 등 과거 군사독재시기에 전형적이었던 인권침해사례들이 많이 줄어들고 있고 국민들의 인권의식도 높아지고 있다. 그러나 여전히 인권의 사각지대로 남아 있는 영역이 군대라고 볼 수 있다. 특히 군대의 경우 그 내부에서 일어나는 문제에 대해 외부의 통제가 거의 미치지 못하는 영역의 대명사로 남아있다 군대와 사회의 괴리 대립은 현행 군사 행정에도 다음과 같이 고스란히 반영되어 있다.

첫째, 군사행정분야에서는 법률에 의한 행정이 관철되지 않는다. 국방부 관료, 군지휘부의 의사는 법보다 더 중요하다.

둘째, 군은 원래부터가 법보다는 명령을 앞세우는 조직이지만 한국군의 경우 이러한 경향이 지나치게 강하여 상하조직 간의 의사소통이 제대로 되지 않으며 명령에 대한 복종은 일반 형법보다는 강력한 군형법 등에 의해 강요된다. 특히 한국군의 경우에서 하급자의 의견이 경합할 수 있는 경우는 찾아보기 힘들 정도이다.

셋째, 사회에서의 변화를 수용하지 않은 채 군은 지나치게 군조직의 생리 혹은 논리만을 강조하는 경우가 많다. 이러한 측면은 폭행사고 및 그와 관련된 사망사고의 처리에도 그대로 드러난다. '구타 및 가혹행위 근절지침' 및 '육군 시행지침' 에 따르면 폭행사고가 발생하면 가해자는 물론이고 피해자도 원인을 제공한 것으로 밝혀지면 사법처리되거나 징계를 받는다. 더욱이 관련 사고로 인한 사망사고가 발생한 부대에 대해서는 조사결과에 따라 장관급 지휘관에게도 상당한 제재가 가해진다. 이러한 집단 책임추궁주의는 결국 폭행사고 및 관련사고 처리에서의 비밀주의를 낳게 된다. 즉 집단적으로 책임을 추궁 당할 것을 우려하여 하부조직에서 자체적으로 사고를 은폐하거나 경미하게 처벌 또는 무마시키는 경우가 발생하기도 한다.

넷째, 한국군은 사법권의 행사와 군 지휘권을 연계시키는 과거의 전통을 여전히 답습하고 있다. 즉 지휘권을 가진 자만이 재판권을 행사하도록 했다. 그러나 이러한 과거의 법원리는 오늘날 대부분의 국가에서 극복되었다. 유독 한국 등 일부의 나라에서만 과거의 법원리가 그대로 유지되고 있다.

2) 군대폭력의 실태

군대의 폭력은 여러 형태로 간혹 언론에 보도되기는 하지만 제대로 된 공식적인 통계 하나 제대로 나온 것이 없다. 그러던 중 앞에서 언급한 여러 가지 사회의 가치관으로부터 괴리되어 있고, 법치주의 원리에서 벗어나 있는 군사행정 혹은 군 조직의 특성들은 군인의 인권상황에도 그대로 반영되어 있다.

"기본권을 제한할 때에는 반드시 법률에 의거해서 하라"는 헌법의 원칙은 군대행정에서는 전혀 지켜지지 않고 있다. 또한 명령불복종이 이른바 징계입창의 과반수를 차지할 정도로 한국군 내에서 명령복종의무의 이행은 매우 중요한 덕목으로 여겨지고 있다 그러다 보니 대개의 장병들은 군기의 확립을 위해 별도의 다른 수단이 없다면 폭력의 사용은 당연하다는 생각을 자연스럽게 받아들이게 된다. 그리고 이러한 현실은 군인에게도 보장된 재판청구권 등 군인에게 보장된 절차적 권리의 실현을 저해하였다.

그동안 군대의 인권침해 사례의 심각성은 피해자 가족과 인권단체 등이 수없이 제기해 왔다. 지난 95~99년 5년간 군내 사망사고를 보면 95년 330명, 96년 359명, 그리고 99년 230명 등 매년 300여명 이상이 사망하고 이 중 100여명이 자살로 나타났다(2000. 국방부 국감자료). 이러한 통계는 걸프전 당시 미군의 사망자 및 사고사 269명에 비한다면 우리는 전쟁을 치루지 않고서도 매년 300여명의 군인들이 아까운 목숨을 잃고 있는 실정이다. 또한 최근 3년간 군내 폭행, 자살, 군무이탈 현황 또한 2000년 2,471명, 2001년 2,278명, 2002년 상반기 1,198명으로 매년 2,000명이 넘는 군인이 구타와 가혹행위 등에 시달리고 있다(2002. 국방부 국감자료). 보복이 두려워 신고를 하지 않거나 국방부에 접수되지 않는 경우까지 포함하면 실제 수치는 더욱 늘어날 것이다. 하지만 국방부가 제시하는 자료 외에는 피해사례의 실태 조사자료가 없어 군폭력, 군의문사 등에 대한 대처 자체가 어려운 실정이며 국방부는 이러한 문제를 근본적으로 해결할 예방책을 내놓기보다는 이미 발생한 사고의 처리에 급급한 실정이다.

폭력문제만이 아닌 성폭력 문제도 크게 대두되고 있다. 그 동안 설마라고만 여겼던 '군내 성폭력·성희롱'문제는 지난 98년 이후 최근까지 2년 6개월 동안 현역 장병들의 성범죄 건수는 강간 244건, 동성간 성추행 등 133건을 포함해 모두 666건으로 집계돼 군내 성폭력 성추행이 위험수위를 넘어서고 있다.

통계에 따르면 가해자와 피해자의 계급을 보면 피해자는◎이등병 44.4% ◎일병 20.6%이며, 반대로 가해자는 ◎병장 39.7% ◎상병 25.4% 등으로 나타났다 또한 성폭력, 성희롱 형태는 ◎성행위 흉내내기 30.2% ◎신체 애무 15.9% ◎성경험담 발표 14.5% ◎동침행위 12.7% ◎자위행위 9.5% ◎성기애무 3.2% ◎ 오럴섹스 1.6% 등의 순이다

발생장소의 경우 내무반이 66.7% 로 가장 많고 근무초소 12.7% 목욕탕 보일러실 화장실 4.8% 막사내 3.2% 등이다.

또한 동성간의 성폭행만이 아니다. 상급자의 하급자에 대한 여군 성폭행도 심심치 않게 일어나고 있다. 구체적 사례를 보면 창녀같다는 등의 언어적 폭력행위 신체 접촉행위 술자리에서의 술 강요, 고의적 추행 등이 그 예이다

그렇다면 이러한 현실에서 군대를 둘러싼 제반 법령과 제도들이 이러한 군대내 폭력을 해결하지 못하는 문제점을 짚어보고 대안을 생각해보자.

4. 문제점 및 개선방향

1) 개관

문제점 및 개선방향에 대하여 살펴보면 첫째, 군인의 법적지위가 법률 등에 의하여 구체화되어야 한다고 본다.

독일에서는 군인의 지위가 군인의 법적 지위에 관한 법률 등에 의해 구체화되고 있다. 주된 내용으로 ①군 인의 참정권 등 시민적 자유의 보장, ② 상관의 명령권한 및 징계권의 제한, ③ 군법회의의 폐지, ④ 근무와 여가의 분리, ⑤ 명령에 대한 심사권, ⑥ 군 옴부즈만 제도, ⑦ 중개위원의 참여 등을 들 수 있다.

독일 군인법 등에 규정되어 있는 내용들을 당장 우리 현실에 수용하기는 어려울 것이다. 그러나 그 규범들에 담겨 있는 기본정신, 원리만큼은(군인도 자유와 권리의 주체인 국민의 한 사람이므로 군인에게도 일반국민과 같은 자유와 지위를 보장해야 한다) 곧바로 수용해야 한다. 헌법 제10조는 그러한 방향으로의 전환에서 그 출발점이 된다. 헌법 제10조는 인간의 존엄과 가치, 행복추구권을, 그리고 그와 같은 불가침의 기본적 인권을 확인하고 이를 보장할 국가의 의무를 규정하고 있다. 군인에게도 인간의 존엄과 가치, 행복추구권, 신체의 안전에 관한 권리가 보장된다는 사실을 확인하고 이를 실천하는 방안을 고려하는 것은 시급히 필요한 일이며, 또한 노력여하에 따라서는 이른 시일안에 이 부분에 관한 가시적인 성과가 나타날 수 있다. 군인인권 보호장치 마련을 위해 가장 적극적으로 나서야 할 기관은 국회이다. 국회는 국민의 일원인 군인의 인권에 대해 더 이상 침묵해서는 안 된다. 입법부는 입법을 할 것인가 말 것인가에 관한 한 원칙적으로 재량권을 갖고 있다. 하지만 헌법 해석상 일정한 입법을 해야 한다는 결론이 도출되는 상황에서도 국회가 입법재량권을 갖고 있는 것은 아니다. 그런 경우 국회의 재량권은 극도로 축소되거나 경우에 따라서는 영(零)으로 줄어들 수도 있다. 재량권이 극도로 축소되었거나 영으로 줄어들었음에도 불구하고 국회가 아무런 입법도 하지 않는다면, 즉 입법부작위로 일관한다면 이는 기본권을 침해하는 공권력의 불행사로서 헌법소원심판의 대상이 된다. 한해 200명 가까운 장병들이 군복무와 관련하여 사망하고 1,000명 가까운 장병들이 매년 정신질환에 시달리는 상황인데도 국회가 군인의 인권에 대해 침묵할 재량이 있다고 볼 수는 없다. “국가는 개인이 가지는 불가침의 기본적 인권을 확인하고 이를 보장할 의무를 진다.” 개인의 생명권, 신체와 정신의 완전성 유지만큼 기본적인 인권은 없다. 이들 기본권이 침해되는 상황을 방치한다면 국가는 기본권 보장이라는 자신의 의무를 다하지 못한 것이 된다.

둘째, 구타 가혹행위 및 그로 인한 사고방지를 위해 인정해야 할 권리들이 법에 보장되어야 한다.

권리가 법에 규정되어 있다고 해서 권리가 보장되는 것은 아니다. 그 권리를 행사할 수 있는 법적·제도적 뒷받침이 마련되어야 한다. 또한 군인들이 제기할 만한 주장들을 권리로 인정하려는 적극적 해석이 필요하다.

그러기 위해서는 강화된 징병검사절차 보직배정절차의 도입 및 그에 대응하는 권리가 인정되어야 한다고 본다.

현행 징병검사절차는 병사의 신상파악에서 실질적으로 중요한 징병대상자의 사회환경, 교육상태 가정환경을 파악해내지 못하고 있다. 아무런 증빙자료 없이 단지 징집대상자의 진술서를 바탕으로 징병여부 판단을 하게 되어 있어 군복무에 부적절한 소지를 가진 사람을 사전에 찾아내기 어렵다. 징병절차가 부실하다는 것은 군 폭행사고를 방지할 가장 기초적인 안전장치가 빠져 있다는 뜻이다. 따라서 앞으로는 법을 정비하여, 징집판정이 내려진 자에게 일정한 경우 증빙서류를 갖추어 자신을 군복무 부적격자로 판정해 줄 것을 청구할 수 있는 권리를 부여해야 한다.

한편, 과거에 비해 입대 시 사회에서의 전공 및 적성을 고려하여 보직을 부여하는 경우가 많이 나아졌지만, 병사의 적성에 맞는 보직 수가 제한되어 있어 모든 이에게 적절한 보직이 부여되는 것은 현실적으로 불가능하다. 보직에 대한 불만 혹은 갈등이 군 폭행사고의 주된 이유 중 하나라는 사실을 상기한다면 적어도 보직배정 절차만큼은 개선해야 한다.

이를 개선하기 위해서는 전문적 정신상담 청구권, 근무지 재배치 청구권이 인정되어야 한다.

군생활에 적응하지 못하는 병사들이 자살, 탈영 등 극단적 행위를 하지 않도록 사전에 예방하기 위한 프로그램을 강화해야 한다. 이를 위해 적응력이 떨어지는 병사들을 사전에 발견하여 상담할 전문인력을 충분히 배치해야 한다. 과도한 얼차려 기합 비밀리에 이루어지는 가혹행위로 인해 군대생활에 적응하지 못하는 병사를 조기에 발견하여 정신과 전문의인 군의관에게 상담 받을 수 있게 배려하는 것도 인권의 한 내용이기 때문이다.

한편, 실태분석을 통해 살펴보면 부대 내 구타·폭행사고 및 이로 인한 사망사고의 가해자·희생자는 사고 발생 전에 이미 그와 같은 사고의 발생 징후나 요인을 직·간접적으로 표출하고 있음을 알 수 있다. 그런데 대개의 부대에서는 그와 같은 징후나 요인에 대해 적시에 대처하지 못하거나 무시하는 경우가 많다. 반면 적절한 시기에 그와 같은 징후나 요인을 찾아내어 대처하여 사고발생을 미연에 방지하는 경우도 있다. 후자와 같은 사례를 늘리려면 사고를 미연에 방지하기 위한 체제를 정비하는 수밖에 없다. 그와 관련해서 생각해 볼 수 있는 것이 근무지 재배치 청구권이라고 하겠다.

이런 권리들을 인정하는 것은 결국 행정법에서 말하는 행정개입청구권을 군사 행정법에서 구체화하는 것이 될 것이다.

셋째, 군인의 안전권 보장이다.

군인의 인권과 관련해서는 또 하나 중요한 것이 안전하게 복무할 권리이다. 전투 상황이 아니라고 하더라도 군인들은 고도의 위험에 노출되어 있다. 우리 군은 이런 군인들에게 어떤 안전보호장치 제도를 마련하고 있는지, 하고 있지 않다면 입법자와 지휘관들은 앞으로 어떤 조치들을 취해야 하는지 하는 부분을 우선 점검해 보아야 한다.

군복무와 관련하여 질병을 얻거나 사망에 이르게 되면 이는 모두 군 복무관련 상이 및 사망으로 보아야 한다. 나아가 "자해행위로 인한 사망 또는 상이"자의 유족을 국가유공자유족에서 제외하도록 한 『국가유공자등 예우 및 지원에 관한 법률 시행령』 제3조의2의 4호를 형식논리적으로 해석할 것이 아니라 자살에 이르게 된 전후 관계를 실질적으로 검토하는 자세가 필요하다. 나아가 국가는 위험시설, 위험장비를 운용하는 장병들에 대한 건강검진, 장비에 대한 안전도 및 유해성 검사를 정기적으로 실시하여 장병들의 건강을 복무시기와 관계없이 보장해 주어야 한다.

넷째, 청원권과 공식적 절차를 통한 이의제기권이 보장되어야 한다.

포괄적·전면적 지배권에 복종해 지내는 군인의 특성을 감안할 때 침해적 처분 결정이나 상황에 대해 해당 장병이 이의제기를 한다는 것을 기대하기란 어렵다. 일반 장병들이 받는 침해는 대개 법적으로 구성하기 힘든 사실상의 불이익인 경우가 많을 것이므로 이들 침해에 대해 행정소송으로 다툰다는 게 쉽지 않다. 나아가 법적으로 다툴 수 있는 불이익이라고 해도 불이익을 받은 자가 실제로 행정심판이나 행정소송을 제기하기도 어려울 것이다. 한편, 군인사법에는 고충심사를 청구할 권리도 규정되어 있지만 이를 청구할 수 있는 자는 장교, 준사관 및 부사관에 한정되어 있다.

따라서 앞으로는 징계처분 등 행정심판 등을 제기할 수 있는 '처분' 등에 대해서는 행정심판을 적시에 제기할 수 있도록 도와줄 수 있는 제도정비가 있어야겠고 청원을 수리 처리하는 담당관 또한 충분히 확보해야 한다.

2) 군사법 체계의 문제점

우리나라는 건국 이후 국군이 창설될 때부터 일반법원에 대응하는 특별법원으로서의 지위를 가진 군법회의가 설치 운영되어 왔고, 현재도 군법회의라는 명칭은 군사법원으로 바뀌었지만 헌법상 유일한 특별법원으로서 여전히 군사법원 제도가 유지되고 있다. 특히 현재 우리나라처럼 대륙법(성문법) 체계 하에서 군사법원을 운영하는 국가는 전무한 편이며, 미군처럼 전 세계에 주둔하고 있어 본국의 재판권이 미치지 아니하는 경우에는 필요하다고 하겠으나, 우리나라와 같은 상황에서는 불필요한 제도라고 보겠다. 우리의 군사법보다는 지휘권으로부터 신분상, 인사상 독립되어 운영하고 있다.

또한 우리의 군사법원제도는 수차례에 걸친 부분적인 개정이 있었지만, 현 사회처럼 다양하고 전문화된 사회현실이나 많은 변화가 있었던 우리 국군의 현실 환경과 과거보다 더욱 진보된 인권보호측면이 부각되는 민주화 추세에 발맞추지 못한 채 남북대치상황에서의 지휘권 보장이라는 군의 특수성의 논리를 사법정의라는 법논리의 우위에 두어 군사법원 조직체계상의 법률적 모순과 군사법원 및 군 수사기관의 운영상의 각종 문제점이 유지된 가운데 군사법을 운영하여 왔음을 부인할 수 없다. 이러한 현실은 군사법원의 법률상 조직체계 및 운영상의 각종 문제점과 군사법 요원들의 관심부족, 군정책결정자들의 군지휘권의 보장측면을 강조하는 보수적 성향 등 많은 요인들에 기인한다고 보여진다.

(1) 군사법원 재판관 구성상의 문제점

군사법원의 재판관은 군판사와 심판관으로 구성되며, 재판장은 선임 재판관이 된다. 보통군사법원에서는 군판사 2인과 심판관 1인이 재판관이 되며, 고등군사법원에서는 군판사 3인을 재판관으로 하고, 다만 관할관이 지정한 사건의 경우 군판사 3인과 심판관 2인을 재판관으로 한다. 군판사는 군법무관 중에서 임명되며, 모든 군판사는 일반법원의 판사와 동일한 자격을 가진다.

이러한 구성에서 몇 가지 문제점을 짚어볼 수 있다.

먼저 보통군사법원에서의 심판관의 존재와 관련된 논란이 제기되고 있다. 여기서 심판관은 법조인 자격(변호사자격)이 없는 영관급 장교 가운데 심판관으로 지정된 경우를 말한다. 이 심판관이 헌법에 정한 '헌법과 법률이 정한 법관'에 해당하는가가 문제되나, 헌법 제110조 제1항, 제3항의 위임에 따라 이미 특별법원인 군사법원에서 그 재판관의 자격을 법률로 정하도록 위임하고 있으므로 위헌은 아니라고 주장할 수 있다. 헌법재판소의 결정[66]에 따르면, '군사재판을 신속, 적정하게 하여 군기를 유지하고 군지휘권을 확립하기 위한 것으로서 필요하고 합리적인 이유가 있다'고 하여 위헌이 아니라고 선언하고 있다. 이 심판관 제도의 취지는 '군대의 특수한 군사지식과 군경험을 재판에 반영하기 위한 제도'로서, 심판관 제도를 이용하는 목적은 '군사재판이 지나치게 법률논리에 치우치지 않도록 하여 군의 특수성과 작전의 원활을 고려하여 재판의 합리적 운용을 기하고자' 하는 것이라 한다. 또한 1994년 군사법원법을 개정하면서, 보통군사법원에서는 심판관을 2명에서 1명으로 축소하였으므로 군사재판에 법률전문가의 관여를 더욱 확고히 했다고 한다.

이러한 취지는 나름대로의 타당성을 인정할 수 있으며, 특히 재판에서 일종의 참심제적 요소를 띠고 있는 것으로 볼 수 있다. 그러나 현실적으로는 심판관의 계급이 군판사의 그것보다 높은 경우가 많으므로, 선임재판관으로서 재판장이 된다. 심판관이 재판장으로 될 경우, "비법률가로서 형사절차를 잘 몰라 절차진행에 문제를 낳을 수 있다". 통상 재판장은 "사건이 일어난 그 부대의 장교이므로 선입견을 갖고 들어올 수 있으며" 그 때문에 엄정중립적 입장에서 판결하기에 심리적 부담이 적지 않은 점도 지적된다. 그리고 계급사회에서 선임자의 위치는 다른 군판사들에게 하나의 보이지 않는 심리적 압력으로 작용할 수 있다.

한국의 재판이 오직 전문법조인의 전유물로 하는 것은 바람직하지 않다고 생각하지만, 민간재판의 경우에는 시민의 사법참여가 배제되면서 군사재판의 경우에만 비법률가의 사법참여가 인정되는 것은 이중적으로 문제이다. 이것은 군의 특수성 논리, 다시 말해 전적으로 전문가의 법적 판단에만 맡길 수 없다는 논리 및 군의 상관은 비법률가더라도 재판장이 되어야 한다는 논리 모두 대단히 기형적이라는 것이다. 그러한 기형성은 재판의 중립성과 엄정성에 유해한 결과를 초래하는 것이다.

66) 헌재결 1996.10.31. 93헌바25.

3) 수사단계에서의 문제점

(1) 수사기관간 견제장치 미흡

군수사기관의 경우 군검찰부, 헌병대 등이 있으나, 헌병과 군검찰부 모두 지휘관의 보좌기구에 속해 있어 1차 수사기관인 헌병이 지휘관에게 보고하여 결론을 내린 후 군검찰부로 송치하여 군검찰부의 기능이 상당히 제한되고 있다. 또한 일반 검찰과 같이(검찰청법에 명시) 군검찰관의 헌병에 대한 수사지휘권을 명문화하려고 하였으나, 계급논리(하위 계급인 검찰관이 상위계급인 헌병대장을 지휘하는 것은 군 계급상 불가하다는 논리)를 앞세워 지금까지 법개정이 이루어지지 못하였고, 실제 계급논리에도 저촉되지 아니하는 준사관 이하의 수사관에 대한 지휘권의 명시의 시도조차도 강력한 헌병 수사기관의 반발로 무산된 바 있다. 따라서 군검찰의 견제장치 미비로 1차 수사기관인 헌병과 기무의 권한이 군내에서 너무나 막강한 실정이다.

(2) 군수사기관의 종사자들의 소속으로 인한 문제

일반 사회의 경우 수사기관이 수사를 잘하면 오히려 엄청난 평가를 받으나, 군내에서는 수사기관 종사자들도 소속부대 지휘관의 부하여서 오히려 부대 내 비리를 규명하는 것이 부대원들로부터 원성의 대상이 되고, 이를 규명하여 문제가 되면 지휘관이 부대관리를 못한다는 평가를 받게 되어 보직해임이 될 경우 계속해서 그 부대내에서 근무하는 것이 힘든 사례도 종종 발생하는 등 많은 문제점이 있다(소위 동네 재판의 문제). 특히 이러한 지위에서 자신의 상관인 지휘관의 비리를 수사한다는 것은 사실상 불가능하다.

군인의 범죄라 하더라도 순전군사범이 아닌 휴가 중 각종 절도, 강도 등 사건과 교통, 폭행사건의 경우 1차 수사기관인 경찰에서 조사를 한 후 헌병대로 이송하면 같은 1차 수사기관인 헌병대에서 다시 조사한 후 군검찰로 송치하고 있고, 전체 군사건 중 이러한 사건이 차지하는 비중이 80%이상이다(연간 전체 형사사건이 약 8,000여건이며, 이중 약 7,000여건이 경찰 이첩건임). 그런데 군수사기관의 전문성 부족과 수사의지 부족으로 인한 각종 문제점이 최근 발생되고 있고, 이중적인 조사(사실상 동일 내용의 피의자 신문조서만 반복하여 작성한 후 송치)하여 사건 처리만 지연시키고 있다.

(3) 공판절차상의 문제점

현재 군사재판은 차상급부대의 군판사 1인, 지원 군판사 1인, 일반장교인 재판장으로 구성되며, 수사검찰관이 공소유지까지 담당하며, 인접부대 검찰관이 국선변호를 번갈아 수행하고 있다고 한다.

문제는 재판에 관여할 아무런 근거가 없는 법무참모가 재판에 상당한 영향력을 발휘한다는 사실이다. 법무참모가 지휘관에게 의견을 묻고, 지휘관이 원하는 대로 처단형을 결정하여 군판사를 통해 자신의 뜻이 관철되도록 압력을 행사하는 경우가 적지 않다고 한다. 이 경우 재판에 관여하지 않는 자가 영향력을 행사함으로써 형사재판을 심각하게 왜곡시키는 결과를 초래하게 된다. 이러한 상황은 군단급 재판의 경우 더욱 심하게 나타난다. 이러한 재판왜곡이 가능한 이유는 군사법원이 사실상 법무참모부에 소속되어 있고, 군판사의 계급이 법무참모보다 낮기 때문에 법무참모의 영향력 행사가 보다 용이하기 때문이다.

법무참모는 말 그대로 사단장 내지 군단장에게 법적 문제들에 대하여 조언해 주는 역할을 하는 것이다. 그렇다면 법무참모는 어디까지나 <참모>에 머물러야 하며, 지휘관의 의도를 재판부에 반영시키려 해서는 안된다. 그것은 군의 '사법권'에 대한 부당한 간섭 내지 침해에 해당되기 때문이다.

(4) 판결에 대한 관할관의 확인조치의 문제점

① 관할관은 무죄, 면소, 공소기각, 형의 면제, 형의 선고유예 또는 형의 집행유예의 판결을 제외한 판결을 확인하여야 하며, 형법 제51조 각호의 사정을 참작하여 그 형이 과중하다고 인정할 만한 사유가 있는 때에는 그 형을 감경할 수 있다(군사법원법 §379①). 이러한 확인조치는 판결이 선고된 날로부터 10일 이내에 하여야 하며, 확인조치 후 5일 이내에 피고인과 검찰관에게 송달하여야 한다(동법 ②). 군사법원법상의 관할관은 군사법원이 설치된 부대와 지역의 사령관장 또는 책임지휘관이다. 보통군사법원에서는 이러한 관할관 확인조치가 인정되지만, 고등군사법원에서는 관할관인 국방부장관의 확인조치권은 인정되지 않는다.

관할관의 확인조치권, 달리 말해 실질적인 감형권이 무제한적으로 보장되어 있는 것이다. 이는 관할관을 법관의 위에 서게 하며, 지휘관은 사법적 판결을 자의적으로 축소 변경할 수 있게 된다. 비유하자면 대통령의 사면권에 준하는 권력을 사단장마다 갖고 있는 셈이다. 이는 사단장 등의 관할관의 권위를 크게 높이고, 그러한 권한의 보유 자체가 상명하복의 풍토를 강화시키는 데 기여할 것이다.

우선 임의적인 감형권 자체를 사단장에게 보장한 그 자체도 문제이려니와, 감형권의 행사에 아무런 기준을 찾아볼 수 없는 것이다. 그야말로 모든 유죄판결은 '사단장 마음대로' 처리할 수 있다. 예컨대 3년의 실형이 선고된 사건에 대해 징역 6월로 감형하는 것은 어려운 일이 아니다. 하지만 그럴 때 재판의 의미는 무엇이겠는가.

이런 점에서 관할관의 확인조치권은 폐지되어야 마땅하다. 정 원심판결에 문제가 있다고 생각하는 관할관이 있다면, 피고인에게 항소를 권유하고 관할관의 의견서를 항소심에 제출할 수도 있을 것이다. 헌법은 대통령의 사면·감형권만을 인정할 뿐인 점도 참고되어야 할 것이다.

② 현재 보통군사법원에서의 항소는 고등군사법원에 하게 되어 있으며 그 구조는 보통군사법원과 같다. 다만, 상고권이 대법원에 보장되어 있으므로 위헌의 문제는 제기되지 않는다. 문제는 대법원은 법률판단만을 하는 기관인데 사실판단의 문제를 이미 군사법원에서 다 해버리게 되면 불충분한 증거에 기인한 유죄판결에 대해 적절히 대처할 방안이 없게 된다.

따라서 항소가 제기된 사건에 대하여는 사실심리를 일반 고등법원에서 담당하도록 하는 방안도 검토할 필요가 있다.

(5) 군사법원의 관할사건의 문제점

군사법원은 대한민국 군인 및 준 군인의 모든 범죄에 대하여 재판권을 가진다. 심지어 군인의 신분취득 이전에 범한 죄에 대하여도 재판권을 가진다. 그리고 계엄법에 따른 재판권도 있으며, 군사기밀보호법 제8조의 죄(업무상 누설)에 대하여도 재판권을 가진다(군사법원법 §2). 즉 군인이라는 신분을 가진 자가 과거나 현재 범한 모든 죄에 대하여 군사법원의 재판대상이 된다는 것이다.

이러한 재판권의 범위는 적지 않은 문제를 갖고 있다고 생각된다. 먼저 군인 이전의 신분에서 군사상의 범죄와 관련 없는 일반범죄를 범한 경우에도 일단 군인신분을 취득한 자는 민간법원이 아니라 군사법원의 심판을 받도록 하는 것은 그야말로 신분재판권이라고 볼 수밖에 없다. 적법절차의 관점에서 볼 때 군사법원은 아직 민간법원보다 신뢰도가 낮다고 생각되는데, 이는 시민들을 매우 불안정한 상태에 위치시키는 결과를 초래한다. 따라서 군인의 신분을 갖고 저지른 범죄의 경우에도,

군인이기 때문에 저지른 범죄와 그냥 인간으로서 저지른 범죄를 구분할 필요가 있을 것이다. 말하자면 군인의 신분을 갖고, 군사상의 범죄를 저지른 경우에 한해 군사법원의 재판을 받도록 할 필요가 있다.

특히 군인에 대하여 일반법원에서 재판을 하여도 무효가 아니라 항소사유가 된다는 대법원 판례나 군사법원이 특별법원인 점에 비추어 현행법상으로도 아무런 문제가 없어 보인다.

(6) 군교정시설의 검토

군의 교정시설로는 기결수를 수용하는 교도소, 미결수를 수용하는 미결수용실(영창)이 있다. 군교도소는 국방부장관 직속으로 각 군 참모총장이 지휘감독하는데, 현재 각 군 중 육군교도소만 운영되고 있다.

각급 부대에서 영창이라 불리는 미결수용실은 사단급 이상의 부대에 설치되어 있으며, 현재 6개월 미만의 자유형의 선고를 받은 자를 수용한다. 영창은 헌병대 산하에 설치되어 있으며, 수사기관인 헌병이 형집행을 담당하고 있다. 그런데 영창에는 징계처분으로 영창처분을 받은 징계혐의자도 수용한다. 영창은 미결수용실과 징계병의 수용실로 구분되어 있는데, 기결수가 있는 경우에는 이도 또한 분리수용하도록 하고 있다. 그러나 영창의 시설(보통 방 5개)로 보아 이 모두를 분리 수용한다는 것은 거의 불가능한 실정이라 하겠다. 유치장 등과는 달리 영창의 법적 근거규정은 없다. 다만, 군행형법에서는 군교도소의 지소를 둘 수 있다고 하고 있으며(동법 §2②), 교도소의 명칭, 위치 및 직제 그리고 미결수용실을 둘 수 있는 부대를 대통령령으로 정할 수 있게 하고 있다(동법 §2⑥,⑦). 영창에 대한 근거는 마련하면 되지만 6개월 미만의 실형선고를 받은 자를 정식 교도소가 아닌 미결수용자 혹은 징계병들과 같이 영창에 수용하는 것은 문제가 있을 것이다.

아울러 사병은 행정절차인 징계처분에 의하여 15일 이내의 범위에서 사람의 신체를 구속하게 되는데 군인이 특별권력관계에 있다고 하더라도 구속과 다를 바 없기 때문에 문제가 있다. 물론 구속시켜서 전과를 남게 하느니 징계로 끝내서 인생에 오점을 남기지 않게 하는 순기능적인 면도 있지만, 이는 신체의 자유를 속박하는 방법 이외에 다른 방법에 의하여 해결하여야 할 것이다.

현실적인 문제로 검찰관의 영창시설점검 등이 제대로 이루어지지 않고 있는 점을 들 수 있다. 설문수리를 하기는 하나, 수용자들 대부분이 자신들의 권리가 무엇인지 제대로 알지 못하고 있기 때문에 실질적인 조사가 되기 어렵다는 것이다. 미결수용자들이 법령상 보장되어 있는 1일 1시간씩의 일조권을 보장받지 못하고, 또한 수양록 작성 등의 명분으로 군검찰에서의 수사상황도 헌병에서 파악하는 등 많은 문제점이 있다.

5. 결어

군의 특수성, 군사재판의 특수성을 강조하는 주장들은 점점 약화되고 있으며, 적법절차 및 인권보장의 견지에서, 군사재판은 가능한 일반재판과 유사하게 해야 한다는 주장이 강화되고 있다.

군사법원에서 사법권 독립·중립의 확보와 재판의 공정성·형평성의 제고를 위하여 무엇보다 우선 수사·재판에 있어서 관할관의 개입을 차단해야 한다. 관할관의 입김은 구속영장 청구에서의 결재, 공판단계에서 법무참모를 통한 개입, 특히 재판결과에 대한 관할관의 확인조치 등 사건의 처음부터 끝까지 결정적인 순간에 작용한다. 이러한 방식은 이제 폐지하는 것이 바람직하다.

재판관할과 관련하여, 군사상 범죄 이외의 사건은 민간법원에서 다스리는 것이 바람직하다.

국방부는 김대중－노무현 정권에서 추진된 남북화해 협력정책에서 기인된 그동안 안보의식의 이완과 우리 대한민국의 정통성을 제대로 유지하기 위하여 2008년 10월 10일 군 정신교재를 5년만에 개편한다고 하는데[67] 이는 시의적절한 정책이라고 보겠다.

끝으로 지금까지 지적한 문제점과 지적들이 군조직의 특유한 제도나 문화 즉 안보관과 대적관(對敵觀)에 악영향을 끼쳐서는 절대로 안된다는 것을 역설하고자 한다. 왜냐하면 우리 군은 우리 대한민국의 자유민주주의를 수호하고 국민을 위한 국민의 군대이기 때문이다.

67) 동아일보, 2008, 10. 11. 1면.

제27절 신종범죄피해

1) 개념

신종범죄는 상대적 개념으로서 현대에서의 신종범죄는 시간이 지나면 다시 고전적 범죄가 되고, 과거의 고전적 범죄도 과학기술의 발달로 인하여 범죄수법의 진화로 신종범죄가 파생한다.

신종범죄란 기존범죄와 다른 범죄 및 기존 범죄수법이 보다 진화되어 새로운 범죄수법에 의한 범죄를 의미한다. 현대로 갈수록 과학기술 및 정보화기술의 발달과 세계화 및 지구화의 추세로 인하여 이러한 신종범죄는 끊임없이 창출되어 가고 있다. 특히 인터넷기술의 발달로 인한 사이버범죄나 컴퓨터범죄에서 이러한 신종범죄는 끊임없이 생겨나고 있으며, 현대범죄의 가장 화려한 꽃이라는 사기죄도 새로운 신종범죄의 영역이 끊임없이 확대되어 가고 있다. 따라서 신종범죄란 사이버범죄나 컴퓨터범죄 및 사기죄에 있어서 가장 두드러지고 있다. 물론 이외에도 다른 범죄가 있어서도 신종범죄가 끊임없이 진화되어 가고 있다.

신종범죄의 또 하나의 특징은 과학의 발달로 범죄의 복합화 현상이 빠른 속도로 생겨나고 진화한다는 것이다. 가령 인터넷범죄와 사기범죄의 융합이 그 예이다. 따라서 신종범죄는 범죄의 모든 영역에서 파생될 수 있다. 다만, 다른 범죄에 비해 컴퓨터범죄와 인터넷범죄 및 사기죄가 가장 많은 신종범죄를 만들어냈다.

2) 유형과 피해현황

(1) 신종폭력

신종폭력의 하나인 해피슬래핑이 최근 유럽 일대에서 유행인데, 이것은 이유 없는 폭행·살해라고 번역되어진다. 이것은 10대들이 아무런 이유 없이 타인을 구타 또는 살해하고 이를 휴대폰으로 찍어 친구들과 교환해 보거나 인터넷에 올리는 현상을 말한다.

영국 런던에서 시작되어 프랑스와 캐나다 등지의 10대 청소년들로 급속히 번지고 있는 '해피슬래핑'은 TV에서 방영되는 위험하고 폭력적인 스턴트 쇼에서 영향을 받은 것으로 전문가들은 분석하고 있다(세계일보, 2006, 10. 18). 2005년 4월에는 영국의 '가디언'지는 경찰이 6개 도시에서 200여건의 해피 슬래핑사건을 조사했다고 보도한 바 있다.

이러한 해피 슬래핑에는 폭행과 그 장면을 동영상으로 찍은 것이 포함된다. 따라서 해피 슬래핑은 폭행의 사회적 의미를 반영한다.

최근 한국에서도 이같은 현상이 나타났는데, 여고생들이 친구를 괴롭히고 그 장면을 휴대전화 동영상으로 찍어 인터넷에 올렸다가 서울지방경찰청에서 수사에 착수한 일이 생겼다(MBC TV, 2006. 12. 22). 구타당하는 여학생들은 구타보다도 구타당한 모습이 촬영된 장면의 인터넷 유포를 더 두려워했다. 이러한 촬영폭력도 학교폭력의 일종이다.

이러한 해피 슬래핑의 피해자들은 대개 집단따돌림의 피해자와 유사한 특성을 가진 자도 있고, 또한 여고생들의 경우에는 매력적인 외모를 가진 자도 피해자가 될 수 있는데, 그것은 촬영폭력의 매력적인 먹이이기 때문이다. 자기들보다 예쁜 여학생이 괴로워 하는 모습을 보면서 쾌감이 증가되기 때문이다.

(2) 신종사기

사기죄와 관련하여 최근 신종사기가 많이 발생하고 있는데, 가장 대표적인 것이 피싱(fishing)사기이다.

피싱은 은행·쇼핑몰·온라인게임 등 유명기관을 사칭하여 가짜 홈페이지 주소가 들어 있는 이메일을 보내고 위장된 홈페이지에 개인정보를 입력하도록 유도한 뒤 수집한 정보를 악용하는 신종 금융사기수법이다.

피싱 메일은 '고객의 계좌에 문제가 생겼으니 계좌번호와 주민등록번호를 다시 한번 입력해 주십시오', '메일의 요청을 무시할 경우 귀하의 계좌가 감정적으로 정지될 수 있습니다.

'경품당첨 계좌잔액 증가, 거래내역 변경 등의 내용으로 홈페이지 접속요구', '업그레이드된 인터넷 뱅킹 기능사용을 위하여 링크된 홈페이지로 즉시 접속요구 ', '긴급보안통지' 등의 유형으로 구성되어 있다. 이러한 피싱수법도 발전해 이메일로 전파되지 않는 방법도 나타났는데, 이는 기존 피싱과 달리 해킹과 결합되었다는 점에서 위험성이 더 크다.

최근에는 보이스 피싱도 나타나고 있다. 보이스 피싱은 국내에서만 아니라 국제적 사기단도 기승을 부리며, 이런 보이스 피싱수법도 갈수록 진화해서 영역을 다양화하고 있다. 이러한 보이스 피싱에는 고전적 수법인 환급금사기에서 벗어나 문자피싱, 현금인출기(ATM)피싱, 자녀납치협박을 빙자한 사기도 등장했다. 또한 이제는 피해자들이 신뢰감을 갖게 하는 경찰·검찰 등 공공기관을 사칭한 보이스 피싱도 등장했는데, 이는 은행 CD기를 이용한 세금환급 등의 금융사기수법이 언론을 통해 널리 알려지자 사기범들이 수법을 바꾼 것이다. 최근에는 이런 피싱피해가 알려지자 이제는 당신이 피싱사건의 피해자니 조사해야 한다는 고도의 피싱사건도 기승을 부리고 있고, 최근에는 한국을 표적으로 한 보이스 피싱 국제사기단이 활개치고 있다.

국내언론에 보도된 국제 보이스피싱 사기수법과 흐름도는 다음과 같다.

한편, 2006년 6월부터 2007년 3월까지 피싱피해는 2,406건이지만, 검거율은 997건(41%)이다. 경찰은 2007년 1월까지 매달 200여건에 머물던 피싱피해가 최근 400여건으로 급증했다고 하는데, 전문가들은 외국범죄조직이 한국을 주된 표적으로 삼는 이유로 허술한 금융시스템을 지목하고 있다. 여권만 있으면 외국인도 얼마든지 계좌를 개설할 수 있어 이들이 위조여권을 대량으로 만들어 사기에 이용한다면 추적은 사실상 불가능하다. 국내 금융기관의 1일 1회 이체한도가 고액(최고 1,000만원)이라는 점도 범죄단체에게는 매력적이라고 한다(한국일보 2007. 4. 17). 또한 보이스 피싱수법에 이제는 잘 속지 않을 것 같은 엘리트층도 당하고 있는데, 2007년 5월에는 지방의 법원장이 보이스 피싱을 당한 사건이 발생하였는데 사건의 전모는 다음과 같다.

이 사건은 전화를 통한 음성은 원래음성과 잘 구별될 수 없다는 점과 급박한 상황에서는 인간의 이성적 행동이 잘 나오지 않는 점, 한국인의 가족에 대한 깊은 정을 이용한 사건으로 누구라도 피해자가 될 수 있다는 것을 시사한다.

또한 이제는 보이스 피싱이 많이 알려지자 보이스 피싱을 막아 주겠다는 사기도 생겼으며, 보이스 피싱 사기단을 사기친 프로사기단도 생겨났다.

이러한 보이스 피싱수법은 더욱 정교해져 최근에는 국제시차를 이용한 보이스 피싱사건도 빈발하고 있다. 2007년 5월 4일 MBC TV 뉴스에 의하면 주부 A(50)는 "미국남부에 유학 중인 아들이 납치되었으니 돈 700만원 안주면 죽이겠다"라는 전화를 듣고 전화를 통해 아들 같은 사람이 울면서 살려 달라는 이야기를 듣고 국내계좌로 입금시켜 사기당했다고 한다. 이 사건은 자녀를 사랑하는 한국문화의 심리와 당황할 때는 자녀목소리와 비슷한 소리도(특히 울음) 자녀목소리와 비슷하게 생각되는 피해자의 심리, 또한 국제시차를 이용해 피해자가 아들에게 연락하지 않으리라는 고도의 심리(사건발생시간이 미국에는 새벽 3시임)가 결합된 사건이다.

최근에 유행하는 보이스 피싱은 카드사·은행직원을 사칭한 보이스 피싱이다. 이와 관련된 사례는 다음과 같다.

이러한 보이스 피싱의 피해자는 대개 인터넷이나 폰뱅킹을 잘 모르는 주부·노인 등이 많지만, 갈수록 보이스 피싱이 지능화되어 피해자의 범위가 성별·연령과 관계없이 증대되어지고 있다.

또한 최근에는 최첨단 사기도박이 적발된 바, SBS TV 8시 뉴스(2007. 3. 22)에 의하면 아들은 카지노 바에서 카드 뒷면을 알 수 있는 불법용액을 묻힌 카드를 설치된 적외선 카메라를 설치해서 상대에게 무전기(귀 안에 좁쌀 만한 크기로 된 자석무전기)를 통해 알려 주었다고 한다. 또한 변종전화사기가 최근 기승을 부리는데, 이는 일반인이 신뢰할 수 있도록 060 대신 0609를 써서 마치 무료로 인식토록 오인케 하여 전화하게 한 다음 정보이용료를 빼가는 수법이다.

MBC TV 뉴스(2007. 3. 21)에 의하면 정보지 등에서 대출·부업을 미끼로 전화를 걸게 유혹하는데, 이 때 0609전화가 무료인 줄 알고(사실은 30초당 1,000원의 유료전화임) 피해자들이 전화하면 부업이나 대출을 해 준다며 여성상담원과 오랫동안 통화하도록 유도하여 정보이용료를 챙긴 것인데, 17개 회사가 사기 쳐서 150만명이 150억원의 피해를 당했다고 한다.

또한 최근에는 국제전화 콜렉트콜 사기도 발생한 바 관련 기사내용은 다음과 같다(서울신문. 2007. 6. 4).

이 사건은 젊은 여성을 이 기회에 유혹하려는 남성의 심리와 이익만 챙기는 통신업체의 허점을 파고든 사건으로 피해액이 큰 점에서 부업·상담을 미끼로 한 상담사기와 다르다. 이런 상담사기는 피해자들은 소비자보호법상 피해자가 아니어서 피해보상을 받을 수 없다는 점을 악용한 것이며, 피해자 1명당 피해액이 몇 만원에 해당되므로 피해자가 적극적으로 신고하지 않는다는 피해자의 심리를 이용하고 또한 국민기초수급권자나 신용불량자들은 유혹에 잘 넘어간다는 심리를 이용한 사건으로 피해자가 대개 서민들이다. 또한 매력적인 젊은 여성의 친절한 목소리에 쉽게 넘어간다는 심리도 이용했다.

또한 과거에는 어리석은 사람들이 주로 사기피해의 대상이었으나 최근에는 현명한 사람도 등치는 고도의 사기도 발생하는데, 가령 웰빙바람으로 인해 시장에서는 중국산 식품이 국내제품으로 둔갑하는 것을 잘 아는 일부 현명한 소비자들은 자기들은 속지 않기 위해 지방으로 여행가는 길에 산지에서 사기 위해 농촌지역 길가에 '생산지 직판'이라고 현수막 붙인 곳에서 농산물을 국산으로 싸게 샀다고 흐뭇해 하는 소비자가 있는데, 최근 이러한 농촌지역 길가에서 파는 일부 판매자들이 사실은 중국산인데도 국산이라고 속이고(특히 곶감) 제품을 파는 원산물 허위표시 사기가 보도되었다. 이런 사실은 원산지 표시는 말로 해서 되는 것이 아니고 기재해야 됨을 모르는 피해자의 무지와 농촌지역의 산지와 가까우니 진짜이고 싸게 산다는 심리 및 지나가는 뜨내기손님이므로 잘 신고하지 않겠다는 범죄인의 심리가 결합된 것이다.

또한 보험사기에서도 신종보험사기가 활개치는 바, 보험사기의 수법으로는 얼마 전까지만 해도 조직폭력배의 보험사고 고의유발이나 병원의 과잉진료행위 및 특정 질병 조작행위 등이 주류를 이뤘다.

그러나 최근에는 홀인원을 한 것으로 조작하여 홀인원보험금을 부당수령하거나 전문차량절도단에 의한 절도차량 밀수출 등의 신종보험사기도 크게 늘고 있다. 또 자동차정비업소들이 중고부품을 사용하거나 고의로 차량을 훼손하기도 하며, 보험설계사와 대리점과 연계된 보험사기도 급증(2004년 69건, 2005년 151건)하고 있다(세계일보 2006. 3. 14).

최근에는 과거와 달리 기획사기도 등장했는데, 대표적인 것이 공유 마케팅으로 기획사기극을 벌인 제이유그룹이 그 대표적인데, 서울동부지법은 2007년 1월 20일 사기(2조 1,000억원)와 횡령(280)으로 구속된 주수도 회장에게 징역 12년을 선고했는데, 제이유의 공유 마케팅은 빚만 누적되어 가는 구조로 "불법적인 다단계방식과 다르지 않다"고 규정했다.

〈표 3-23〉 다단계판매와 피라미드판매의 차이점

구분	다단계판매(합법)	피라미드판매(불법)
입회비	낮은 입회비(2만원 이하), 무료	높은 입회비 또는 제품구매 강요
주요상품	우수한품질의 다양한 생활용품	제품의 품질이 조악하고 비싼 내구제 제품
환불제도	100% 환불보증제도	없음(반품을 허용하지 않음).
판매방식	장기적인 비즈니시 광고가 필요 없고, 입에서 입으로 전해짐.	회원의 가입수에 따라 수익이 발생하여 단기간에 손쉽게 돈을 버는 판매방식
보상제도	판매실적에 따른 보상제도와 그 외 그룹의 크기에 따라 보너스 지급됨.	가입비 등에 의한 실적금액의 규모에 따라 직위를 사는 경우도 있음.
구매방식	자유의사에 따른 상품구입	강제구매를 유도당하기도 함.
권유방식	부업으로 권유	전업으로 활동하기를 강요
주수입원	제품판매에 따른 수입 및 보너스	판매원 등록시 발생하는 등록비
교육비	무료	유료

한편, 불법적 다단계판매(피라미드판매)와 합법적인 다단계판매의 차이는 위 표와 같다.

또한 최근에는 동정심을 유발하는 신종 사이비 앵벌이가 극성을 부리는데, 2007년 3월 14일 MBC TV '생방송 오늘의 아침'에서는 25세 남성이 자신을 백혈병아이를 키우는 여성이라고 속이고 동정심을 유발해 140만명에게 전자메일(인터넷 팝유에서 정보를 유출해 다운받았음)을 보내 74명이 240만원을 송금했다고 한다.

이런 사이비 앵벌이는 주로 인간적인 프로(KBS TV의 인간극장)나 사기에 취약한 주부들이 많이 보는 프로(KBS TV의 아침마당)에서도 최근 기승을 부리며 다양한 앵벌이가 나타나고 있다. 인터넷시대를 맞이하여 과거의 거리의 앵벌이에 비해 앵벌이 비용이 적게 들고, 또한 피해자들도 자신의 어려웠던 과거를 회상해 도울 것이라는 기대심리와 소액의 선행을 하는데 아무런 비용(가령 남에게 알려진다든지 또는 특별한 절차가 필요없다)이 들지 않고, 오히려 심리적 이익(평소에 남을 돕지 못했는데 이런 기회에 소액이라도 돕자)이 증가할 수 있다는 데 착안한 범죄이다. 이런 신종 사이비 앵벌이도 갈수록 그 호소내용이 치밀해지고 있다. 또 컴퓨터지식이 부족한 자들을 대상으로 컴퓨터에 바이러스가 있다고 속여 치유 프로그램을 설치할 것을 유도하여 돈을 챙기는 보안기업체도 적발되고 있다.

(3) 신종강·절도

최근에는 신종강도범죄도 나타나는데, 대표적인 것이 대리운전자들이 사용하는 업무용 PDA(개인휴대용 정보단말기)를 이용한 강도사건이다. 업무용 PDA에는 대리운전수여자의 핸드폰 등 개인신상정보가 실시간으로 제공되나 별다른 인증절차 없이 누구나 이용할 수 있어 범죄에 악용될 수 있다. 실제로 강도범들이 대리운전자를 납치해 PDA를 탈취한 사건이 발생했는데, 이를 이용해 고객인 은행지점장을 납치한 사건이 발생하였다.[68)]

한편, 최근에는 마약범죄도 신종 마약범죄가 등장하고 있는데, 먼저 마약밀반입방법에의 새로운 신종수법이 등장했다. 과거에는 중국 현지에서 국제화물을 통해 국내공급책에 전달했지만, 최근에는 국제적인 물품거래가 많은 여행사를 중간기지로 이용해 중국에서 마약을 밀반입하다가 적발되었다(내일신문, 2006. 12.14). 또 강정에 마약을 넣은 강정마약이 외국인 강사에 의해 수입되다 적발되었는가 하면(동아일보 2007. 7. 711), 시약검사로는 검출되지 않는 신종마약인 케타민이 급속히 등

---

68) 천정환, 전게서, 264면.

장했고, 더군다나 디톡스라는 마약해독제까지 등장하여 급속히 번지고 있는 바, 이 마약해독제는 약초로 만들어졌고 마시면 몸 안이 깨끗해져 백만명 이상이 만족했다는 광고를 하고 있다.

또한 신종절도로서 차량매매를 가장한 차량절도가 최근 급증하는데, 범인은 정보지에 나온 중고차량을 사겠다고 유인한 후 열쇠와 자동차등록증을 모두 갖고 나온 피해자에게 열쇠 등을 모두 받고 우선 시운전해 본다고 속이고, 처음에는 뒤로 슬슬 시운전하는 척하여 피해자를 안심시킨 후 갑자기 직진하여 도주하였다. 범인은 미리 불러 둔 중고매매업자에게 돈이 급하다며 계약금 100여만원을 받고 열쇠 등을 모두 넘긴 사건이 발생하였다(MBC TV, 2007. 7. 5).

또한 신종절도로서 과거에는 없던 송유관 기름절도(도유)사건이 2004년부터 발생했는데, 이는 수법의 신종이 아니라 절도대상이 새롭게 대두된 것이다. 2007년 3월 현재에만 11건이 발생한 바, 2007년 3월 21일 경찰은 송유관에 구멍을 뚫어 28억원어치의 기름을 빼낸 3인조를 적발했다(한국일보, 2007. 3. 22).

최근 이런 기름절도단이 전국적으로 활개치고 있는데, 문제는 이런 송유관 기름절도가 자칫 대형 사고나 환경오염으로 연결될 수 있다는데 이 범죄의 심각성이 있다. 송유관 절도수법도 갈수록 진화될 것으로 예상된다.

또한 세계화의 진전으로 구리값이 폭등하자 전선과 전화선을 잘라내어 구리를 훔쳐가는 '인프라 도둑'들이 전세계에서 일어나고 있다. 구리채굴경험이 없는 중미의 도미니카공화국은 2007년에 구리 288톤을 수출했는데, 대부분이 도둑들이 전선과 전화선을 훔쳐 팔아 치운 것이며, 가이아나는 도둑들이 신호등 내부의 전선을 떼어가 교통이 마비되자 가이아나는 구리수출을 전면금지했다고 한다(한겨레, 2007. 7. 10). 이런 '인프라 도둑'의 활개로 정전사태나 전력공급이 중단되는 일이 발생하여 국민들이 피해를 보고 있다.

국내에도 공공기물절도가 급증하는 바, 주로 교각에 새겨진 동판, 알루미늄 난간, 구리, 전선, 학교의 금속표지판을 떼어 가는데, 주로 야간에 한적한 농촌지역에서 일어났다(MBC TV뉴스, 2007. 3. 8). 이들의 피해자는 주민들로 알루미늄 난간을 실제로 설치하려면 수천만원이 든다고 한다.

또 차량절도범이 주인행세하며 절도하는 신종수법도 등장하였다. 이들은 감시가 소홀한 길가에 세워 둔 차량을 대상으로 하여 열쇠수리공을 불러 자기차라고 하면서 열쇠를 복사해서 절도하거나, 견인차 운전사를 불러 인적드문 골목으로 견인하게 한 다음 갖고 있던 번호판으로 교체해서 절도했다(KBS TV, 2007. 5. 31). 이들은 견인차 기사들이 돈만 주고 견인해 준다는 사실과 견인차 기사들이 "당신이 주인인지 주민등록증 보자"라는 요구를 하지 않는 심리를 이용한 범죄이다. 따라서 이런 차량절도피해는 차량의 특색, 피해자의 부주의, 지리적 특성, 운(절도범의 눈에 운 나쁘게 포착된 차량)에 의해 결정된다.

또한 온라인상에서의 절도도 새롭게 대두되는데, 사이버 머니의 도용이 그 예이다.

그리고 최근 가짜 현금인출기를 번화가에 설치해 놓고 개인정보를 입수해서 카드를 복제한 뒤 현금을 인출하는 신종절도도 생겨난 바, 이에 관련된 기사내용은 다음과 같다(경향신문, 2007, 7. 4).

이러한 타인정보 빼내는 기계(가짜 현금인출기)는 개인도 누구나 인터넷에서 구입이 가능하고, 기계판매업체에서는 통제를 할 수 없는 점, 복제에 쉬운 마그네틱 카드 때문에 발생한 것으로 앞으로는 정부차원에서 통제와 관리가 있어야 하며, 복제가 어려운 IC칩 내장카드를 사용하도록 해 피해를 줄이도록 해야 한다.

(4) 신종 인터넷범죄 피해

① 개관

전 세계의 인터넷 사용 인구는 2007년 말 현재 14억을 돌파한 것으로 추정되며, 국내에서도 지난 2007년 말 현재 3482백만 명을 넘어섰다. 이와 같이 인터넷 사용 인구가 날로 증가함에 따라 이에 비례하여 인터넷상에서의 신종범죄도 급증하게 되는데, 인터넷상에서 신종 성매매범죄, 인터넷 사기, 인터넷 뱅킹, 해킹범죄, '돌려막기 사기' 피라미드 판매, 인터넷 보험사기, 인터넷 증권사기, 사이버선물(先物)거래 사기, 사이버머니 사기, 사이버 경품사기 등 너무나 많고 앞으로도 계속 증대될 것으로 전망한다.

특히 인터넷 사기가 가장 극성을 부리는 나라는 미국으로 미 연방거래위원회와 소비자연맹은 2007년 1~9월 신고를 받아 혐의가 인정된 인터넷 사기는 모두 2만 여건으로 지난해 같은 기간 보다 40%가 늘었다고 18일 밝혔다. 소비자연맹은 지난해인 2006년 1억 3,800만 달러로 추산된 피해규모가 2007년에는 2억 달러를 넘어섰다고 한다.

그러면 주요 인터넷상의 신종범죄를 보다 구체적으로 살펴보고자 한다.

② 사이버선물(先物)거래 사기

선물거래란 현물을 확보하지 않은 상태에서 장래 일정시점에 거래될 특정상품을 현재 합의된 가격으로 매수·매도하는 거래방식을 말한다. 특히 2008년에 들어 환율이 급등락하면서 개인들도 참여해 돈을 벌 수 있는 외환선물거래가 상당히 인기를 끌고 있는 틈을 이용해 이를 가장해 투자자들을 울리는 사기 피해가 최근 급증하고 있다. 언론에 보도된 한 예를 들면, 서울시 강남구에 있는 한 투자업체가 외국환선물거래 이른바 FX마진거래를 통해 단기간에 고수익을 보장해 준다며 전국적으로 투자자를 유치했다. "이 투자업체는 한 달 투자할 경우 월 3%, 1년이면 월 8%로 시중금리보다 높은 이자를 지급한다며 투자자들을 유혹했다." 하지만 이를 믿고 2006년 11월 2천여 만원을 맡겼던 주부 박모씨는 낭패를 봤다. 처음 몇 달간은 예정대로 이자를 지급하는가 싶더니 이후 환매는 물론 매달 이자도 지급하지 않았다고 한다. 이밖에도 부동산 개발사업과 대체에너지 개발사업 등을 가장해 투자자들을 울린 불법 투자유치업체 67곳이 경찰에 적발되기도 하였다. 이와 같은 피해사례는 2007년 들어 금감원에 피해사례가 접수된 업체만 무려 8개 업체나 된다고 한다. 이러한 사기를 당하지 않으려면 무엇보다 투자대행 업체가 선물업 허가를 받았는지 먼저 금융감독원에 확인하여야 할 것이다.

③ 사이버머니 사기

사이버머니(cyber money)란 말 그대로 사이버, 인터넷에서 쓰는 머니 돈을 말하는 것으로 전자상거래 및 콘텐츠 제공업자들이 자사 회원에게 마일리지 형태로 제공하는 가상화폐를 말하는 것으로 실체 현금으로는 교환할 수 없지만 보통 사이버머니를 주는 사이트 내에서만 현금과 똑같이 사용할 수 있다.

한 예를 들면 어린이 이용하는 신종 사이버머니 사기 초등학교 3년생 딸을 둔 金모씨는 지난달 전화요금 통지서를 받고 눈이 휘둥그레졌다. 음성정보 이용한 명목으로 6만 6천원이 포함돼 있었던 것이다.

"전화회사에 무슨 일이냐고 문의했더니 이 요금이 누군가의 인터넷 게임 사용료로 결제됐다는 거예요." 알고 봤더니 인터넷 게임 도중 "전화번호만 알려주면 무료로 캐시를 충전하는 인증번호를 가르쳐 주겠다"는 게임 상대방의 말에 속아 전화번호를 알려준 게 화근이었다.

상대방이 金씨의 전화번호로 받아낸 인증번호를 자기 ID와 연결시켜 두었던 것이다.

무료라는 말만 듣고 딸이 ARS서비스를 이용해 충전한 사이버 머니는 고스란히 상대방 ID로 입금됐고 결제만 전화번호 가입자인 金씨의 몫이 된 것이었다.

또하나 요즘 등장한 사이버 사기 중 하나는 주로 어린이들을 상대로 "인터넷 게임이나 아바타 꾸미기 등에 필요한 사이버 머니를 무료로 충전시켜 주겠다"고 속여 남의 전화번호를 받아낸 뒤 도용하는 것이다.

인터넷 포털사이트 세이클럽에는 지난 6개월 동안 이런 유형의 피해 신고가 2백 70건이나 됐다.

전문가에 따르면 사이버머니 피해를 입지 않으려면, "채팅이나 게시판 광고를 통해 무료로 캐시 충전을 해 주겠다면서 개인정보를 물어오면 절대 알려주어서는 안 된다"고 하였다.

또 사기를 저지르는 사람의 목표는 아바타를 많이 사는 사용자들이다. 아바타 구입이 잦은 사용자들은 이런 사이버머니 무료충전을 빌미로 접근하는 사람들을 주의하여야 할 것이다.69)

④ 사이버경매 사기

경매란 원래 특정한 물품을 팔려는 사람이 사려는 구매자를 많이 모집하여 그들의 가격신청을 받아 최고 가격을 부르는 사람과 매매가격을 맺는 것을 말하는데, 사이버경매도 인터넷이라는 사이버공간에서 정해진 시간 내에 최고가를 제시한 사람이 물건을 사는 것으로서 같은 분류의 경매이다.

그러나 사이버경매의 진행과정에서 바람잡이 등을 이용하여 낙찰가격을 부당하게 높이거나 낙찰되어 부당하게 배달된 물건이 광고의 내용과 다르거나 불량제품인 경우 경매회사 통장에 온라인으로 입금했음에도 불구하고 상당기간이 지나도록 물건이 도착되지 않고 업계와의 연락이 두절되는 경우 등이다.

2005년 소비자보호원에 접수된 전자상거래 관련 소비자 피해 구제 사례 천6백여 건을 조사한 결과 인터넷 경매 관련피해는 모두 222건으로 2004년도인 전년도에 비해 배 이상 증가한 것으로 나타났으며 4년 전인 2001년과 비교해 보면 4배가량 급증했다.

유형별로 보면 품질하자나 AS 불만이 47%로 가장 많았고 이어 계약해지나 반품 요구 거부가 24%, 허위과장 광고가 9%, 물품 미인도나 지연이 5%의 순으로 나타났다.

이렇게 인터넷경매 피해가 급증하는 것은 다른 인터넷쇼핑몰 등에 비해 소비자보호 장치가 상대적으로 미흡할 뿐만 아니라 실제 경매 사이트에서 물품을 구매할 경우 사이트 내에 판매자 성명이나 주소, 연락처 등의 정보가 없는 경우가 많아 피해를 입힌 가해자의 추적이 어렵기 때문이다.70)

---

69) mailto: jgalgil@hotmail.com

70) kti9558@kmib.co.kr

⑤ 인터넷 증권사기

인터넷은 개인용 컴퓨터를 이용하여 주식의 매수주문이나 매도주문을 낼 수 있고 또 거래비용이 저렴하여 시장정보에 쉽게 접근할 수 있는 이유로 투자자들 사이에 매우 인기가 높다. 그러나 불행하게도 인터넷은 수많은 투자자를 속여 돈을 빼앗아 갈 수 있는 새롭고도 효과적인 수단이 되고 있다.

인터넷 증권사기는 다음과 같은 범주로 나누어 볼 수 있다.

첫째, 위조모집 또는 주식공모 사기이다. 여기서 사기꾼들은 화려한 웹사이트를 만들고 존재하지 않거나 또는 허위의 증권모집에 열을 올리기 위하여 대량의 전자우편을 사용한다. 이 형태의 사기는 주로 해외투자라는 이름을 빌어 행하여지는 것이 가장 많으며, 투자계약과 단시간 내에 부자가 될 수 있다는 기망행위를 포함하는 것이 보통이다. 둘째는 내부자 등이 회사의 미공개정보를 이용하는 경우이다. 인터넷을 통한 내부자거래의 경우 2000년 3월에 처음으로 적발되었는데, 전혀 모르는 사람들 사이에 인터넷을 통한 내부자거래가 치밀하게 이루어질 수 있음을 보여주었다. 셋째 범주는 시세조종인데, 일반적으로 저가매수 고가매도 형태의 주가조작모음이다. 이는 유통시장에서 거래되는 증권의 가치, 즉 시세를 조종하여 이루어지는데 가기꾼들은 주가를 상승시키기 위하여 허위정보를 널리 유포시킨 후에 폭등한 시세에 보유주식을 매도한다. 사기음모가 완성된 때 주식의 가치는 정상적인 시세로 붕괴하게 된다. 또한 그들은 사이버중상(cybersmear)으로 알려진 다른 방법을 쓰기도 한다. 이는 종종 공매도에 의하여 행하여지는데, 허위정보에 기초하여 주가를 폭락시키려는 의도로 행하여진다. 이러한 사기음모들은 초소형주식과 관련성이 있다. 이러한 사기를 실행하는데 있어서는 인터넷이 현대판 보일러 룸으로서의 역할을 하게 된다. 넷째는 불법적인 강매사기의 형태이다. 이 사기는 주식의 매수를 추천하는 투자 권유자들이 기업으로부터 대가를 지불받았음을 충분히 공시하지 않고 대가를 받은 이유로 그 기업에 관하여 적극적인 매수추천을 하는 경우에 일어난다.

기망수단을 사용하여 증권을 모집하는 행위의 경우는, 인터넷을 거짓선전의 수단으로 이용하거나 또는 거짓설명의 대상으로 이용하게 된다. 사기꾼들은 투자자들이 관심을 갖는 새로운 분야에 있어서 이익을 제공할 것임을 꾀하곤 한다. 일반투자자들의 경우 하이테크 벤처산업과 같은 인터넷 사업의 성공가능성에 대하여 평가할 능력이 부족하기 때문에, 또한 그 가능성을 판단하는 것이 쉽지 않기 때문에 사기꾼들에게 이용당할 가능성이 큰 것이다.

이러한 증권사기는 인터넷상에서 일어나기도 하고, 전화나 레스토랑, 거래소의 입회장 및 기업의 중역 회의실에서도 일어나기도 한다. 증원사기와 관련해서 인터넷은 사람들이 서로 통신을 할 수 있는 또다른 수단에 불과한 것이다. 나쁜 사람들은 보도자료나 전보, 전화 및 라디오 등의 모든 통신수단들을 이용하곤 한다. 따라서 만약 증권사기가 인터넷에서 일어나지 않는다고 생각한다는 것이 오히려 놀라운 일일 것이다.

인터넷 증권사기 한 가지 공통점은 스팸, 웹사이트, 온라인 뉴스레터 또는 다른 수단에 의해서 중요한 허위정보를 유포하는 것을 포함하고 있다. 수많은 잠재적 희생자들은 인터넷을 통한 허위정보의 전달을 즉시 접근할 수 있다.

블룸버그 통신 보도에 의하면 호텔 비즈니스 센터나 PC방에서 주식거래를 한 투자자들을 대상으로 온라인 증권계좌 사기사건이 늘어나고 있다고 한다.

미국 증권거래위원회(SEC)는 지난해 12월 이후 온라인 증권사기 5건을 적발, 검찰에 고발했다. 이중 인도 출신 3명의 범인은 무려 9개 증권사의 60명의 고객 계좌를 조작해 수익을 챙기기도 했다. 이들은 온라인 계좌를 열고 거래량이 많지 않은 저가 주식을 사들인 뒤, 해킹한 다른 투자자들의 계좌를 통해 해당 주식을 매입하는 방법으로 주가를 끌어올렸다. 거래량이 적은 주식들이기 때문에 주가는 금방 올랐고 그 사이에 자신의 보유한 주식을 팔아치워 차익을 올렸다.

온라인 증권사 고객의 계좌번호와 비밀번호를 알아내기 위해 주로 인터넷에 미리 해킹장치를 해 놓은 신청서를 올려놓거나 기관 투자자를 가장해 신상정보를 요구하는 피싱 메일을 보내는 방식을 사용했다.

또 최근에는 호텔의 비즈니스 센터나 PC방의 컴퓨터에 로그인할 때 어떤 자판을 쳤는지 알 수 있는 프로그램을 깔아 비밀번호를 알아내기도 했다.

온라인 증권사인 이트레이드는 지난해 3분기 계좌를 해킹당한 고객 보상금으로 1800만달러를 지출했으며 TD 아메리트레이드 홀딩스 역시 400만달러가 들었다고 밝혔다.

미국 법무부는 이처럼 헐값에 매입한 주식을 허위 정보 등으로 끌어올린 뒤 팔아치우는 전형적인 주식 사이게 21세기 신범죄인 신분도용을 결합한 범죄가 횡행하고 있다고 했다.[71)]

---

71) 이데일리 2007. 05. 03일자.

⑥ 인터넷 뱅킹 해킹 범죄

㉠ 인터넷 은행강도

기존의 해커들은 자신의 기술을 과시하기 위해 주요기관이나 기업 사이트를 뚫고 들어가는데 만족했는데 최근에는 조직적이고 치밀하게 금전적 이익을 취하는 사례가 늘어나고 그 동안은 주로 외국에서 인터넷 은행강도가 일어난 사실을 언론보도를 통하여 알게 되었으나 2007년 2월에는 우리나라에서도 처음으로 일어났는데 그것은 한국씨티은행의 온라인 신용카드시스템이 해킹돼 고객 20명의 계좌에서 5천여 만원이 무단 결제됐다.

2007년 1월 달에는 국민은행과 농협의 인터넷뱅킹 고객 5000명의 공인인증서가 해커들에게 넘어 갔다. 해커들은 고객의 PC가 가짜사이트로 연결되게 했다. 고객 중 30여명은 가짜사이트에 속아 보안카드 비밀번호를 해커들에게 넘겨주기도 했다. 인터넷 보안업체에 따르면 최근에는 러시아 마피아같이 자금과 조직력이 막강한 조직이 해커들을 고용해 금융회사를 타깃으로 하여 조직적으로 공격하고 있다고 한다. 뿐만 아니라 해커들의 타깃이 대기업과 정부기관 등에서 중소기업으로 바뀌고 있다고 하며, 최근에는 액정표시장치(LCD)와 휴대전화부품 관련 중소기업들이 중국으로부터의 해킹을 막아달라고 요청하는 사례가 부쩍 늘고 있다고 한다.

㉡ 최근 동향

인터넷뱅킹 해킹사고는 2002년 발견된 트로이목마를 이용한 것으로, 최신 백신으로 진단·치료할 수 없다는 점에서 사용자의 보안의식이 높아져야 한다는 것을 시사했다.

또한 국내 은행 웹페이지를 위조한 첫 피싱사례는 기존 피싱과는 달리 해킹과 결합되었다는 점에서 더 위험성이 크고, 이용된 해킹 프로그램이 일반 트로이 목마가 아니라 상용 원격관리 제품이었다는 점에서 더 이상 상용제품도 안심할 수 없다는 것을 보여주었다.

최근, 악성 코드 스파이웨어 특징은 크게 웜의 감소와 트로이 목마의 증가, 스파이웨어의 급증, 온라인게임 사용자를 탈취하는 트로이 목마의 맹위, 이메일 웜과 악성 IRC봇의 결합, 스파이웨어와 악성 코드의 결합 등을 들 수 있다.

ⓒ 국제 해킹 조직의 인터넷 뱅킹 습격

2007년 1월 스웨덴 역사상 최악의 '은행강도' 사건이 일어났는데 스웨덴 최대은행 '노르디아'의 고객 250명은 거금 800만 크로나(약 1억 660만원)를 강탈당했다. 그런데 범인은 총도 칼도 없었고 심지어 은행에 들어오지도 않았다. 계좌정보를 빼낸 해커들이 인터넷 뱅킹으로 돈을 이체해 유유히 달아났다. 스웨덴 경찰은 범행이 시작된 지 15개월이 지나서야 이 사실을 알게 되었다고 하는데 이와 같이 금전적 이익을 노린 해킹이 들어나고 있다. 최근에는 국제금융사기단이 기존의 '피싱(phishing)' 수법을 변형한 '파밍(pharming)'이라는 최첨단 해킹기법을 이용해 영국 바클레이스 은행, 미국 아메리칸 익스프레스 카드, 세계 최대의 인터넷 경매업체 이베이 등의 고객 PC를 공격해 개인정보를 빼내가는 사고도 발생했다.[72] 아래 표는 최첨단 금융사기 '파밍 흐름도' 이다.

〈최첨단 금융사기 '파밍' 흐름도〉

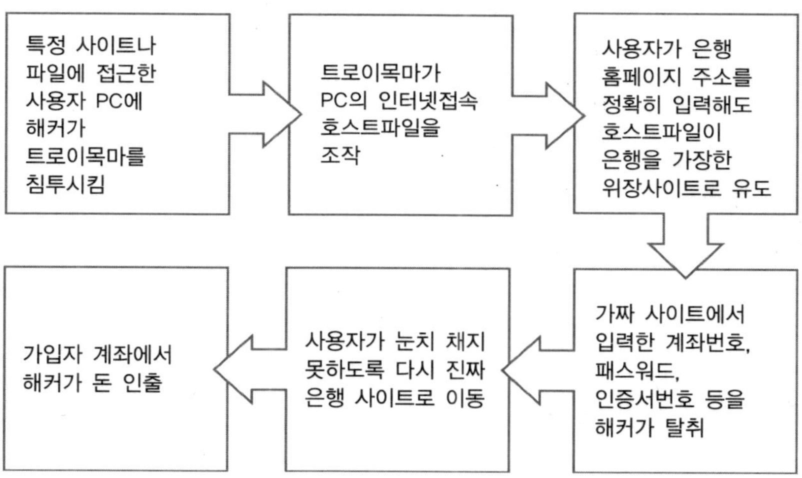

ⓓ 해커의 타깃이 되고 있는 문제점과 대비책

PC보안에 대한 인식과 대응책이 부족한 개인이용자는 당연히 해커들의 공격에 속수무책일 수밖에 없다.

정보통신부 자료에 따르면 백신프로그램을 설치하지 않고 보안패치업그레이드를 하지 않은 개인 PC가 악성코드나 바이러스에 감염되는데 걸리는 시간은 인터넷 접

72) 동아일보 2007년 2. 26일자 참조.

속 후 평균 15분에 불과하다.

최근에는 e메일이나 블로그의 ID와 비밀번호를 도용해 범죄에 이용되는 사례도 늘고 있다. 공동구매를 한다며 다른 사람의 e메일 계정으로 물품 신청을 받아 돈만 챙겨 잠적하는 것은 물론 지난해 11월에는 유명 포털사이트의 블로그 수백 개가 하루아침에 불법 도박사이트 홍보물로 '변신'한 사례도 있다.

전문가에 따르면 "앞으로 금전적 이익을 얻기 위한 해킹은 앞으로도 더욱 조직화되고 첨단화될 것"이라고 하며 e메일이나 메신저, 웹사이트 해킹 등을 통해 개인정보를 가로채는 지능적인 방법이 계속 등장할 것으로 전망된다고 말했다. 이어서 세계정상급의 인터넷 및 인터넷뱅킹 보급률을 보이고 있는 한국의 인터넷 보안의식은 형편없는 수준이라고 입을 모았다. [73)]

그러면 여기서 정보통신부가 제공한 정보보호 10대 실천 수칙을 소개하고자 한다.

① 윈도 보안패치 자동업데이트 설치
② 바이러스백신 및 스파이웨어제거 프로그램 설치
③ 윈도 로그인 패스워드 설정
④ 패스워드 8자리 이상의 영문과 숫자로 만들고 3개월마다 변경
⑤ 신뢰할 수 있는 웹사이트에서 제공하는 프로그램만 설치
⑥ 인터넷에서 내려 받은 파일은 바이러스 검사
⑦ 출처가 불분명한 메일은 바로 삭제
⑧ 메신저 사용 중 수신된 파일은 바이러스 검사
⑨ 인터넷 상에서 개인 및 금융정보를 알려주지 않기
⑩ 중요 문서 파일은 암호를 설정하고 그 백업 생활화

⑦ 인터넷 신종 보험범죄 피해

㉠ 의의 및 적발 추이

인터넷 신종보험범죄란 인터넷을 활용하여 보험금을 받을 자격이 없는 사람이 보험금을 수령하거나, 실제 손해보다 많은 보험금을 수령하기 위하여, 또는 보험가입 시 실제보다 낮은 보험료를 납입할 목적으로 고의적 또는 악의적으로 행동하는 것으로 구체적으로 다음과 같은 행위를 보험범죄라고 한다.

범죄유형으로는 사기적인 보험계약체결, 보험사고의 고의적 유발, 보험사고의 위

---

73) jaeyuna@donga.com, mikemoon@donga.com

장 및 날조, 보험사고 발생 시 범죄행위자행 등을 들 수 있다.

아래 그림에서 보는 바와 같이 금융감독원이 2005년에 적발한 보험범죄는 2만 3,607건이나 되었다고 한다. 이는 전년대비 43.0% 늘어난 수치다. 이로 인해 새어나간 보험금은 1,802억원으로 전년대비 39.6% 증가했다. 최근 3년간 적발건수는 연평균 61%, 적발금액은 66% 늘어났다. 이는 어디까지나 적발된 수준이고, 적발되지 않은 보험범죄까지 감안하면 연간 1조 5000억원의 보험금이 새고 있는 것으로 추산됐다.

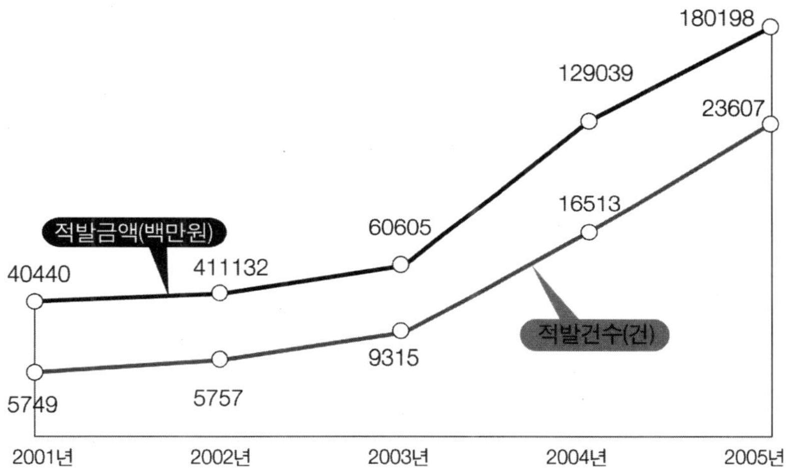

[그림3-4] 연도별 보험사기 적발현황

그동안 조직폭력배들이 역할을 분담해 고의사고를 유발하거나 일부 문제 병·의원이 과잉진료를 하거나 가족·친인척 등이 공모해 특정질병을 조작하는 행위 등이 보험범죄 수법의 주류를 이뤘다.

그러나 지난해부터는 신종보험사기가 크게 늘어났다. 전문 차량절도단이 차량을 변조한 후 매각하거나 절도차량을 밀수출하기도 하고, 자동차 정비업소가 중고부품을 사용하거나 고의로 차량을 파손한 후 부당 청구하는 행위 등을 들 수 있다.

그 중에서도 가장 흔한 보험범죄 행위는 무엇일까. 교통사고를 당한 피해자들이 다치지도 않았는데도 몇 개월씩 병원에 입원하는 수법이다. 속칭 '나이롱 환자'로 불리는 이들은 자신들의 행위를 범죄로 여기지도 않는다. 그러나 이는 엄연히 선량한 보험가입자들의 보험금을 가로채는 범죄행위다.

손해보험협회는 12개 손해보험사와 함께 2005년 10월부터 12월까지 3개월간 서울을 비롯한 전국 21개 도시의 병·의원 입원환자에 대한 특별점검을 실시했다. 그 결과 아래 막대그래프에서 나타나는 바와 같이 교통사고로 입원한 환자 6명 중 1명꼴인 16.8%가 병실을 비운 것으로 조사됐다. 특히 주말에는 19.6%로 부재율이 올라갔다.

손보업계는 이와 같은 '나이롱 환자'에게 빠져나가는 보험금만 연간 3,000억원에 달하는 것으로 추정했다.

이외에도 차량 소유자나 일부 정비업체의 모럴 해저드에 의해 발생하는 가해자 불명(자차무과실) 사고를 들 수 있다. 2000~2004년에 가해자 불명 사고 건수가 매년 20.3%씩 늘어났다. 이와 같은 가해자 불명 사고로 지난 2004년 회계연도에 손보사가 지급한 보험금 액수는 1,915억원이나 된다.

이는 가입자가 직접 고의로 긁거나 접촉사고에 의한 파손을 가장해 가해자 불명사고로 수리하는 경우도 있고, 일부 정비공장에서 수리 차량의 부분 흠집을 전체로 확대해 수리하거나 차량 소유주의 동의하에 보험 처리토록 권유하는 형태가 많은 것으로 파악됐다.

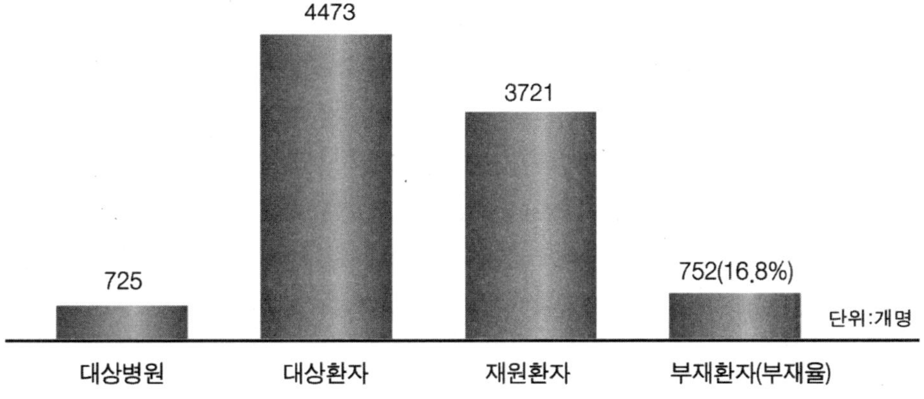

* 자료 : 손해보험협회(2005년 10월~12월 21개도시 조사)

[그림 3-5] 병원 부재환자 점검 결과

㉡ 적발과 물증 확보의 곤란

보험범죄는 무엇보다도 적발하기가 쉽지 않다. 한마디로 심증은 가는데 물증을 확보하기가 어렵다. 손보업계는 협회 내에 보험범죄방지센터를 설치하고 의심이 가는 건에 대한 조사를 벌인 후 수사를 의뢰하고 있지만 수사에 착수하기까지 어려움이 많다고 한다. 보험범죄만 전담하는 수사조직이 없기 때문이다.

또 현행 법규 아래서는 적발해도 처벌이 가벼운 수준이어서 재발의 소지가 많다. 손보협회 보험범죄방지센터 고봉중 팀장은 "현 제도하에서는 부당하게 외출·외박하는 부재환자나 이를 방치하는 병·의원에 대해 규제할 제도적 장치가 없다"며 "부재환자로 적발되더라도 퇴원하거나 통원으로 전환하는 경우는 60%에 불과하다"고 지적했다.

우리나라는 자동차보험의 입원율이 평균 70% 수준이다. 교통사고를 당하면 10명 중 7명은 입원한다는 것이다. 그러나 일본의 경우 평균 10%에 불과하다. 고 팀장은 "높은 보험금을 받기 위해 불필요한 입원을 원하는 일부 환자와 이를 유도하는 일부 병·의원이 이해관계가 서로 일치해 나타나는 현상"이라고 분석했다. 따라서 보험범죄를 방지하거나 줄일 수 있는 제도적인 뒷받침이 절실한 상황이다. 현재 국회의원들에 의해 보험범죄 관련 법개정이 추진되고 있는데, 손보업계는 법 개정안들이 국회에서 하루빨리 통과되기를 바라고 있다.[74)]

특히 적발된 보험범죄자들을 보면 병·의원 의사와 사무국장이 끼어있는 경우가 많고 정비업소와 보험설계사 등도 다수 포함돼 있다. 병·의원이 늘어나면서 경영에 어려움을 겪는 의사들이 진료비를 과다청구하거나 교통사고 환자의 장기입원을 유도하고 있다.

또 정비업체와 부품상들도 경쟁이 치열해지자 수리비를 과다청구하거나 비품이나 재생품을 사용한 후 순정품 가격으로 보험금을 청구하는 등 불법행위가 만연돼 있다.

그러나 무엇보다도 국민들 스스로 보험금을 타기 위해 뭔가 조작하는 행위 자체가 범죄 행위라는 사실을 인식해야 한다. 전문가들은 보험범죄로 빠져나가는 보험금 규모가 보험사들이 지급하는 연간 보험금의 10분 1 수준으로 보고 있다. 그렇다면 양심적인 90%의 소비자들은 10%의 보험범죄자들 때문에 그만큼 많은 보험료를 내는 셈이 된다. 보험사기는 엄연한 위법이며 범죄행위라는 사실을 명심해야 할 것이다.[75)]

---

74) 머니 투데이 4월 17일자 1면 참조.
75) 머니투데이 2006-05-02

CIRMINAL
VIMTIMS
STUDY

제4편
범죄피해자 대책론

CIRMINA VIMTIMS STUDY

제1장 범죄피해자 대책

제1절 개관

1. 범죄피해자 보호·지원의 개념

피해자보호·지원 등의 개념과 관련하여, 범죄피해자보호와 피해자화 방지를 위한 시책 또는 정책 일반 등을 포함하는 의미로 '범죄피해자대책'이라는 용어를 사용하기도 한다. 범죄피해자를 위한 법적·제도적인 장치와 정부나 민간단체 등의 활동은 다양한 형태로 나타나기 때문에 이를 포괄하는 용어를 찾는 것은 대단히 어려운 일이다. 범죄피해자를 위한 활동을 오래전부터 펼쳐온 영미에서도 victim assistance, victim support, victim service 등의 용어가 혼용되고 있다.[1)]

일반적으로 「피해자보호」는 「피해자의 법적지위를 확립하고 피해자에게 필요한 것을 제공하기 위한 국가와 공공단체 및 민간단체를 불문하고 피해자에 대한 경제적 지원, 정신적·심리적 부조 및 법률구조를 비롯한 일체의 시책」을 말한다. 따라서 피해자보호는 피해자지원보다 넓은 개념으로서, 피해자지원과 형사절차에서 피해자의 입장을 배려하는 조치 일반을 의미하는 광의의 피해자보호와 형사사법절차에서의 피해자보호만을 의미하는 협의의 피해자보호가 있다. 좀더 자세히 말하면 피해자지원에는 경제적 지원, 정신 심리적 지원, 기타 법률구조 등이 있고, 사법절차

1) 조균석, 전게논문, 23면.

상 보호에는 형사사법기관의 보호조치, 형사절차상 지위 강화, 회복적 사법이 있으며, 이 양자를 포괄하는 것이 피해자보호라고 할 수 있다.[2)]

종래 우리나라는 주로 형사절차에 있어서 범죄피해자의 지위와 관련하여, 피해자를 배려하는 일련의 법과 제도들을 피해자보호라는 측면에서 논의해 왔다.

반면에 피해자의 신체적·경제적·정신적 피해를 회복하여 다시 피해가 없었던 때의 사회생활로 도움을 주는 회복적 사법에 관심을 가지게 된 것은 아주 최근의 일이다. 이러한 논의의 배경에 비추어 보면, 범죄피해자보호는 형사절차에서의 피해자 지위(권리)를 중심으로 한 법과 제도라는 측면을 강조한 개념이고, 피해자지원은 피해자를 위하여 도움을 주는 활동이라는 측면을 강조한 개념이라고 할 수 있다. 그러나 이 두 개념은 명확하게 구분되는 개념이 아닐 뿐만 아니라 어느 하나가 다른 하나를 포괄하는 개념도 아니라고 할 것이다. 이런 점에서 우리나라 범죄피해자보호법이 보호와 지원을 합하여「보호·지원」이라는 용어(§2①2)를 사용하고 있는 것은 용어의 명확성이라는 측면을 강조한 개념이라고 할 것이다. 우리나라와는 달리 일본의 「범죄피해자등기본법」은 피해자보호나 피해자지원이라는 용어를 사용하지 않고, 「범죄피해자 등이 받은 피해를 회복하거나 경감하고, 다시 평온한 생활을 영위할 수 있도록 지원하고, 범죄피해자 등이 그 피해와 관련된 형사에 관한 절차에 적절하게 관여할 수 있도록 하기 위한 시책」을 「범죄피해자등을 위한 시책」이라고 정의 한 뒤에(§2③), 이러한 시책을 책정·실시·강구하는 용어를 사용하고 있다.

2. 범죄피해자의 권리와 수요

범죄피해자에게 어떠한 지원을 하여야 하는가를 논하기 위해서는 먼저 범죄피해자에게 어떤 권리가 있는가와 범죄피해자가 실제로 무엇을 필요로 하는 것(needs)인가를 함께 고려하여야 한다.

1) 범죄피해자의 지위(권리)

범죄피해자도 국민이기 때문에 국민으로서 헌법상의 권리를 가지는 것은 두말할 필요가 없다고 보겠으나, 일반국민이 갖지 않는 범죄피해자가 갖는 고유한 권한 있

---

2) 김용세·류병관, 전게논문, 167면.

는지와 있다면 어떤 것들이 있는가에 대하여 살펴보고자 한다.

(1) 절대군주시대의 범죄피해자의 지위

국가의 전제권력, 특히 경찰권력이 비대하여 범죄자의 인권침해가 심각하게 된 19세기 말 20세기 초에는 법률을 통하여 국가권력을 제한하고, 범죄자의 인권을 최대한 보호하려고 하였다. 이러한 형사사법체계 아래에서는 피해자는 형사절차의 당사자로서 지위를 가지지 못하고 단순한 증거수집의 대상에 지나지 아니하였다. 우리 형사사법체계가 기본적으로는 이때의 사법체계를 그대로 답습하여 온 결과 가해자의 인권보호에 주력하고 피해자는 잊혀진 존재가 되었다.

(2) 자유민주주의시대의 범죄피해자의 지위

자유민주주의 시대에 들어와서는 종전과 같은 국가가 절대적인 국가권력을 휘두를 수 없게 되었으며, 이제는 피해자도 가해자의 그늘에 가려 고통을 혼자 참아내는 존재가 아니라 형사사법절차에서 주변인이 아닌 주체로서 당당하게 자신의 권리를 주장하고 보호받아야 할 존재가 된 것이다. 따라서 범죄피해자도 가해자의 인권에 상응하는 고유한 인권을 가진다고 할 것이다.

이처럼 범죄피해자의 고유한 인권이 인정된다고 할 때, 현행 헌법상의 근거는 무엇인지 살펴볼 필요가 있다. 우리 헌법 제27조에 형사피해자의 재판진술권과 제30조에 범죄피해자의 피해구조를 받을 권리가 인정된다고는 하지만, 이는 피해자의 권리 일부만을 규정한 것이므로, 이것만으로 헌법상의 피해자권리 조항으로 인정하기는 너무 한정적이고 제한적이다.

따라서 우리 헌법 제10조가 인정하는 행복추구권에 그 근거조항을 두어야 한다고 본다. 왜냐하면 범죄피해자는 범죄로 인하여 신체적·경제적·정신적 피해를 입어 고통을 받으므로 결국 행복추구권을 침해당하였다고 할 수 있기 때문이다. 따라서 국가는 범죄로 인하여 침해된 피해자의 인격의 존엄이 회복될 수 있도록 최대한 존중하고 노력하여야 할 것이다. 따라서 우리 헌법상 비록 명시된 규정은 없지만 헌법 제10조의 행복추구권의 법리해석과 더불어 위 헌법 제27조와 제30조의 조문으로부터 헌법상 범죄피해자의 고유한 권리가 도출된다고 해석하여야 할 것이다. 뿐만 아니라 국가는 국민의 안전을 보호할 의무를 지며, 범죄에 의하여 국민이 피해자가 된 경우에는 국민이 입은 피해를 구제하고, 가해자에 대하여 형벌을 부과하는 등의 제재조치를 취함과 동시에 범죄피해를 예방할 의무가 있다. 이와 같은 범죄피해자에 대한 국가의 인권보호의무론에 기인한 것인데 국가의 인권보호의무 이론은, 독일의 학설과 판례에 의하여 넓게 지지를 받고 있는 이론으로 인권침해자와 피침해자 사이에 국가를 개재시켜 피침해자와의 관계에서는 국가가 보호의무를 지고, 그 이행을 위하여 침해자의 인권침해행위를 규제한다는 이론이다. 이 이론에 따라 국가가 피해자의 인권보장을 위하여 적극적으로 나서야 한다는 측면에서 범죄피해자의 인권이 인정되는 것이며, 우리 헌법 제27조 제5항과 제30조에서 피해자의 권리에 관한 규정을 두고 있는 것은 높이 평가할 만하다. 다만, 헌법 제10조의 행복추구권에서 피해자의 권리가 도출된다고 하는 법해석상의 문제는 이를 보다 명확하게 하기 위하여 앞으로 헌법개정 시에 범죄피해자의 인권에 대한 기본규정을 둘 필요가 있다고 할 것이다. 외국의 입법례를 살펴보면 스위스 헌법 제124조에 범죄피해자지원·보상규정을 두고 있으며, 태국 헌법 제245조는 「범죄피해자는 형사사건에서 법령에 따라 국가로부터 보호 및 정당한 대우를 받고, 필요한 적절한 보상을 받을 권리를 가진다. 타인의 범죄에 관여함이 없이 그로 인하여 생명·신체·정신적 피해를 당하고, 다른 방법으로 피해를 구제받을 수 없는 경우에는, 본인 및 그 상속자는 법에 정해진 조건과 방법에 따라 국가로부터 보호를 받을 권리를 가진다.」고 규정하고 있으며, 이웃 일본의 경우도 여당인 자민당이 2005년 10월 28일 공표한 헌법 개정안에 「범죄피해자는 그 존엄에 걸맞은 처우를 받을 권리를 가진다.」(안§25의3)는 규정이 들어 있다.

이와 같이 범죄피해자의 권리가 헌법에 의하여 도출되는 것이라면, 구체적으로 그 내용은 어떠한지가 문제가 된다. 유엔은 1985년 피해자권리선언에서 천명한 바가 있고, 이후 여러 나라의 입법 등을 통하여 구체화되고 있는데 그 주요 내용을 살펴보면 다음과 같다.

첫째, 동정어린 대우와 존엄성을 존중받을 권리, 둘째, 정보를 제공받을 권리, 셋째, 의견을 진술할 권리, 넷째, 법적인 구조를 받을 권리, 다섯째, 사생활과 안전을 보호받을 권리, 여섯째, 지원을 받을 권리, 일곱번째, 피해회복을 받을 권리 등이다.[3)]

(3) 향후 과제

이러한 범죄피해자의 권리는 우리의 법체계, 특히 형사사법체계에서 적극적으로

---

3) Marlane A Young, "Present and Future Development in Victim Services". Symposium on Support for Victims of Crime in the Asian Region, 25~26, Singapore 참조.

반영되어야 하고, 법체계도 이러한 방향으로 조속히 바뀌어져야 한다. 형사사법체계와 관련하여서는 범죄에 대한 평가와 범죄자에 대한 법적책임이 다루어지는 과정에 피해자가 직접 당사자로서 참여하는 방향으로 형사절차가 바뀌어져야 한다. 나아가 보다 근본적으로 형벌의 본질에 관한 재인식 즉 형벌의 응보적 성격을 보다 강화할 필요가 있다는 것이다. 이에 대해 일부 학자들은 형벌의 응보적 성격을 지나치게 강조할 경우 자칫 범죄자에 대한 과도한 엄벌화로 이어질 수 있다는 견해도 있다. 그러나 범죄와 형벌, 책임-응보, 가해자와 피해자의 관계가 국가형벌권의 통제와 조율 속에서 유기적인 관련성을 맺고 균형점을 유지하면 된다고 보겠다.[4] 다만, 피해자의 권리 주장이 응보사상과 과도하게 연결될 위험성을 내재하고 있으므로, 범죄피해자를 보호하고 지원함에 있어서는 가해자의 권리가 침해되거나 부당하게 취급되지 않도록 보다 세밀한 주의를 기울일 필요가 있다고 보겠다.[5]

(4) 범죄피해자의 기대(need)와 관련요인

① 사건 직후 범죄피해자의 요구

범죄피해자가 실제로 무엇을 필요로 하는가? 즉 기대나 요구사항(needs)이 무엇인가를 알아보는 것이 중요하다. 이에 대하여 한국형사정책연구원에서 발표한 범죄피해자실태조사연구[6]자료에 따르면 조사대상자들에게 사건 직후(사건이 있었던 때부터 5~6일간) 어떤 서비스가 필요하냐고 질문한 결과 절대 다수(97.8%)의 조사대상자들이 사건 직후에 겪는 어려움을 극복하는데 외부로부터 지원서비스가 필요하다고 보고하였다.

그러나 조사대상자들이 어떤 지원서비스를 가장 많이 필요로 했는가를 살펴보면 그 결과는 기존의 일반적 상식과는 차이가 있다. 일반상식에 의하면 범죄피해자는 상처를 입고 재물의 손실을 입었기 때문에 치료비의 보상이나 경제적 지원을 가장 많이 요구할 것으로 생각하기 쉽다. 그러나 놀랍게도 가장 많은 조사대상자들이 필요했다고 응답한 지원서비스는 상담이나 대화, 정신적 지원과 위로이다. 상담이나 대화가 필요했다고 응답한 경우는 전체의 59.0%에 달하며 정신적 지원과 위로가 필요했다는 경우도 53.1%를 차지하여 조사대상자의 과반수 이상이 이러한 지원서비스를 요구하였다. 범죄피해자들은 지금까지 가져왔던 실존적 믿음이 깨뜨려지고,

---

4) 이용식, "형사피해자의 지위에 관한 소고". 피해자학 연구 제14권 1호(2006), 20면.
5) 같은 견해로는 27페이지57주석
6) 최인섭외2인, "범죄피해자 실태 조사연구", 한국형사정책연구원, 2006년, 111~114면.

가해자와 관련하여 분노·불안·침울·불안정·고독감·두려움의 복잡한 감정상태에 빠져 있다. 이러한 상황에서는 무엇보다도 자신의 이야기를 들어주고, 자신의 무책성을 믿어주고, 혼란한 감정상태가 정리되었으면 하는 바람이 크기 때문에 가장 많은 조사대상자들이 상담이나 대화, 정신적 지원과 위로를 필요로 했던 것으로 이해할 수 있다.

그 다음으로 많은 조사대상자들이 요구한 지원서비스는 경찰에 신고하는 일을 도와주거나 경찰에 대처하는 방법을 도와주는 것이다. 경찰신고지원이 필요했다고 응답한 경우는 46.2%이고, 경찰대처의 도움이 필요했다고 응답한 경우는 41.6%로 조사대상자의 40% 이상이 이러한 지원서비스를 요구하였다. 범죄피해자들이 제일 먼저 접하는 형사사법기관은 경찰이나 범죄사건을 당하면 피해자는 이를 경찰에 신고하면 현장에 출동한 경찰관에게 가해자에 관한 사항이나 피해사실을 진술하고 필요한 수사관련 서류를 작성하여야 한다. 형사사법기관의 입장에서는 범죄사건은 일상적으로 처리하는 일이지만 범죄피해를 처음 당하는 대부분의 일반시민에게는 익숙한 일이 아니다. 범죄사건에 익숙하지 않은 일반시민의 경우에 불행한 경험을 당했을 때에 그것이 과연 범죄인지를 확신하기는 쉽지 않고, 미수범이나 외형적 피해가 없거나 피해증거가 불충분한 경우에 이를 경찰에 신고해야 할까를 결정하는 것은 어려운 일이다. 특히 신체적 피해를 입었을 때에 피를 흘리고 상처로 인한 고통의 상태에서 경찰에 신고하는 일은 더욱 어려울 수 있다. 조사대상자들은 혼란스럽고 충격적 상황으로 인하여 경찰신고에 어려움을 겪었고 따라서 누군가 경찰신고방법을 알려주거나 혹은 대신 신고해 주기를 바랐기 때문에 범죄 신고지원을 요구하는 비율이 높은 것으로 이해할 수 있다.

경찰대처의 도움이 필요했다는 응답비율이 높은(41.6%) 조사결과는 매우 유의미하다. 사실 범죄를 처음 겪는 피해자가 출동한 경찰관의 심문과 초동수사에 대처하기는 쉬운 일이 아니다. 그 외 조사대상자들이 필요했다고 요구한 지원서비스는 가족의 보살핌, 신변보호, 긴급경비의 지원, 간호와 구호, 병원 후송 등이다. 가족의 보살핌이 필요했다는 응답의 비율은 35.3%이었고, 신변보호가 필요했다는 응답의 비율은 34.5%, 긴급경비의 지원은 30.4%, 간호와 구호는 28.8%, 병원후송은 26.8% 등이다. 이러한 점에서 응급지원서비스나 복지서비스가 필요했다고 응답한 조사대상자는 전체의 1/4 이상으로 물질적 서비스에 대한 욕구 역시 적지 않았다는 것을 알 수 있다. 반면에 언론 대처의 도움, 식사제공 등에 대한 요구는 10% 미만으로 조사대상자들이 요구한 지원서비스의 우선순위에서 낮은 위치를 점하였다.[7)]

---

7) 최인섭외2인, 115면.

2) 사회 인구학적 특성과 범죄피해자의 요구

인구학적 특성과 경찰조치에 대한 피해자 요구를 교차 분석하여 인구학적 특성별로 피해자요구를 살펴본 바, 우선 여성이 남자에 비해 경찰조치에 대한 요구가 강하다는 것을 알 수 있다. 여성 조사대상자 중에서 신고 후 경찰의 즉시 출동을 요구한 경우가 95.9%이며, 신속한 사건진행을 요구한 경우는 92.1%이며, 가족이나 직장에의 연락을 요구한 경우는 79.0%, 심리적 격려와 위로를 요구한 경우가 89.9% 등으로 통계적으로 유의미한 차이로 남자 조사대상자에 비해 높은 비율이다. 그리고 남여 차이가 두드러진 항목은 가족이나 직장에의 연락, 심리적 격려와 위로, 구경꾼과 언론으로부터의 보호, 신변안전에 대한 보호조치 등이다. 여자 범죄피해자들은 남자와 비교하여 10% 이상의 차이로 경찰의 이같은 조치를 요구하였다. 따라서 여자가 범죄피해를 당했을 때는 경찰조치 전반에 많은 세심한 주의가 필요하다는 것을 알 수 있다.

연령의 경우에 통계적으로 유의한 차이가 있는 경찰조치는 간호와 구호, 구급차 호출 및 병원호송이다. 20대 조사대상자 중에서 간호와 구호를 요구한 비율은 71.0%에 불과하지만 30대는 89.0%, 40대는 72.4%, 50대 이상은 78.6% 등으로 나이가 많은 사람들에게 요구한 비율이 높다. 또한 구급차 호출 및 병원호송에서도 20대는 62.0%만이 요구했지만 30대에서는 84.9%가 필요하다고 하였다, 40대에서는 70.8%가, 50대 이상에서는 79.1%가 요구하였다. 이런 통계수치로 봐서 나이가 많은 범죄피해자일수록 간호와 구호, 구급차 호출 및 병원호송 등의 경찰조치에 대한 요구가 높다는 것을 알 수 있다.

교육수준별로는 중졸 이하의 저학력층이 간호와 구호, 구급차 호출 및 병원호출, 가족이나 직장에의 연락이 고졸 이하나 전문대 이상의 고학력층보다 높게 나타난 것이 특이하다고 보겠다. 간호와 구호의 경우에 중졸 이하에서 요구한 비율은 83.7%이지만 고졸 이하와 전문대 이상에서는 각각 82.4%와 67.5%에 불과하여 교육수준이 낮은 사람이 더욱 절실히 요구하는 경향이다. 구급차 호출 및 병원호송에서도 중졸 이하에서는 83.6%가 요구했지만 고졸 이하와 전문대 이상에서는 각각 81.1%와 60.3%에 그쳐 중졸 이하에서 요구하는 비율이 높다. 가족이나 직장에 연락하는 경우에도 중졸 이하에서는 84.3%가 요구했지만, 고졸 이하와 전문대 이상에서는 각각 77.3%와 61.4%에 불과하여 중졸 이하에서 요구하는 비율이 높은 것으로 나타났다.

결혼상태에서 기혼이별에 처해 있는 조사대상자 중에서는 경찰의 신고 후 즉시 출동을 요구한 비율은 95.7%이지만, 기혼동거나 미혼상태의 사람들에서는 각각 90,6%와 93.6%로 기혼이별의 경우에 경찰조치를 요구하는 비율이 높다.

주거상태에서는 간호와 구호의 경우에 전세나 월세를 살고 있는 사람 중 79.8%가 이러한 경찰조치를 요구하는 비율이 대체로 높았으며, 자기 집에 살고 있는 사람들 중에서는 75.2%에 불과했다.

동거형태에서는 정신적 격려와 위로의 경우에 홀로 사는 사람들 중에는 86.7%가 이러한 경찰조치를 필요로 했지만, 동거인이 있는 사람들 중에는 82,7%만이 요구하였다.

가구의 월수입에서도 경제적으로 어려운 사람이 경찰조치를 요구하는 경향이 강하다. 특히 수입수준별로 통계적으로 유의한 차이를 보이는 경찰조치들은 신고 후 즉시 출동, 간호와 구호, 구급차 호출 및 병원호송, 가족이나 직장에 연락, 구경꾼과 언론으로부터 보호이다. 구체적으로 월수입이 1백만원 이하이거나 1백만원~2백만원의 경우에 신고 후 즉시 출동을 요구한 비율이 각각 95.7%와 96.9%에 달하지만 2백만원~3백만원의 경우는 83.0%, 3백만원 이상의 경우 역시 87.3%에 불과하였다.

사회적 지위에서도 극빈층의 경우에 경찰조치를 요구하는 수준이 높다.

특히 간호와 구호, 구급차 호출 및 병원호송, 가족이나 직장 등에의 연락 등에서는 통계적으로 유의한 차이로 중간층이나 중간층 이상에 비해 경찰조치에 요구하는 경향이 강하다. 예컨대 간호와 구호에서 극빈층은 85.6%가 경찰에 의한 간호와 구호를 요구하지만 중간층이나 중간층 이상에서는 77.3%와 70.5%만이 그럴 뿐이다.

① 범죄피해성격과 범죄피해자의 요구

범죄피해 사건유형과 경찰에 대한 피해자 요구를 교차 분석한 결과 전체적으로 사건유형에 따라 조사대상자들이 요구한 경찰조치의 내용과 수준은 현저한 차이가 있다. 살인사건의 피해자들은 전체적으로 다양한 경찰조치를 요구하는 경향이다.

살인 피해자의 97.9%, 즉 절대다수는 경찰이 신고 후 즉시 출동할 필요가 있다고 주장하였고, 93.6%가 신속한 사건진행의 제지를 요구하였으며, 84.4%는 가족이나 직장에 연락하는 과정에도 경찰조치가 필요하다고 하였다. 살인피해자의 90,2%는 구경꾼과 언론으로부터 보호의 필요성을 지적하였으며, 95.7%와 97.9%는 사건현장 정리라든지 현장보존과 증거확보에 있어서도 경찰조치가 필요하다고 응답하였다. 정신적 격려와 위로는 사건유형별로 통계적으로 유의한 차이가 없지만 살인피해자의 89.4%는 출동한 경찰이 정신적 격려와 위로를 해주는 것이 필요하다고 응답하였다. 성범죄 피해자들도 경찰조치에 대한 요구수준이 높은 편이다. 신속한 사건진행을 요구하는 비율은 성범죄 피해자의 94.0%로 조사되어 다른 범죄피해자와 비교했을 때에 가장 높은 수준이다. 신변안전에 대한 보호조치도 91.5%가 요구하여 다른 범죄피해자들에 비해 가장 높은 요구수준을 나타내었다.

대인폭력 피해자들은 현장에서의 긴급조치에 대한 요구수준이 높다. 대인폭력 피해자 중에서 신고 후 즉시 출동을 요구한 비율은 96.8%로 살인피해자 다음으로 높은 수준이다. 마찬가지로 현장에서의 간호와 구호를 요구한 비율은 83.3% , 구급호출 및 병원호송은 86.7%, 가족이나 직장에의 연락은 88.4%가 요구하여 살인피해자 다음으로 이러한 범행현장에서의 긴급조치를 강력히 요구하였다.

상대적으로 재산범죄 피해자의 경우 신고 후 즉시 출동의 경우에 82.7%가 요구하여 다른 범죄피해자와 비교해 가장 낮은 수준이다. 그 외 다른 경찰조치 모두에서 재신범죄 피해자들이 요구한 수준은 신속한 사건진행이 78.7%, 간호와 구호에서는 55.9%, 구급차 호출 및 병원호송은 52.9%, 가족이나 직장에 연락은 58.8%,, 정신적 격려와 위로는 76.9%, 구경꾼과 어른으로부터 보호는 44.9%, 신변안전에 대한 보호조치는 66.2% 등으로 다른 범죄피해자들에 비해 가장 낮은 수준이다.

이를 통하여 범죄피해자들은 자신들이 겪은 사건 유형별로 경찰조치의 내용과 수준이 다르다는 것을 알 수 있다. 살인피해자들은 다양한 경찰조치를 대부분 강력히 요구하는 경향이며, 성범죄피해자 들은 정신적 위로와 신변보호에 대한 요구수준은 높지만 경찰조치가 자신의 신분이 노출되지 않는 방향에서 이루어지기를 바라며, 대인폭력 피해자들은 현장에서의 긴급조치를 절실히 요구하는 경향이라는 것을 알 수 있다.

② 일본에서 조사한 범죄피해자의 기대(needs)

일본에서 조사한 자료에 따르면, 사건 직후나 사건 경과 후에 따라 약간의 차이는 있으나, 피해자가 필요로 하는 것으로는 옆에서 이야기를 하여주는 것(79.4%)이 가장 많고, 다음으로 신체의 안전을 지켜주는 것(71.0%), 경찰이나 병원에 동행해 주는 것(66.7%), 상담(60,3%) 순으로 나타났다. 역시 일본에서 1992년부터 1994년까지 3년간에 걸쳐 조사한 자료에 따르면, 신체범죄 피해자(196명)가 사건 직후에 필요로 하는 지원내용으로는 경찰에 통보해 달라는 것이 가장 높고, 그 다음으로는 개호(介護) 와 구호, 구급차를 불러 병원에 데려다주는 것, 신체의 안전을 지켜주는 것, 가족이나 직장과의 연락, 당장 필요한 돈의 제공 등 순이었으며, 그 다음으로는 그냥 가만히 내버려 두는 것도 있었다.[8)]

③ 결어

범죄피해자가 필요로 하는 것 가운데 가장 핵심적인 것이 바로 피해의 회복이다. 형사사법의 피해의 회복을 특히 강조하는 것이 회복적 사법(restorative)의 이론[9)]이다.

회복적 사법에 대하여는 다양한 정의가 있으나, 일반적으로 범죄로 인하여 영향을 받은 사람, 즉 가해자뿐 아니라 피해자, 지역사회의 구성원이 모여 범죄로 인하여 야기된 손해를 어떻게 회복해 나갈 것인가에 대하여 합의를 도출하는 과정을 의미한다. 따라서 회복적 사법의 이념은 범죄로 인한 피해의 회복이다. 범죄로 인하여 피해자는 직·간접적인 피해를 당하고, 지역사회 또한 안전의 침해라는 피해를 입었으므로 피해자와 지역사회의 피해가 회복되도록 가해자가 노력해야만 진정한 사법정의가 실현되는 것이다.

3. 범죄피해자 보호·지원시책

1) 개관

미국범죄피해자보호협회(VS)의 행동지침(The Victim Service System·A Guide to Action)에서 제시한 내용을 보면, 범죄피해자에 대한 보호·지원시책의 궁극적 목적은 범죄피해자의 회복이라고 하였으며, 유엔범죄피해자권리선언 편람은, 이를 크게 정서적 지원(emotional support), 직접지원(direct assistance), 정보제공으로 나누고 있다.[10)]

이를 토대로 내용을 좀더 자세히 들여다보면 범죄피해자가 범죄피해로부터 벗어나 범죄피해가 없었던 때와 마찬가지로 정상적인 생활을 할 수 있도록 도아 주는 것이라고 볼 수 있다. 이를 위하여 범죄피해자의 권리를 구체적으로 실현하는 동시에 피해자의 수요에 맞는 방향으로 범죄피해자 보호·지원시책이 수립 시행되어야

---

8) 宮澤浩一, 田久守一, 高橋則夫 편, 犯罪被害者の硏究, 성문당, 1996, 78면.
9) 피해자·범죄자 그리고 지역사회의 3자의 균형적인 관계회복에 초점을 맞추어 제안된 것이 회복적 사법이다.
10) Handbook on Justice for Victims, Chapter II, Victim Assistance Programmes.

할 것이다.

2) 일반적인 범죄피해자 보호·지원시책

범죄피해자 보호·지원시책을 영어로는 R. S. V. P. 즉 안전을 위한 대응(Respond with Safety and Security), 논의 및 정당성 확인(Ventilation and Validation), 예견 및 준비(Prediction and Preparation) 등으로 해석되고 있는데, 범죄피해자 보호·지원시책으로는 일반적으로 다음과 같은 것들이 거론된다.

(1) 위기개입(crisis intervention)

위기개입이라 함은 범죄피해를 당하였을 때 바로 대응하여 위기를 피함과 동시에 그 후에 적정하게 대처하도록 지원해 주는 것을 말한다. 구체적으로 피해자가 안전하다고 느끼도록 도와주고, 그들의 반응이 이상한 것이 아니라는 것을 확신시켜주면서 피해의 경험을 설명하거나 묘사할 기회를 부여하고, 당장 닥친 문제들을 해결해주는 것을 말한다.

(2) 지속적인 상담(ongoing counseling)

이는 정신적 상담, 특히, PTSD에 대한 상담을 말한다.

(3) 보좌(advocacy)

이는 일반적인 상담을 통한 지원을 말하며, 피해보상이나 보험문제, 의료문제, 이사, 매스컴에 대한 대응 등에 대한 상담과 지원이 이에 해당한다.

(4) 형사사법절차에서의 지원

이를 보다 세분하면, 수사절차에서의 지원(support services during criminal justice investigation), 기소 및 재판에서의 지원(support services after case disposition)으로 나눌 수 있는데, 어느 경우에나 공통적으로 정보제공(information)이 중요한 역할을 한다.

(5) 범죄피해자화 예방(victimization prevention)

범죄피해자 지원시책은 피해자를 지원함과 동시에 피해자지역사회에 대한 범죄피해자화 예방, 즉 범죄예방시책을 함께 고려하여야 한다. 이를 위하여 일반인에 대한 범죄와 범죄피해에 대한 교육은 물론 법집행기관이나 학교, 의료계, 언론계 등 피해자와 연관이 있는 각계각층의 사람들에 대한 교육이 중요하다.

(6) 범죄피해자지원의 전문성(professionalization of victim services)

범죄피해자지원의 전문성(professionalization of victim services)의 확보로 앞으로 범죄피해자보호·지원의 전문성을 어떻게 함양하는가가 문제라고 볼 수 있다.

4. 범죄피해자 보호·지원의 발전사

이러한 범죄피해자 보호·지원의 유형을 역사적으로 살펴보면, 1960년대는 경제적 지원, 70년대는 민간단체의 지원, 1980년대부터 1990년대까지는 법적·제도적 지원이 시작되었는데, 최근에는 형사사법적인 접근에서 한 걸음 나아가 사회복지적 접근이 강조되고 있다. 여기서는 먼저 범죄피해자보호·지원의 기본법 성격을 지닌 범죄피해자보호법의 내용을 살펴본 뒤, 범죄피해자 보호·지원을 위한 법과 제도를 크게 경제적 지원 형사절차에서의 보호와 지원, 민간단체의 지원으로 나누어 그 현황과 앞으로 개선방향에 대하여 살펴보기로 한다.

제2장 범죄피해자보호법

제1절 개관

우리나라는 그동안 국가 및 민간차원의 종합적이고 체계적인 범죄피해자를 보호·지원하기 위한 기본법이 없었으나, 법무부가 2004년 9월 1일 범죄피해자보호·지원 강화를 위한 종합대책을 발표하고 「범죄피해자보호 종합대책 추진단」을 구성하여 일본·미국·영국·대만 등 여러 나라의 입법례를 참고하여 「범죄피해자보호법안」을 마련하였다.

미국은 1982년에 제정된 「피해자·증인보호법」(The Federal Victim and Witness Protection Act)을 보완하여 2004년 10월 30일 「범죄피해자기본법」(The Justice for All Act)을 제정하였고, 영국은 1990년의 「피해자헌장(Victim Chart)」의 내용을 일부 포함하고 피해자 등의 보호규정을 둔 「가정폭력, 범죄 및 피해자법」(The Domestic Violence Crime and Victims Act)을 2004년 11월 15일 제정하였으며, 일본은 2004년 12월 1일 「범죄피해자 등 기본법」을 대만은 이보다 앞서 1998년 5월 27일 「범죄피해인보호법」을 제정하였다.

이처럼 피해자보호법은 국가 차원의 종합적인 지원체계를 구축하기 위하여 제정되었으나, 아직 피해자지원에 대한 정부 부처내 공감대가 형성되기 이전에 법무부의 주도로 제정된 까닭에 많은 내용이 선언적 규정에 그친 아쉬움이 있다.[11] 이에

11) 조균석, 전게논문, 33면.

비하여 일본의 경우는 총리실 산하에 「피해자지원관계기관협의회」를 구성하여 범정부적 차원에서 피해자지원정책을 시행하는 가운데 여야 정당의 협의를 거쳐 의원입법으로 법안을 제출함으로써 보건의료·복지·주거·고용 등 다양하고 실질적인 지원이 가능해지고 국가뿐 아니라 지방자치단체도 지원 대책을 적극적으로 마련토록 하는 등 충실한 내용의 법률이 제정될 수 있었다.

이래 표는 우리 범죄피해자보호법보다 1년 먼저 입법되어 우리 법의 모델이 된 일본의 「범죄피해자등기본법」 우리의 범죄피해자보호법을 비교한 것이다.

〈표 4-1〉 한·일 범죄피해자보호법 비교

			대한민국		일본	
법률명			범죄피해자보호법 (5장 27조)		범죄피해자등기본법 (전문 3장 30조)	
제정일자			2005년 12월 1일 (12월 23일 공포)		2004년 12월 1일 (12월 8일 공포)	
시행일자			2006년 3월 24일		2005년 4월 1일	
전문			X		O	
제1장 총칙	목적		§ 1	범죄피해자의 손실 복구, 정당한 권리행사 및 복지 증진		범죄피해자의 권리이익의 보호
	기본이념		§ 2	인간존엄성 보장, 명예와 사생활 평온, 법적절차 참여		개인존엄성 보장, 시책의 적절성, 계속적인 지원
	정의	범죄피해자	§ 2① i	타인의 범죄행위로 피해를 당한 사람과 그 배우자 (사실상의 혼인관계를 포함), 직계친족 및 형제자매		범죄등에 의하여 피해를 입은 자 및 그 가족 또는 유족(피해자등)
			§ 2②	범죄피해방지 및 범죄피해자 구조활동으로 피해를 당한 사람		X
		범죄피해자 보호·지원	§ 2①ii	O	§ 2③	범죄피해자등을 위한 시책
			단서	수사변호 또는 재판에 부당한 영향을 미치는 행위 불포함		X
		범죄피해자 지원법인	§ 3③	O		X (범죄피해자등급부금의지급등에 관한법률에 규정)
				X	§ 2①	범죄등:범죄 및 이에 준하는 심신에 유해한 영향을 미치는 행위
	국가책무		§ 4	O	§ 4	O
	지방자치단체 책무		§ 5	O	§ 5	O
	국민책무		§ 6	O	§ 6	O
				X	§ 7	연계 협력
				X	§ 9	법제상 조치

제2절 법률의 개요

1. 총칙

제1장 총칙은 이법의 목적, 기본이념, 범죄피해자에 대한 개념의 정의, 국가와 지방자치단체, 국민의 책무에 관한 규정을 담고 있다. 이 법은 제1조 목적에서 범죄피해자 보호·지원의 기본시책 등을 정하고 범죄피해자에 대한 국가 및 지방자치단체의 보호·지원과 국민의 범죄피해자 지원활동을 촉진함으로써 범죄피해자의 손실복구, 정당한 권리행사 및 복지증진에 기여하는 것을 목적으로 하고 있다.

(1) 기본이념

범죄피해자는 헌법상 형사절차에서 진술할 권리(헌 §27⑤)와 국가로부터 피해를 구조 받을 수 있는 권리(헌 §30)를 가지며, 아울러 국민의 한 사람으로서 인간으로서의 존엄과 가치를 가지고 행복을 추구할 권리를 가진다(헌 §10). 범죄피해자는 국가가 범죄방지의무를 다하지 못한 탓에 부득이 범죄의 피해자가 되었지만, 조속히 피해를 회복하고 범죄 이전의 정상적인 사회인으로 돌아가 인간답게 살아 갈 권리를 가지며, 아울러 그 과정에서 명예와 사생활의 평온을 보호받고 형사절차에 주체로서 참여할 권리를 갖는다고 보겠다.

이러한 범죄피해자의 권리는 이 법을 기본법으로 하여 구체화되는 것이므로 이를 다시 한 번 확인할 필요가 있어 기본이념으로 규정하고 있다. 이를 좀더 구체적으로 살펴보면, 범죄피해자는 첫째, 범죄피해 상황에서 조속히 벗어나 인간의 존엄성을 보장받을 권리를 가지며(법 §2①), 둘째, 명예와 사생활의 평온을 보호받으며(법 §2②), 셋째, 당해 사건과 관련하여 각종 법적 절차에 참여할 권리를 가진다(법 §2 제3항). 여기서 첫째의 경우 범죄피해자의 제1차적 피해회복에 관한 선언규정이며, 둘째는 제2차적 피해의 예방 내지 후속적 피해방지에 관한 규정이고, 셋째는 절차적 권리보장에 관한 규정이라고 보겠다. 이처럼 기본이념은 실효성 있는 피해회복과 형사사법절차에서의 피해자 참여 확대, 그로 인한 제2차적 피해예방이라는 범죄피해자보호·지원에 관한 3요소를 모두 반영하고 있다.[12)]

---

12) 김덕재, "우리나라 범죄피해자 보호·지원업무 개선방안", 저스티스 제82호(2004.12), 34~35면.

(2) 정의

「범죄피해자」는 타인의 범죄행위로 인하여 피해를 당한 사람과 그 배우자(사실상 혼인관계를 포함한다). 직계친족 및 형제자매를 말하며(법 §3①1), 범죄피해방지 및 범죄피해자 구조활동으로 피해를 당한 사람도 범죄피해자로 본다(법 §3②). 즉 범죄피해자는 타인의 범죄행위로 인하여 ① 피해를 당한 본인, ② 배우자, 직계친족 및 형제자매, ③ 범죄피해방지 및 구조 활동으로 피해를 당한 사람을 모두 포함하는 개념인데, ②와 ③은 통상적 의미의 피해자 본인은 아니므로 「범죄 등」에 의하여 해를 입은 자 및 그 가족 또는 유족을 「범죄피해자등」(일본법 §2②)이라고 정의하고 있는 일본법이 보다 정확한 표현이라고 하겠다. 한편, 범죄피해자에 대하여 국적상의 제한을 두고 있지 아니한 점에서는, 외국인도 범죄피해자에 포함된다고 보아야 할 것이다.

범죄피해자는 타인의 범죄행위로 인하여 피해를 당하여야 한다. 이 법은 「범죄행위」에 대하여 아무런 규정을 두지 아니하여, 그 범위가 문제된다. 범죄행위는 형법, 형사특별법 또는 행정형벌 법규에 저촉되는 행위를 말하며, 그 행위가 범죄의 구성요건에 해당하면 족하고, 책임이 없는 자의 행위이더라도 무방하다. 이와 관련하여 이러한 법령상의 범죄행위는 아니지만 행위의 성질상 상대방에 대하여 심신에 유해한 영향을 미칠 수 있는 행위, 예컨대 학교내외에서 학생 간에 발생한 따돌림(학교폭력예방및대책에관한법률 §2①의 학교폭력의 한 유형)과 같은 행위, 나아가 사회적 일탈행위에 의한 피해도 이 법의 대상이 되는지가 문제된다. 일본법과 같이 「범죄에 준하는 심신에 유해한 영향을 미치는 행위」(일본법 §2①: 범죄 등)도 포함된다는 명문규정을 두고 있지 않는 한, 대상에 포함시키는 것은 어렵다고 보겠다. 앞으로 범죄행위의 개념을 보다 확대하되, 명확하게 할 필요가 있다. 원래 법무부에서 마련하여 부처에 의견 조회한 법안에는 동거인, 친족까지 포함되어 있었으나, 지나치게 범위가 넓다는 법원행정처의 반대로 축소조정된 것은 범죄피해를 입은 사람은 한 사람이라도 더 보호·지원을 받아야 한다는 기본정신에 비추어 잘못된 것이라고 보겠다. 그리고 「타인」이나 피해자인 「사람」에는 법인이나 단체도 포함되고 「피해」는 넓게 경제적·신체적·정신적 피해를 모두 포함하며 직접 피해이든지 간접 피해이든 상관없다고 보겠다.

이처럼 이 법에서의 피해자의 개념은 형사소송법이나 범죄피해자구조법 등 개별법규에 산재한 피해자의 개념보다 넓게 규정하고 있다. 이는 본법이 개별법에서 범죄피해자보호 이념과 제도를 모두 포괄하고, 각 개별법에서는 범죄피해자보호법의 이념과 시책방향을 이어받아서 합리적인 범위 내에서 보다 구체적인 요건을 추가하여 피해자의 개념을 제한할 수 있도록 예정하고 있기 때문이다.

그리고 「범죄피해자보호·지원」이라 함은 범죄피해자의 손실복구, 정당한 권리행사 및 복지증진에 기여하는 행위를 말하며, 다만 수사·변호 또는 재판에 부당한 영향을 미치는 행위는 포함되지 아니한다(법 §2①1). 단서 조항은 사법제도개혁추진위원회의 의견을 반영하여 신설한 것으로, 일종의 주의규정인 셈이다. 「범죄피해자지원법인」은 범죄피해자 보호·지원을 주된 목적으로 설립된 비영리법인이다(법 §2①3).

(3) 책 무

범죄피해자를 보호하고 지원할 1차 책임은 국가에게 있다. 그러나 국가의 힘만으로는 부족하므로 지방자치단체는 물론 국민도 범죄피해자지원을 위하여 노력하여야 한다.

우선, 국가는 범죄피해자 보호·지원 체계의 구축과 운영, 실태조사·연구·교육·홍보, 관계 법령의 정비 및 각종 정책의 수립·시행 책무와 함께 이에 필요한 재원을 조달할 책무를 진다(법 §4). 지방자치단체도 범죄피해자 보호·지원을 위하여 적극적으로 노력하고, 국가의 시책이 원활하게 시행되도록 협력하여야 한다(법 §5). 예컨대, 피해자보호·지원조례를 제정하는 것도 이러한 책무를 이행하는 한 방법이 될 것이다.

한편, 국민도 피해자와 함께 생활하는 지역사회의 일원으로서, 잠재적인 피해자로서 범죄피해자의 명예와 사생활의 평온을 해하지 아니하도록 유의하여야 하고, 국가 및 지방자치단체가 실시하는 범죄피해자를 위한 정책의 수립과 추진에 최대한 협력하여야 한다(법 §6). 국민에게는 특히 범죄로 인한 제2차 피해가 발생하지 않도록 유의할 책무를 부여하였다. 인근 주민 등 주위의 험담과 싸늘한 태도 등으로 새로운 상처를 입는 것을 방지하기 위한 것이다. 이와 관련하여 특히 보도기관 등 매스컴에 의한 제2차 피해가 심각하므로 보도기관 종사자들도 국민의 한 사람으로서 이 점을 유의하고 보도기관 스스로도 적절한 대응책을 마련할 필요가 있을 것이다.

2. 범죄피해자보호·지원 기본시책

이법 제2장에서 범죄피해자보호·지원시책에 대해 규정하였다. 이 제1조가 지향하는 목적을 달성하기 위한 국가와 지방자치단체의 범죄피해자보호·지원 시책이야말로 이 법에서 가장 중요한 핵심적 사항이라고 보겠다. 왜냐하면 기본시책이 충실하고 실효성이 있어야만 범죄피해자에게 실질적인 도움을 줄 수 있기 때문이다.

이 법 제2장은 기본시책으로 5가지를 열거하고 있다. 그것으로는 먼저 손실복구 지원[13] 등으로 그것은 상담, 의료제공, 관련법령에 따른 구조금 지급, 법률구조, 취업관련 지원 등이 이에 해당한다(법 §7). 다음은 형사절차 참여 보장 등으로, 당해 사건과 관련하여 수사담당자와 상담하거나 재판절차에 참여하여 진술하는 등의 형사절차상 권리를 행사할 수 있도록 보장하고, 범죄피해자의 요청이 있는 경우에는 가해자에 대한 수사결과, 공판기일, 재판결과, 형집행 및 보호관찰 집행상황 등 형사절차 관련 정보를 제공하는 것이 이에 해당한다(법 §8). 그 다음은 사생활의 평온과 신변의 보호 등으로, 그것은 범죄피해자의 명예와 사생활의 평온을 보호하기 위한 필요한 조치, 형사소송절차에서의 진술·증언과 관련하여 보복을 당할 우려가 있는 경우 등 보호할 필요가 있을 경우의 적절한 조치의 강구가 이에 해당한다(법 §9). 그밖에 교육과 훈련(법 §10), 홍보 및 조사연구(법 §11)가 이에 해당한다.

그런데 이러한 기본시책은 본법의 3가지 목적(법 §1) 중 범죄피해자의 손실복구, 정당한 권리행사의 측면을 주로 고려한 것으로 복지증진의 측면에서는 매우 미흡하다. 일본법이 보건의료·복지서비스 제공(일본법 §14), 거주 안정(일본법 §16), 고용안정(일본법 §17) 등을 기본시책의 하나로 열거하고 있는 것과 비교하여서도 그러하다. 일본에서는 위 기본시책을 구체화한 「범죄피해자등 기본계획」을 2005년 12월 27일 각의(閣議)에서 결정하였는데 ①손해회복·경제적 지원 등의 시책, ②정신적·신체적 피해의 회복·방지 시책, ③형사절차에의 관여 확충 시책, ④지원활동을 위한 체제정비 시책, ⑤국민의 이해 증진과 배려·협력 확보 시책 등 5가지 중점과제에 대한 구체적인 내용을 담고 있다. 우리나라에서도 위 기본시책은 범죄피해자보호위원회(법 §15)에서 만들게 될 범죄피해자 기본계획에 보다 구체화될 것으로 생각되는데, 국가나 지방자치단체의 재정적 기반이 뒷받침되어야 할 문제이지만 앞으로 복지서비스 제공에 보다 무게를 둘 필요가 있다.[14]

---

13) 조균석, 전게논문, 41면 주76 재인용.

14) 이에 대해서는 神村昌通, "犯罪被害者等のための施策をのぐゐこれまでの經緯と基本計劃案

(1) 손실복구 지원

국가 및 지방자치단체는 범죄피해자의 피해정보, 보호·지원의 필요성 등에 상응하여 범죄피해자에게 상담, 의료 제공, 관련 법령에 따른 구조금 지급, 법률구조, 취업관련 지원 등을 할 수 있도록 필요한 대책을 강구하여야 한다(법 제7조).

① 상 담

갑작스런 범죄피해로 일상생활이나 사회생활에 여러 가지 어려움을 겪고 있는 범죄피해자에게 어떠한 지원을 받을 수 있는지에 대한 정보를 조기에 제공하고 아울러 심리적인 안정을 주기 위해서 피해자의 상담에 응할 수 있는 상담체제를 구축할 필요가 있다. 현재, 경찰이나 검찰, 피해자지원센터, 성폭력상담소나 가정폭력상담소 등 각종 상담소에서 이러한 역할을 부분적으로 행하고 있으나, 국가·지역 차원에서의 통합된 체제의 정비가 필요하다.[15] 아울러 특정 범죄별로도 전문화된 상담체제의 구축이 필요하다. 따라서 국가와 지방자치단체는 범죄피해자가 직면하고 있는 여러 문제에 관하여 상담에 응하고, 필요한 정보를 제공하거나 조언을 하고, 경우에 따라서는 지원을 할 수 있는 기관을 소개하는 등 상담체제를 구축하여야 한다.

② 의료제공

범죄피해자는 범죄로 인하여 심신의 피해를 입는 경우가 많고, 특히 PTSD(심적외상후 스트레스 장애)는 장기간의 걸친 전문가에 의한 치료를 요한다. 따라서 국가와 지방자치단체는 범죄피해자에게 적절한 의료서비스를 제공할 필요가 있다. 현재, 성폭력피해자나 가정폭력피해자에 대한 치료보호가 시행되고 있고[16], 범죄피해자지원센터에서 협력병원의 지정 등을 통하여 의료서비스를 제공하고 있으나 아주 미흡한 실정이다. 따라서 국가와 지방자치단체는 범죄피해자가 PTSD나 범죄로 인하여 입은 심신의 피해로부터 회복할 수 있도록 적절한 의료 및 보건서비스를 받을 수 있는 시책을 강구하여야 할 것이다.

の骨子", ジュリスト No. 1302(2005.12.1) 참조.

15) 예컨대, 전국범죄피해자상담센터(가칭)와 같은 것을 설립하고, 특정 신고번호를 부여하여 전화한통으로 필요한 상담과 정보제공을 하는 시스템을 생각해 볼 수 있다.

16) 성폭력범죄의처벌및피해자보호등에 관한법률 제33조(의료보호), 가정폭력방지및피해자보호등에관한법률 제18조(치료보호).

③ 구조금지급

범죄피해로 인하여 장해를 입거나 가족을 잃어 본인이나 유족이 경제적인 어려움에 처하는 경우가 많다. 이 경우, 원칙적으로는 가해자로부터 손해를 배상받아야 하겠지만, 사회연대·공조 정신에 입각하여 사회 전체에서 이를 보상해 줄 필요도 있다. 현재 일정한 요건 하에 국가에서 범죄피해자에 대하여 구조금을 지급하고 있으나, 앞으로 이를 더욱 확충할 필요가 있다. 나아가 지방자치단체에서도 조례 등을 통하여 일정 금액의 구조금을 지급하는 방안을 강구할 필요가 있다.

④ 법률구조

범죄피해자가 범죄피해에 1차적 책임을 지고 있는 가해자에 대하여 손해배상청구를 혼자의 힘으로 하는 것은 대단히 어려우므로 변호사 등 전문가의 조력을 받을 필요가 있다. 또한, 범죄피해의 회복을 위한 각종 제도에 대한 법률적 조언과 아울러 절차진행(예: 범죄피해자구조금신청 등)에 대해서도 조력을 맡을 필요도 있다. 대한법률구조공단에서 2003년 1월부터 가정폭력·성폭력·성매매피해자(외국인 포함)에 대하여 소송대리, 무료변호, 법률상담 등 법률구조를 행하고 있고, 2006년 1월부터는 일정한 범죄피해자에 대하여 민사소송지원, 배상명령이나 범죄피해자구조금 신청대리, 법률상담 등을 행하고 있다. 그리고 범죄피해자지원센터에서도 법률구조 활동을 전개하고 있다. 앞으로 국가와 지방자치단체는 보다 체계적인 법률구조지원을 할 수 있도록 법령과 제도를 정비해 나가야 할 것으로 본다.

⑤ 취업관련 지원

범죄피해자는 범죄피해나 그 후유증으로 노동력이 상실·감소되어 직장을 잃거나 취업을 할 수 없게 되기도 하고, 수사기관이나 법정 출석 또는 피해자인 가족의 간호 등으로 결근을 하여 제대로 직장생활을 할 수 없게 되는 등 직업과 관련된 피해를 겪는 사례가 있다. 현재 범죄피해자지원센터에서 간혹 취업알선을 하는 경우가 있으나 아주 예외적이므로, 국가와 지방자치단체가 앞장서 범죄피해자의 직장알선 등 취업관련 지원을 행할 필요가 있다. 아울러 범죄피해로 인하여 직장에서 불이익을 당하지 아니하도록 사업주의 이해를 높이는 방안도 함께 강구되어야 할 것이다).

⑥ 기타

본법 제7조의 손실복구 지원항목은 예시적인 것이므로 이외에도 피해자의 손실복구에 도움이 되는 다양한 지원책이 강구되어야 할 것이다.

일본에서는 피해자의 손해회복·경제적 지원을 위하여 구조금(급부금) 지급제도의 충실(일본법 §13) 이외에 손해배상의 청구를 적절하고 원활하게 실현할 수 있도록 지원하는 시책(일본법 §12⑰), 거주의 안정(일본법 §16⑧), 고용의 안정(일본법 §17)을 등이 있고, 정신적·신체적 피해의 회복·방지를 위하여 재피해로부터의 안전의 확보(일본법 §15), 보호·수사·공판과정 등에서의 배려 등(일본법 §19)이 있으며 이외에 보건의료서비스 및 복지서비스의 제공(일본법 §14⑨)을 들 수 있는데, 이는 우리에게도 필요한 지원책이다.

(2) 형사절차참여 보장 등

국가는 범죄피해자의 형사절차상의 권리행사를 보장하여야 하고, 대통령령이 정하는 바에 따라 형사절차 관련 정보를 제공할 수 있다(법 제8조). 다른 시책의 주체가 국가와 지방자치단체인데 비하여 이는 그 주체가 국가에 한정된다.

① 수사담당자 상담, 재판절차 참여진술 등 형사절차상 권리 행사

지금까지 범죄피해자는 수사단계에서는 범죄피해의 신고·고소자, 수사의 참고인, 공판단계에서는 증인으로서 관여하는 등 형사절차의 협력자로서의 측면이 강조되었다. 그러나 범죄로 인하여 피해를 당하였다는 의미에서는 사건의 당사자이므로 자신이 관련된 형사절차에 대하여 충분한 정보를 공유하고 절차에 참여하는 것은 당연한 권리의 행사인 것이다. 현재, 미흡하나마 형사소송법이나 형사특별법에서 피해자진술권 등 절차상 권리규정이 있고, 수사기관에서 자체 피해자지원시스템을 갖추고 상담에 응하거나 위 권리가 행사되도록 노력하고 있다. 국가는 앞으로 형사소송법 등을 통하여 이를 보다 구체화할 필요가 있다 할 것인데, 현재 형사절차상 권리를 확대하는 내용의 형사소송법개정안이 국회에 제출되어 있다.

② 형사절차관련 정보 제공

범죄피해자가 원하는 경우에는 형사절차에 관한 정보가 충분하게 제공되어야 함은 말할 필요도 없다. 국가는 범죄피해자의 요청이 있는 경우에는 가해자에 대한

수사결과, 공판기일, 재판결과, 형집행 및 보호관찰 집행상황 등 형사절차 관련 정보를 제공할 수 있도록 조치를 강구하여야 한다(법 §8). 현재, 경찰에서는 송치 전 수사상황에 대하여 통지를 하고 있고, 검찰에서도 내부 지침에 따라 수사결과, 재판상황, 형집행 상황 등을 통지하고 있으나 명확한 근거규정을 두기 위하여 형사소송법개정안에 이를 포함시켜 현재 국회에 제출 중이다.

제공되는 정보의 종류 및 방법 등은 범죄피해자보호법 시행령에서 정하고 있다. 제공되는 정보는 수사관련 사항으로 수사기관의 공소제기·불기소·기소중지·참고인중지·이송 등 처분결과, 공판진행 상황으로 공판기일, 공소 제기된 법원, 판결주문, 선고일자, 재판의 확정 및 상소여부 등, 형집행 상황으로 가석방, 석방, 이송, 사망, 도주 등 보호관찰 집행상황으로 관할 보호관찰소, 보호관찰·사회봉사명령·수강명령의 개시 및 종료일자, 보호관찰의 정지 및 정지해제일자 등이다(법시행령 §2①), 정보는 범죄피해자에게 제공함이 원칙이나, 피해자의 명시적 동의가 있는 경우에는 범죄피해자지원법인에게도 제공할 수 있다(법시행령 §2②), 범죄피해자가 정보를 요청한 경우에는 원칙적으로 해당 국가기관은 제공의무가 있으나, 정보제공 요청자가 범죄피해자인지 여부가 확인되지 아니한 경우, 정보의 공개로 사건관계인의 명예나 사생활의 비밀 또는 생명·신체의 안전이나 생활의 평온을 해할 우려가 있는 경우에는 제공하지 아니할 수 있다(법시행령 §2③). 정보는 서면, 구두, 모사전송, 기타 이에 준하는 방법으로 제공한다(법시행령 §2④). 제공된 정보는 피해자보호·지원 목적 이외의 용도로 사용할 수 없으며, 이를 위반하면 처벌된다(법 §25①, §22).

(3) 사생활 평온과 신변 보호

국가 및 지방자치단체는 범죄피해자의 명예와 사생활의 평온을 보호하기 위하여 필요한 조치를 하여야 하며, 범죄피해자가 형사소송절차에서의 진술·증언과 관련하여 보복을 당할 우려가 있는 경우 등 범죄피해자를 보호할 필요성이 있는 경우에는 적절한 조치를 강구하여야 한다(법 §9).

범죄피해자는 범죄로 인한 직접피해 외에 매스컴이나 주위는 물론 수사, 재판 등 형사사법과정에서의 부적절한 취급과 조치로 제2차 피해를 입는 경우가 많다. 현재도 범죄피해자의 신원공개, 사생활의 비밀침해 금지에 관한 규정이 개별법에 규정되어는 있으나 미흡하다. 따라서 국가와 지방자치단체는 법률개정 등을 통하여 범죄피해자의 명예와 사생활의 평온이 더욱 보호되도록 하고, 범죄피해자의 심신의 상황이나 처해 있는 환경 등에 관한 이해를 높이기 위한 훈련이나 프로그램의 개발, 전문적 지식이나 경험을 가진 직원의 배치, 필요한 시설의 정비 등 조치를 강구할 필요가 있다.

범죄피해자는 같은 가해자측으로부터 다시 보복을 당할 우려가 있기 때문에 범죄피해자의 안전을 확보하여 보복에 대한 우려를 해소하고 동시에 적극적으로 피해신고를 할 수 있도록 할 필요가 있다. 현재 개별법에서 신변보호나 보호시설에 관한 규정을 두고 있으나 미흡하다. 따라서 국가와 지방자치단체는 범죄피해자가 재피해를 당하는 것을 방지하고, 그 안전을 확보하기 위하여 일시보호, 시설입소에 의한 보호, 방범지도, 형사절차에서의 특별한 조치, 범죄피해자에 관한 개인정보의 적절한 관리 등 필요한 조치를 강구하여야 할 것이다.

(4) 교육·훈련

국가 및 지방자치단체는 범죄피해자에 대한 이해 증진과 효율적 보호·지원 임무수행을 위하여 범죄수사에 종사하는 자, 범죄피해자에 관한 상담·의료 제공등의 업무에 종사하는 자, 그밖에 범죄피해자 보호·지원활동과 관계가 있는 자에 대하여 필요한 교육과 훈련을 실시하여야 한다(법 §10).

범죄피해자는 형사사법과정이나 상담 등 보호·지원과정에서 관계자의 부주의한 언행 등으로 종종 제2차 피해를 입기도 한다. 따라서 관계자들에 대하여 범죄피해와 피해자심리, 상담기법, 범죄피해자 보호·지원을 위한 각종 법과 제도 등에 관한 전문적 지식을 습득할 수 있도록 필요한 교육과 훈련을 실시할 필요가 있다. 현재 검찰에서는 분기에 1회 직원에 대한 교육을 실시하고 있고, 피해자지원센터에서 자원봉사자에 대한 교육을 일부 실시하고 있으나 체계적이지 못할 뿐 아니라 교육·훈련 프로그램도 제대로 마련되지 아니한 실정이다. 앞으로 국가와 지방자치단체는 물론 전국 피해자지원센터조직 등에서 서로 연계하여 교육과 훈련을 실시하는 시스템을 구축하여야 할 것이다.

(5) 홍보 및 조사연구

국가 및 지방자치단체는 범죄피해자에 대한 이해와 관심을 높이기 위하여 필요한 홍보를 하여야 한다(법 §11조①). 홍보의 방법은 실로 다양하다. 우리나라에 처음으로 범죄피해자지원센터가 설립된 9월 5일이나, 범죄피해자보호법이 시행된 3월 24일을 범죄피해자의 날로 정하고, 범죄피해자주간을 만들어 종합적이고 체계적인 홍보를 할 필요가 있다. 이를 위하여 국민적 관심의 대상이 된 인물을 홍보대사로 임명하는 것도 좋은 방법이다. 홍보는 주무부서인 법무부가 중심이 되어야 할 것이다.

그리고 범죄피해자에 대한 이해를 증진시키기 위하여 학교와 가정에서 생명의 존엄과 범죄피해자의 인권에 대한 교육을 적극적으로 시킬 필요가 있다. 이를 위하여 최근 법무부에서 전개하고 있는 법교육프로그램과 연계하는 것도 좋은 방법이 될 것이다.

또한 국가와 지방자치단체는 범죄피해자에 대하여 전문적 지식과 경험을 바탕으로 한 적절한 지원이 이루어질 수 있도록 범죄피해의 실태조사, 지원정책 개발 등을 위하여 노력하여야 한다(법 §11②). 무엇보다도 피해자에게 실질적인 도움이 되는 지원을 하기 위해서는 피해자가 원하는 것, 즉 수요(needs)가 무엇인지를 먼저 알 필요가 있다. 그 동안 범죄피해 실태조사는 있었으나 범죄피해자 실태조사는 없었는데 2006년에 처음으로 한국형사정책연구원에서 범죄피해자 실태조사를 실시하였다.

3. 범죄피해자 보호·지원 기본계획 등

(1) 범죄피해자기본계획

범죄피해자에 대한 국가의 체계적인 보호·지원을 위하여 법무부장관은 범죄피해자보호위원회의 심의를 거쳐 5년마다 범죄피해자 보호·지원에 관한 기본계획(이하, 기본계획이라 한다)을 수립하여야 한다(법 §12①). 기본계획에는 ① 범죄피해자 보호·지원 정책의 기본방향과 추진목표, ② 범죄피해자 보호·지원을 위한 실태조사·연구·교육·홍보, ③ 범죄피해자 보호·지원 단체에 대한 지원·감독, ④ 범죄피해자 보호·지원과 관련된 재원의 조달 및 운용, ⑤ 그 밖에 범죄피해자 보호·지원을 위하여 법무부장관이 필요하다고 인정한 사항이 포함되어야 한다(법 §12②).

기본계획이 범죄피해자보호위원회의 심의를 거쳐 확정되고 나면, 법무부장관, 관계 중앙행정기관의 장, 특별시장·광역시장 및 도지사(이하 시·도지사라 한다)는 기본계획에 따라 연도별 시행계획을 수립·실시되어야 한다. 이에 대한 시스템은 건강가정기본법, 여성발전기본법, 청소년기본법, 과학기술기본법 등에서도 동일한 구조를 취하고 있다. 즉 주무부처에서 기본계획을 세우고 그에 따라 유관부처에서도 협력하여 시행계획을 마련할 의무를 가지는 것이다.

관계 중앙행정기관의 장 및 시·도지사는 다음 연도의 시행계획 및 추진실적을 매년 법무부장관에게 제출하여야 하고, 법무부장관은 시행계획이 부적합하다고 판단될 때는 보완·조정을 요구할 수 있다(법 §13②). 그 밖에 시행계획의 수립·시행에 관하여 필요한 사항은 대통령령으로 정한다(법 §13③).

(2) 관계기관 협조

기본계획과 연도별 시행계획의 수립·시행을 위해서는 관계기관의 협조가 필수적이다. 법무부장관은 기본계획과 시행계획을 수립·시행하기 위하여, 중앙행정기관의 장 또는 시·도지사는 시행계획을 수립·시행하기 위하여 필요한 경우에 관계 중앙행정기관의 장, 지방자치단체의 장 또는 관계 공공기관의 장에게 협조를 요청할 수 있다(법 §14①·②). 이러한 협조에 대해서는 특별한 사유가 있는 경우를 제외하고 협조의무가 있다(법 §14③).

(3) 범죄피해자보호위원회

범죄피해자 보호·지원에 관한 기본계획 및 주요사항 등을 심의하기 위하여 법무부장관 소속하에 범죄피해자보호위원회(이하, 위원회라 한다)를 둔다(법 §15①). 위원회는 ① 기본계획 및 시행계획에 관한 사항, ② 범죄피해자 보호·지원을 위한 주요정책의 수립·조정에 관한 사항, ③ 범죄피해자 보호·지원단체에 대한 지원·감독에 관한 사항, ④ 그 밖에 위원장이 심의를 요청한 사항에 대하여 심의한다(법 §15조②).

위원회는 위원장을 포함하여 20인 이내의 위원으로 구성되며(법 §15①), 구성 및 운영 등에 관하여 필요한 사항은 대통령령으로 정한다(법 §15③). 위원회의 위원장은 법무부장관이며(법시행령 §5①), 위원은 교육인적자원부·법무부·행정자치부·보건복지부·여성가족부·기획예산처 차관 및 법원행정처 차장·대검찰청 차장검사·경찰청 차장과 범죄피해자 보호·지원 문제에 관한 전문지식과 경험이 풍부한 자 중에서 위원장이 위촉하는 10인 이내의 민간위원이다(법시행령 §5②). 민간위원의 임기는 2년이며, 역임할 수 있다(법시행령 §5③). 그리고 위원회의 심의사항에 대한 사전 검토, 전문적인 조사·연구를 위하여 실무위원회를 두며(법 §7①), 실무위원은 위원장 1인(법무부차관)과 20인 이내의 위원으로 구성한다(법 §7조②·③). 실무위원회의 효율적인 운영을 위하여 분과위원회를 둘 수 있다(법 §7조⑨).

4. 범죄피해자지원법인

(1) 등록

범죄피해자지원법인(법 §3①2: 이하 지원법인이라 함)으로서 이 법에 의한 지원을 받고자 하는 경우에는 일정한 요건을 갖추어 법무부에 등록하여야 한다(법§16①). 누구든지 법인설립 여부를 불문하고 범죄피해자보호·지원을 위한 활동을 할 수는 있으나, 이 법에 의한 보조금 교부 등 지원을 위한 활동을 할 수는 있으나, 이법에 의한 보조금 교부 등의 지원을 받기 위해서는 법무부에 등록하도록 한 것이다. 기존에 설립된 56개 피해자지원센터는 물론 성폭력상담소나 가정폭력상담소도 이 법에 따라 등록하지 아니하는 한 이 법의 지원법인은 아니다. 물론 등록하지 아니하더라도 종래의 활동에는 제약을 받지 아니할 것이다.

이처럼 일정한 요건을 갖추어 법인으로서 등록한 것은 체계적이고 효율적인 범죄피해자 보호·지원을 위한 것이나, 다른 한편으로 지원법인의 업무가 형사사건과 직접 관련되어 있고, 형사절차의 안내와 상담 등 직접보호·지원에 관련되어 있어 어느 정도 검증된 자격요건을 갖추지 아니하면 오히려 법조브로커를 양산하여 사회문제가 될 가능성이 있는 점도 고려하였다.

지원법인의 자산, 인적구성 등 구체적인 등록요건은 대통령령에서 정하고 있는데(법 §16①), 이를 살펴보면 다음과 같다.

(1) 사업목적상의 요건(법시 §8①1)

① 범죄피해자에 대한 법률·심리상담 등 각종 상담

② 범죄피해로 인하여 정상적인 가정생활이나 사회생활이 어려운 사람들에 대한 경제적 지원

③ 수사기관 및 법정동행

④ 병원후송·응급진료 및 치료

⑤ 범죄피해자구조금의 신청, 법률구조법인 구조신청 안내 등

⑥ 조사·연구 및 교육·홍보

⑦ 대피시설 또는 보호소 등의 운영

⑧ 그 밖에 범죄피해자의 보호·지원과 관련된 활동 중에서 3개 이상의 사업을

목적으로 하는 법인이어야 한다.

(2) 자격상의 요건(법시 §8①2)

① 지원법인의 임·직원 중 10인 이상이 변호사·의사 등의 자격 또는 면허가 있는 사람으로서 법률·의료 등 전문분야에서 범죄피해자보호·지원활동이 가능한 사람
② 법률구조법인 등 범죄피해자 보호·지원기관에서 5년 이상 근무한 사람
③ 정부·지방자치단체 또는 공공단체 등에서 범죄피해자보호·지원과 관련된 업무에 5년 이상 종사한 사람이어야 한다.

(3) 기타 조건

위에 전문분야로 변호사와 의사가 예시되어 있으나, 범죄피해자에 대한 전문지식과 실무경험이 있으면 사회복지사, 간호사 등 자격에 특별한 제한은 없다고 할 것이다. 다만, 지원법인은 목적사업을 수행하는데 필요한 사무실과 시설 등 자산을 보유하여야 한다.

(4) 보조금 교부

지원법인이 목적사업을 원활하게 수행하기 위해서는 필요한 예산이 먼저 확보되어야 한다. 예산은 자체 기부금 등을 통하여도 충당하지만, 범죄피해자 보호·지원이 국가와 지방자치단체의 책무이기도 하기 때문에 국가와 지방자치단체가 보조금을 교부할 필요가 있다. 즉 국가와 지방자치단체는 지원법인의 건전한 육성과 발전을 위하여 필요하다고 인정할 때에는 예산의 범위 안에서 보조금을 교부할 수 있다(법 §17①). 보조금을 교부하는 대신 다소 엄격한 책임과 감독을 받도록 하였다. 이미 설립되어 있는 피해자지원센터 중에서도 지방자치단체로부터 보조금을 교부받고 있는 곳도 있으나, 본법에 의한 보조금의 교부를 받기 위해서는 먼저 본법에 따라 등록하여야 한다.

법무부장관으로부터 보조금을 교부받고자 하는 지원법인은 소정의 신청서와 첨부서류를 법무부장관에게 제출하여야 하는데(법 §17②), 보조금의 지급기준 및 절차 등은 대통령령으로 정한다(법 §17③). 법무부장관은 보조금의 신청이 있을 경우, 지원법인의 자산, 1년 이상의 사업운영실적, 사업수행능력, 신청사업의 타당성, 최근

3년간 국가 및 지방자치단체로부터 지급받은 보조금 내역을 조사하여 보조금 교부 여부를 결정한다(법시행령 §11①). 한편, 현재 여성가족부 등을 통하여 성폭력상담소나 가정폭력상담소에 일정한 국고보조금이 교부되고, 법무부를 통하여 한국가정법률상담소에도 법률구조를 위한 보조금이 교부되고 있으므로 범죄피해자 보호·지원 사업을 이유로 다른 중앙행정기관으로부터 보조금을 교부받고 있는 경우에는 중복하여 교부하지 아니하도록 하고 있다(법시행령 §11②). 따라서 지방자치단체로부터 보조금을 교부받는 경우에는 그 액수를 고려하여 중복하여 보조금을 교부할 수 있다. 2006년에는 10억의 보조금을 지원할 예정인데, 앞으로 보조금의 액수를 획기적으로 늘려나가야 할 것이다.

본법에는 지원법인에 대한 조세감면규정은 없으나, 법제정 후 재경부고시 등을 통하여 조세감면을 받을 수 있도록 협의 중에 있기 때문에 원활하게 기부금을 받는 데는 큰 문제가 없을 것이다.

(5) 법무부의 감독

법무부장관은 보조금을 교부하는 대신 등록된 지원법인에 대하여 필요하다고 인정할 때에는 그 업무·회계 및 재산에 관한 사항을 보고하게 하거나 소속 공무원으로 하여금 등록법인의 장부·서류 등의 물건을 감사하게 할 수 있다(법 §19조①). 그리고 등록법인의 임·직원이 법무부장관이 요구하는 보고서 또는 자료를 거짓으로 작성하거나 이를 거부할 때, 감사를 거부·방해 또는 기피한 때, 시정명령이나 직무정지·징계요구에 대한 이행을 태만히 한 때에는 대표자에게 시정하게 하거나 당해 임원의 직무정지 또는 징계를 요구할 수 있으며, 등록을 취소할 수 있다(법 §19②).

이러한 법무부의 감독은 자칫 지원법인의 활동을 위축시키고 법무부에 종속시키는 결과를 초래할 우려가 있으므로 최소한에 그치고, 지원법인이 자발적으로 성장할 수 있는 환경을 마련하는 방향으로 운용되어야 할 것이다.

(6) 금지행위와 위반시 벌칙 등

① 보조금의 목적 외 사용금지

지원법인이 교부받은 보조금은 범죄피해자 보호·지원 외의 다른 용도로 사용할 수 없으며(법 §18①). 신청 시 거짓 사실을 기재하거나 그 밖의 부정한 방법으로 보조금을 교부받은 경우 또는 다른 용도에 사용한 경우는 전부 또는 일부를 반환하게 할 수 있다(법 §18②). 보조금 허위 교부행위는 5년 이하의 징역 또는 2천만원 이하의 벌금에(법 §24①), 용도 외 사용행위는 3년 이하의 징역 또는 1천만원 이하의 벌금에 처한다(법 §24②).

② 등록법인 오인 표시의 금지

누구든지 등록법인이 아니면서 등록법인으로 표시하거나 오인하게 할 수 있는 명칭을 사용하여서는 아니 되며(법 §20), 이를 위반하면 300만원 이하의 과태료에 처한다(법 §27①2).

③ 재판 등에 대한 영향력 행사 금지

범죄피해자 보호·지원 업무에 종사하는 자는 형사절차에서 가해자에 대한 처벌을 요구하거나 소송관계인에게 위력을 가하는 등 수사·변호·재판에 부당한 영향을 미치기 위한 행위를 하여서는 아니 되며(법 §21), 이를 위반하면 300만원 이하의 과태료에 처한다(법 §27①3). 피해자의 보호·지원행위가 가해자의 인권을 침해하거나 부당하게 제약하는 행위가 되어서는 아니 된다는 점을 명백히 한 규정이다.

④ 비밀누설의 금지

범지피해자 보호·지원 업무에 종사하거나 종사하였던 자는 업무수행과정에서 알게 된 타인의 사생활에 비밀을 누설하거나 범죄피해자 보호·지원 외의 목적에 사용하여서는 아니되며(법 §22), 이를 위반하면 1년 이하의 징역 또는 500만원 이하의 벌금에 처한다(법 §25①). 특히 명예와 사생활 평온의 보호가 중시되는 범죄피해자 보호·지원 업무와 관련하여 꼭 필요한 규정이다.

⑤ 수수료 등의 징수 금지

지원법인에서 범죄피해자 보호·지원 업무에 종사하거나 종사하였던 자는 다른 법률에 규정이 없는 한 범죄피해자 보호·지원을 이유로 수수료 등 명목의 금품을 요구하거나 받아서는 아니되며(법 §23), 이를 위반하면 1년 이하의 징역 또는 500만원 이하의 벌금에 처한다(법 §25②). 이는 범죄피해자 보호·지원 활동을 빙자한 법조브로커행위를 방지하기 위한 규정이다.

제3절 향후 과제 및 전망

1. 범죄피해자 보호·지원 조직의 확대 강화

범죄피해자 보호·지원은 앞으로 범죄를 예방하고 방지한다는 형사정책적 목적과 범죄피해자의 손실복구, 정당한 권리행사 및 복지증진이라는 사회복지적 목적이라는 두 가지 기능을 수행한다는 점이다. 이러한 두 가지 기능을 수행하기 위해서는 국가, 지방자치단체, 민간단체, 국민 모두가 힘을 모으는 것이 절실하며, 그러기 위해서는 현재와 같은 법무부가 아닌 국무총리실이 주무관청이 되고, 범죄피해자보호위원회도 국무총리실 산하에 두어야 할 것으로 생각된다. 이 법안에 대한 국회 법제사법위원회 심의보고서에 의하면 입법과정에서 국무총리실 범죄피해자보호위원회를 두는 방안도 검토되었지만, 현재 범죄피해자 보호·지원 및 범죄피해자구조에 관한 업무를 일정부문 법무부에서 담당하고 있고, 형사사법절차를 법무부가 총괄하고 있어 기본계획의 수립 주체를 법무부장관으로 하였다고 한다. 그러나 여성이나 청소년 등에 관한 정부의 기본계획이 특정부처인 법무부가 됨으로써 다른 부처의 관심이 상대적으로 적어져 범정부적인 종합시책의 수립과 시행이 되지 못하고 있는 점을 고려하면, 각 부처의 업무조정권이 있는 국무총리 산하에 범죄피해자보호위원회를 두고, 업무도 총리실에서 주관할 필요가 있을 것이다.

참고로 일본의 입법과정을 살펴보면 2004년 12월 1일 「범죄피해자등기본법」이 제정되기 이전인 1999년 11월에 이미 정부안에 「범죄피해자대책관계성청연락회의」가 설치되어, 법무성·경찰청·행상보안청·노동성·후생성·문부성·자치성 등이 협의하여 부처별로 시책을 추진하기로 하였다. 그 후 2005년 4월 1일 범죄피해자등 기본법이 시행되자 내각부(內閣府)에 「범죄피해자등시책추진회의」를 설치하고, 법무대신·총무대신·후생노동대신·국토교통대신·국가공안위원회위원장(범죄피해자등시책담당대신겸임) 등 각료 5명과 민간인 4명을 위원으로 임명하고 다시 전문위원 11명을 지정하여 심의를 계속한 끝에 2005년 12월 27일 「범죄피해자등기본계획」을 만들었는데, 이는 향후 우리나라 범죄피해자 보호·지원제도의 발전방향에 참고로 하여야 할 것으로 본다.

또 한 가지 문제라고 볼 수 있는 것은 법은 지방자치단체로 하여금 국가의 범죄피해자 보호·지원시책이 원활하게 시행되도록 협력할 책무를 부여하면서도, 기본계획에 따른 시행계획은 특별시·광역시·도 단위에서만 수립·시행하도록 하고 있는데 이것이 바로 문제점이 아닐 수 없다. 왜냐하면, 범죄피해자는 바로 그 지역주민이고, 지방자치가 정착되고 있는 점에 비추어 적어도 시나 구 단위까지 시행계획을 수립하고 시행하도록 할 필요가 있다. 이는 전국 54개 피해자지원센터의 원활한 활동을 위해서도 필요하다. 지방자치단체의 시책으로서는 지역실정에 맞게 조례를 제정하여 범죄피해자를 보호·지원하는 방안이 우선적으로 검토되어야 할 것으로 본다.

2. 범죄피해자지원법인에 대한 동기부여

다양하게 요구되는 범죄피해자의 보호·지원을 국가나 지방자치단체의 힘만으로는 예산상의 부족으로 한계가 있다. 그런 의미에서 범죄피해지원을 위한 민간단체의 역할이 중요하다고 보겠다. 이 법은 민간단체에 대하여 등록을 하는 경우에 약간의 보조금을 교부하는 것이 전부다. 따라서 앞으로 국가와 지방자치단체는 민간단체의 범죄피해자 보호·지원활동을 활성화하기 위해서 지원 법인에 대한 조세감면 등 세제지원이나 국·공유재산의 무상대부나 재정지원 등의 인센티브(incentive)를 주고 적절한 정보제공 등의 조치를 강구하여야 할 것이다. 재정은 정부가 지원하고 활동은 민간단체가 하는 미국이나 영국 등 선진국의 사례를 참고할 필요가 있다고 본다.

3. 범죄피해자기본법의 내실화

이 법은 범죄피해자보호·지원의 기본법이란 점에서 그 자체가 갖는 의미가 매우 큰 것이 사실이다. 그러나 실질적인 측면에서 보면 범죄피해자지원법인의 등록제로 하고 보조금을 교부할 수 있는 근거를 마련한 것 외에는 대부분의 시책이 이미 있던 제도들을 확인하거나 추상적이거나 선언적인 내용에 그치고 있어 명실상부한 기본법으로 보기에는 매우 미흡하다[17]고 보겠다. 학자들 중에는 이 법을 「범죄피해자지원법인의 설립 및 운영에 관한 법」이라고 하는 것이 더 타당하다고까지 혹평하기도 한다). 조속한 법률제정의 필요성, 법무부 단독주도의 입법, 예산상의 한계 등을 감안하더라도 앞으로 개선하고 보완해야 할 내용이 너무나 많은 미완의 법이라고

17) 류병관 , 전게논문, 27면.

하지 않을 수 없다.[18)]

앞으로 범죄피해자구조법의 내용 등 기존의 제도 내용을 체계적으로 포함시키고, 범죄피해자의 정신적·의료적 보호 및 지원 등 다양한 시책을 포함시킴으로써 보다 내실을 기할 수 있도록 개선해 나가야 할 필요가 있다고 본다. 아울러 범죄피해자에게 무엇을 지원할 것인가, 즉 범죄피해자를 보호·지원의 객체로 보는 관점에 대하여 범죄피해자가 본래 가지고 있는 권익을 강화시키는 방안이 무엇인가, 즉 범죄피해자의 주체성을 강화하는 관점에서 이법을 개선·보완해 나가야 할 것이다.[19)]

18) 조균석, 전게논문, 58면.
19) 같은 취지로는 2004년 12월8일 개최된 인권옹호 심포지엄에서의 이영동 판사의 지정토론(저스티스 제82호, 69면): 정승환, 전게논문, 75면.

CIRMINA VIMTIMS STUDY

제3장 범죄피해자 지원과 보호

제1절 범죄피해자 지원

범죄피해자 지원이라는 표현은 흔히 북미와 유럽에서 주로 민간 자원봉사조직에 의해 시작되었던 피난처 제공, 정신·심리적 부조, 재활지원, 기타 법률적 조언과 구조 등을 포함하는 의미로 사용되었다. 그렇지만 구미에서는 민간차원에서 실시되던 사적인 피해자 지원이 한계에 달했다는 인식에 기초하여 국가 차원의 공적 지원을 확충하기 위한 법제도의 정비가 추진되어 왔으며, 그 내용도 날로 충실해지고 있다.

범죄피해자에 대한 경제적 지원은 주로 공적인 피해보상 제도를 중심으로 발전해 왔는데, 피해보상의 범위와 내용은 각국의 사정에 따라 상당한 차이를 보이고 있다. 그러나 어느 나라든 공적 부조에 의하여 모든 피해자의 경제적 보상욕구를 완전히 충족시키는 것은 불가능하므로 민간차원의 피해자 지원 활동과의 연계체제를 구축할 필요가 있다.

제2절 형사절차상 피해자 보호

국가 주도의 전통적 형사사법체제에서 국외자로 방치되었던 피해자의 권익 옹호 문제는 이미 1970년대부터 구미 각 국에서 꾸준히 추진되어 온 과제였다. 수사기관을 위시한 형사사법기관에 의한 피해자보호조치 및 후속적 범죄피해방지조치, 형사소송절차상 피허자 지위보장·강화를 위한 입법적 조치, 그리고 피해의 원상회복을 위한 사법적 조치로서의 회복적 사법실무 등이 여기에 포함된다. 범죄피해자에 대한 '지원'이란 전술한 바와 같이 범죄피해자의 경제적·정신적 또는 사회적 어려움을 제거하고 피해자의 재활을 북돋우기 위한 시책 일반을 의미하지만 "형사절차상 피해자보호"란 형사사법의 정의 실현을 목표로 형사절차에서 피해자의 입장을 배려하는 제반 조치를 의미한다.

제3절 피해자지원 및 보호활동의 주체

피해자지원 및 보호활동은 기본적으로 국가에 의한 국가적 활동에 크게 의존할 수 밖에 없다. 왜냐하면 형사사법절차가 국가기관의 활동에 의해서 운영되고 있는 것이 오늘날 법치국가의 기본이기 때문이다. 그러나 국가기관의 국가적 활동만으로 피해자지원 및 보호활동이 완벽하게 이루어지리라 기대하는 것은 하나의 이상에 불과하다. 특히 피해자에 대한 충분한 지원 및 보호는 진정으로 피해자에 대한 회복과 가해자-피해자간 화해를 통해서 비로소 달성될 수 있으며, 이러한 사회 내 계통합의 과정은 다분히 국가의 노력과 활동 외에도 민간단체의 조력과 역량에 의존하는 바가 상당히 크다고 하지 않을 수 없기 때문이다.

1. 공공보상제도

피해자에 대한 국가의 보상제도의 기원은 고대 바빌론의 함무라비 법전까지 거슬러 올라간다. 그 당시 지방의 영주들은 범인을 체포하지 못한 경우에 한해 재산상의 손실을 영주재정에서 보상해 주도록 하는 제도가 있었다. 범죄피해를 보상해 줌에 있어서 국가의 주도적 역할은 그 후 근대 시민국가로 이어져, 오늘날 선진국에서와 같은 보다 구체적인 제도로서 자리를 잡게 되었다.

2. 사적 지원과 보험제도

대체로 어느 나라나 범죄로부터 시민을 보호해야 할 의무를 정부가 책임지는 방향으로 현대 복지정책은 변화해왔다. 그러나 피해보상의 범위를 놓고서는 상당한 정책적 차이를 보인다. 뉴질랜드나 호주에서처럼 국가의 재정으로 피해자를 구제해주는 나라가 있는가 하면 형사소송절차상에서 피해자의 권리나 피해사실에 대한 보전문제는 완전히 무시되는 국가도 있다.

3. 가해자에 의한 피해자 보상제도

가해자가 직접 피해에 대한 보상을 하게 하는 제도는 피해자는 물론 가해자에게까지 자기개선의 기회가 될 수 있다는 점에서 여러 국가에서 일찍부터 제도화되어 왔다. 1972년 영국의 형사사법 법에서는 형벌의 부가적인 처벌조항으로 보상명령을 제정하였고, 1982년에는 독립된 형벌로서 보상명령을 추가하였다.

제4절 범죄피해자보호·지원의 효율성

1. 범죄피해자지원·보호의 3방향

피해자의 보호·지원과 관련하여 형사절차에서 피해자의 지위는 일반적으로 소극적·방어적 지위와 적극적 공격적 지위로 양분하는 것이 보통이다. 피해자의 소극적 지위란 형사절차에서 피해자의 인격권의 침해로부터 피해자를 보호하여야 한다는 의미이고, 적극적 지위는 피해자가 스스로의 이익을 위하여 형사절차의 진행에 적극적으로 참여하는 지위를 말한다. 그러나 형사절차상 피해자의 지위강화에 가장 중요한 또 한 가지의 부분은 범죄피해자에 대한 실효성 있는 원상회복이다. 원상회복은 범죄로 인하여 발생한 손해를 피해자에게 직접 또는 간접으로 상쇄하기 위한 행위자의 급부를 대상으로 하는 형법상의 문제를 말하여, 광의의 원상회복의 개념은 범죄결과의 상쇄를 위하여 피해자가 받는 일체의 급부를 의미하며, 이에는 행위자에 의한 원상회복 이외에 국가에 의한 범죄피해자보상도 포함된다. 따라서 범죄피해자에 대한 실효성 있는 피해회복과 형사사법절차에서의 피해자 참여 확대, 그로 인한 2차적 피해예방 등 이러한 3가지 요소에 대하여 종합적인 검토가 될 때 비로소 범죄피해자에 대한 보호·지원방안의 효율성을 극대화할 수 있을 것이다.

2. 적정한 지원의 정도와 피해자 권리

1) 범죄피해의 범위

우선 범죄로 인한 피해에 대한 국내의 보상제도에 대하여 논의할 때 가장 우선적으로 지적되어야 할 부분은 피해의 범위를 규정하는 일이다. 가장 일반적인 피해의 정의는 주로 단기적으로 발생한 가시적 결과에 대해서만 한정되어 왔다. 절도의 대물피해 정도, 강도의 대물 혹은 대인피해 정도, 성폭행으로 인한 신체적 상해범위 등 눈으로 볼 수 있고 물리적 단위로 지정될 수 있는 부분에 대해서만 피해 규모를 산정하여 왔다는 것이다. 즉 재정적 손실은 피해 액수로써, 신체적 피해 정도는 의료진의 치료 필요기간으로써 피해를 규정하였고, 이런 물리적 피해의 단위는 양형의 산정에 있어서도 주요한 판단기준이 되어 왔으며 그 후 행형절차에서 위험성 산정의 지표로서 이들 피해의 물리적인 단위들이 주요 기준으로 채택되고 있다.

2) 피해자의 권리 인정문제(보상범위의 산정)

피해의 범위를 이처럼 가식적이지 않은 부분에까지도 확장하는 경우 가장 심각한 문제는 이들 피해를 어떻게 산정할 것이냐 하는 점이다. 이 문제는 형사절차 상에서 피해자의 권리를 어디까지 인정하는 문제와 결부되어 있다. 현재와 같은 형사사법 과정에서 피해자의 존재가 완전히 무시되는 분위기에서는 피해사실에 대한 다양한 범죄로부터 보호해줄 의무가 있고, 따라서 범죄의 피해자가 된 사실은 국가가 책무를 다하지 못하였기 때문에 피해자 보상은 국가가 나서서 책임을 져야 할 문제이고, 궁극적으로 피해보상은 시민의 권리임이 인정되어야 한다.

CIRMINA
VIMTIMS
STUDY

제4장 외국의 피해자대책

제1절 개관

피해자대책의 발전과정을 연대별로 개략적으로 살펴보면, 1950년대 주로 북미와 유럽에서 민간 자원봉사조직의 노력을 통해 폭력범죄피해자에 대한 경제적 부조의 필요성이 부각되면서 시작되었다.

1960년대 뉴질랜드와 영국을 필두로 국가적 차원의 범죄피해 보상제도가 실시되었으나 이는 극히 제한적이었다.

1970년대 유럽에서의 '피해자운동'이 일어났으며, 민간자원봉사단체들은 전국적인 네트워크를 구성하였다. 영국의 '피해자보호협회'와 미국의 '전국피해자지원기구' 등이 대표적인 민간자원봉사단체들이다.

1980년대 중반부터는 UN과 유럽평의회에서 피해자문제와 대책에 관심을 가졌다.

제2절 각국 피해자 대책 발전과정

1. 영국

영국은 1964년에 범죄피해자 보상제도가 실시되었는데, 이는 뉴질랜드에 이어 세계 2번째라고 볼 수 있다. 그러나 보상은 폭력범죄 피해자에게만 주어졌고, 가정폭력은 제외되었으며, 지급대상과 범위는 엄격하게 제한되어 실효성에 대한 비판이 계속되었다.

이러한 비판속에 1995년에 '범죄피해보상법(Crime Injuries Compensation Act)'이 제정됨으로써, 공적보상제도를 제도적으로 보장하였다. 그동안 실시해오던 1964년 제도와는 달리 가정폭력과 정신피해발생의 경우에도 보상이 가능하였다. 피해의 원인으로서 방화, 독극물사용범죄, 철도불법침입범죄, 범죄자 체포과정에서 발생한 피해, 범죄방지 노력 중 발생피해 등이 포함되었다. 피해의 범위는 위의 범죄들로 인한 생명, 신체의 피해, 정신적 상처, 질병(신체적 피해로부터 야기된 것), 동의하지 않은 성범죄 피해자의 정신적 피해 등이었다.

보상의 운용은 종래 민사상 손해배상금 산정방식에서 각 등급으로 나누어 보상금 지급기준에 따라 지급하였다.

2. 미국

1) 개관

미국은 1970년대부터 범죄피해자에 대한 사회적·정치적 관심이 고조되어 형사사법제도에서 무시되었던 피해자의 지위를 회복하고 적극적으로 피해자를 보호·원조함으로써 피해자의 권리를 보장하고 강화하려는 입법적 운동이 활발히 전개되었다. 특히 1970년대 후반부터 '피해자의 권리운동(The Victim's Rights Movement)' 내지 '피해자운동(The Victims Movement)'이 연방과 주정부의 주도 하에 강력히 전개되었으며, 이것이 1980년대에 피해자보호·원조제도의 확대와 발전에 커다란 영향을 미치게 되었다.[20)]

미국은 1982년에 '피해자 및 증인보호법'(The Federal and Witness Protection Act of 1982: VWPA), 1984년에는 '범죄피해자법'(The Victims of Crime Act of Crime Act of 1984: VOCA)을 제정하여 형사절차에서 검사 및 법원 등이 피해자의 의견을 듣는 등 그 의사를 배려하는 취급을 하도록 하고, 피해자에 대한 손해배상 및 보상을 하는 규정을 마련하여 피해자의 보호를 꾀하고 있다. 아울러 각 주에서는 이 법을 모델로 하여 피해자 및 증인을 보호하는 입법을 제정하였다. 이러한 입법들은

20) Albert, 1990, 21; Karmen, 2001: 8-11)

피해자를 일정한 형태로 형사절차에 참가하는 것을 인정하는 것과 피해자의 범죄에 의한 손실을 제정 면에서 회복하는 것을 주된 내용으로 하고 있다. 이러한 입법적인 노력 외에 1960년대 피해자의 권리회복을 위한 움직임과 함께 피해자원조를 위한 전국조직(National Organization for Victim), 피해자의 법률원조기구(Victims Assistance Legal Organization), 음주운전에 반대하는 어머니회(Mothers Against Drunk Driving) 등을 비롯한 피해자 및 증인을 원조하는 공·조직이 운영되고 있다.[21)]

2) 피해자 및 증인보호법

(1) 개관

'피해자 및 증인보호법'(이하 '피해자보호법'이라 한다)은 형사절차의 각 단계에서 피해자와 증인의 정보권, 참여권, 보호구를 인정하는 법을 담고 있기 때문에 '피해자의 권리장전'(Victims's Bills Rights)라고 이야기된다. 이 법의 목적으로서 다음과 같은 세 가지 접점을 들고 있다. 첫째, 형사절차에 있어서 범죄의 피해자 및 증인의 역할을 증대시키고 보호한다. 둘째, 이 법률을 각주를 비롯한 지방정부의 입법의 모델로 한다는 것이다. 셋째로 이 법은 미연방법무부장관으로 하여금 이 법의 목적에 적합한 지침을 제정하도록 유구하고 있다. 이에 의하여 1983년에 '피해자 및 증인 원조를 위한 법무부장관의 지침'(The U,S. Attorney General's Guideline for Victim and Witness Assistance)을 제정하여 실행하고 있다.

(2) 형사사법절차에서의 고지 및 참가

형사사법절차에서의 피해자 또는 증인에게는 피고인에게 인정된 권리, 예컨대 변호인 선임권 고지를 받을 권리 등의 보장이 없었다. 그러나 피해자보호법은 피해자에 대하여 형사절차의 진행경과를 고지하거나 의견을 청취하는 형태로 형사절차에의 참가를 인정하였다.[22)]

한편, 이 법에 의하면 검사는 연방형사사건의 처리에 관한 의견을 청취하기 위하여 중대범죄의 피해자 또는 피해자의 가족과 일정 사항에 관하여 상담을 해야 한

---

21) 박광민, 1998: 158).
22) 18 U.S.C. 1512 sec.6.a.4. A-D)

다고 정하고 있다. 상담내용은 공소취하, 보석에 관한 사항, 답변협의, 다이버전 프로그램의 4가지이다.[23)]

(3) 피해자에 대한 다양한 원조의 제공

피해자는 시급한 사회적 및 의료상의 서비스를 제공받으며, 협박 등으로부터 보호하기 위한 제도적 장치를 마련하고 있으며, 피해자는 재판에 협력하는 것에 수반하는 다양한 부담이 있다. 이러한 부담을 줄이기 위하여 정부가 원조를 하거나 편의를 제공한다.

3) 범죄피해자법

범죄피해자에 대한 국가의 예산으로 경제적으로 지원하는 범죄피해보상제도는 1965년 캘리포니아주부터 시작하여 차례로 다른 주에도 도입되었다. 당시 미국의 범죄피해보상제도는 주로 범죄피해자의 경제적 어려움을 동정하는 인도주의에 바탕을 둔 사회복지 이념에 바탕을 둔 것이다. 그러나 피해자 권리운동의 영향으로 범죄피해보상을 확대·강화하는 내용의 범죄피해자법이 1984년 제정되었다.

이후 범죄피해자법에 의해 조성된 범죄피해자기금(Crime Victim Fund)으로부터 재정적인 지원을 받아 피해보상제도를 운영하고 있다. 이 제도는 피해자에 대한 다양한 원조와 함께 피해자의 구제에 중요한 제도로 인정되고 있다. 그러나 이 제도의 운영에서 나타나는 문제는 많은 피해자가 이 제도의 존재를 알지 못하거나, 알고 있어도 절차가 복잡하여 보상청구를 하지 않는다는 것이다. 피해자보상제도의 최근의 경향은 보상적격자의 선별 기준을 확대하는 경향이다. 예컨대, 종래는 가해자와 친족관계에 있는 피해자는 배제되었으나 오늘날에는 이러한 태도가 수정되고 있으며, 이와 더불어 이 제도의 재원부족을 해결하기 위해서 벌금을 사용하는 주가 증가하고 있다.[24)]

1996년에 연방의 '반테러리즘 및 효과적 사형법'(Antiterrorism and Effective Death Penalty Act of 1996)이 제정되어 외국에서의 테러리즘의 피해에 대해서도 주의 범죄피해자보상제도로부터의 지급이 가능해져 새로운 전개를 맞이하게 되었다.

---

23) 18 U.S.C. 1512 sec.6.a.5. A-D).

24) 박광민, 1998:162)

4) 원상회복

1970년대 후반부터 전개되었던 피해자의 권리운동의 성과의 하나로 원상회복(restitution)을 들 수 있다. 원상회복은 법원이 범죄인에게 범죄피해자에게 개인적으로 배상(원상회복)할 것을 명하는 제재를 말한다. 보호관찰의 조건으로 적용하던 원상회복제도는 1982년 피해자보호법에 의해 독자적인 형사제재로 자리 매김을 했으며, 1987년에는 거의 모든 주에서 활용하고 있다.[25)]

그러나 원상회복제도는 목적과 성격에 대해서, 그리고 형사제재의 하나로써 제도화하는 것이 과연 피해자를 보호 내지 원조하는 데에 도움이 되는가에 의문이 제기된다. 우선 피해자관점에서 본다면 원상회복은 피해자에게 손해배상을 가능하게 하고 정신적 안정을 보다 쉽게 찾을 수 있다. 한편, 범죄자 관점에서 본다면 원상회복은 범죄자로 하여금 범죄피해자의 피해에 대한 책임을 인정하게 하고 경제적인 배상을 통해서 책임감을 깨우치게 하며, 재범 방지와 재사회화에 도움이 된다. 이렇듯 원상회복제도는 피해자의 권리운동과 피해자대책으로는 긍정적인 효과를 꾀할 수 있지만, 실제 운용되는 원상회복 프로그램은 범죄통계정책의 합리화라는 관점에서 범죄인의 사회복귀 또는 효율적인 형사사법에 더 비중을 두고 있다고 한다.[26)]

5) 결어

미국의 피해자보호대책은 크게 두 가지 방향에서 특징을 살펴볼 수 있다. 먼저 피해자의 권리를 보호하기 위한 피해자운동은 1960년대에 다양하게 전개된 사회운동에 영향을 받아 피해자 고통을 현실적인 차원에서 고려하자는 것이다. 한편, 피해자보호대책은 보수적인 '법과 질서운동'의 요청으로부터도 영향을 받았다. 이처럼 미국의 경우는 현실적으로 피해를 당한 사람을 직접 보호·원조하는 것을 목표로 하던 피해자운동이 형사사법기관에 의한 범죄통제를 강화하려는 보수적인 '법과 질서운동'에서 비롯된 피해자운동에 흡수·조작되는 경향도 찾을 수 있다.

---

25) Karmen, 2001: pp. 283~293.
26) 최석윤, 1998: 66~67.

3. 독일

1) 개관

독일의 경우 형사사법 분야에서 범죄피해자의 문제가 본격적으로 논의되기 시작한 것은 1980년대부터라고 볼 수 있는데, 1976년에 '범죄피해자보상법'을 제정하였으나, 그 요건이 엄격하고 제한적인 것이어서 이를 통해서 범죄피해자가 실질적으로 국가의 지원을 받는 것은 용이하지 않은 상태였다. 따라서 그 개선의 필요성을 느끼고 범죄피해자보상법 등 피해자보호관련 관련법규정에 대한 전면적인 개정 논의가 시작되었다.

1983년 사회민주당에 의해 '성범죄피해자의 보호에 관한 법률(안)이 연방의회에 제출되는 등 피해자보호에 중점을 둔 구체적 제안들이 논의되기 시작하였다.[27)]

2) 범죄피해자보호법의 탄생

그 중 하나는 부부강간의 범죄화 논의이고, 다른 하나는 형사절차에서의 성범죄피해자의 프라이버시 보호이다. 형사절차에서의 성범죄피해자의 프라이버시 보호의 문제는 여성피해자에 그치지 않고 일반적인 피해자의 지위나 권리에 대해 논의를 진행시켜 갔다. 이에 대해서는 특히 1984년 제55차 독일법조회의(Deutsche Juristen Tagung)에서 연방 법무성의 리스(Peter Rieß)의 '형사절차에서의 피해자의 법적지위'의 의견서에 집약되어 있다. 리스는 형사사법에 화해절차를 도입하는 등, 피해자의 입장을 배려하는 것은 가해자에의 견제를 촉진시키는 것과도 일맥상통한다고 주장하면서 피해자에의 정보제공이나 보호와 원조, 손해회복 등 획기적인 의견을 제시하였다. 그것은 '형사절차에 있어서의 피해자의 지위에 관한 제1차 법률', 즉 '피해자보호법'의 제정 및 시행으로 이어지게 되었다.

---

27) 宮澤浩一, 1986:58)

3) 제2차피해자보호법률 필요성 대두

피해자보호법에 따르면, 피해자는 신청에 의해 변호사를 보좌인으로 선임할 수 있고, 그 보좌인이 수사단계에서부터 피해자의 권리보호를 맡아 절차의 진행상황에 대한 정보를 범죄피해자에게 알려주고, 관계서류를 열람하고, 수사단계나 공판개시 때에는 피해자의 뜻에 따라 의견을 적절하게 진술하고, 피해자가 공개법정에서 증인으로서 심문 받을 때 보좌인의 조언을 얻어 사생활에 관련된 사항에 대해 증언을 거부하고 공개금지의 조치를 구하는 법적조치를 취할 수 있도록 하였다. 또한 손해배상청구를 용이하게 하기 위해 현행규정의 범위를 넓혔다. 한편, 피해자에게 보좌인이 있는 경우 피의자나 피고인에게 국선변호사를 선임하는 규정을 마련하여 그의 권리를 보호하게 하였다. 그러나 피해자보호법에 관한 실태조사를 수행한 한 조사연구에 의하면, 형사재판에 대해 50% 이상의 피해자가 자신들의 의견이 재판과정에 반영되지 않는다는 등의 불만을 가지고 있는 것으로 나타났다. 아울러 피해자의 권리보호를 내용으로 한 1986년의 법 개정은 불충분하며, 피해자보호를 위한 '제2차 법률'의 제정이 필요하다는 주장이 나왔다.

4) 피해자보호의 개정법안

독일은 1996년 연방참의원의 '형사소송법의 개정법안(아동증인에 관한 보호법률)'이 제출되었다. 그 내용은 형사소송법 제168c조(법관심문에의 출두), 제168d조(법관의 검증에의 참가), 제241a조(증인심문), 제25o조(심문의 원칙) 등의 규정에서 증인심문 등을 할 때 출석자가 있는 곳에서의 심문이 16세 이하의 아동·소년에 현저히 악영향을 가져올 위험이 있을 때, 법관은 그 심문을 별실에서 출석자로부터 분리하여 실시할 수 있도록 하였다. 이 경우 심문은 동시에 검찰관, 권리자, 변호인이 있는 방에서 화상과 음성으로 보내지게 되고 녹취기록은 지체 없이 문서화하게끔 되어 있다. 이 방법에 의한 연소자의 보호는 '마인츠 모델(Mainz Model)'이라고 불리는 실험적인 프로젝트에서 그 성과가 확인된 것으로, 이러한 입법태도는 범죄피해자에 대한 절차법적 보호의 하나로 적극적인 자세를 보여주는 것이었다.

그 후 1998년에 '형사소송법 개정법안 형사절차의 심문시 증인보호법(ZSchG)'이

제출되었고, 형사소송법 제58조(심문, 대질)에 이어, 제58a조(공판시 증인심문이 불가능하고 진실의 탐구를 위해 그 기록이 불가결할 때에는 증인심문을 녹화·녹음하는 방법으로 기록할 수 있다고 하는 규정), 제247조(피고인의 퇴정), 제247a조)증인이 공판정에 출석하여 심문받을 때 현저히 악영향이 있다는 절박한 위험이 있는 경우는 피고를 퇴정시키거나 공개를 금지하는 조치) 등을 규정하였다. 한편 범죄피해자가 범죄로 인한 손해에 대해서 범죄자를 상대로 독일 민법상의 소송을 통하여 피해를 구제 받을 수 있도록 1998년 '피해자 민사청구법(OASG)'이 제정되었다.

피해자대책에 관한 규정의 효과에 대해서는 예측할 수는 없지만, 오랫동안 형사절차에서 방치되었던 피해자의 법적지위 강화를 요구하는 움직임이 반대로 작용해 법치국가 기본원리인 피의자·피고인의 권리를 희생시켜 가며 피해자보호를 관철시킨 독일의 경우는 우리에게도 많은 시사점을 던져주고 있다.

4) 민간조직의 범죄피해자 지원활동

민간 차원에서의 피해자 지원분야에서 독일의 경우 Weiß Ring(이하 '협회'라 한다)의 활동을 들 수 있다.

협회는 1976년 설립 이래 독일 전역에서 활동하고 있는 피해자 지원조직으로서, 어려움에 빠진 범죄피해자를 위해 독일 전역에 걸쳐 하나의 망을 구축하고 있다. 처음 협회를 구성할 때, 발기인의 상당수는 경찰관계자였으며, 자원봉사자의 대부분도 현역이나 전직 경찰로 구성되었다. 이 공익단체는 피해자의 보호와 범죄예방을 위한 자금을 회비·기부·유산의 증여 및 벌금의 할당으로 충당하고 있으며, 그것으로 지금까지 수십만명의 피해자에게 신속하면서도 비관료적인 지원을 하고 있다.

협회의 상담원은 범죄피해자를 돌보거나 불행을 당한 사람이 자신들의 문제에 대해 이야기할 수 있는 최초의 사람이 된다. 전화상의 대화, 병실의 방문, 관공서와 교섭할 때의 원조 등 결국, 범죄행위의 피해자로서 '잊혀지지 않았다'는 기분을 다지게 함으로써 피해자에게 다시금 용기와 새로운 희망을 줄 수가 있다. 따라서 비물질적인 지원이 협회의 피해자에 대한 활동의 기본이다. 많은 경우 신체적 및 물질적인 손해와 함께 정신적인 부담도 범죄행위의 직접적인 결과이다. 협회는 범죄나 폭력피해자에게 여러 종류의 원조를 제공하고 있다. 이러한 원조로는 첫째, 범죄행위로 인한 피해를 당한 이후 인간미가 있는 상담과 개인적인 보살핌, 둘째, 관공서와의 교섭의 원조, 셋째 재판 중에 동행, 넷째 다른 기관이나 단체와의 원조중재

다섯째, 범죄행위와 관련하여 물질적인 곤란에 빠졌을 경우 지원하기, 예컨대 변호사 선임에 따른 변호사상담료를 지급한다거나 피해자보상법에 따른 보상을 청구하거나, 형사절차상 피해자보호권을 확보하기 위한 비용을 지급하여 주는 일 등을 한다. 여섯째 피해자 및 그 가족의 휴양조치, 일곱째, 범죄행위의 결과와 관련해 당장에 필요한 금전적 지출 등이다. 이 뿐만 아니라 협회는 범죄피해자에 대한 직접적인 지원뿐만 아니라 범죄예방에 기여하기 위한 활동도 전개하고 있다.

4. 호주

1) 개관

우리가 잘 아는 바와 같이 호주는 18세기 후반 영국의 유형식민지로 출발하였고 식민지시대를 거친 관계로 영국의 형사사법제도를 모델로 삼아 경찰로 하여금 수사·기소·공소유지를 모두 담당하는 것이 특징으로 되어 있다. 대륙법계국가에서는 검찰제도를 일찍이 도입한 반면, 영미법계인 영국은 검찰제도를 도입하지 않은 대신에 복잡하고 어려운 사건은 변호사를 개별 선임하여 공소유지를 하여 왔다.

그 후 적법절차와 인권보장문제가 제기되고 경찰제도에 대한 견제와 보완의 필요성이 대두되자, 1985년을 전후하여 영국은 물론 호주에서도 검찰제도를 도입하여 공익의 대표자인 검사로 하여금 기소와 공소유지를 담당하도록 한 것이다.[28] 이와 때를 같이하여 여성과 아동에 관한 인권 시민운동에 힘입어 1986년에 국제연합(U.N.) 총회에서는 범죄피해자에 대한 권리장전(Victims' Rights) 선언문을 채택함으로써 형사절차에서 소외되었던 범죄피해자에 대한 새로운 인식을 하게 되었다. 1990년대에 선진각국에서는 피해자보호 및 지원을 위한 여러 제도가 신설되었으며, 호주 역시 범죄가해자 못지않게 피해자에게도 형사절차상 권리를 법적으로 인정해 주었다. 호주의 특이한 점은 검찰제도와 범죄피해자 지원제도의 도입 배경이 모두 형사절차상 피해자나 가해자의 인권보호라는 데에 근거를 두고 있다는 점이다.

2) 범죄피해자보호제도의 발달사

호주도 영국과 마찬가지로 근대까지 형사절차상 가해자의 권리보호가 주된 관심

28) 박장우, "호주의 형사사법제도 개관", 해외연수파견검사논문집 제20-1집(2005, 2.), 715면.

사였는데 1960년대의 여성운동과 아동보호운동을 계기로 피해자의 권익과 피해회복이 주요 과제로 논의되었다.29)

이에 따라 사회보장차원에서 정부가 범죄자를 대신하여 피해자의 손해를 보상해주어야 한다는 주장이 점점 힘을 얻게 되었으며, 그 결과 뉴사우스웨일즈주는 1967년에, 퀸드랜드주는 1968년에, 남호주는 1969년에, 서호주는 1970년에, 빅토리아주는 1972년에, 타즈메니아주와 북부지구는 1976년에, 수도지구는 1983년에 피해자보상법률을 각각 제정하였다.

한편, 호주에서 시민단체가 피해자 지원운동을 본격적으로 시작한 시기는 1980년대 초반이다. 1979년에 전직 경찰청장인 레이 위트로드(Ray Whitrod)가 아들레이드에 범죄피해자 지원센터(Victims of Crime Service)를 설립하여 민간차원에서 피해자 상담과 법률지원에 나섰다. 반응이 매우 좋았고 멜번, 시드니는 물론 호주 전역에 걸쳐 유사한 시민단체가 생겨났다. 1980년대에는 특히 가정폭력과 아동학대분야가 가장 큰 과제였고, 범죄피해자의 권리에 대한 인식이 보편화되었다.

1990년대에 들어서는 피해자의 권리장전을 제도적으로 좀더 확충하고 적극적으로 지원하는 방향으로 나아갔다. 주에 따라서는 차이는 있으나 호주의 피해자지원제도는 사실상 완성되었다고 볼 수 있다. 호주에도 한국의 법률구조공단과 같은 기구를 통해 법률구조(Legal Aid) 서비스를 제공하고 있다. 그러나 이러한 정부 관련 단체 이외에도 시민단체의 활동이 매우 활발하다. 범죄피해자에 대한 상담, 정보제공, 여론 조성 및 정부에 대한 제도건의 등의 기능을 수행한다. 이러한 시민단체의 자발적인 노력은 범죄피해자 지원제도의 밑거름이라 할 수 있고 영미법계의 공통적인 현상이라 할 수 있는데 미국의 경우도 범죄피해자를 지원하는 크고 작은 단체가 10,000여개에 이른다고 한다.30)

3) 형사절차상 범죄피해자의 권리

(1) 범죄피해자 권리장전의 채택

1986년 국제연합(U.N.) 총회에서 채택된 '범죄 및 권력남용 피해자를 위한 기본원칙' 선언문에는 수사 및 재판절차와 관련된 피해자의 기본권리를 담고 있다. 이

29) 이정수, "호주의 범죄피해자 지원제도 연구", 해외파견검사논문집 제20-2집 (2005, 7.), 5면.
30) 이제관, "미국의 범죄피해자보호제도에 관한 고찰", 해외연수검사연구논문 제21-1집(2006. 1.), 571면.

를 가리켜 '범죄피해자 권리장전'(The Charter of Victims Rights)이라고 부르며, 호주 대부분의 주에서 이를 채택하고 있다.

범죄피해자 권리장전은 경찰, 검찰, 법원, 교도소 등 국가기관에 대하여 기속력이 있고 주에 따라서는 이를 감독하는 기관도 있다. 다만, 권리장전을 법률의 형태로 규정하는 경우에도 강제적인 법적 구속력은 없고 이를 위반시 내부적인 징계에 그칠 따름이다.

(2) 형사절차상 범죄피해자의 권리

법률로 권리장전을 규정한 경우, 주에 따라 다소 표현을 달리하고 있으나 그 내용은 거의 같으며 이들 권리를 기능에 따라 분류하면 다음과 같다.

① 인격적인 대우를 받을 권리

국가기관의 공무원들이 범죄피해자를 대할 때에는 예의(Courtesy), 배려(Compassion), 존중(Respect)의 자세를 견지해야 한다. 인종, 성별, 나이, 종교, 출신지와 관계없이 평등하게 대우를 받을 권리가 있다. 이를 위해 공직자들은 피해자들이 무엇을 필요로 하는지를 파악하고 충족시켜줄 수 있도록 능력과 지식을 겸비해야 한다.

호주는 다문화주의 정책하에 아시아계 등의 이민의 확대로 범죄피해자가 비영어권 이민자이거나 호주 원주민(Aborrigine)인 경우, 통역서비스를 제공하기도 한다.

한편, 피해자가 장애인인 경우, 수사기관이나 법원에서 서비스를 받음에 있어서 불편함이 없도록 최선을 다하고 있으며, 특히 법원에 오는 맹인 등과 같은 장애인들을 안내하기 위한 교육과정도 있다.[31)]

2) 정보를 제공받을 권리

(1) 피해자지원 서비스에 관한 정보취득권

정부당국은 사건발생 후 신속히 피해자에게 피해자지원 서비스제도를 알려야 한다. 이를 위해 관계기관은 최신서비스 정보를 수집하고, 사건발생 후 적기에 가장 필요한 서비스 정보를 제공함은 물론 피해자지원 서비스에는 어떤 내용이 있는지

---

31) www. jawlink nsw.gov.au/lawlink/victimservices)

널리 홍보하기 위해 노력하고 있다.

피해자에게 신속한 서비스정보를 제공하기 위해, 뉴사우스웨일즈주 검찰청 내의 증인 지원부(The Witness Assistance Service)는 폭력사건 피해자와 관련하여 신속한 사건처리 매뉴얼(Best Practice Referral Flow)을 마련하였다. 보통 간이법원의 예심단계(경찰기소관이 담당)를 거쳐 사건이 검찰청에 송치되어 배당이 이루어진 후 법률지원 사무변호사나 검사가 사건을 검토하여 증인지원부로 보내게 되는데 이 때 비로소 피해자 지원업무가 시작된다.

(2) 피해자지원 서비스로의 접근권(Access to services)

범죄피해자가 이용하기 편리한 심리상담(counselling), 법률지원(Legal assistance) 등의 서비스에 대하여 쉽게 접근할 수 있도록 노력하여야 하는데, 이는 관계기관이 피해자를 기다리지 않고 피해자에게 적극적으로 찾아가서 서비스를 지원함을 의미한다.[32] 호주는 국토가 광활하여 도시로부터 멀리 떨어져 있는 지방피해자들에 대한 지원이 소홀해질 수 있어 피해자들의 서비스접근이 용이하도록 법원이나 검찰의 지소를 신설하거나 출장근무를 통해 업무를 지원하고 있다.

(3) 수사절차상 정보취득권

범죄피해자가 요청하는 경우, 수사에 방해가 되지 않는 선에서 수사기관은 현재 수사가 어느 정도 어떻게 진행되고 있는지(Progress of Investigation)를 알려주어야 한다.[33] 이를 위해 뉴사우스웨일즈주는 첫째, 경찰 등 관계기관은 직원들로 하여금 피해자가 담당수사관으로부터 수사관련 내용을 알권리가 있고 이를 조회할 권리가 있음을 주지시켜야 하고, 둘째, 경찰청은 수사관련 내용에 대한 피해자들의 만족도를 점검해야 한다는 내용의 지침을 정하였다.

범죄피해자가 더 쉽게 수사과정을 알 수 있도록 하기 위해, 뉴사이스웨일즈주 법무부 산하 범죄피해자사무국은 주 경찰청과 합동으로 피해자지원카드(Victim Support Card)를 만들었다.[34] 이 카드에는 수사경찰관의 성명과 소속, 연락처, 피해자신고일자와 시각, 사건번호, 피해자권리장, 피해자지원부서 등을 담고 있다. 일선경찰서에

32) 뉴사우스웨일즈주 피해자권리법(Victims Right Act 1996) 제6조 제3항, 퀸즈랜드주 범죄피해자법 제7조, 남호주주범죄피해자법 제11조, 서호주주범죄피해자법 제3조 제1항.
33) 뉴사우스웨일즈주 피해자권리법(Victims Rights Act 1996) 제6조4항.
34) 이정수, 전게논문, 20면.

서는 이 카드를 작성하여 피해자에게 교부하고, 피해자는 담당 수사경찰관에게 연락하여 수사관련 사항을 신속하게 얻을 수 있게 된다.

(4) 수사결과 및 재판 관련 정보취득권

범죄피해자는 첫째, 경찰이 인정한 혐의 내용, 혐의를 인정하지 않는 경우 무혐의 이유, 둘째 공소장변경 또는 공소취소결정과 이유, 셋째, 공판일시, 장소, 넷째, 재판경과에 관한 정보를 취득할 권리가 있다.[35)]

증인으로 소환되는 피해자에게는 재판절차가 어떻게 진행되고 증인의 역할이 무엇인지에 관해 알려주어야 하고, 검찰에서는 증인이 어떤 부담이나 불편함이 없도록 특별한 관심을 기울이고 있다.

뉴사우스웨일즈주에서는 증인과 접촉하는 공무원들을 별도로 교육, 훈련을 시키고 있으며, 증인을 대할 때의 준수사항(Protocols)을 마련함은 물론 검찰청 증인지원부는 증인과 항상 연락이 될 수 있도록 연락체계를 갖추어 놓고 있으며, 법원의 경우 특히 아동증인에 대하여는 불편함이 없도록 각별한 배려를 하고 있다.

검찰청의 증인지원부(Witness Assistance Service)에서는 범죄피해자와 증인들에게 사건정보와 해당 기소담당 사무변호사(Solicitor)의 성명과 연락처를 제공하고 있다.

증인들의 심적 부담을 줄여주기 위해 법정에 대한 사전 지식과 자신감을 주기 위해, 뉴사우스웨일즈주의 범죄피해자사무국은 재판진행 모습과 증인의 증언하는 모습을 담은 법정비디오(제목: Your Day in Court)를 제작하여 안내책자와 함께 증인으로 나서는 사람들은 물론, 뉴사우스웨일즈주 전역에 산재해 있는 형사사법분야의 600여 증인지원 단체에 배포하고 있다. 뿐만 아니라 성폭력사건의 성인 또는 아동피해자가 증인으로 되는 경우 이를 지원하는 지원들을 위해 성폭력상담 패키지(제목: Nothing But The Truth)를 마련하였다. 여기에는 재판절차는 물론 성폭력 피해자의 심리적 상태 등을 고려한 지원방식 등에 관한 프로그램, 실습, 책자 등이 포함되어 있다.

---

35) 뉴사우스웨일즈주 피해자권리법(Victims Rights Act 1996) 제6조5항1호, 퀸즈랜드주 범죄피해자법(Criminal Offence Victims Act 1995), 남호주 범죄피해자보호법(Victims of Crime Act, 2001) 제8조 등.

(5) 피해자의 재판기록 신청

피해자는 가해자를 상대로 민사소송 등을 제기하기 위해 형사법원에 있는 재판기록의 사본을 신청할 수 있다. 이러한 권리에 대하여는 범죄피해자 권리장전에 명시되어 있지는 아니하나, 재판결과 정보취득권의 범주에 포함되는 것으로 보기 때문에 권리로서 인정되고 있다.

뉴사우스웨일즈주의 경우 판결문과 서류에 대하여 사본 신청을 할 수 있는데 무료로 떼어주는데 진술관련 서류만은 유료이다. 법원 등록(Register)과에 서면으로 신청해야 한다. 신청인은 자신이 그 형사사건과 이해관계가 있고, 신청한 서류가 사본을 신청할 수 있는 것임을 소명하여야 하고, 신청이유도 기재하여야 한다. 등록과 공무원 또는 치안판사는 특별히 비공개로 해야 할 예외적인 상황이 없는 이상, 그 신청을 허용하는데 다만 재판이 끝나기 전에는 불허하도록 되어 있다.

간이법원(Local Court)에서 사본신청이 가능한 것으로는 첫째, 공개법정에서 열린 재판절차, 둘째, 공개법정에서 이루어진 변론 내용, 셋째, 법원이 채택한 증거, 넷째, 공개법정에서 어떤 증인이 증언을 했어야 할 내용 등이다. 이외의 다른 자료는 특별한 사유가 없는 한 사본이 불가능하다. 지방법원(distric Court)에서 사본신청이 가능한 것으로는 첫째, 신청인의 증거, 둘째, 피고인의 증거, 셋째, 판사의 판결에 대한 논평, 넷째, 판결문, 다섯째, 경찰의 사건개요 또는 자백내용, 여섯째, 경찰에서의 신청인의 진술, 일곱째, 공소장, 여덟째, 재판절차 등이다. 주대법원(Supreme Court)에서 사본신청이 가능한 것으로는 첫째, 주장 내용과 판결문, 둘째, 공개법정에서 이루어진 변론 내용, 셋째, 법원이 채택한 증거, 넷째, 공개법정에 어떤 증인이 증언했어야 할 내용 등이다. 만일 사본신청과 관련하여 불복할 사항이 있으면 범죄사무국에 도움을 청할 수 있다.[36)]

3) 피해자의 의견진술권

피해자의 의견진술에 따른 단계별로 피해자의 의견을 반영하고 있는데, 먼저 양형단계에서는 육체적·정신적 피해상황에 대해 진술할 권리(Victim Impact Statement)

---

36) New South Wales Victim Services, "Access to Court Documents-information for Victims of Crime" 참조(www. lawilnk.nsw.gov.an/lawlink/victimservices)

할 권리가 있으며, 관련 부서는 그 준비에 필요한 정보를 제공하고 진술서 작성을 보조해주도록 되어 있다.[37)]

피해자가 피해충격 진술을 하는 것이 좋을지 여부, 한다면 어떻게 하여야 할지에 대하여 피해자는 담당직원과 상담한 후 결정하도록 되어 있다.

호주의 각 주에서는 범죄피해자권리장전이 아닌 다른 법률에 이러한 법정진술에 관한 권리를 규정하고 있다.[38)] 일반적으로 범죄피해자는 피해상황, 피해회복 정도, 피고인에 대한 처벌희망 여부 등을 서면에 기재하여 검찰청에 제출하는데, 직접적인 범죄피해자가 사망한 경우에는 그 유족이 진술권을 행사하게 된다.

피해자의 법정진술 시기는 유죄가 결정된 이후가 되기 때문에 부인(否認)사건의 경우는 배심원들이 유죄를 평결한 이후이다. 피해자가 신체상해 정도, 재산피해상황, 현재회복 정도, 후유증 여부, 피고인에 대하여 처벌희망 여부 등을 서면에 기재하여 이를 검찰청에 제출하게 되는데, 이때 진단서나 영수증 등의 증빙서류를 첨부하기도 한다.

공판검사는 피해자로부터 진술서를 건네받아 공판기일에 재판부에 제출하게 되는데, 공판 전에 피고인 측에 그 사본을 미리 송부한다. 이때 진술서 내용에 이의가 있는 경우, 변호사는 피해자에게 반대심문을 할 수 있게 된다. 피해자 등이 원하는 경우에는 법정에서 그 서면이 낭독되도록 할 수도 있는데 법원서기가 이를 대신해 읽는다.

피해자의 진술 여부는 피해자가 선택할 수 있고, 진술서와 같은 서면을 제출하는 대신 법정에서 직접 구두 또는 서면으로 하게 되어 있는데 대개는 서면으로 제출한다.

피해자가 충격 법정진술에 동의하지 않는 경우에는 검사가 피해자의 충격상황을 기재한 서면(Victim Report)을 법원에 재출하게 되며, 피해자의 충격진술은 재판부의 양형에 많이 반영되고 있다.

둘째는 보석결정시 피해자 의견 반영이다.

가해자가 보석을 신청하는 경우, 공소유지 담당자인 검사 또는 경찰기소관은 피해자의 안전에 대해 의견을 개진하도록 되어 있고, 가해자로부터 피해자의 신변을

---

37) 뉴사우스웨일즈주 피해자권리법(VictimsRights Act, 1996) 제6조 제14항, 퀸즈랜드주 범죄피해자법(Criminal Offence Victims Act, 1995) 제14조, 남호주주 범죄피해자법(Victims of Crime Act, 2001) 제10조1항.

38) 뉴사우스웨일즈주 피해자지원 및 갱생보호법(Victims Support and Rehabilitation Act, 1996) 제95조, 빅토리아주 양형법(Sentencing Act 1994) 제95조, 퀸즈랜드주 범죄피해자법(Criminal Offence Victims Act, 1995) 제14조와 양형법(Sentencing Act 1994) 제24~26조 등.

보호할 필요성이 있는지 여부를 경찰이 피해자와 상의하여 결정하고 이를 검사 또는 경찰기소관에게 통보한다. 또한 검사 또는 경찰기소관은 법정에서의 피해자 신변보호를 요청할 수 있다.

법원이 보석허가 결정을 내리면서 피해자보호를 위해 피해자나 그 가족에게 접근금지 등의 조건을 붙일 수 있으며, 이러한 특별보석조건(Special Bail Conditions)은 피해자에게 통보하도록 되어 있다.

성폭력사건 또는 중요 폭력사건(Serious Personal Violence)의 경우에는 검찰청 증인지원부는 보석신청에 따른 허가 여부를 피해자에게도 통보해 주고, 적절한 보호조치를 취하드록 되어 있다.

경찰의 경우, 각 주(州)마다 사정에 맞게 증인보호프로그램(Police Witness Protection Program)을 시행하고 있는데, 뉴사우스웨일즈주의 경우에는 증인보호 팀(Witness Security Unit)이 이를 담당하고 있다. 증인을 안전한 곳으로 호송하거나 안전가옥을 제공하기도 하며 기타 필요한 조치를 취할 수 있다.

셋째는 중범죄 수형자의 가석방시 피해자 의견 반영이다.

중범죄수형자의 피해자가 요청하는 경우, 수형자에 대하여 가석방을 결정할 때나 수형자에 대한 보안분류(Security Classification)를 무계호단계로 결정할 때에는 피해자에게 의견을 진술할 기회를 부여하여야 한다. 가석방심사위원회가 피해자의 의견을 고려하여 가석방을 결정하고자 함이며, 수용기관의 피해자 등록실은 이러한 제도를 피해자에게 적극 알려야 하며 상담해주어야 한다.

넷째는 중요범죄 공소장 변경 또는 공소취소 시 피해자 의견반영이다.

성폭행 또는 살해사건의 경우 공소장변경 또는 공소취소결정을 하기 전에 피해자의 의견을 들어야 하며[39], 이와 관련하여 피해자는 재판진행 관련정보도 취득할 권리가 있다.

영미법계 국가에서는 공소장변경이나 공소취소가 흔히 있는 말이다. 형사절차상 기소하기 전에 범죄혐의 유무나 증거관계를 검찰에서 철저히 재점검하지 않기 때문에 재판진행상황에 따라 공소취소를 자유롭게 하고 있다. 그러다 보니 특히 성범죄사건의 경우 증거불충분으로 공소취소 되는 경우가 적지 않은 바, 이때 피해자에게도 이와 같은 공판진행 상황의 의견을 진술할 기회를 줄 필요가 있다.

39) 뉴사우스웨일즈주 피해자권리법(Victims Rights Act, 1996) 제6조 제2항 제2호, 피해자가 의견 개진을 거부하거나, 피해자를 찾을 수 없는 경우에는 피해자 의견 수렴절차를 생략할 수 있음.

4) 가해자로부터 보호를 받을 권리

가해자로부터 보호를 받을 권리는 첫째, 재판절차가 진행되는 동안 피해자는 물론 피고인 측 증인과의 불필요한 접촉을 하지 않게 하기 위하여 여러 가지 대책을 강구하고 있다.

이를 위해 법원의 별도의 소환이 없는 이상, 피해자는 예심절차에 출석하여 증언할 필요가 없도록 하고 있으며 불구속 피고인으로부터 증인을 보호하기 위해 시차출석(時差 出席)이나 시차퇴정(時差 退廷)방법을 사용하기도 한다. 둘째, 범죄피해자의 주소와 전화번호는 특별히 법원의 공개명령이 없는 한 공개하지 않고 있으며 각 주의 형사소송법에도 위와 같은 내용이 포함되어 있다. 이는 정부기관이 개인정보와 사생활을 보호하는 법률과도 관련된다.40) 셋째는 범죄피해자가 요청하는 경우, 수용자의 형기종료에 따른 석방 도래(Impending Release) 또는 도주사실을 통보해야 하며, 현재의 계호분류단계(Security Classification)를 감시자 없는 단계로 결정할 때에도 피해자에게 알리도록 되어 있다.41)

5) 피해 회복에 관한 권리

피해 회복을 위하여 첫째, 피해자의 재산을 신속하게 환부(還付)하도록 되어 있는데, 수사 또는 증거수집을 위해 피해자의 물건을 국가기관이 압수한 경우에는 피해자의 불편이 최소화될 수 있도록 해야 함은 물론 신속하게 반환하고 관계기관은 재산환부에 관한 정보를 적기에 피해자에게 알려야 한다.42) 성폭력범죄 또는 상해정도가 심한 폭력범죄에 대하여는 법령의 범위 내에서 주정부가 보상해주어야 되고, 이에 관한 정보를 제공해주어야 한다.43) 특이한 것은 영국의 보통법(Common

---

40) 뉴사우스웨일주 사생활보호법(Privacy and Personal Information Act, 1998).

41) 뉴사우스웨일즈주 피해자관리법(Victims of Crime Act, 1994) 제6조 제15항, 퀸즈랜드주 범죄피해자법(Criminal Offence Victims Act, 1995) 제12조 등.

42) 뉴사우스웨일즈주 피해자관리법(Victims Rights Act, 1996) 제6조 10항과 형사소송법(Criminal Procedure Act, 1986) 제43조, 퀸즈랜드주 범죄피해자법(Criminal Offence Victims Act, 1995) 제10조 제2항 등.

43) 뉴사우스웨일즈주 피해자관리법(Victims Rights Act 1996) 제6조 제17항, 퀸즈랜드주 범죄피해자법(Criminal Offence Victims Act, 1995)제18조, 남호주주 범죄피해자법(Victims of Crime

Law)은 살인·폭력·교통사고 등의 피해자가 사망한 경우, 우리나라 법제와는 달리 사망한 피해자의 손해배상청구권은 사망과 동시에 소멸하며 유족에게 상속되지 않는 점이다.

5. 일본

1) 개관

일본의 범죄피해자대책은 그 지원체계의 구축이 다른 나라와는 달리 민간차원에서부터 출발한 것이 아니라, 국가기관인 경찰청에서부터 조직화되어 점차 피해자지원의 영역을 민간차원과 연계되어 확대되었다는 것을 특징의 하나로 볼 수 있다.

일본 경찰이 시행하고 있는 범죄피해자 대책의 기본골격은 첫째, 정의와 동정심을 가지고 피해자를 접촉하되, 피해자의 존엄성을 해치지 않도록 주의하고, 피해자의 감정과 수요를 이해하여야 한다. 둘째, 피해자대책의 체계화를 추진하되, 이를 위하여 피해자대책을 전담할 조직을 설치하고 경찰인력의 교육을 위한 프로그램을 도입하며 피해자에 대한 연락과 점검체계를 확립한다. 셋째, 피해자에 대한 지원을 위해 국가·지방단체 등의 공공기관, 병원과 민간자원봉사단체 등 관련기관과의 연계 협력체계를 구축하는 것 등이 주요 골격으로 되어 있다.

2) 피해자안내서의 작성과 배포

범죄의 인지를 비롯하여 고소·고발 등에 의하여 경찰이 범죄사건의 현장에 출동하거나, 또는 사건관계자를 소환할 때 피해자 안내책자를 배포하고 있다. 정보제공의 필요성이 높은 살인이나 상해·강간 등 강력사건이나 교통사고의 피해자·유족을 대상으로 각 지방경찰청에서 피해자 안내서를 제작하여 피해자 진술을 청취하는 수사관 등으로 하여금 피해자에게 배포하고 내용을 설명하게 하고 있다.

Act, 2001) 제12조.

3) 피해자연락제도

우리나라와 마찬가지로 일본 또한 범죄피해자에게 사건의 진행에 관한 각종 통지·연락제도가 마련되어 있다. 그러나 피해자에 대한 통지 또는 연락을 보다 확실히 하고 피해자나 그 유족의 궁금한 내용에 적절히 대응하기 위해, 일본 경찰청은 1996년 7월부터 전국적인 피해자연락제도를 확립하여 각 지방경찰청(都道府縣 경찰)에 지정·배치된 피해자 연락 담당자가 피해자연락업무를 전담하게 하고 있다. 이 제도는 경찰이 수사와 재판의 진행상황을 알려주지 않는다는 불만을 해결하기 위한 것이지만, 피해자에 대한 정보제공은 자신이 관련된 범죄의 실상을 알고 싶어 하는 피해자의 욕구를 만족시키는 동시에, 사법에 대한 신뢰확보에도 기여하고 있다고 보겠다.

4) 수사과정상의 제2차 피해자화 방지대책

일본경찰은 피해자 등의 신고를 접수할 때에 그 감정을 고려하여 피해자의 말을 친절하게 경청하고, 사건과 관련하여 피해자의 상담을 받는 경우에도 최대한 성실하게 응대하고 적절한 조치를 취하도록 하고 있다. 수사를 할 수 없는 사건도 각종 상담창구를 소개해 주는 등의 조언을 하고 있으며, 여성문제·아동문제·소비자문제 등 경찰이 직접적으로 관여할 수 없는 사안에 관해서도 관계 행정기관을 소개하는 등 최대한 협력을 하고 있다.

5) 재피해와 보복범죄 방지를 위한 노력

범죄사건의 보도과정에서 피해자의 신원이나 피해자를 추정할 수 있는 사항이 보도되는 경우가 있는데, 이때 피해자의 요청이 있는 경우에 경찰은 언론기관의 보도실태나 취재방법을 알려주고 언론보도에 대한 대응방법을 조언하는 등 피해자의 권익을 보호하기 위해 노력하도록 하고 있다. 또한 범죄자 즉 가해자가 형기를 마치고 석방 된 후 다시 피해자에게 접촉할 가능성도 있으며, 범죄의 성격에 따라서는 피해자 등이 보복 범죄의 표적이 될 수도 있다. 이에 경찰은 재 피해의 우려가 있다고 생각되는 경우에는 방범순찰이나 경계를 강화하는 등 필요한 조치를 강구하도록 하고 있다.

제3절 외국의 범죄피해자 지원제도

1. 미국

1) 미국 범죄피해자보상제도의 역사

범죄피해자나 그 유족에게 국가가 배상을 해주어야 한다고 하는 생각은 19세기 말 범죄실증학파의 학자에 의해 주장되었다. 오늘날의 범죄피해자보상제도는 1964년 뉴질랜드에서 '범죄피해자 보상법'으로 시작된 것이 그 효시라고 볼 수 있으며, 그 후 영국, 오스트레일리아, 캐나다, 미국이 그 뒤를 이었다.

미국은 범죄피해자보상제도의 이론적 근거를 사회보장적인 측면에서 찾는 것이 일반적이라 하겠다. 미국의 경우 범죄피해자보상제도는 연방 정부가 아닌 주정부에 의해 운영되고 있다. 따라서 오십 여개 이상의 제도가 존재한다고 할 수 있어 그 전체적인 내용을 기술하기에는 한계가 있다고 보겠다.

2) 피해보상제도의 운영현황과 피해자 권리장전과의 관계

미국의 각 주에서 범죄피해자보상제도가 실시되고 있지만, 그 중에서 캘리포니아주의 피해보상제도의 규모가 가장 큰 것으로 나타난다. 캘리포니아주에서의 피해보상액은 미국 전체 지급액의 1/3을 차지하고 있으며, 연간 지급액은 약 7,500만 달러에 달하고 있다. 그 뒤를 이어 택사스 주가 약 3,000만 달러이다.

범죄피해보상과 관련하여 운영 담당자를 가진 주는 극히 적지만, 최대 규모의 캘리포니아주의 담당자 수는 400명 이상이다.

운영기구는 주에 따라 크게 다르다. 약 1/3의 주에서는 주의 공안부 또는 형사사법 기획부에서 맡고 있다. 10개 주에서는 주 법무장관 소속의 국이 담당하고 있다. 그 외 지역에서는 다른 여러 국이 운영하고 있다. 예컨대 산재보험담당국, 사회복지

담당국, 재무국 등이다. 5개의 주에서는 법원이 운영을 맡고 있다. 운영기관이 다른 주와 크게 차이가 나는 곳으로는 콜로라도와 애리조나 주를 들 수 있다. 이들 주에서는 피해자보상위원회가 지방검찰청마다 설치되어 있다. 콜로라도주에서는 22개 피해자보상위원회, 애리조나 주에서는 15개의 피해자보상위원회가 주법에 준거하여, 주의 지도·감독 아래 운영하고 있다.

3) 미국 범죄피해자 보상의 의의와 제도적 장치

미국의 범죄피해자 제도는 기본적으로 철저한 피해자의 권익옹호에서 출발한다. 그러기에 성폭력범죄의 경우는 피해자의 의사를 존중해 비친고죄의 원칙을 지킨다. 또한 공소제기절차에 있어서 피해자 보호를 위해 피해자의 사인소추권, 공판절차에 관하여 검사와 협의할 수 있는 권리 등을 주고 있다.

공판절차에 있어서도 피해자보호를 위한 제도적 장치로 증인신문이 자신의 의사를 최대한 존중해 주는 방향으로 진행되고 있으며 때로는 비디오 녹화를 통하여 증거를 대는 방법 등을 활용하고 정신적 부담이나 보복 등을 우려하여 피고인과의 대면을 회피할 수 있다. 이 밖에도 법정 이외의 장소에서 비디오를 통한 중계방식에 의한 증인신문방식을 활용하고 범죄자로부터의 철저한 신변보호를 해 준다.

이에 따라 현재 교정당국은 범죄자 신병이나 석방일자 등에 대한 피해자에의 통지, 원상회복 교섭, 가해자의 협박이나 괴롭힘으로부터 피해자의 신변의 보호, 범죄인에게 그들이 범한 죄로 인해 발생된 피해에 관한 교육의 실시, 피해자 가해자 대화프로그램의 운영 등 다양한 서비스를 피해자에게 제공하고 있다.

그 중요 내용은 다음과 같다.

첫째, 피해자에 대한 통지제도의 실시이다.

둘째, 피해자의 신변보호 조치이다.

셋째, 지역사회에의 통보제도이다.

넷째, 피해자의 범죄피해현황 진술제도의 운영이다.

다섯째, 원상회복을 위한 교정당국의 역할 강화이다.

여섯째, '피해자 가해자 대화 프로그램'운영이다.

마지막으로, 수형자에게 자신의 범죄에 의해 발생한 피해에 대한 교육을 실시하는 것을 들 수 있다. 교정시설에 있어서는, 수형자들을 대상으로 범죄에 의해 피해자가 어떠한 피해를 받았는지를 교육하는 프로그램을 마련하여 피해자도 그 패널리스트로서 참가하고 있다.

4) 피해보상의 절차와 대상

(1) 피해보상의 신청

피해보상의 신청절차는 주에 따라 다르지만, 일반적으로 다음과 같은 절차로 신청이 이루어진다.

① 피해자는 수사기관(경찰, 검찰), 공공 또는 민간의 피해자(증인)지원기관이나 여러 경로의 홍보를 통해서 범죄피해자 보상제도의 존재를 알게 된다. 피해보상의 신청은 경찰이나 피해자 지원기관을 통해서 행해지는 경우가 보통이나, 피해자가 직접 피해자 보상제도 담당기관에 신청하기도 한다. 범죄피해자가 신청서를 작성하여 서명 후, 담당기관에 제출하여야 한다.

② 많은 주에서는 보통 그 주의 수도에 설치되어 있는 담당기관의 사무소에서 주 전체의 신청에 관한 처리가 이루어진다. 그러나 일부 주에서는 지구의 다른 기관에 위탁하여 처리하기도 한다. 담당기관은 경찰 등의 수사자료, 병원, 카운슬러, 장위탁하여 처리하기도 한다. 담당기관은 경찰 등의 수사자료, 병원, 카운슬러, 장의업자, 고용주 등에의 조회를 통해서 사실을 확인하고, 신청의 적격성을 심사하고 보상액을 정한다.

보상액을 산정하는 기관은 주에 따라 다르지만, 1/3 정도의 주에서는 비상근위원으로 구성된 피해보상산정위원회가 담당한다. 그 외의 주에서는 전임직원이 피해보상 제도의 운영책임자를 맡는다. 법원에서 피해자보상제도를 운용하고 있는 3개의 주에서는 법관 또는 법원 직원이 담당한다.

③ 보상신청은 범죄가 발생한 주에 신청하면 된다. 피해자의 거주지는 문제되지 않는다.

모든 주에서 주민이 외국에서 테러의 피해자가 된 경우에도 피해보상의 대상이 된다. 일부 주에서는 외국에서 발생한 테러 이외의 범죄에 대해서도 피해보상의 대상으로 인정하고 있다. 또한 대부분의 주에서는 주 내의 외국인 피해자도 피해보상제도의 대상으로 인정한다.

(2) 대상자와 신청의 적격성

범죄피해자 보상제도의 대상이 되는 피해자의 구체적인 범위에 관해서는 주에 따라 다르다. 폭력범죄의 피해자나 살인사건의 유족이 그 대상이며, 재산범죄의 피해자는 공통적으로 제외된다. 한편, 가정폭력 피해자, 음주운전에 의한 피해자, 외국에서의 테러범죄에 의한 피해자도 대상이 된다. 신청의 적격성은 주에 따라 다르지만 일반적으로 다음과 같다.

① 피해자와 가해자와의 사이에 친족관계가 있어도 지급된다. 따라서 가정폭력 피해자도 지급된다. 그러나 가해자에게 부당하게 경제적 이익을 얻게 될 때에는 인정되지 않는다.

② 피해자 자신이 행한 범죄행위로 인한 피해와 피해를 받은 물건에 대해 피해자에게 책임이 있는 때에는 감액되거나 지급이 되지 아니한다. 주에 따라서는 당해 피해와는 관계없는 다른 사건의 전과나 전력을 이유로 해서 지급하지 아니할 수 있다.

③ 범죄피해는 형사사법기관에 신속하게 신고해야 한다. 일반적으로 신고는 72시간 이내에 이루어져야 하지만, 피해자가 아동일 경우와 같이 특별한 사정이 있는 때에는 '정당한 이유'가 있는 경우로 예외가 인정된다.

④ 수사기관(경찰, 검찰)의 수사와 기소에 협력해야 한다. 이에 관해서 예외를 인정하는 주도 있다.

⑤ 신청은 신속하게 처리해야 하고, 필요한 정보를 제공해야 한다. 대부분의 주는 일반적으로는 신청기간을 범죄행위로부터 1년으로 하고 있다.

⑥ 보험 등의 다른 수단에 의해 손해의 회복이 이루어지지 않은 경우에만 그 대상이 된다.

5) 보상내용

보상의 대상과 비용은 주 정부에 따라 다르지만, 대부분의 주에서 다음의 내용을 그 보상의 대상으로 하고 있다.

① 의료비

② 정신상담 카운슬링 비용

③ 범죄피해로 발생한 장해에 기인한 취로불능으로 받지 못할 임금

④ 살인사건피해자의 피부양자의 생활비
⑤ 장례비

2. 영국

(1) 범죄피해자 보호제도의 역사

영국에서는 1920년대에 범죄피해자보상에 대한 입법이 논의되기도 했으나, 당시에는 사회정책·사회보장제도조차 제대로 마련되어 있지 않았기 때문에 피해자에 대해 국가가 구제하는 정책의 실현은 불가능했다.

제2차 세계더전의 혼란이 지나고, 사회보장제도가 정착된 시기에 범죄피해자보상제도의 도입이 검토되었으며, 그것을 사회보장의 하나로 받아들이려는 기운이 무르익게 되었다. 영국의 이러한 분위기는 1964년 뉴질랜드에서 '범죄피해자보상법'으로서 채택되었고, 마침내 영국이 그 뒤를 이었다.

(2) 영국의 피해자보호제도

영국의 범죄피해자보호제도는 영미법 국가인 미국과 비슷한 형식을 갖추고 있는데 기본적으로 범죄피해자 보호제도는 철저한 피해자의 권익옹호에서 출발한다.

따라서 성폭력범죄의 경우, 미국처럼 피해자의 의사를 존중해 비친고죄의 원칙을 지킨다. 또한 피해자 보호를 위해 공소제기절차에서 피해자의 사인소추권, 공판절차에 관해 검사와 협의할 수 있는 권리 등을 주고 있다.

공판절차에 있어서도 미국처럼 피해자보호를 위한 제도적 장치로 증인신문이 자신의 의사를 최대한 존중해 주는 방향으로 진행되고 있으며 때로는 비디오 녹화를 통하여 증거를 대는 방법 등을 활용하고 있다.

특히 영국은 1999년 The Youth Justice & Criminal Act를 제정하여 아동 피해자의 경우 진술을 녹화한 영상물을 증거로 사용할 수 있게 했다. 또한 정신적 부담이나 보복 등을 우려하고 피고인과의 대면을 회피할 수 있게 하였다. 이 밖에도 법정 이외의 장소에서 비디오 중계방식에 의한 증인신문 방식을 활용하고 범죄자로부터의 철저한 신변보호를 해 준다.

한편, 범죄피해자에 대한 정보제공의 차원에서 피해자에게 공판의 장소와 기일, 보석사실·보석조건·보석조건 위반사실·수형자의 석방정보 등을 문서로 제공하고 있다.

특히 수형자 석방의 경우에는, 보호관찰소는 종신형 및 기타 중대범죄나 폭력범죄에 대해서는 수형자의 석방계획, 형집행 중 발생한 사실 수형자 석방 판단방법 등에 대해 설명하고 있다. 또한 미국과 같이 성범죄자 등록 및 공개제도도 실시하고 있다.

(3) 범죄피해자 보상제도

범죄피해를 통하여 범죄피해자나 그 가족은 신체적 피해뿐만 아니라 심리적·사회적 피해 예컨대, 우울, 공포, 신체적 이상증세, 범죄에 대한 두려움, 회피 행동, 사회적 도움에 대한 갈망, 신뢰감 상실, 자신감 상실 등을 겪게 되는데 이에 대한 사회적인 도움이 필요하다.

이를 위해 영국은 '범죄피해보상법'과 범죄피해보상기준에 따라, 생명·신체의 피해, 의학상 정신·심리적 질병으로 인정될 수 있는 정신적 상처 또는 의학상 병적 상태로 인정될 수 있는 질병 등이 모두 보상의 대상이 된다.

(4) 민간 범죄피해자 지원단체의 활동

영국은 1960년부터 범죄피해자 지원을 목표로 하는 민간차원의 자원봉사활동이 자연발생적으로 일어나기 시작하였으며, 현재 대표적으로 피해자보호협회(VS)와 같은 전국규모의 피해자지원 네트워크가 결성되어 있다.

피해자보호협회는 1973년에 브리스톨에서 처음 결성되었는데, 그 후 경찰과의 긴밀한 협조체제를 구축하면서 그 조직과 활동을 영국 전역으로 확대함으로써 1979년에는 전국적인 피해자 지원 네트워크로 성장하였다.

3. 독일

독일에서는 1960년대 후반부터 70년에 걸쳐 성적학대를 받은 아동이나 성폭력을 받은 여성의 보호를 요구하는 시민운동이 일어났고, 이것이 범죄피해자의 보호 및 그 지위의 향상을 목표로 하는 피해자학이 발전하기 시작한 계기가 되었다.

범죄피해자에 대한 법적 보호는 1976년 5월 "폭력범죄피해보상법"의 재정에 의해 피해자를 경제적으로 지원하는 것으로부터 시작되었다. 이후, 단계적이고 지속적으로 형사소송에 있어서의 피해자의 보호와 그 지위를 강화하는 법제도가 정비되어 갔다.

즉 1986년의 "피해자보호법에 의해 형사소송법이 개정됨으로써 피해자의 소송참가, 부대소송의 개선이 이루어져 피해자가 소송절차에 참여할 적극적 권리가 부여되었고", 1994년에는 "범죄대책법에 의해 피해회복과 가해자 피해자 화해제도가 성인 형법전에 편입되었다." 특히 1998년 "증인보호법"을 통한 형사소송법의 개정으로 증인 및 피해자의 정신적인 고통을 감경하고 그 안전을 확보하기 위한 조치들이 취해졌다.

1) 범죄피해자 보호제도

(1) 수사절차에서의 피해자보호

독일의 범죄피해자 보호제도는 수사절차에서부터 이루어진다. 즉 "검사는 피해자의 부담을 가능한 한 최소화시키도록 주의하여야 할 의무가 있다", "검사는 심문시에 피해자를 각별한 동정과 배려로써 대해야 한다"로 규정해 조사과정에서부터 철저하게 피해자를 존중해 준다. 특히 성폭력범죄를 비친고죄화함으로써 피해자 보호에 철저를 기하고 있다.

(2) 공소제기절차에 있어서의 피해자보호

첫째 피해자의 사인소추권을 인정하여 독일의 경우에는 고도로 개인적인 범죄행위(주거침입죄, 모욕죄, 상해죄, 협박죄, 재물손괴죄…)에 대하여 개인이 직접 법원에 형사소추를 할 수 있고, 개인이 법원에 기소장을 제출하면 법원이 "충분한 혐의"가 있는지 사전 심사를 하여 공판절차를 진행할지 여부를 결정한다. 공판이 개시되면 피해자는 검사와 동일한 권한을 가진다.

둘째, 공판절차 형성에 참여할 권리(소송참가제도)를 가진다. 이를 독일에서는 부대 공소제도라고 하는데 이것은 피해자나 그 유족 등이 검사와는 별개로 이에 필적하는 절차적 주체로서 공판절차에 참가할 수 있는 제도로서, 피해자 특히 성범죄의 피해자에 있어 중요한 역할을 하는 제도이다.

소송참가는 절차의 어느 단계에서도 가능하다. 판결 후에도 상소 제기를 위해서 참가 가능하며, 소송참가의 신청은 법원에 서명으로 하고 법원은 참가인의 참가자격에 관하여 검사의 의견을 들은 뒤 참가허가 결정을 한다.

참가인은 증인신문시 공판정에 나갈 권리, 재판관·질문에 이의를 제기하는 권리,

증거신청권, 진술한 권리 등을 가지며 공판절차에서 소송참가인은 검사와 나란히 앉아 검사와 병행적으로 소송을 수행한다.

(3) 공판절차에서의 피해자보호

공판절차에서의 피해자의 보호를 위해 우선 증인신문의 내용을 제한하는데 독일 형사소송법 제68조A 1항은 "증인 또는 제52조 제1항의 의미에서 증인의 근친자에게 불명예로 되거나 개인적 생활영역에 관련된 사실에 관한 질문은 불가피한 경우에만 할 수 있다."고 규정하고 있다.

또한 비디오녹화에 대한 증거능력을 인정하고 이것으로 증인신문을 대체한다. 특히 피해자가 16세 미만이거나 증인을 공판정에서 신문할 수 없는 우려가 있는 경우 녹화가 진실발견에 불가결한 경우는 사전에 녹화한 증인신문의 비디오테이프를 법정에서 재생해 증거로 할 수가 있다. 다만, 형사소추라는 목적과 진실규명에 필요한 경우에만 허용된다(형사소송법 §58).

독일은 피고인과 대면 회피를 허용하고 있다. 즉, 증인이 피고인 면전에서 진실을 말하지 않을 우려가 있는 경우 또는 16세 미만의 증인이 피고인의 면전에서 신문이 이루어질 경우 증인의 안녕에 대한 중대한 장애가 될 우려가 있는 경우에는 피고인을 퇴정시킬 수 있다(형사소송법 §247).

공판정에 출석한 자의 면전에서 신문을 받으면 증인에게 중대한 불이익을 줄 위험이 있다고 인정되고 단지 피고인을 격리시키거나 비공개로 진행하는 것만으로는 그러한 위험을 회피하기 어렵다고 판단되는 경우 법원은 법정 외에서 증언을 하게 할 수 있도록 하고 있다.

증인신문방식 역시 독일은 비디오 중계방식에 의한 증인신문방식을 채택하고 있다. 1998년의 형사소송법 개정을 통해 16세 미만의 피해자를 신문하는 경우, 증인이 주된 심리에서 신문받을 수 없을 경우 또는 진실발견을 위하여 그러한 기록이 필요한 경우에는 영상 및 음향 송수신장치에 의하여 증인신문이 가능하도록 하였다.

(4) 범죄피해자 보상제도

범죄피해를 통하여 범죄 피해자나 그 가족은 신체적 피해뿐만 아니라, 심리적·사회적 피해 예컨대 우울, 공포, 신체적 이상 증세, 범죄에 대한 두려움, 회피 행동, 사회적 도움에 대한 갈망, 신뢰감 상실, 자신감 상실 등을 겪게 되는데 이에 대한 사회적인 도움이 필요하다.

이를 위해 독일은 폭력범죄피해자보상법에 따라, 고의에 의한 폭력범죄로 인해 건강상 피해를 입은 경우에 한하여 연방 및 주정부로부터 일정한 보상이 행해지고 있다. 이 법에 따른 보상은 병역 또는 전쟁으로 인한 피해자에게 지급하는 연방원호법상의 복지원호금의 성격을 가지기 때문에 그 보상범위가 상당히 넓다. 즉 치료·간병·재화치료 비용, 피해자 복지급여(재취업비용, 치료비, 요양비, 교육비, 생계비, 주거비 등), 장애자 연금과 계호수당, 장례비 및 사망급부급, 유족연금, 유족의 사망으로 인한 장례비 등이 지급된다.

그리고 집행유예를 선고하면서 법원이 과하는 조건으로서 피해변상을 명할 수 있고, 변상을 이행하지 않으면 집행유예가 취소되며, 법원이 선고유예를 할 경우 피해자와의 조정, 손해의 원상회복을 명할 수 있다.

2) 민간 범죄피해자지원단체의 활동

1970년대부터 범죄피해자 문제가 사회적 관심사로 부각됨에 따라 매우 다양한 피해자 지원단체가 활동하고 있다. 예컨대, 베를린 한 곳에만도 여성의 집, 피해자를 위한 피난처, 여성상담소, 가정폭력 피해자 상담소, 성범죄피해 소녀를 위한 상담소 '여울목', 강간피해여성을 위한 위기센터 '라라' 등이 활동하고 있다.

이 단체들은 정신적·심리적 상담 외에 법적·사회적 조언을 행하기도 하고, 터키·아시아·아랍권 등 외국 여성을 위한 상담도 실시하고 있다. 전국적인 네트워크를 가지고 있으며 독일의 대표적인 민간인 피해자 보호단체는 백색고리이다.

이 단체는 1976년 설립된 단체로 주로 자원 봉사자들에 의해 운영되는데 주로 범죄 후의 개인적 부조, 법원 기타 국가 기관 등에의 동행 또는 보좌, 상담프로그램의 운영, 피해자 관련단체나 기관의 소개 및 중재 등의 활동을 한다.

4. 일본

일본에서는 1974년 8명의 사망자와 380여명의 중경상자가 발생한 미쯔비시중공업 빌딩 폭발사건 등을 계기로 1980년에 "범죄피해자등급부금지급법"이 제정되었다. 동 법률의 제정으로 범죄행위로 인하여 사망한 자의 유족이나 중장해를 당한 자에 대하여 국가가 유족급부금 또는 장해급부금을 지급하는 등 범죄피해자에 대한 경제적인 지원을 할 수 있게 되었다. 이후 1995년에 발생한 지하철 살인가스사건 등을 계기로 범죄피해자가 범죄에 의해 직접적인 피해뿐만 아니라 정신적·경제적인 측면에 있어서 여러 가지의 피해를 받고 있다는 국민적 인식의 변화와 더불어, 형사사법과정에 있어서도 소위 2차적인 피해로 인해 피해자의 정신적인 피해가 더욱 심각한 경우가 있다는 문제점이 제기되기 시작하여 범죄 피해자의 보호·지원에 대한 많은 변화를 겪게 되었다.

1) 범죄피해자 보호제도

(1) 수사절차에 있어서 피해자의 보호

일본의 형사소송법 제196조는 “검사, 검찰사무관, 사법경찰직원, 변호인, 기타 직무상 수사에 관계있는 자는 피의자 또는 다른 사람의 명예를 해치지 않도록 주의하는 동시에 수사에 방해되는 일이 없도록 주의하여야 한다.”고 규정하고 있으며, 범죄수사규범 제10조의 2도 “① 수사를 행함에 있어서는 피해자 등의 신문에 어울린 장소의 이용, 기타 피해자 등에게 할 수 있는 한 불안 또는 불편을 끼치지 않을 조치를 강구하여야 한다.”라고 규정하고 있다. 이를 통해 수사과정에서의 피해자 보호를 규정하고 있다.

(2) 검찰의 불기소처분에 대한 불복수단·검찰심사회제도

일본의 검찰심사회제도는 일본 내부의 비판에도 불구하고, ① 형사소송절차에 일반 시민이 적극 참여함으로써 자의적 불기소처분을 하려는 검사에게 예방적으로 심리적 압박을 주어 검찰권의 행사를 기소합리주의에 부합되게끔 유도할 수 있다는 점, ② 검찰심사회제도의 역기능보다는 순기능적 요소가 우리사회의 형사사법 현실에 더욱 필요하다는 점, ③ 나아가 형사사법제도에 생소한 일반국민에 대한 법치주의의 공교육의 장으로 활용될 수 있다는 점에서 긍정적인 평가를 받고 있다.

(3) 공판절차에서의 피해자 보호

일본에서는 비디오 녹화에 대한 증거능력이 인정되고 그것으로 증인신문을 대체할 수 있다. 즉 피고사건의 공판준비 또는 공판기일 이외의 형사절차 또는 다른 사건의 형사절차에서 제157조의4 제1항의 규정에 의해 행하여진 증인신문 및 진술, 그리고 그 상황을 기록한 기록매체가 그 일부로 된 조서는 증거능력이 인정된다(형사소송법 §321의2①, §157의4②). 다만 소송관계인에 대하여 그 진술자를 증인으로서 신문할 기회를 가져야 한다.

또한 신뢰할 만한 자의 동석을 허용하는데, 일본 형사소송법은 증인의 연령, 심신 상태 기타의 사정을 고려하여 증인이 현저하게 불안 또는 긴장을 느낄 우려가 있다고 인정하는 때에는 검사·피고인 또는 변호인의 의견을 들어 그 불안 또는 긴장을 완화하는데 적당하고, 또한 재판관과 소송관계인의 신문 또는 증인의 진술을 방해하거나 그 진술내용에 부당한 영향을 끼칠 우려가 없다고 인정되는 사람을 그 증인의 진술 중에 증인 옆에 보좌인으로 입회하게 할 수 있도록 하고 있다(형사소송법 §157의1①).

다만, 그 증인의 보좌인은 그 증인의 진술 중에 재판관, 소송관계인의 신문 또는 증인의 진술을 방해하거나 그 진술내용에 부당한 영향을 끼치는 언동을 하지 못하도록 하고 있다(동조 ②).

(4) 피해자 진술권

우리나라와 유사하게 피해자 진술권을 인정하고 있다(일본 형사소송법 §292의2) 다만, 의견진술의 경우, 증인에 대한 보좌인(§157의4)규정이 준용되어, 피해자의 진술권을 내실화하고 있다(형사소송법 §292의2⑥).

(5) 피해자에 대한 공판 출석권 보장

범죄피해자보호법 제2조는 “형사피고사건을 담당하는 법원의 재판장은 당해 피고사건의 피해자 등(피해자와 그 배우자·직계친족·형제자매 또는 피해자의 법정대리인) 또는 당해 피해자의 법정대리인으로부터 당해사건의 공판에 대한 방청을 신청한 때에는 방청석과 방청희망자의 수, 기타 사정을 고려하여 신청자의 방청이 가능하도록 배려하여야 한다.”라는 규정을 두고 있다. 이는 범죄피해자 등 신청자에게 우선적 방청권을 배려하도록 법률상의 의무로 규정한 것이다.

(6) 피해자의 정보권

일본의 경우에는 형사소송법 제53조 제1항에 따라 누구든지 피고사건의 종결 후 소송기록을 열람할 수 있다. 그리고 범죄사건의 피해자와 그 배우자·친족관계·형제자매·피해자의 법정대리인 또는 이들로부터 위탁받은 변호인은 당해 피고사건에 대한 재판에 종결되기 전이라도 제1회 공판기일 이후에는 소송기록의 열람 또는 등사신청이 가능하다(피해자보호법 §3). 이에 대해 법원은 검사·피고인 또는 변호인의 의견을 들어 정당한 이유가 있을 경우에는 범죄의 성질, 심리상황 및 기타사정을 고려하여 이를 허가한다. 다만, 소송에 관한 서류는 공판개정 전에는 공개되지 않는다(형사소송법 §47, 본문).

2) 범죄피해자 보상제도

일본은 '범죄피해자등급부금지급등에 관한 법률'에 따라, 범죄피해급부금 지급대상이 되는 범죄피해는 사람의 생명 또는 신체를 해하는 죄에 해당되는 범죄행위(과실을 제외)에 의한 행위이기 때문에 형법상 가해자가 처벌되지 않는 경우에도 그 대상에 포함된다(동법 §2)

급부금에는 사망한 피해자의 유족에게 지급되는 '유족급부금', 범죄행위에 의해 중대한 부상 또는 질병을 얻은 피해자에게 지급되는 '중상질병 급부금', 범죄행위에 의해 중대한 부상 또는 질병을 얻은 피해자에게 지급되는 '중상질병 급부금', 신체에 장해가 남은 피해자에게 지급되는 '장해급부금'등 3종류가 있으며, 모두 일시금으로 지급된다(동법 §4).

3) 민간 범죄피해자지원단체의 활동

범죄피해자 지원을 위한 민간단체의 활동은 1995년 7월 '미토피해자구조센터' 1996년 3월 '오사카 YWCA 피해자상담실'을 시작으로 전국 각지에 민간의 피해자 지원조직이 결성되기 시작하였다. 1998년 5월에는 민간 피해자지원조직의 연합체라고 할 수 있는 전국피해자지원 네트워크가 결성되기에 이르렀다.

일본의 전국피해자지원네트워크는 전국적으로 산재되어 있는 민간 범죄피해자 구제단체들을 통합하고 정리해 나감으로써 보다 효과적인 피해자 지원을 실현하고자 하는 목표를 달성하고 있다. 이 조직은 2000년에는 도쿄 의과 치과대학의 범죄피해자 상담실을 시작으로 북해도, 도쿄, 오사카 등 일본의 50개 도도부현중 절반에 가까운 지역에 가맹조직을 갖추게 되었다.

5. 대만

1) 범죄피해자보호법의 제정

대만은 급속히 도시화와 고도의 경제성장을 이루면서 그에 수반되는 범죄와 범죄피해자 수의 증가 등이 사회문제로 등장했다. 특히 무고한 피해자들에 대한 법률상 손해배상청구권 등이 있었지만 종종 가해자가 불명이거나 배상책임을 져야 하는 사람들의 배상능력 부재로 인해 선의의 피해자가 발생하기도 했다.

이러한 현상으로 인한 사회적 파장이 심각해지자 드디어 대만 정부는 범죄피해자 및 그 유족 보호와 사회조화를 증진시키기 위해 1998년 5월 26일에 「범죄피해자보호법」을 공포하고 같은 해 10월 1일부터 시행하여 사법보호제도가 새로운 국면으로 들어서게 되었다.

2) 법률의 내용과 추진 현황

대만의 범죄피해자보호법의 내용은 금전보상 외에도 보호기구 설립 및 소송구조와 관련된 규정을 두고 있다.

① 금전보상 부분에서의 보상의 대상은 범죄행위 피해로 사망한 자의 유족(사망자의 부모, 배우자, 자녀, 조부모, 손자손녀, 형제자매 등) 및 중상을 입은 자 본인으로 제한된다.

② 보호기구 설립 분야에서는 피해자 및 그 유족의 생활 재건을 돕기 위해 법무부에서는 내무부와 합동으로 1999년 1월 21일 범죄피해자 보호기구인 「재단법인 범죄피해자보호협회를 설립, 허가하여 범죄피해자의 급박한 생리적·심리적인 치료 및 수용의 협조, 수사·재판 중 및 재판후의 협조, 보상·사회구조 및 민사구조 등의 협조신청, 범죄행위자나 법적으로 배상책임

이 있는 자의 재산조사에 협조, 안전보호의 협조, 생리적·심리적 치료 및 생활 재건의 협조, 피해자보호의 홍보 등의 업무를 전담시켰다.

③ 소송구조 부분은, 범죄피해자의 소송부담을 줄이고 민사배상을 신속하게 얻는데 협조하기 위하여, 범죄피해자나 유족보상금을 신청할 수 있는 유족이 「형사 부대 민사소송절차」(우리의 피해자배상 신청제도)에 의함이 없이, 가해자에게 이 법 제9조에 정한 범죄피해보상금을 청구할 때는 소송비용 납부를 임시로 면제할 수 있다. 이에 범죄피해자가 가압류 담보금을 낼 자력이 없을 때(승소할 가능성이 없음이 분외에 범죄피해자가 가압류 담보금을 낼 자력이 없을 때(승소할 가능성이 없음이 분명한 자 제외)는 범죄피해자 보호 기구에서 작성 발행한 보증서로 대신할 수 있다.

3) 범죄피해자보호협회

전술한 보호협회는 인도주의 정신에 입각하여 범죄행위로 인하여 피해를 입은 무고한 피해자와 그 유족을 지원하여 어려운 처지를 해결해 주고 상처와 아픔을 무마하여 생활을 재건토록 함으로써 안전과 복지를 도모하기 위하여 설립되었다.

보호협회는 다음의 두 가지 특징을 가지고 있다.

첫째, 법무부와 검찰 주도로 창립되었을 뿐 아니라 지도·감독까지 하는 법무·검찰주도형 시스템을 택하고 있다. 피해자보호는 법무부 보호행정의 일환으로 운영되는데 「범죄자는 보호관찰로 사회복귀를 꾀하되, 민간의 갱생보호협회에서 관여하고, 「피해자는 지원하되, 범죄피해자보호협회」에서 관여하는 균형정책을 취하고 있다.

둘째, 보호협회는 일반범죄 피해자에 대한 지원활동을 담당하고, 가정폭력과 성범죄에 대해서는 별도의 법률에 의하여 설립된 단체에서 담당하는 이원적 시스템을 택하고 있다 즉 보호협회는 고의 또는 과실에 의한 범죄행위에 의하여 사망한 유족과 중상해를 입은 범죄피해자(이하, "피해자"라 함)에 대한 지원활동만을 담당한다.

제4절 우리나라의 범죄피해자 보호대책

1. 연대별 발전과정

1) 초창기

우리나라에서는 1973년 권문택 교수가 '형법상 피해자 측면에 관한 연구'라는 박사학위 논문으로 피해자학을 처음 소개하였고, 1974년 중앙청소년보호대책위원회에서 '청소년피해실태 연구결과'를 발표하는 등 범죄피해자에 대한 관심을 기울이기 시작하였다.

2) 발전기

우리나라는 1980년대 초 일본이 범죄피해자보상제도를 도입한 것을 계기로 피해자학과 범죄피해자 지원에 대하여 관심을 갖기 시작했으나, 1980년대 말까지도 우리 사회의 관심은 여전히 미미하고 피해자학에 관해 적극적인 논의도 이루어지지 않은 실정이었다. 다만, 1981년에 『소송촉진등에관한특례법』(이하 '소송촉진법'이라 함)이 제정되면서 배상명령제도가 분쟁처리의 촉진을 기할 목적으로 상해, 중상해, 상해치사, 폭행치사상, 과실치사상, 절도와 강도, 사기와 공갈, 횡령과 배임, 장물, 손괴죄 등에 관하여 유죄판결을 선고할 경우에 법원은 직권 또는 피해자나 그 상속인의 신청에 의하여 피고사건의 범죄행위로 인하여 발생한 직접적인 물적 피해 및 치료비 손해의 배상을 명할 수 있도록 하고 있다.

1987년 10월 29일 개정된 헌법 제30조는 「타인의 범죄행위로 인하여 생명·신체에 대한 피해를 받은 국민은 법률이 정하는 바에 의하여 국가로부터 구조를 받을 수 있다」는 범죄피해자구조청구권을 인정하고, 이를 근거로 그 해 11월 28일 법률 제3969호로 「범죄피해자구조법」을 제정하여, 1988년 7월 1일부터 범죄피해자 구조제도를 시행하였는데, 아시아에서는 홍콩·일본에 이어 세 번째의 일이다. 아울러 1987년 개정헌법 제27조 제5항은 형사피해자의 재판절차진술권을 국민의 기본권의 하나로 인정하였을 뿐만 아니라 형사소송법 개정을 통해 범죄피해자의 신청이 있는 경우에는 법원은 그에게 증인으로서 진술할 기회를 부여해야 한다는 규정이 신설되었다(§294의2).

3) 획기적 발전기

1990년에는 '특정강력범죄의처벌에관한법률(이하' 특강법'이라 함)이 제정되어 피해자 및 증인보호 규정이 신설되었다. 이 법은 피해자 등을 보호하기 위하여 법원은 특정강력범죄사건의 피고인이 피해자 기타 사건의 재판에 필요한 사실을 알고 있다고 인정되는 자 또는 그 친족의 생명·신체나 재산에 해를 가하거나 가할 염려가 있다고 믿을 만한 충분한 이유가 있는 때에는 직권 또는 검사의 청구에 의하여 결정으로 보석 또는 구속의 집행정지를 취소할 수 있다고 규정하고 있으며(§6), 검사는 특정강력범죄사건의 증인이 피고인 기타의 사람으로부터 생명·신체에 해를 받거나 받을 염려가 있다고 인정되는 때에는 관할경찰서장에게 증인의 신변안전을 위하여 필요한 조치를 할 것을 요청하도록 규정하고 있다(§7①). 또한 이 법은 출판물 등으로부터 피해자를 보호하는 규정을 두고 있다(§8).

1994년에는 『성폭력범죄의처벌및피해자보호등에관한법률』(이하 '성폭력피해자보호법'이라 함)이 제정되어 수사와 재판절차에서 피해자를 보호하는 규정들이 신설되었다.

1997년에는 '가정폭력범죄의처벌등에관한특례법'(이하 '가정폭력처벌법'이라 함)이 제정되어 피해자에 대한 전문가의 진단제도, 피해자의 법정 진술과 관련하여 변호사의 조력을 받을 권리 등을 인정하는 입법적 조치가 이루어졌으며, 같은 해 『가정폭력방지및피해자보호등에관한법률』(이하 '가정폭력피해자보호법'이라 함)이 제정되어 가정폭력피해자를 위한 상담소와 보호시설을 운영하도록 하는 제도적 장치가 마련되었다. 이 법은 국가와 지방자치단체가 가정폭력의 예방과 방지를 위하여 필요한 조치를 하도록 규정하고 있다. 또한 국가나 지방자치단체가 상담소와 보호시설을 설치·운영할 수 있도록 하였으며, 의료기관은 피해자 본인·가족·친지 또는 상담소나 보호시설의 장의 요청이 있는 경우 피해자에 대하여 치료보호를 하도록 규정하고 있다.

1999년에는 범죄에 관한 형사절차에서 국민이 안심하고 자발적으로 협조할 수 있도록 그 범죄신고자 등을 실질적으로 보호함으로써 범죄로부터 사회를 방위함을 목적으로 '특정범죄신고자등보호법'이 제정되었다. 이 법은 특정강력범죄, 마약류범죄 및 범죄단체 관련 범죄피해자에 대한 불이익처우금지, 범죄신고자보좌인 지정,

조서에 피해자의 인적 사항 기재 생략, 피해자의 인적 사항 공개금지, 증인소환의 특례, 신변안전조치에 관한 사항, 범죄신고자 등에 대한 구조금 지급, 피고인과 관련된 주변 변동사항의 고지 규정 등을 규정하고 있다.

한편, 1992년에는 '한국피해자학회'가 발족하여 피해자학과 관련한 연구가 활성화되었으며, 현재까지도 매년 국제학술대회와 함께 피해자학에 대한 활발한 연구활동을 하고 있다.

4) 오늘날의 피해자보호

2003년에 들어서 범죄피해자에 대한 사회적 관심이 높아지게 되었고, 법무부와 형사사법기관에서도 본격적으로 피해자 보호대책들을 내놓게 되었는데 그 주요내용은 다음과 같다.

(1) 법무부대책

2004년 9월 1일 법무부는 「범죄피해자보호·지원 강화를 위한 종합대책」을 마련하였는데 그것은 첫째, 형사재판상 화해제도를 도입하는 등 피해자의 원상회복 지원시스템의 획기적 개선, 둘째, 공익적 민간법인 형태의 피해자지원센터 설립의 적극지원 육성, 셋째, 피해자지원기금을 설립하여 국가가 피해자에게 직접 보상하는 피해자구조제도의 확대, 넷째, 피해자권리장전으로서의 범죄피해자기본법 제정, 다섯째, 수사·재판으로 인하여 피해자가 입는 심리적 상처 등 추가피해의 최대한 방지, 여섯째, 피해자정보통지 강화 등 형사사법절차에의 피해자 참여의 대폭 확대 등이다. 이후 법무부는 피해자보호를 위한 기본법인 범죄피해자보호법안을 2005년 8월 31일 국회에 제출, 같은 해 12월 1일 국회를 통과하여 제정되기에 이르렀다.

(2) 대검찰청

대검찰청은 2003년 5월부터 검찰개혁자문위원회에서 「범죄피해자보호강화」를 4대 과제의 하나로 정하여 구체적인 실현방안을 논의하는 한편, 2004년 6월 범죄피해자보호반(반장 조균석, 서울고등검찰청 검사)을 구성하여 「범죄피해자 보호 및 지원시스템 구축방안」을 마련하여 2004년 10월 1일부터 전국검찰에서 시행 중에 있다. 구축방안은 첫째, 피해자지원담당관 도입 등 검찰내부시스템의 정비, 둘째, 사법경찰관에 대한 범죄피해자 보호·지원방침 시달, 셋째, 피해자지원센터 설립지원을 내용으로 하고 있다.

(3) 경찰청

경찰청은 2003년 9월 범죄피해자보호를 위한 인권매뉴얼 제1호를 발간한 것을 시작으로 피해자서포터의 도입 등 피해자지원을 위한 각종 정책을 수립하여 시행하고 있다. 특히 2005년을 「피해자지원의 원년」으로 삼고(같은 해 2월 22일) 경찰청 내에 피해자보호 강화를 위하여 인권보호센터를 설치, 범죄피해자 보호와 피해자지원활동을 펼치고 있다.

(4) 대법원과 사법개혁추진위원회

대법원의 주도로 진행된 사법개혁추진위원회에서도 여러 가지 피해자보호 대책을 마련하였는데 첫째, 피해자의 절차참여 등 적극적 지위의 강화, 둘째, 2차적 피해방지, 셋째, 재정신청의 확대, 넷째, 범죄피해자지원을 위한 공익단체의 육성 등 범죄피해자보호를 위한 제도를 논의하여 2004년 12월 대통령에게 제출하였다. 이어 2005년 신설된 대통령 직속의 사법제도개혁추진위원회에서는 비디오중계장치 등에 의한 증인신문, 검사의 피해자 등에 대한 형사절차 진행상황 통지, 피해자법정진술권의 강화를 내용으로 한 형사소송법의 개정과 형사절차의 진행상황에 대한 정보제공, 중립적인 피해자지원단체의 육성 및 제정지원 추진을 내용으로 하는 범죄피해자보호법을 의결하였다. 이후 사법제도개혁위원회에서는 형사소송법 개정안을 마련하여 2006년 1월 5일 국회에 제출되었고, 범죄피해자보호법은 법무부의 노력으로 2005년 제정되기에 이르렀다.

(5) 최초 민간 범죄피해자지원단체 탄생

2003년 2월 18일 대구에서 지하철방화사건이 발생하여 아무 잘못도 없는 192명의 시민이 사망함으로써 피해자문제가 크게 부각된 상황에서, 대구지방검찰청 김천지청(지청장 조균석)의 후원으로 전국 최초로 피해자지원센터가 설립[44]되어 활발하

44) 전국 최초로 김천·구미 범죄피해자 지원센터를 설립을 후원하기 위하여 대구지방검찰청 조균석 김천지청장을 비롯한 김천·구미시장등 기관장 등이 모임을 가졌는데, 당시 필자도 김천소년교도소장직책으로 모임에 참석하였다.

게 활동을 전개하게 되자 전국적으로 많은 국민의 관심을 끌게 되었고, 사법기관에서도 범죄피해자 지원대책을 본격적으로 검토하는 계기가 마련되었다.

제5장 형사사법제도상 범죄피해자보호

제1절 개관

이 장에서는 형사사법제도상의 범죄피해자 보호를 위하여 개별법규나 제도는 어떻게 이루어지고 있는가에 대해 살펴보고자 한다.

한 나라의 법규나 제도를 만들기 위해서는 헌법은 물론 여러 선진국의 관련법규 및 사례 등을 참고하지만 대개의 경우 유엔 기본원칙을 많이 참고하고 있다. 유엔 기본원칙 중 참고할 만한 규정을 살펴보면, 제5조에 "피해자가 신속, 공정, 저렴하고 이용하기 쉬운 공식·비공식의 절차에 따라서 배상을 받는데 필수적인 사법적·행정적 체계가 확립되고 강화되어야 한다. 이러한 체계 속에서 피해자는 배상을 구할 수 있는 권리를 고지 받아야 한다."라고 규정되어 있다. 또 제7조에는 "피해자의 화해나 배상을 촉진시키는데 적절한 비공식적인 분쟁해결체계, 예컨대 조정, 중재, 관례적 형사사법이나 고유의 실무관행을 적극 활용하여야 한다고 규정하고 있다.

우리나라의 형사사법제도상 범죄피해자 보호관련 법규나 제도도 이러한 U.N.의 권고규정인 유엔 기본원칙과 최고법인 헌법을 기본 바탕으로 한 것임은 두말할 것 없다고 본다.

제2절 범죄피해자 보상제도

1. 개관

범죄피해자보상제도(compensation for victims crime)라 함은 범죄피해를 입은 사람 또는 그 가족에게 피해자의 전부 또는 일부를 국가가 금전으로 보상하여 구제하는 것을 말한다.

원칙적으로 범죄피해자는 가해자에 대해서 민사소송을 통해서 범죄로 인한 손해배상을 청구할 수 있고 배상명령제도에 의해서 형사법원의 배상명령을 통해서 범죄행위로 인해 발생한 직접적인 피해 및 치료비 손해배상을 받아낼 수 있다. 그러나 이러한 제도 등을 통해서 받아낼 수 있는 범죄피해배상은 가해자가 누구인지가 명백하고 가해자가 배상을 해 줄 수 있는 재산상의 능력이 있는 경우에만 가능할 뿐이다. 따라서 가해자의 소재가 불분명하거나 충분한 재산상의 능력을 갖추지 못하여 피해의 전부 또는 일부를 배상받지 못할 경우에 국가가 그 피해를 보상해줄 필요가 있는데 이를 위해 마련된 제도가 범죄피해자 보상제도라고 한다.

2. 연혁

범죄피해자보상제도의 기원은 고대 함무라비 법전에 있으며, 근대에 와서는 벤담(Bentham), 페리(Ferri), 가로팔로(Garofalo)등에 의해 피해자나 사회방위 및 범죄자의 재사회화를 위해 범죄자에게 원상회복의무를 부과해야 한다는 주장이 제기되었다.

특히 영국의 형법 개량가이며 범죄피해자보상제도의 어머니라고 불리는 프라이(Fry) 여사가 1957년 피해자를 위한 정의(Justice for Victims)라는 논문에서 피해자에 대한 국가보상 제도를 채택할 것을 주장하였고 이는 이후 입법활동에 많은 영향을 미쳤다. 피해자보상제도는 1963년에 뉴질랜드 등에서 범죄피해자보상법(Criminal Injuries Compensation)으로 입법화 되었고 이어 미국, 캐나다, 오스트레일리아 등에서 법률이 제정되었다.

1985년에는 유엔총회에서 「범죄 및 권리남용의 피해자에 대한 정의의 유엔기본원칙선언」(United Nation Declaration of Basic Principles of Justice for Victims of Crime and Abuse of Power)이 채택 되어 범죄나 권리남용으로부터 발생한 피해자의 처우 기준, 원상회복, 보상 등이 국제적으로 구체화되었다.

한국의 민간단체인 전국범죄피해자연합회도 2008년 11월 19일 최초로 '형사사법절차에 있어 범죄피해자의 권리선언'을 채택하여 범죄피해자 인권보호에 새로운 전기를 마련하였다.

3. 보상제도의 형사정책적 기능과 보상의 근거

1) 형사정책적 기능

시민의 자유와 권리의 보장을 최고이념으로 한 근대 입헌주의 국가이래 형사사법의 과제는 주로 범죄인의 인권보장의 확대를 중심으로 이루어져 왔으며 범죄학의 연구대상도 주로 피해자보다 범죄자를 중심으로 이루어져 왔음은 주지의 사실이다. 그러나 국가로부터 자유를 보장하고자 한 근대 입헌주의는 부익부·빈익빈 등의 문제점을 노출을 가져와 국가의 개입에 의한 국민의 자유와 권리의 신장을 이념으로 한 복지국가의 출현을 가져왔으며, 특히 기본권 가운데 국민의 인간다운 생활에 필요한 여러 조건을 국가권력이 적극적으로 확보하여 줄 것을 요청할 수 있는 생활권적 기본권과 청구권이 강조되기에 이르렀다. 우리 헌법 제30조세어도 이러한 취지에서 범죄피해자의 경제적 고통을 경감시키고자 범죄피해자의 최소생계비보장을 국가에 청구할 수 있는 구조청구권을 인정하였다.

이러한 복지국가이념과 더불어 그동안 범죄자의 인권보장에 치중되어 온 인권보장체계에 대한 반성에 피해자의 권리와 피해보상도 인권보장의 한축으로 중요하고, 범죄예방 및 범죄감소를 위해서 필요하다는 인식이 제기되었다. 뿐만 아니라 범죄예방과 범죄피해에 대한 국가의 책임을 묻는다는 의미에서도 범죄피해자 보상제도의 의의가 있다고 보겠다.

2) 이론적 근거

(1) 국가책임 이론

국가책임 이론에 의하면 국가는 국민을 범죄로부터 보호해야 할 의무가 있는데 이러한 국민보호의무에 위반하여 범죄를 발생시킨 것에 대해서 범죄피해자에 대하여 그 피해를 보상해야 할 국가적 책임이 발생한다고 한다. 국가책임이론은 국가는 한편으로는 범죄자에게 형벌부과와 더불어 피해자에게는 손실보상과 피해보상을 병행해야 하는데 이는 범죄예방의 실패에 따른 귀책사유가 있기 때문에 배상하여야 한다는 것이다.

이 이론에 의하면 범죄피해자는 국가에 대해서 국민보호의무 불이행에 따른 손해배상책임을 물을 수 있기 때문에 따로 피해자 보상제도를 둘 필요가 없게 된다는 점, 범죄피해를 당한 모든 국민은 국가에 대해서 배상을 청구할 수 있게 되므로 국가의 재정부담이 가중된다는 점 등의 문제점이 발생하게 된다는 점에서 이 이론에 근거한 입법례는 찾아볼 수 없다.

(2) 동등보호이론

동등보호이론은 피해자 보상제도를 범죄에 의한 손해나 피해를 사회구성원에게 공평하게 분배하려는 의도에서 고안된 제도로 이해한다. 즉 범죄가 많이 발생하고 있는 지역에 살고 있는 시민과 그렇지 않은 지역에서 살고 있는 시민의 평화와 복지의 불평등을 시정하기 위해서는 피해자 보상을 국가가 해주는 것이 필요하며, 어떤 사회라도 일정량의 범죄와 그 피해는 필연적이므로 국가가 그 피해를 평등하게 분배되도록 해야 한다는 점을 이론적 근거로 삼는다. 1963년 뉴질랜드 범죄피해자 보상제도는 이러한 이론에 근거한 입법례라고 할 수 있다.

(3) 사회복지이론

사회복지이론은 범죄피해 보상제도의 이론적 근거를 범죄로 인해 피해를 입어 생활이 곤궁하게 된 피해자를 국가가 정신적·물질적으로 도와줌으로써 범죄 피해로 인한 고통에서 벗어나게 하는 것이 현대복지국가의 의무라는 데서 찾는다. 이 이론은 범죄피해 보상제도의 사회보장적 측면을 강조하고 있으며 미국 캘리포니아 주가 최초로 이 이론을 기초로 입법화하였다.

(4) 우리의 피해자 보상제도의 이론적 근거

우리의 피해자 보상제도를 사회복지이론에 의해서 설명하는 것이 통설이다. 이는 현대 복지국가적 이념을 기초로 현행 피해자보상제도의 목적이 범죄로 인해 피해를 입어 생활이 곤궁해진 자를 구제하는데 있다는 점을 근거로 하고 있다. 필자도 이 이론에 견해를 같이한다.

제3절 범죄피해자구조법에 의한 구조제도

1. 개설

범죄피해자구조법은 사람의 생명, 신체를 해하는 고의의 범죄행위로 인하여 사망한 자의 유족이나 중장애를 당한 자를 구조하기 위하여 우리나라는 1987년 헌법을 개정하여 「타인의 범죄행위로 인하여 생명·신체에 대한 피해를 받은 국민은 법률이 정하는 바에 의하여 국가로부터 구조를 받을 수 있다」(헌법 §30)는 헌법상의 범죄피해구조 근거조문을 신설하고, 그에 따라 1987년 11월 28일 범죄피해자구조법(이하 "이법"이라고 함)을 제정함으로써 처음 도입되었다.

우리나라에서 실시하는 이 제도는 범죄피해자구조가 국가의 책임이 아니라 국가가 일정한 한도 내에서 범죄피해자에게 사후구제로서 은혜를 베푸는 것이라는 소위 사회복지이론에 입각한 것이다.

(1) 보상제도의 형사정책적 기능과 이론적 근거

① 형사정책적 기능

앞에서 살펴본 바와 같이 전제군주시대 이래 근대 입헌주의 국가에 이르기까지 주로 국가의 막강한 권력으로부터 어떻게 하면 범죄자의 인권을 침해시키지 않게 하는 것이 주요 관심사였던 것이다. 그러나 국가로부터 자유를 보장하고자 한 근대 입헌주의는 빈익빈·부익부 등의 일부 문제점들이 드러나 국가의 적극적 개입에 의한 국민의 자유와 권리의 신장을 이념으로 한 복지국가의 출현을 가져왔으며, 특히 기본권 가운데 국민의 인간다운 생활에 필요한 여러 조건을 국가권력이 적극적으로 확보하여 줄 것을 요청할 수 있는 생활권적 기본권과 청구권이 강조되기에 이르렀다.

이러한 복지국가의 이념과 더불어 그간 범죄인의 인권보장에 치중되어 온 인권보장체계에 대한 반성에서 피해자의 권리와 피해보상도 인권보장의 한 축으로 중요하고, 범죄예방 및 범죄방지를 위해서 필요하다는 인식이 제기되었다. 뿐만 아니라 범죄를 예방하지 못하고 범죄피해를 입게 한 국가의 책임을 묻는다는 의미에서도 범죄피해자보상제도의 의미를 찾아 볼 수 있겠다.[45)]

② 이론적 근거

국가가 범죄피해자에 대한 보상을 해야 하는 이론적 근거로는 국가책임이론, 동등보호이론, 사회복지이론 등이 있다

첫째, 국가책임이론은 국가는 범죄를 예방할 책임이 있는데 그 책임을 다하지 못한 귀책사유가 있기 때문에 배상하여야 한다는 이론이다. 그러나 이 이론에 따르면 범죄피해자는 국가에 대해서 국민보호 의무불이행에 따른 손해배상 책임을 물을 수 있기 때문에 따로 피해자 보상제도를 둘 필요가 없게 된다는 점과 범죄피해를 당한 모든 국민은 국가에 대해서 배상을 청구할 수 있게 되므로 국가의 재정부담이 너무 가중되기 때문에 현실성이 없다는 점에서 이 이론에 근거한 입법례는 찾아볼 수 없다.

둘째, 동등보호이론은 1963년 뉴질랜드 범죄피해자보상제도가 채택한 입법례로 이 이론에 의하면, 범죄에 의한 손해나 피해를 사회구성원에게 공평하게 분배하려는 의도에서 주장된 이론이라고 볼 수 있다. 즉 범죄가 많이 발생하고 있는 지역에 살고 있는 시민과 그렇지 않은 지역에 살고 있는 시민의 평화와 안전 등의 복지의 불평등을 시정하기 위해서는 피해자 보상을 국가가 해주는 것이 필요하며 어떤 사회라도 일정량의 범죄와 피해는 필연적이므로 국가가 그 피해를 평등하게 분배하도록 해야 한다는 것이다.

셋째, 사회복지이론은 범죄피해보상제도의 사회보장적 측면을 강조한 것으로, 미국 캘리포니아주가 최초로 이 이론을 기초로 입법화하였다. 이 이론은 범죄로 인해 피해를 입어 생활이 곤궁하게 된 피해자를 국가가 정신적·물질적으로 도와줌으로써 범죄피해로 인한 고통에서 벗어나게 하는 것이 현대복지국가의 의무라는 데서 찾는다.

우리나라의 범죄피해자 보상제도는 사회복지이론에 의해서 설명하는 것이 통설이다. 이는 현대 복지국가적 이념을 기초로 현행 범죄피해자 보상제도의 목적이 범죄로 인해 피해를 입어 생활이 곤궁해진 자를 구제하는 데 있다는 점을 근거로 하고 있다.

---

45) 이성호 외, 전게서 214면.

(2) 범죄피해자구조법

① 구조대상

피해자구조는 사람의 생명, 신체를 해하는 범죄행위로 인하여 사망한 자의 유족이나 중장해를 당한 자에 대하여 국가가 범죄피해자 구조금(이하 '구조금'이라 함)을 지급하는 제도를 말한다(법 §1). 즉 피해자 구조의 대상이 되는 범죄피해는 사람의 생명, 신체를 해하는 범죄행위로 인한 피해이고, 구조금 지급대상자는 범죄피해자가 사망한 경우에는 유족, 중장해를 당한 경우에는 그 피해자이다.

여기서 범죄행위란 대한민국의 영역 밖에 있는 대한민국의 선박 또는 항공기 안에서 행하여진 사람의 생명 또는 신체를 해하는 죄에 해당하는 행위이다(법 §2,1호). 따라서 재산적 피해는 그 대상이 되지 아니한다). 이에 대하여 학설이 나뉘는데 범죄피해자구조제도에 관하여 범죄발생을 막지 못한데 대하여 국가가 책임을 지는 것으로 이해하는 국가책임론의 입장에서는 재산범죄의 피해를 구조대상에서 제외할 이유가 없다고 주장하나, 반대론자는 첫째 재산범죄피해까지 확대하면 운영이 복잡해지고 비용이 많이 들며, 둘째 재산범죄피해는 장기적으로 회복 가능하므로 그렇지 아니한 생명·신체범죄 피해를 우선해야 하며, 셋째 재산범죄피해는 조작에 의한 허위신청의 가능성이 크다는 점을 들어 반대하고 있다.

이러한 입법태도는 우리나라의 피해자구조제도가 사회복지이론에 입각한 점에 비추어 타당하다고 생각되며, 일본의 입법태도와 동일하다(일본법 §1).

생명 또는 신체를 해하는 죄에 해당하는 행위유형으로는 살인죄, 상해죄는 물론 강도살인죄, 강도상해죄, 강도치상죄, 강간치상죄, 현주건조물방화치상죄 등 소위 강력범죄를 우선적으로 들 수 있으나, 어떠한 죄가 이에 해당되는지는 사안별로 해석에 맡겨져 있다(포괄주의).

이러한 범죄행위에는 형법 제9조의 형사미성년자, 제10조 제1항의 심신상실자의 행위나, 제12조의 강요된 행위, 제22조 제1항의 긴급피난행위는 포함되지만, 형법 제20조의 정당행위, 제21조의 제1항의 정당방위행위 및 과실에 의한 행위는 제외된다(법 §2,1호).

범죄행위의 범위는 일본법과 대체로 같다. 다만, 일본형법 제40조는 농아자의 행위에 대하여 형의 면제 또는 형의 감경사유로 하기 때문에 별도로 범죄행위에 포함됨을 명기하고 있으나, 우리나라에서는 농아자의 행위는 형의 감경사유에 지나지 않아 당연히 범죄행위에 포함되므로 별도 포함규정을 두고 있지 않다.

② 범죄피해

범죄피해란 범죄행위로 인한 사망 또는 중장해를 말한다. 중장해란 부상 또는 질병이 치유된 때(그 증상이 고정된 때를 포함)의 신체상의 장해로 범죄피해자구조법 시행령(이하 법시라 함) 별표 1의 제1급 내지 제3급에 해당하는 신체상의 장해를 말한다(법 §2,2, 법시2①). 그 외에 신체상의 장해의 부위가 2개, 3개 이상인 경우에도 일정한 경우 중장해로 간주된다(법시 §2②③).

(3) 구조요건

국가는 범죄피해를 받은 자(이하 피해라 함)가 가해자의 불명 또는 무자력의 사유로 피해의 전부 또는 일부를 배상받지 못하거나, 자기 또는 타인의 형사사건의 수사 또는 재판에 있어서 고소, 고발 등 수사단서의 제공, 진술, 증언 또는 자료제출과 관련하여 피해자로 된 때에는 피해자 또는 유족에게 구조금을 지급한다.

구조요건에는 일반범죄의 구조요건과 보복범죄의 구조요건이 있다.

① 일반범죄의 구조요건

일반범죄의 구조요건은 구조재원이 한정되어 있다는 점을 고려한 것으로서, 우리나라보다 국가재정상 여유가 있는 일본 등의 경우에는 이러한 요건을 요구하지 아니한다.

일반범죄의 구조요건이 가해자의 불명, 무자력은 추상적인 기준으로 그 해당 여부를 확정하기 어려운 점이 있으므로, 일반적인 기준을 법정하고 있다. 우선, 가해자불명이란 가해자의 신원을 알 수 없는 경우, 가해자의 도주 등으로 그 소재를 알 수 없는 경우, 그 외에 가해자의 체포가 현저히 곤란하다고 인정되는 경우를 말한다(법시 §3). 그리고 무자력이란 가해자에게 아무런 재산이 없거나 가해자의 재산액이 피해자가 지급받을 손해배상액에 미치지 못하는 경우, 그 외에 가해자의 재산에 대한 집행이 현저히 곤란하여 피해자가 손해배상액의 전부 또는 일부를 지급받을 수 없다고 인정되는 경우를 말한다(법시 §4).

② 보복범죄의 요건

보복범죄의 구조요건은 범죄척결에 국민이 안심하고 협조할 수 있도록 범죄수사 또는 형사재판절차에 있어서 고소·고발하거나 증언 등을 하였다는 이유로 보복범죄를 당한 경우, 그 피해의 구조요건을 일반범죄의 구조요건보다 완화하여 가해자의 불명 또는 무자력 여부와 관계없이 구조금을 지급하기 위한 것으로, 1958년 법률 제109호로 제정된 일본의 「증인등의피해자에대한급부에관한법률」과 입법취지가 비슷하다.

(4) 구조금의 종류 및 수급권자

구조금에는 피해자가 사망한 경우에 그 유족에게 지급하는 유족구조금과 피해자가 중상해를 당한 경우 피해자 본인에게 지급하는 장애구조금의 2종류가 있다(법 §4).

유족구조금은 첫째, 배우자피해자의 사망당시 피해자의 수입에 의하여 생계를 유지하고 있던 자(법 §5①,1), 둘째, 피해자의 사망당시 피해자의 수입에 의하여 생계를 유지하고 있던 피해자의 부모, 손, 조부모, 형제자매(§3호)에게 지급한다. 이때 태아는 유족의 범위를 정함에 있어서는 이미 출생한 것으로 간주한다(법 §5②). 그리고 유족의 순위는 위 각호에 열거한 순서이며, 위 첫째와 둘째에 열거한 사항 사이에는 그 열거한 순서이고, 부모의 경우에는 양부모를 선순위로 하고 친생부모를 후순위로 한다(법 §5③).

유족의 범위 및 순위에 대한 규정은 2005년 법 개정으로 바뀌었다. 바뀐 내용을 보면 첫째, 배우자의 경우 종래에는 다른 유족과 마찬가지로 피해자의 수입에 의하여 생계를 유지하고 있었다는 요건이 필요하였다. 그러나 사망 당시 피해자가 일시적 실직·투병·유학 등의 사유로 수입이 없을 경우 그 배우자는 피해자의 수입에 의하여 생계를 유지하고 있던 것으로 보기 어려워 구조금을 지급받을 수 없고, 맞벌이 부부의 경우 일방 배우자의 수입에 의하여 생계를 유지하고 있던 자라고 단정하기 어려운 면이 있어 유족임에도 배상을 받지 못하는 불합리한 점이 있었다. 이를 시정하기 위한 법 개정으로 배우자의 경우에는 생계 여부에 관계 없이 수급권자로 인정한 것이다. 둘째 종래에는 피해자의 수입에 의하여 생계를 유지하지 않았던 유족은 수급권자에서 제외하였다. 피해자구조제도의 사회보장적 성격을 고려하면 이들에게 구조금을 지급할 이유가 없지만, 유족의 실질적 보호라는 측면에서 피해자녀와의 관계 등 구체적 사유에 따라 최후 순위로라도 유족구조금을 지급받을 수 있도록 유족의 범위를 확장하였다.

2005년의 법 개정으로 유족의 범위 및 순위가 일본과 비슷하게 되었는데, 배우자와 피해자의 수입에 의하여 생계를 유지하고 있던 자녀와의 관계에 대하여 우리나라는 동순위이지만 일본은 배우자가 자녀보다 순위가 높은 제1순위이다(일본법 §5①).

이러한 피해자나 유족은 원칙적으로 대한민국의 국민에 한하나, 상호보증이 있는 경우에는 외국인에 대하여도 구조금을 지급한다(법 §11). 상호보증에 의하여 외국인에게 구조금을 지급하는 경우에는 다른 제한 요건은 없다. 반면, 일본의 경우에는 외국인의 경우 범죄행위 당시에 일본국내에 주소를 가지고 있던 자에 대해서만 피해급부금을 지급할 수 있다고 규정하고 있다.

(5) 구조금 지급의 결격사유

구조요건을 충족하더라도 피해자와 가해자간에 친족관계(사실상 혼인관계 포함)가 있는 경우, 피해자가 범죄행위를 유발하였거나 당해 범죄피해의 발생에 관하여 피해자에게 귀책사유가 있는 경우, 기타 사회통념상 구조금의 전부 또는 일부를 지급하지 않을 수 있다(법 §6). 이러한 구조금 지급의 결격사유는 일본의 경우와 동일하다(일본법 §6).

우선, 범죄행위 당시 피해자와 가해자간에 부부(사실상 혼인관계 포함), 직계혈족, 4촌 이내의 친족, 동거친족 관계에 있는 때에는 구조금을 전부 지급하지 아니 한다. 다만, 사회등념에 위배된다고 인정한 특별한 사정이 있는 경우에는 구조금의 일부를 지급할 수 있다(법시 §6①), 그리고 범죄행위 당시 피해자와 가해자간에 위에 열거한 친족관계가 있는 경우에는 구조금의 일부를 지급하지 아니한다(법시 §6②). 여기서 친족이라 함은 배우자, 8촌 이내의 부계혈족, 부의 4촌 이내의 모계혈족, 부의 8촌 이내의 부계혈족, 부의 4촌 이내의 모계혈족, 처의 부모를 말한다(민법 §767-769).

그리고 범죄피해를 당함에 있어 피해자가 당해 범죄를 교사 또는 방조하는 행위, 과도한 폭행, 협박 또는 중대한 모욕 범죄행위를 유발하는 행위 당해 범죄행위에 관련된 현저하게 부정한 행위를 한 경우에는 구조금을 전부 지급하지 아니한다. 다만, 구조금을 지급하지 아니하는 것이 사회통념에 위배된다고 인정할 만한 특별한 사정이 있는 경우에는 구조금의 일부를 지급할 수 있다(법시 §7①). 그리고 범죄피해를 당함에 있어 피해자가 폭행, 협박 또는 모욕 등 당해 범죄를 유발하는 행위, 당해 범죄피해의 발생 또는 증대에 가공한 부주의한 행위 또는 부적절한 행위를 한 때에는 구조금의 일부를 지급하지 아니한다(법시 §7②).

또한 피해자가 당해 범죄행위를 용인한 경우, 집단적 또는 상습적으로 불법행위를 행할 우려가 있는 조직에 속하고 있는 경우(당해조직소속이 범죄피해와 관련이 없는 경우 제외), 당해 범죄행위에 대한 보복으로 가해자 또는 그 친족 기타 가해자와 밀접한 관계가 있는 자의 생명을 해하거나 또는 신체에 중대한 해를 가한 경우에는 구조금을 전부 지급하지 아니한다. 다만, 구조금을 지급하지 아니하는 것이 사회통념에 위배된다고 인정할 만한 특별한 사유가 있는 경우에는 구조금의 일부를 지급할 수 있다(법시 §8①). 그 외에 피해자간의 관계 및 기타사정을 판단하여 구조금의 전부 또는 일부를 지급하는 것이 사회통념에 위배된다고 인정될 때에는 구조금의 전부 또는 일부를 지급하지 아니할 수 있다(법시 §8③).

(6) 구조금액

유족구조금은 1,000만원이고, 장해구조금은 장해등급에 따라 600만원, 2급은 400만원, 3급은 300만원이다(법시 §12,13), 구조금액은 동법 제정당시에는 유족구조금이 500만원, 장해구조금은 1급 300만원, 2급 200만원, 3급 150만원이었으나 1991년 6월 19일 개정되어 배로 증액되었다.

한편, 피해자의 장해 정도가 명확하지 않거나 그 이외의 사유로 인하여 신속하게 결정을 할 수 없는 사정이 있는 때에는 피해자의 응급구제를 위하여 유족구조금의 경우에는 200만원, 장해구조금의 경우는 100만원 한도 내에서 가지급할 수 있도록 되어 있다(법 §14, 법시 §24). 그러나 이와 같은 구조금액은 국가재정과 사회경제여건 등을 고려하여 앞으로 금액의 현실화가 이루어져야 할 것으로 본다.

(6) 구조절차

① 신청 및 심의회

구조금을 지급받고자 하는 자는 주소지, 거소지 또는 범죄발생지를 관할하는 지방검찰청에 설치된 범죄피해구조심의회(이하 "시의회라" 함)에 신청하여야 한다(법 §12). 일본의 경우에는 주소지 관할 도도부현(都道府縣) 공안위원회가 신청 수리 및 재정기관으로 되어 있어 피해자구제업무를 경찰에서 담당하고 있으나, 우리나라에서는 법무부장관의 지휘·감독을 받는 검찰에서 그 창구 역할을 하고 있다. 그리고 주소지 외에 범죄발생지관할 심의회까지 신청할 수 있도록 한 것은 신청인의 편의를 도모하고 증거수집이 용이한 점 등을 고려한 것이다.

심의회는 당해 심의회가 설치된 지방검찰청 차장검사를 위원장으로 하고, 당해지방검찰청 소속 공무원, 법관의 자격을 가진 자 및 의사 중에서 법무부장관이 임명 또는 위촉하는 4인으로 구성된다(법시 §16).

② 신청

구조금신청은 당해 범죄피해의 발생을 안 날로부터 2년 또는 당해 범죄피해가 발생한 날로부터 5년이 경과하기 전에 하여야 한다(법 §12②).

2005년 법 개정으로 신청기간이 당해 범죄피해의 발생을 안 날로부터 1년에서 2년으로 연장되었다. 이는 수사의 재판을 통하여 가해자와 피해정도를 확정하는데 필요한 기간을 고려하고, 제도를 알지 못하여 구조혜택을 입지 못하는 사례를 줄이기 위한 조치이다.46)

③ 심의 및 결정

구조금 신청이 있는 때에는 심의회는 신속하게 구조금 지급 또는 불지급결정을 하여야 한다(법 §13). 즉 심의회에는 신속하게 결정할 의무가 있는 것이다.

그리고 심의회는 심의에 필요한 때에는 신청인 기타 관계인을 조사하거나 의사의 진단을 받게 할 수 있고, 행정기관이나 공·사 단체에 조회하여 필요한 사항을 보고하게 할 수 있다(법 §15②). 신청인이 정당한 이유 없이 심의회의 결정을 위한 조사에 응하지 아니하거나 의사의 진단을 거부한 때에는 그 신청을 기각할 수 있다(법 §15②). 피해자 또는 유족이 당해 범죄피해를 원인으로 하여 국가배상법 기타 법령에 의한 급여 등을 지급받을 수 있는 경우에는 구조금을 지급하지 아니한다(법 §7, 법시 §9).

심의회는 신속하게 구조 여부를 결정하여야 하나, 피해자의 장해의 정도가 명확하지 아니하거나 기타의 사유로 인하여 신속하게 결정할 수 없는 사정이 있는 때에는 직권 또는 피해자의 신청에 의하여 결정전에 가구조금을 지급할 수 있다(법 §14). 2005년의 법 개정으로 피해자에게도 가구조금의 지급신청권이 인정되었는데, 가구조금 지급 실적이 2003년 1건 200만원, 2004년 1건, 100만원으로 미미하여 이를 활성화하기 위하여 신설된 것이다. 국회 법사위원회 심사보고서에 의하면 처음 정부개정안에는 들어 있지 아니하였으나, 국회법사위원회의 심의 과정에서 필요성이 인정되어 수정안으로 포함되었다. 일본의 경우는 직권에 의한 가지급(가구조에 해당)만이 인정된다(일본법 §12①).

46) 김덕재, "우리나라 범죄피해자 보호·지원업무 개선방안", 저스티스 제82호 제82호(2004. 12), 34면, 이하 참조.

구조결정이 있는 경우 국가는 구조금을 일시금으로 지급하여야 하며, 그 지급금액의 한도 내에서 당해 구조금을 지급받은 자가 가지는 손해배상청구권을 대위하며, 가해자인 수형자의 작업 상여금으로부터 그 배상액을 지급받을 수 있다(법 §8 ②,③, 법시 §11)

사위(詐僞) 기타 부정한 방법으로 구조금을 지급받았거나, 구조금을 지급받은 후 이법 제6조의 소정의 구조금지급결격사유가 발견된 경우 또는 과오급된 경우에는 국세징수의 예에 의하여 구조금의 전부 또는 일부를 환급할 수 있고, 그 징수의 우선순위는 국세 및 지방세의 다음으로 한다(법 §14).

구조결정이 있는 경우 구조금을 지급받을 권리는 그 결정이 당해 신청인에게 송달된 날로부터 2년간 행사하지 아니하면 시효로 인하여 소멸되며(법 §17), 이를 양도 또는 담보로 제공하거나 압류할 수 없다(법 §18).

한편, 신청인이 심의회의 구조금 지급결정 또는 부작위에 대하여 불복이 있는 경우에는 행정심판법상 당해 결정을 한 심의회에 먼저 재심사를 청구한 후 다시 불복할 때에는 심의회를 지휘·감독하는 직근 상급행정청이 법무부장관에게 심사청구를 한 뒤에 행정소송을 제기하거나, 행정심판을 거치지 아니하고 제기할 수 있다(행정소송법 §1①, §38②).

2. 피해자구조제도의 운용상황

1988년 7월 1일 범죄피해자구조제도가 시행된 이래 신청자수가 시행 첫 해 6개월간에 28명이던 것이 1989년 121명, 1990년 182명으로 점차 증가하였다가 1991년 96명으로 급격하게 줄어들었다. 이처럼 1991년 들어 신청자수가 격감한 것은 장해구조는 단지 20명에서 14명으로 6명 줄어들었음에 반하여 유족구조신청자수가 162명에서 82명으로 줄었기 때문이다. 유족구조가 줄어든 것은 피해자구조제도를 두고 있는 다른 나라의 예에서 보듯이 제도 시행 후 일시 신청자수가 증가하다가 제도가 정착됨에 따라 신청건수가 안정 상황을 유지하는 일반적 현상에 따른 것으로 보인다. 일본의 경우도 제도시행 첫해인 1981년에는 신청자 수가 153명, 1982년 249명, 1983년 389명으로 증가하다가 1984년에는 신청자수가 153명, 1982년 249명, 1983년 389명으로 증가하다가 1984년에는 267명으로 격감한 뒤에는 비슷한 수준에서 안정화되었다.

최근 5년간(2002-2006)의 운영 현황은 아래 표와 같은 바, 이를 중심으로 살펴보겠다.

〈표 4-2〉 범죄피해자구조금지급신청 및 처리현황

(단위 : 천원)

구분 년도	신청		처리			미제(건)
			지급결정		불여급결정	
	건수	금액	건수	금액		
계	626(100)	5,893,533	366(58.5)	3,324,133	123(19.6)	137(21.9)
2002	83(100)	794,000	50(60.2)	472,500	19(22.9)	14(16.9)
2003	87(100)	827,200	57(65.5)	517,000	15(17.2)	15(17.2)
2004	138(100)	1,274,000	74(53.6)	649,400	23(16.7)	41(29.7)
2005	221(100)	2,052,333	118(53.4)	1,065,133	51(23.0)	52(23.5)
2006	199(100)	1,851,000	117(58.8)	1,063,000	33(16.6)	49(24.6)

주 : 1. 대검찰청 조직범죄과 통계 2. ( )안은 분포백분율

그런데 2003년 87명으로 지난 10여 년간 비슷한 수준을 유지하던 신청자 수가 2004년에 138명으로 증가하고, 2005년에는 221명으로 눈에 띄게 증가하였다. 이는 지난 2004년부터 범죄피해자 지원의 필요성에 대한 사회적 인식이 커짐에 따라 해당 정부기관에서 관심을 가지고 제도에 대한 홍보를 강화하고, 민간범죄피해자지원센터와 협력하여 피해자들이 신청을 할 수 있도록 적극 도와주기 때문으로 생각된다.

3. 피해자구조제도의 문제점 및 개선방향

1) 개설

이상 우리나라에서는 피해자구조제도의 개요 및 그간의 운용상황에 관하여 간단히 살펴보았다. 본 법의 제정 시에 비하면 범죄피해자에 대한 일반의 관심이 높아지고 있는데, 관심의 초점을 어떻게 범죄피해자를 구조하여 범죄피해자의 범죄피해자화를 막고 형사사법에 대한 국민의 신뢰를 회복할 것인가에 모아지고 있다.

가장 이상적인 것은 국가가 범죄예방을 철저히 하여 범죄피해가 발생하지 않도록 하고, 범죄피해가 발생한 경우에는 모든 범죄피해자에게 원상회복이 가능하도록 해주는 것이라고 하겠다. 원상회복에는 형법상의 제재로서 행위자에 의한 급여만을 의미하는 협의의 원상회복과 국가에 의한 범죄피해자보상, 사회봉사명령에 의한 피

해자보상제도 등을 포함하는 광의의 원상회복이 있다. 원상회복은 가능한 한 범죄로부터 피해를 입은 모든 사람에게 피해를 입지 않은 전 상태와 똑같이 해주는 것이 가장 이상적이라고 보겠으나 국가 재정상 문제를 비롯한 여러 가지 사정으로 현실적으로 불가능하다고 보겠다.

따라서 현시점에서는 어떻게 우리나라 실정에 맞도록 피해자구조제도를 개선하고 보완하여 이를 시행하는 것인가가 문제라고 볼 수 있다. 2005년 12월 법 개정으로 일부 제도의 미비점이 보완되기는 하였으나 여전히 앞으로 개선해야 할 부분이 있으므로, 아래에서는 피해자구조제도의 문제점과 개선방향에 관하여 몇 가지 언급하고자 한다.

2) 제도에 관한 홍보강화

범죄피해자구조제도는 피해자인 국민의 신청에 따라 이루어지는 것이므로 제도의 존재, 내용 등을 국민에게 널리 알릴 필요가 있다.

범죄피해자구조제도를 홍보하기 위하여 그동안 기회 있을 때마다 법무부나 심의회가 설치되어 있는 검찰에서 텔레비전, 라디오 등 방송매체는 물론 반상회보, 일간신문이나 형사사법관련 신문 등을 통하여 홍보를 하고, 법의 생활화 강연이나 법률상담 등을 통하여 홍보활동을 전개하는 동시에 법과 생활이라는 책자를 발간, 배포하여 제도를 널리 소개하고 있다. 그러나 일반사람들은 현재 지신이 처한 문제가 아닌 경우에는 그다지 관심을 기울이지 않는다. 그런 점에서 위와 같은 홍보는 일정한 한계를 갖는다.

따라서 범죄피해자나 그 유족에 대한 직접 홍보, 즉 실질적인 홍보가 무엇보다 필요하다. 그런 의미에서 피해자나 그 유족이 최초로 접촉하게 되는 형사사법기관인 경찰이나 최종 수사기관인 검찰의 역할이 크다고 할 것이다. 우리나라의 심의회는 지방검찰청에 설치되어 검찰 주도로 운용되기 때문에 경찰은 비교적 위 제도에 대하여 무관심한 편이다. 그러나 최근 경찰에서도 피해자지원에 적극 관심을 나타내면서 제도 홍보에 노력하고 있는데, 앞으로도 피해자들에게 제도에 관한 정보를 제공하고 상담에 응하면서 구체적인 사항을 알려 줄 필요가 크다고 하겠다.

검찰에서는 2004년부터 피해지원을 위한 각종 대책을 시행하면서 피해자구조제도의 홍보를 위한 다각적인 방법을 모색하여 실시하고 있으며, 특히 최근에는 민간범죄피해자지원센터에서 제도 홍보의 첨병역할을 하고 있다.

앞으로 범죄피해자구조를 포함한 각종 범죄피해자 지원정책들이 널리 국민들에게 알려질 수 있도록 관계기관의 지속적인 노력이 필요다고 보겠다.

3) 구조금 예산

구조금은 전액 국고에서 지급되는 것이므로 충분한 구조를 가지기 위해서는 충분한 예산이 확보되어야 한다. 그간의 예산을 살펴보면 시행 첫해에 4억 1,100만원이 배정되고, 다음 해인 1989년에 4억 5,000만원으로 증액된 뒤에 1991년까지 3년 동안 동결되었다. 이후 예산은 약간의 증감이 있었으나 2005년의 예산이 5억 3,600만원인데서 보듯이 대체로 비슷한 수준을 지금까지도 유지하고 있다.

최근 들어 강력범죄가 늘어나고 있고, 강력범죄의 검거율도 크게 향상되고 있지 아니한 점에 비추어 잠재적인 피해자구조대상자는 늘어나고 있는 것으로 추측한다. 또한 2005년 12월의 법 개정으로 구조혜택을 입는 피해자가 증가할 것이 예상되므로 충분한 구조가 되도록 예산을 크게 증액하여야 할 것이다.

4) 현행제도와 문제점과 개선방향

① 엄격한 구조요건

2005년 12월의 법 개정으로 구조요건 중 생계유지 곤란한 요건은 삭제되었으나 여전히 가해자의 불명, 무자력을 요구하고 있다. 이와 같이 구조요건을 엄격하게 하는 것은 예산상의 한계에 기인하는 것이나, 지나치게 요건이 엄격하게 되어 있어 결과적으로 헌법상 보장된 피해자의 구조권을 제한할 뿐만 아니라 피해자구조의 근본 취지에도 부합되지 아니한다.

가해자의 불명이나 무자력 요건은 피해자구조제도의 본질 중 중요한 부분이 민사상 손해배상책임의 보완이라는 것을 감안하면 타당성이 없는 것은 아니다.

그러나 현실적으로 피해자 측에서 가해자의 무자력을 입증하는 것이 대단히 어려울 뿐만 아니라 피해자가 별도로 가해자로부터 배상받은 경우는 그 액수만큼 지급금액을 조정할 여지도 있으므로 굳이 이를 존치할 필요가 있는지는 의문이다.

② 광범위한 구조금지급의 결격사유

구조금 지급의 결격사유의 하나인 친족 간의 범행요건은 가해자가 구조금을 탐하여 의도적으로 범행을 야기할 우려가 있고, 경우에 따라서는 허위 신청할 여지도 있으며, 친족간의 범행에 모두 구조금을 지급한다면 결국 가해자도 피해자가 받는 구조금으로 이익을 받게 된다는 모순이 생긴다는 점에서 수긍이 가는 제한 요건이라고 할 수 있다. 그러나 한편 친족관계에 있다고 하더라도 생활공간의 공유여부라든지 평소의 교류관계 등을 고려해 볼 때 실질적인 친족관계가 희박한 경우에는 구조금을 지급할 필요가 있을 것이다. 이런 점에서 이법 시행령에 구조금을 지급하는 것이 아니라는 것이 사회통념에 위배된다고 인정할 만한 특별한 사유가 없는 경우에는 일부지급을 할 수 있도록 하는 규정을 두고 있으나, 그 규정 자체가 불명확하고, 지급액도 일부지급이라는 점에서 만족할 만한 규정은 아니다. 친족 간의 범행에 있어서 구조금 지급문제는 앞으로 구조제도의 본래의 취지를 고려하면서 전향적으로 대처해야 할 것이다. 2005년 법 개정시 친족관계 제외 규정을 삭제하는 내용의 입법예고가 있었으나 최종 입법 예는 반영되지 아니하였다.

그리고 구조금지급의 결격사유의 하나로서 기타 사회통념상 구조금을 지급하지 아니함이 상당하다고 인정되는 경우라는 일반조항을 두고 있는 것은, 해석 여하에 따라서는 피해자구조가 오히려 예외가 될 소지가 있다는 점에서 부적절하다.

③ 과소한 구조금액

유족구조의 경우에는 1,000만원, 장해구조의 경우는 등급을 셋으로 나누어 1급은 600만원, 2급은 400만원, 3급은 300만원으로 정하고, 그 범위 내에서 심의회가 산정·지급하고 있는데, 이는 그 액수가 너무 적어 법률구조제도의 취지에 비추어 개선할 필요가 있다는 것이 일반적인 견해이다.

우선, 현재의 구조금액을 살펴보면, 유족구조금 1,000만원은 교통사고 사망자 1인의 유족에 대한 위자료가 약 5,000만원인 점에 비추어 지나치게 적다고 할 것이다. 장해구조금도 범죄로 인해 평생 슬픔과 불편을 안고 살아가야 하는 피해자의 현실을 고려하면 사망의 경우에 비하여 피해가 결코 가볍지 않다는 점에서 역시 적다고 하겠다. 예컨대, 노동력 100%를 상실한 제1급 장해자의 경우는 사회적·경제적으로 사망판정을 받은 것임에도 장해구조 최고금액이 600만원에 불과한 것은 지나치게 적은 금액이라고 할 것이다. 따라서 적어도 1급 장해구조금은 유족구조금과 큰 차이를 두는 것은 바람직하지 않다고 할 것이다).

따라서 구조금액을 어느 정도로 하는 것이 적정한가 하는 것은 나라의 경제수준, 물가수준의 변동, 피해자지원 필요성에 대한 국민의 의식 등을 종합적으로 고려하여 정할 것이다.

그런데 현행과 같이 일정한 금액을 법정(法定)하는 방식을 그대로 두고 그 액수만 올리기보다는 피해자의 피해 전의 통상 수입을 기초로 하여 피해액을 산정하는 방식을 도입하는 것이 피해자구조를 위해서는 보다 바람직한 것으로 생각된다. 일본의 경우, 피해자가 그 근로에 의하여 통상 얻고 있던 수입의 일액(日額)에, 유족급부금의 경우에는 100분의 70을, 장해급부금의 경우에는 100분의 80을 각기 곱하여 얻은 금액 즉 급부기초액을 정한 후, 유족급부금의 경우에는 유족의 생계유지상황을 감안하여, 장해구조금을 지급하는 장해 등급도 현재보다 범위를 확대할 필요가 있다. 범위를 확대할 경우, 어느 등급까지 확대할 것인가가 문제가 된다. 이법시행령에서 정한 신체상의 장해등급기준은 총 14등급까지로 예컨대 10등급만 하더라도 14개 이상의 치아에 대한 치과보철, 한손 둘째손가락을 잃은 경우 또는 엄지손가락과 둘째손가락을 이외의 두 손가락을 잃은 경우, 한 다리가 3센티미터 이상 짧아진 경우, 한 팔의 3대 관절 중 1개 관절의 기능에 뚜렷한 장해가 남는 등 노동능력이 30% 상실된 경우에 해당하므로 이 정도까지는 구조금을 지급해야 한다는 주장이 일반적이다.

2005년 법 개정 시에 구조금액을 상향하고 구조대상이 되는 장례등급을 확대하기위한 검토가 있었으나 예산상의 이유 등으로 결실을 맺지 못하였다.

④ 중상병구조금의 신설

범죄피해로 인하여 최종 장해가 남지는 아니하였으나 부상 또는 질병으로 입원 또는 요양기간이 비교적 길게 요하는 중상병자에 대하여는 별도의 구조금을 신청할 수 있는 「중상병구조금제도」의 신설이 필요하다고 본다.

참고로 일본의 경우를 보면, 2001년 법 개정으로 범죄피해로 인하여 최종 장해가 남지는 아니 하였으나 부상 또는 질병의 요양기간이 1개월 이상이면서 14일 이상 입원을 요하는 경우를 중상병(重傷病)이라 하여 구조금을 지급할 수 있게 하였다. 중상병구조금의 액수는 범죄행위로 인해 발생한 부상 또는 질병의 요양에 관한 피해자의 실제 부담액을 기준으로 정하도록(일본법 §9,2호)되어 있다.

⑤ 외국에서 피해를 당한 국민에 대한 협조

현재의 구조금은 국내에서 발생한 범죄피해에 한정되어 있다. 그러나 최근 들어 해외에 나가서 활동하는 국민이 증가함에 따라 해외에서 범죄피해를 당하는 국민도 늘어나고 있다. 따라서 해외에서 대한민국, 나아가 외국인으로부터 피해를 당한 경우에도 피해구조를 하는 방향으로 검토하여야 할 것이다.

5) 피해자구원기금의 설립

범죄피해자가 사회의 일원으로서 소외감을 갖지 아니하고 건전한 사회생활을 영위할 수 있도록 하기 위해서는 국가에 의한 피해자구조 이외에 민간차원에서 피해자를 물심양면으로 구조해 주는 제도적 장치가 필요하다. 이러한 피해자구원기금을 마련할 경우, 가장 문제되는 것은 기금의 조달방법이다. 국가나 지방자치단체가 지금을 보조하는 것이 가장 바람직하나, 현실적으로 어려운 것이 사실이다. 그런 점에서 복권기금이나 경마나 경륜 등의 수익금의 출연 등을 통한 기금 마련도 좋은 대안으로 생각된다. 그 밖에 가해자가 납부한 벌금을 활용하자는 주장도 있다.[47)]

최근 우리나라에서도 민간 범죄피해자지원센터를 중심으로 범죄피해자에 대한 경제적 지원, 자녀들에 대한 장학금 지급 등을 실제 지원하고 있고, 상시적인 지원을 위한 기금 설립 움직임이 있는데 서울남부피해자지원센터가 전국에서 처음으로 범죄피해자 기금설립(장학재단)을 한 이후 점차 늘어나고 있는 실정이다.

4. 결어

이상 살펴본대로, 우리나라에서의 피해자구조제도는 그 동안 엄격한 구조요건, 부족한 홍보 등으로 크게 활성화되지 못했지만 나름대로 그 역할을 착실하게 수행해 왔다.

최근에는 범죄피해자지원이라는 시대의 흐름과 맞물려 2005년 12월 그 동안 주장되었던 문제점 중 일부를 개선하는 내용의 법 개정이 이루어져 앞으로 더욱 활성화될 것으로 기대된다.

47) 2004년 12월 8일 개최된 범죄피해자보호에 관한 인권옹호심포지엄에서의 지정토론자(박미숙) 토론요지 참조(저스티스 제82호, 66면).

제4절 법률구조를 통한 경제적 지원

1. 개관

피해자가 스스로 소송 등 절차를 통하여 피해를 회복하기 위해서는 많은 시간과 비용, 노력이 든다. 범죄피해자지원센터 등을 통하여 지원을 받기도 하나 조직적인 면이나 실질적인 면에서 한계가 있다. 이런 점에서 전국적인 조직을 갖추고, 변호사 등 법률전문가가 근무하고 있는 법률구조공단을 통하여 피해자가 법률구조를 받는 것이 바람직하다. 일본에서는 우리나라의 법률구조공단에 해당하는 「일본사법지원센터」에서 범죄피해지원 업무를 수행하고 있다(일본 총합법률지원법 §30①,2). 그러나 지원업무의 내용은 형사절차·피해회복·민간단체에 대한 정보의 제공과 피해자지원에 정통한 변호사의 소개에 그치고 있다.[48]

우리나라 법률구조공단에서는 이미 2003년 1월부터 가정폭력·성폭력·성매매피해자(외국인 포함)에 대하여 소송대리·무료변호·법률상담 등 법률구조를 실시하여 왔으나 그 대상이 너무 제한적이었다. 따라서 널리 일반범죄의 피해자에 대해서도 법률구조를 할 필요가 있고, 그것이 가능하도록 법적 근거규정을 둘 필요가 있다.

범죄피해자보호법 제7조에는 법률구조를 피해자의 손실복구 지원대책의 하나로 열거하고 있으나, 이를 보다 명확하게 하기 위해 법무부에서는 법률구조공단이 「범죄피해자의 권리가 적절히 보장되고 신속한 피해회복이 이루어질 수 있도록 범죄피해자를 법률적으로 보호·지원할 수 있다」는 근거규정을 신설하여(§21의2), 이 법에 근거 범죄피해자에 대하여 무료법률구조사업을 실시하고 있다.

1) 대상자

대상자는 법률구조대상자 중 생명·신체에 피해를 주는 범죄로 인하여 피해를 입은 자이다. 다만, 피해가 경미한 폭행·교통사고처리특례법위반, 피해자가 범죄를 유발하였거나 피해자의 중대한 귀책사유에 의한 범죄 등은 제외 된다.

---

48) 조균석, 전게논문, 80면.

2) 사업내용

사업내용으로는 첫째, 면접이나 전화 인터넷, 방문, 현장 출장 등 무료 법률상담이다. 둘째, 범죄피해자와 관련된 손해배상청구 등에 대한 공단 변호사, 공익법무관에 의한 소송대리 및 소장 등 서류작성 지원과 민사소송 비용 및 변호사보수 비용 지원 등 무료 소송지원이다. 셋째, 배상명령 신청, 범죄피해구조금 신청의 대리이다.

2. 그 밖의 경제적 지원을 위한 제도

1) 범죄신고자구조금

강력·마약범죄 등 특정범죄의 신고자나 친족 등에 대하여 보복 우려가 있고, 경제적 손실이나 고통 또는 이사·전직비용 지출 시에 최고 100만원을 지급할 수 있고(특경법 §14), 성매매 목적의 인신매매 등 범죄신고자에 대하여도 보상금을 지급할 수 있다(성매매법 §28).

2) 무보험차량 교통사고 및 뺑소니 보상금

보유자 불명·책임보험 미가입·도난 또는 무단운전 중인 자동차사고 피해자가 다른 수단으로 전혀 보상을 받을 수 없는 경우, 사망은 최고 8,000만원, 부상은 1,500만원, 후유장애는 8,000만원 범위 내에서 보상을 받을 수 있다(자동차보장법 §5장). 그리고 건설교통부와 교통안전공단에서는 자동차손해배상보장법을 근거로 하여 교통사고 유자녀에 대한 장학금 등 지원사업도 펼치고 있다.

3) 의사상자 보상금

타인의 생명, 신체 또는 재산의 급박한 위해를 구제하다가 사망 또는 부상을 당한 의사상자에 대하여는 국가유공자 수준의 보상금을 지급한다(의사상자예우법 §7).

4) 성폭력피해자 의료비 지원

성폭력범죄의처벌및피해자보호등에관한법률 제33조(의료보호)를 근거로 여성가족부에서는 성폭력피해자 의료비지원제도를 운영하고, 성폭력 수사 시에도 활용할 수 있는 증거채취용 「성폭력응급카드」도 보급하고 있다. 그러나 홍보 부족과 피해자들이 신변노출을 꺼리는 등의 이유로 활용률이 저조하여 예산이 남는다고 한다.

5) 긴급지원

보건복지부는 2006년 3월 24일부터 일시적인 위기상황으로 생계유지 등이 어렵게 된 자에 대하여 긴급지원을 하고 있는데, 일정한 범죄피해자도 그 대상이 된다. 즉 가정폭력 또는 가구구성원으로부터 성폭력을 당한 때, 가구구성원으로부터 방임·유기되거나 학대 등을 당한 때에는 긴급지원을 받을 수 있다. 지원내용은 최저생계비 60% 수준의 생계지원, 300만원 이내의 의료지원, 임시거소 제공 등 주거지원 등이며, 기간은 1개월(의료지원 제외)이나 2개월까지 연장 가능하며, 의료지원은 1회에 한한다.

제5절 피해회복제도

1. 회복적 사법의 개념

1) 피해의 원상회복

회복적 사법이란 피해자와 가해자 나아가서는 지역사회구성원 등 범죄사건 관련자들이 능동적으로 참여하여 피해자 또는 지역사회의 손실을 복구하고 관련 당사자들의 재통합을 추구하는 범죄피해 처리 및 대응방식을 말한다. 이것은 전통적인 형사사법이 주로 공형벌 체계에 의해서 처벌을 통한 속죄의 달성에 목표를 두고 있는 점에서 징벌적 형사사법제도라는 점에서 서로 다르다. 회복적 사법의 기원은 원시시대를 출발점으로 하는 것으로 그 전형은 고대 바빌론의 함무라비법전과 로마의 12표법에서 찾을 수 있다. 회복사법의 대표적 유형은 배상명령제도, 가해자와 피해자간의 형사화해(조정)프로그램(Victim-Offender Reconciliation Program) 등이 있다.

2. 배상명령과 형사화해

1) 개념

배상명령이란 징벌적인 의미가 있는 것으로 법원이 가해자로 하여금 자신의 행위로 인해 발생한 피해를 배상하도록 명령하는 대신에 그에게 부과된 형벌을 완화해 주는 제도이다. 배상의 내용을 이루는 「피해회복」이란 가해자가 진심어린 사죄와 가능한 범위에서 최선을 기울인 배상을 통해 피해자를 납득시킴으로써 가해자와 피해자간의 서로간의 갈등을 극복하고 법적 평화를 회복하는 것을 말한다.

형사화해는 주로 민간인 중재자나 중재기관을 통해서 조정과 대화를 통해 피해자와 가해자 그리고 지역사회가 가해자의 범죄행위로 인하여 발생한 손실을 복구하고 그들 사이의 갈등을 극복하여 화해를 이루어 내어 법적 평화와 사회의 재통합을 이루는 것을 말한다.

앞에서 언급한 배상명령과 마찬가지로 형사화해를 달성하기 위해서는 기본적으로 배상이 이루어져야 하는 것이기 때문에 배상명령과 형사화해제도는 그 본질에 있어서는 결국 별개의 것이 아니라 동일한 것이라고 보아야 할 것이다.

2) 외국의 원상회복제도

(1) 미국

① 배상명령제도

미국에서는 초창기 형의 선고유예 또는 보호관찰을 조건으로 피해배상명령제도가 있었지만 1982년 이후에는 원칙적으로 모든 종류의 범죄사건에 관하여 배상명령을 내릴 수 있고 몇몇 범죄의 경우에는 형벌조건 없이 배상명령만 부과하는 것도 가능하게 되었다.

배상의 범위는 피해품 반환이다. 그 반환방법은 그 가액의 배상, 일실수익의 전보, 치료비 또는 장제비용에 한정된다. 위자료 등 정신적 피해는 형사배상의 범위에 포함되지 않으므로 민사소송을 통해 청구해야 한다. 배상은 금전지급을 원칙으로 하나 용역으로 대신할 수도 있다. 법원이 피해배상액을 산정할 때에는 범죄로 인하여 발생한 손실과 피고인의 수입, 재산상황, 가족상황 등 제반 여건을 고려해야 한다. 보호관찰관이 이러한 임무를 주로 수행하며 그 결과는 공개된다.

미국의 배상명령에 대한 문제점으로는 배상명령을 과하지 않는 경우에 대한 그 기준을 제시하지 않고 있으며, 피고인이 피해를 배상하기에 충분한 자력을 갖지 못했을 때에 대한 대비가 없다. 뿐만 아니라 배상명령과 벌금이 함께 부과된 경우에 어느 것이 우선하는가에 관한 규정이 없고, 기소되지 않은 사건에 대해서는 배상명령을 내릴 수 없으므로 적용대상이 극히 제한적이다.

② 형사화해

미국의 형사화해(VOR: Victim-Offender Reconciliation)는 1978년 인디애나주 엘카트에서 처음 시작되었는데 최초 형사화해 중재기관은 불과 10개는 넘지 않았으나, 1980년대 달에는 미국의 거의 모든 주에서 형사화해프로그램(VORP)이 시작되었으며 1996년에는 그 수가 289개에 달하였다. 1982년 캘리포니아주헌법에서 「피해자권리에 관한 규정」이 신설된 후 연방에서는 「범죄피해자에 관한 대통령 특별위원회(President's Task Force on Victims of crime)」가 보고서를 제출하고 이어 「피해자 및 증인보호법」에 제정되었다. 이에 근거하여 법률의 시행세칙으로서 1983년에는 「피해자 및 증인보호를 위한 법무부 지침」이 제정되었다.

화해중재기관의 운영주체는 주로 지역의 비종교 민간단체 또는 교회이지만, 최근에는 보호관찰기관이나 교정시설과 같은 공적기관에서 실시하는 예도 늘어나고 있다. 화해중재기관 종사자는 상근직원과 자원봉사자로 구성된다. 각 기관의 상근직원 수는 평균 2~3명, 자원봉사자는 평균 37명이었다. 피해자와 가해자를 조정하고 중재하는 역할은 주로 자원봉사자가 담당한다. 따라서 역량 있는 자원봉사자의 확보와 교육은 화해중재의 성패를 좌우하는 중요한 요소라 할 수 있다.

재원은 절반이상을 지방정부와 주정부로부터의 지원에 의존하며, 설립재단, 교회의 지원과 개인적인 기부금, 연방정부부조금, United Way 모금, 기타 수입 등에 의해서도 충당한다. 한 기관의 평균예산은 연간 55,077달러이다.

범죄소년과 그 피해자만을 대상으로 하는 중재기관이 46개단체(45%), 성인범죄자와 그 피해자만을 대상으로 하는 기관이 9개단체(9%), 나머지 48개기관(47%)은 양쪽 모두를 대상으로 한다. 대상범죄는 대체로 기물손괴, 단순상해 및 절도, 주거침입, 중대한 폭력범죄(흉기)의 순이다. 기타 과실치사, 가정폭력범죄, 가족간 성범죄, 낯선자에 의한 성범죄, 살인미수 등의 순으로 접수 처리되었다.

중재기관이 사건을 수리하는 시점은 유죄가 확정되기 전 단계에서 사건을 수리하는 경우가 가장 많다. 유죄확정 후 처분전 수리하는 사례와 처분결정 후 수리하는 사례도 상당수를 차지한다.

2) 화해 중재절차의 순서

하해중재절차의 첫 단계는 사건위탁단계이다. 이 단계에서는 대체로 보호관찰관에 의하거나 법관 또는 검사에 의해서, 비행소년에 대한 다이버전(diversion)의 일환으로 사건위탁과 수리되는 경우가 일반적이나, 때로는 경찰, 피고인측 변호인, 지역사회구성원 및 피해자의 대리인, 피해자와 가해자의 합의에 의해서도 위탁된다.

화해중재기관은 당사자와 사전협의에 의해야 한다. 사전접촉단계는 화해를 성공적으로 이끌기 위한 사전절차이다. 이는 주로 쌍방에 대한 전화나 개별적인 만남의 형태로 이루어진다. 성공적 화해를 위해서 중재자는 가해자와 먼저 접촉한 연후에 피해자와 접촉할 것이 권장된다.

다음 단계는, 조정자는 자신의 역할과 협의과정을 설명함으로써 협의를 개시하여 협의를 진행한다. 사전접촉단계는 화해를 성공적으로 이끌기 위한 사전절차이다. 이는 주로 쌍방에 대한 전화나 개별적인 만남의 형태로 이루어진다. 성공적 화해를 위해서 중재자는 가해자와 먼저 접촉한 연후에 피해자와 접촉할 것이 권장된다.

세 번째 단계는 화해협의 실시 및 완성단계이다. 이 단계에서 조정자는 자신의 역할과 협의과정을 설명함으로써 협의를 개시하여 협의를 진행한다. 피해자와 가해자도 자신의 개인적 사정이나 감정 등을 이야기하고 궁금한 점은 질문하거나 사죄를 하는 등 사건의 진상과 양 당사자의 감정 등에 관한 대화가 종료되면 피해회복의 방법을 비롯한 화해의 조건을 협의한다. 만일, 협의결렬이 최종 결정되면 사건을 송치기관에 돌려보낸다.

일단 화해중재기관에 사건이 위탁되면 화해성립 비율은 상당히 높은 것(90%이상)으로 나타난다. 이렇게 하여 나타난 화해절차의 만족도는 높은 만족도를 느끼는 것으로 평가되며, 재범방지효과 여부에 대해서는 그다지 상관관계가 있다고 볼 수 없다고 분석된다.

(1) 독일

① 개설

독일에서의 배상명령제도로서 피해배상(wiedergutmachung)제도는 거의 활용되지 않았다. 그 주된 이유는 형사절차에서 배상액 산정의 번거로움과 어려움에 그 원인이 있었기 때문이다. 이는 영미법제와 대륙법제의 기본적인 형사법체계의 차이에 그 근본적인 원인이 있다고 볼 수 있다. 1984년 독일은 피해배상과 형사화해제도(schadens wiedergut-machung)를 연계함으로써 범죄피해를 실질적으로 회복시켜 주기 위해 노력했다. 그럼에도 불구하고 1990년대 말까지도 이 제도는 그다지 널리 활용되지 못하였다.

독일에서는 1985년경부터 소년사건에 관하여 독자적인 형사화해프로그램이 실시되고 있었다. 1986년 피해자보호법에서 양형 고려사항으로서 '범행후의 태도, 손해배상을 위한 노력' 외에 '범죄피해자와의 화해도달을 위한 노력'을 추가하였으며 1999년 소년법원법은 판사가 내리는 교육처분에서 '피해자화의 화해를 위해 노력할 것'이란 지시가 가능하도록 하였으며, 검사도 또한 가해자가 피해자와 화해를 위해 노력한 것으로 인정될 때 기소유예를 할 수 있도록 규정하였다. 1994년 범죄방지법에 형사화해와 피해회복이 성인범죄의 경우에도 적용되었다.

② 형사화해제도

㉠ 의의

가해자가 피해자의 화해를 위해 노력하여 피해의 전부 또는 주요부분을 배상하였거나 배상을 위하여 진지하게 노력한 때 또는 손해배상이 가해자의 현저한 개인적 부담이나 권리포기를 요하는 상황에서 그 피해의 전부 또는 주요 부분을 배상한 때, 법원은 그 형을 감경할 수 있고, 1년 이하의 자유형이나 360일수 이하의 벌금형에 처할 경우에는 그 형을 면제할 수 있다(형법 §46조a).

㉡ 적용범위 및 재원

적용범위는 모든 범죄에 대하여 적용되며, 화해중재절차를 진행하기 위한 재원은 주법무성의 예산으로부터 지원받는 소액의 보조금과, 회비와 기부금 등으로 조달하여 충당한다. 재원은 열악한 편이지만 화해중재기관단체의 상담원들은 대부분 대학에서 심리학, 사회학, 교육학, 등을 전공한 '전문상담원'들이다.

ⓒ **절차**

경찰은 수사기록 등을 검찰에 송치할 때에 당해 사건이 형사화해를 권유하기에 적합한지 여부에 관한 의견을 함께 송부한다. 검사는 담당사건이 화해에 적합하다고 판단하면 검사는 사건을 필요한 사건기록과 함께 화해중재기관에 중재의뢰, 송치한다. 이 과정에서 피해자와 가해자가 화해협의에 참여할 의사가 있는지를 확인한다. 독일은 주거침입, 모욕, 서신비밀침해, 상해, 협박 및 재물 손괴 등 일정범죄에 대해 사인소추제도를 시행하고 있는 나라에서 화해 담당관청에 의한 민사상 화해시도를 우선적으로 거친 후에 사인소추가 가능하도록 하고 있다.

중재를 의뢰받은 화해중재기관은 가해자와 피해자를 만나게 하여 양자가 피해회복의 방법에 대하여 합의하고 가해자가 결정된 피해회복을 행한 경우에는 검사에게 그 뜻을 보고한다. 독일 전역에서 90년대 후반 348개의 화해중재기관이 활동하고 있다. 그 종류로는 사회봉사단체와 민간조직이 있다. 이른바 백색고리(Weisser Ring)가 그 대표적인 기관이다. 피해자 지원단체들의 연합조직으로는 독일피해자지원활동단체 연합회가 있다.

화해중재기관에서 보고된 내용에 따라 검사는 법원의 동의를 얻어 형사절차를 중단시키거나 형을 감경할 수 있다. 과실범의 경우, 별도로 그 행위로 인한 손해를 배상하기 위한 특정한 급부를 제공하는 것을 조건으로 잠정적으로 공소를 제기하지 않을 수 있다. 독일의 경우 원상회복을 조건으로 하는 불기소처분(형소법 §53의a)을 규정하고 있는데 그 주요내용은 검사가 법원과 피의자의 동의를 얻어 3월 내지 6월의 기간 내에 원상회복을 조건으로 기소중지, 그 이행시에는 반드시 불기소하도록 하고 있다. 또한 검사와 법원은 직권으로 제3자의 화해조정기관에 화해의뢰, 그 기관에게 사건과 관련된 정보를 제공할 수 있다. 이는 형사화해제도와는 별개로 그 손해배상을 통한 화해에 실질적으로 형벌을 대체하는 효과를 부여하는 것이다. 왜냐하면 형사화해제도는 1년 이하의 자유형이나 360일 이하의 벌금형에 처할 사건 이외는 형을 감경할 수 있을 수 있을 뿐이기 때문이다. 또한 과실범사건에 관하여 검사가 피의자에게 피해자와 화해하기 위해 진지하게 노력하도록 명령하는 것을 조건으로 또는 화해를 조건으로 공소를 제기하지 않을 수 있도록 하여, 형사절차를 종료할 실질적인 권한을 위임받고 있다.

독일 형소법은 손해복구가 현저히 위태화될 위험이 있는 등 필요한 경우에는 벌금을 몰수 또는 추징 등의 납입부담을 경감해 주고 그 집행을 완화시켜 줌으로써 형사화해제도의 실효성을 보장하기 위한 조치를 취하고 있다.

1995년 실적을 분석해 보면 소년관계 화해중재 사건 수는 약 6천5백건, 성인관계 화해중재건수는 약 1천3백건이었다. 화해의 성공률과 만족도는 가해자 측에서 볼 때 약 56.7%, 피해자 측에서 볼 때 52.4%로 나타났다. 공적기관에서 운영하는 중재기관이 74%를 차지하고 있고 민간기관의 활동이 26%를 차지하고 있다. 공적기관이 운영하는 중재기관은 재정적으로 안정되어 있기는 하나, 법령의 규정에 의해 그 활동이 제한되고 있으며, 이에 비해 민간단체는 보다 탄력적인 실무운용이 가능하다는 점 때문에 이러한 민간중재기관으로서의 봉사단체 활동이 높은 평가를 받고 있는 실정이다. 그러나 아직도 화해의 활용빈도는 지역마다 상이한 편이며 그 인식의 미흡, 운영 면에서 일부 문제점 등이 지적되고 있는 실정이다.

(2) 일본

① 개설

일본은 2005년 5월 피해자보호법에 의해 민사상 합의에 대해 집행력을 부여하는 제도를 도입하였을 뿐 아직까지 배상명령이나 형사화해제도를 도입하지 않고 있다. 따라서 이러한 민사상 합의에 대해 집행력을 부여하는 제도가 곧 가해자와 피해자 사이의 합의에 대하여 형벌적 효과를 가져왔다고는 할 수 없다. 하지만 피해자가 가해자에 대해 가지는 민사상의 손해배상청구권을 형사절차 진행과정에서 실현할 수 있는 길을 열었다는 점에서 회복적 사법모델을 부분적으로 수용한 것이라고 평가할 수 있다.

㉠ 민사화해제도의 집행력

형사피고사건의 피고인과 피해자 사이에 당해 형사사건으로 인한 피해에 관하여 민사상의 합의가 이루어진 때에는 공동으로 피고사건이 계속하는 제1심법원 또는 항소법원에 대하여 그 합의내용을 공판조서에 기재해 줄 것을 신청할 수 있다(일본 피해자보호법 §4①). 공판조서에 기재된 합의내용은 재판상의 화해와 동일한 효력을 가진다. 화해가 성립하여 피고인과 피해자가 공동으로 그 취지를 조서에 기재해 줄 것을 신청한 때, 법원은 집행력을 부여하기 위해 필요한 조건을 구비하였는지 확인해야 한다. 즉 합의가 진실한 것인지, 합의내용이 공서양속이나 강행법규에 위반하는 것은 아닌지, 민사상의 다툼에 관한 것인지 등이다. 하지만 법원이 손해배상 또는 그 지급방법의 적정성 등에 관해 판단할 의무는 없다.

가해자와 피해자 사이의 민사상 화해에 대해 집행력이 부여된 것은 피해자구제를 위하여 상당히 큰 의미가 있는 것이라고 볼 수 있다. 그러나 피고인이 무자력이라면 결국 피해자는 구제받을 길이 없다는 난점이 있다. 따라서 이를 피하기 위해서 충분히 자력 있는 자가 피고인을 위해 보증채무나 연대채무를 부담하게 하는 방법도 가능하도록 하고 있다. 하지만 제3자가 피고인과의 공동이행을 약속한 경우에도, 법원은 그 진의만을 확인할 수 있을 뿐, 보증인의 자력 등 실질적인 사항에 관해서 판단할 의무는 없으므로, 제3자의 보증채무에 의하더라도 피해자가 충분히 구제받지 못할 염려는 여전히 존재한다.

ⓛ 민사화해제도에 대한 가치

합의의 내용과 그 임의성, 진실성 또는 이행의지를 확인하기 곤란하다는 현실적 문제점 외에, 기소된 범죄사건에 대해서는 어느 정도 효용성이 인정되지만, 기소되지 않은 사건의 피해자에 대해서는 적용될 여지가 없다는 한계점 때문에 형사사법에 대한 불신이 병존할 수 있다는 점이다. 또한 이러한 민사화해 집행력을 부여하는 것은 어디까지나 소송법상의 효과를 부여한 것 뿐이지 형법적 효과를 부여했다고는 할 수 없다. 따라서 회복적 사법모델이 형사사법절차에 도입된 수준은 아니지만, 배상명령제도와 비교할 때 배상명령제도가 배상의 대상과 내용 등을 형사법원이 정하는 데 비해서 민사화해제도는 그것을 당사자의 합의에 의해서 정한다는 점에서 보아 배상명령제도보다는 진일보한 형태로 발전된 제도라 할 수 있다.

제6절 사인소추와 부대공소제도

1. 사인소추제도

1) 개설

사인소추제도는 피해자에게 형사소추권을 인정하는 것을 말한다. 피해자의 형사소추권 중 가장 강력한 것으로, 개인적인 영역을 침해당한 피해자가 가해자의 처벌을 통하여 자신의 보상욕구를 실현하고자 할 때에는 피해자가 직접 법원에 기소함으로써 보상욕구를 만족시킬 수 있다는 장점이 있다. 기소독점주의를 채택하고 있는 우리나라 현행 형사소송법(§246)의 입장에서 볼 때는 피해자를 비롯한 사인이 직접 범죄자를 형사소추할 수 있는 권한을 가지고 있지 않다. 그러나 비교법적으로 볼 때 범죄피해자에게 직접 가해자를 기소할 수 있는 권리를 인정하는 경우도 많다. 사인에게 형사소추권을 인정하고 있는 나라로는 영국, 독일, 프랑스 등이다. 사인소추의 내용은 각 국가마다 약간의 차이점이 있다.

영국은 전통적으로 사인소추를 인정하였는데, 누구든지 법원에 직접 기소장을 제출함으로써 형사소추를 제기할 수 있다. 기소에 관한 법률에서 영국의 사인소추제도에서 사인소추에 대한 용어를 영어로 「Private Prosecution」라는 표현으로 사용되고 있지만, 피해자 등 개인의 사적이익을 위한 형사소추는 할 수 없고, 실제 운용에 있어서 공익을 위한 기소강제절차의 성격을 가지고 운용되고 있다.

독일에서는 전통적으로 일정한 범죄 즉 고도로 개인적인 범죄행위 예컨대, 주거침입죄, 모욕죄, 서신비밀침해죄, 상해죄, 협박죄, 재물손괴죄 등의 범죄피해자에게 독자적인 형사소추권을 인정하고 있는데(형소법 §374 이하), 사인소추가 가능한 범죄구성요건들은 대부분이 친고죄로 규정 되어 있다. 독일의 사인소추제도는 법원의 결정에 의하여 공소제기의 요건인 '충분한 혐의사실'(형소법 §203)이 인정되어야 사인소추절차가 개시된다. 공판이 개시되면 피해자는 검사와 동일한 권한을 가진다. 다만, 강제소추절차가 개시된다. 공판이 개시되면 피해자는 검사와 동일한 권한을 가진다. 다만, 강제수사권이 없는 것이 문제다. 그리고 검사는 처음부터 공소를 제기하거나 이미 개시된 절차를 인수할 수 있다(형소법 §374 이하). 독일의 사인소추제도의 큰 특징은 사인소추를 제기하기 전에 화해시도를 하여야 하는 화해전치주의라고 할 수 있는데, 화해제도가 성공하지 못한 경우에만 피해자는 사인소추절차에 의한 소를 제기할 수 있다(형소법 §380).

프랑스에서는 범죄행위로 인한 손해를 입은 피해자는 검사의 공소제기 여부에 관계없이 손해배상청구권을 이유로 형사법원에 사인소추를 제기할 수 있는 독자적인 공소제기권한이 있고(형소법 §4~5), 사인소추의 제기는 공소제기의 효과를 가진다(형소법 §85~88).

프랑스 사인소추제도는 범죄행위로 인한 물질적 손해뿐만 아니라 정신적 손해를 이유로 한 소추도 가능하다는 특징을 가지고 있다(형소법 §3㉺).

2) 도입의 필요성

사인소추제도의 도입에 관해서는 견해가 나뉘어진다. 첫째 시기상조라고 주장하는 요지는 피해자의 독자적인 소추권은 피해자에게는 강력한 권한이 되긴 하나 한편으로는 그 폐해 또한 무시할 수 없다는 점을 그 특징으로 한다. 사인소추재도가 피해자에게 강력한 형사소추의 권한을 부여하는 것이기는 하나, 사인소추를 통해서 피해자가 안게 되는 소송부담 및 형사소송절차가 피해자의 개인적 응보감정에 휘말릴 가능성이 많고, 국가가 부담할 형사소추를 피해자에게 전가시킬 우려 또한 있기 때문에 사인소추제도의 도입은 아직은 시기상조라고 볼 수 있다. 다만, 현재로서는 사인소추제도의 도입과 같은 효과를 볼 수 있도록 재정신청제도를 확대하는 것이 바람직하다고 본다.

한편, 피해자의 형사소추권은 피해자의 권리 중 가장 강력한 것으로, 개인적인 영역을 침해당한 피해자가 가해자의 처벌을 통하여 자신의 보상욕구를 만족시킬 수 있다는 장점이 있어 도입하는 방안을 적극 검토해야 한다는 입장이다.

필자는 도입해야 한다는 주장에는 찬성하나, 모든 제도의 도입과 시행이 그러하듯이 다른 제도와의 균형과 조화 속에 부작용이 최소화되도록 하는 것이 바람직하다고 본다.

2. 부대공소(附帶公訴)제도

독일의 부대공소제도는 사인소추의 권한이 있는 피해자에게 공소에도 참여할 수 있는 특권을 부여하는 제도였으나, 최근에는 피해자보호를 위한 절차참여제도로서 새롭게 부각되고 있다.

부대공소제도는 피해자에게 검사에게 준하는 지위와 권한을 부여하는 것으로(형소법 §39), 피해자의 소송법상의 지위는 강화할 수 있으나, 형사소송에 있어서의 피해자 개인의 복수 감정 및 보상심리의 개입과 형사소송을 통한 공형벌권의 실현이라는 상치된 이념과의 충돌상 피해자에게 소송당사자로서의 지위를 인정하는 것은 타당하지 않다. 또한 부대소송제도는 죄형법정주의의 실현으로서 피고인의 마그나카르트타로서의 방어권보장과 형사소송의 이념인 실체적 진실발견을 침해하는 결과를 가져올 수도 있다.

즉 피고인은 검사와 또다른 검사인 피해자와 이중으로 싸우는 부담을 지게 되고, 이는 피고인의 방어권을 현저하게 약화시킬 것이며, 또한 부대소송에 참가하는 피해자는 검사와 같은 공익적 지위에서 객관의무를 지지 않기 때문에, 자기의 사익만을 추구하는 소송수행을 해 나갈 가능성이 상존하기 때문에 실체적 진실발견과 괴리되는 행동을 할 가능성이 많다고 볼 수 있다. 따라서 현행 징벌적 형사사법제도를 포기하여 회복적 형사사법제도를 전적으로 취한다고 하는 것이 현실적으로 가능하다고 생각하지 않는 이상 그 전면적인 도입을 검토하는 것은 현재로서는 무리라고 하겠다.

다만, 현재로서는 부대공소제도의 취지를 살릴 수 있도록 피해자에게 기피신청권을 인정하거나 신문참여권, 질문허용에 대한 이의제기권 등을 인정해 주는 방안을 강구할 수 있다고 본다.

제6장 형사사법절차에서의 범죄피해자보호

제1절 개관

1) 의의

범죄피해자는 경찰·검찰의 수사, 법원의 재판, 교정·보호에 이르는 일련의 형사사법절차상 고소인, 참고인, 증인 등의 일정한 지위[49]에 있게 되는데, 그 지위는 소극적(방어적) 지위와 적극적(공격적) 지위로 나뉜다. 전자는 피해자가 고소인, 참고인, 증인 등으로 형사사법절차에 관여하게 됨으로써 피해를 최소화하고 피해자의 인권이 최대한 보호되어야 한다는 의미에서의 지위를 말하고, 후자는 피해자가 형사절차의 진행에 능동적으로 참여하여 절차형성력을 갖는 지위를 말한다. 헌법·형법·형사소송법을 비롯한 기본법령과 특별법령 또는 내부규정은 이러한 피해자의 지위를 보장하기 위한 여러 가지 제도적 장치를 마련하고 있다.

범죄피해자가 형사사법절차에 있어 일정한 지위에서 보호를 제대로 받기 위해서는 크게 다음과 같은 세 가지 제도가 정비되어야 한다. ① 피해자가 형사절차의 주

49) 이러한 구분과 상세한 논의에 대해서는 이재상·이호중. "형사절차에서 피해자보호를 위한 개선방향참조.

체로서 참여할 필요가 있다. ② 피해자의 절차참여를 원활하게 하기 위한 전제로서 피해자에 대한 충분한 정보제공이 필요하다. ③ 피해자가 형사사법절차에서 제2차 피해나 재피해를 당하지 아니하도록 하는 것이 중요하다.

이 가운데 가장 핵심적인 것은 피해자의 형사사법절차의 참여이다. 이를 철저히 하기 위해서는 형사사법절차에서 피해자를 종래의 검사, 피고인 이외의 제3자의 당사자로서 인정하고 피해자라는 지위에서 형사사법절차에 참여하는 법적인 권리를 부여하는 것이다.[50)]

이 제도는 영국·독일·프랑스 등에서와 같이 수사 및 기소단계에서는 검사와는 독립해서 기소 및 공판수행의 권한을 피해자에게 인정하는 사인소추주의를 채택하거나, 독일(형사소송법 §396조)에서 채택하고 있는 제도인 검사의 기소에 대하여 의견을 진술하는 등의 방법으로 참여하고, 공판단계에서는 포괄적인 절차참여권을 인정하는 공소참가주의를 채택하거나 제한적인 형태로라도 절차참여를 피해자의 권리로 인정하는 것이다. 직접적인 형사사법절차에서의 관여는 아니지만, 형사사법절차에서 민사상 청구를 함께 하도록 하는 독일·프랑스·이탈리아·오스트리아·스웨덴에서 채택하고 있는 제도인 부대사소(附帶私訴)제도도 같은 기능을 한다고 볼 것이다. 부대사소제도라는 것은 형사소송을 할 때 손해배상심리도 동시에 진행하는 제도로 이 제도의 장점은 별도의 민사사송을 제기하지 않도록 손해배상에 관한 결정이 빨라지게 됨으로 시간적·경제적으로 절약하는 효과가 있다. 일본에서도 이 제도를 도입하기 위한 형사소송법 개정이 진행 중이다. 그러나 아직 우리나라에서는 이러한 정도의 절차참여권은 인정되지 않고 있으며, 그 도입과 관련해서도 현행의 당사자소송구조상의 문제를 검토하여야 할 사항이 많다고 본다. 이에 대해 학자들의 주장이 엇갈리고 있다.

2) 학자들의 견해

첫째, 현행형사절차구조가 당사자 소송참가 등을 인정하고 있는 독일의 직권주의와는 달리 당사자구조를 취하고 있기 때문에 어렵다고 하는 반대논리가 있으며, 이에 대하여는 민사소송에서 다수당사자소송이 있는 것과 마찬가지로 피해자라는 당사자가 한명 는다고 하여 당사자주의 구조 자체가 바뀌는 것은 아니기 때문에 범죄피해자의 절차참여를 인정하여야 한다는 주장이 있다.

50) 조균석, 전게 논문, 85면.

둘째 피해자의 절차참여를 인정하면 검사의 방침과 피해자의 소송행위가 서로 일치하지 않는 경우가 생기는 등 국가형벌권의 적정한 행사에 영향을 미치고, 절차 자체가 피해자의 사적인 보복감정에 휘말릴 우려가 있기 때문에 범죄피해자의 절차참여에 반대하는 견해도 있다.

그러나 이는 궁극적으로 법원의 적정한 소송지휘권의 행사를 통하여 극복할 수 있는 문제라고 보며, 또 피해자의 절차참여로 소송이 복잡해지고 지연될 우려가 있다는 지적도 있으나, 이 역시 법원의 소송지휘권 행사로 얼마든지 통제할 수 있다고 보겠다. 또한, 피고인의 방어가 곤란하게 될 우려가 있다는 지적도 있으나, 피해자의 절차참여를 인정하는 이상 피고인에게 어느 정도 방어의 부담이 되는 것은 피할 수 없으며, 이를 이유로 피해자의 절차참여를 부정할 수는 없다. 마지막으로 무죄의 추정원칙에 비추어 유죄판결이 확정되기까지는 범죄를 범했다고 볼 수 없기 때문에 피해자 역시 존재하지 않는다는 주장이 있다. 기소되더라도 형사절차상 피고인의 범죄행위 자체가 미확정적인 것과 마찬가지로 피해자도 절차적으로 기소사실 중에 피해자로 인정된 것에 불과하므로, 피해자의 절차참여를 인정한다고 하여 무죄추정의 원칙과 모순되는 것은 아니다.[51)]

3) 결어

앞으로 피해자의 절차참여제도는 보다 발전된 선진국의 제도를 참고하여 피해자의 형사절차참여제도를 법적권리로 인정하는 방향으로 전향적인 검토가 이루어져야 할 것이다.

제2절 범죄피해자보호와 관련된 규정

1. 일반적인 규정

우리 헌법은 제27조 제5항에서 “형사피해자는 법률이 정하는 바에 의하여 당해 사건의 재판절차에서 진술할 수 있다”고 하여 법정에서의 진술권을 권리로서 규정하고 있다.

---

51) 川出敏裕, “犯罪被害者の刑事手續の參加”, ジュリトNo. 1302<2005. 12. 1>, 38-41면 참조.

1) 형법

형법의 범죄피해자에 대한 보호규정으로서는 간통죄, 강간과 추행의 죄 등과 같은 친고죄의 경우 피해자의 고소가 없으면 공소를 제기할 수 없으며, 반의사불벌죄에 대하여는 피해자의 명시한 의사에 반하여 각 공소를 제기할 수 없도록 되어 있다. 이 친고죄와 반의사불벌죄는 피해자의 의사표시를 형사절차에 적극적으로 반영하는 것은 형법의 보충성의 원칙에 부합하고, 이념적으로 형사사법이 궁극적으로 추구하는 화해사상을 지향하고 있다고 볼 수 있기 때문에 오·남용방지를 위한 중재절차의 마련을 전제로, 확대하는 것이 옳다고 주장하는 학자도 있다.[52] 또, 권리행사방해죄(§328①), 사기와 공갈의 죄(§354), 횡령과 배임의 죄(§361), 장물에 관한 죄(§365§①) 등에 있어서는 가해자가 피해자와 직계혈족, 배우자, 동거친족, 호주, 가족 또는 배우자 관계에 있으면 그 형을 면제하도록 되어 있다.

뿐만 아니라 형법 제24조에 의하여 피해자는 법익의 보호를 스스로 포기할 수 있으므로, 승낙에 의하여 그 법익을 훼손하더라도 법률에 특별한 규정이 없는 한 그 행위는 처벌할 수 없도록 되어 있으며, 피해자는 형의 양정과 집행에 있어서도 중요한 고려의 대상이 된다. 형을 정함에 있어서는 피해자에 대한 관계를 참작하여야 하고(§51제2호), 피해자의 손해를 배상하였는지의 여부는 형의 실효(§81)와 복권(§82)의 요건이 된다.[53]

2) 형사소송법

형사소송법은 형사절차에 관한 법규범의 총체를 말한다. 즉 형사사건에 대하여 수사를 진행하고, 공소를 제기하며, 재판하고, 선고된 형벌을 집행하는 일련의 형사절차를 규율하는 법이다. 이 형사소송법에 나타난 범죄피해자 보호에 관한 규정을 살펴보면 다음과 같다.

---

52) 윤동호, “피해자의 의사와 형사절차”, 피해자연구 제14권 1호(2006), 140면.
53) 조균석, 전게 논문, 86-87면 참조.

(1) 법정진술권과 고소권

범죄피해자는 헌법에 따라 형사소송법상 신청에 의하여 법정에서 진술할 수 있는 진술권을 갖는다(§294의2), 범죄로 인한 피해자는 고소할 수 있다(§223). 이와 같은 피해자의 법정진술권이나 고소권은 범죄자의 처벌절차와 관련된 것이다. 그러나 자기 또는 배우자의 직계존속을 고소하지 못하며, 친고죄에 대하여는 범인을 안 날로부터 6월을 경과하면 고소하지 못한다. 피해자의 법정대리인은 독립하여 고소할 수 있다(§225①). 피해자가 사망한 경우에는 그 배우자, 직계친족 또는 형제자매는 피해자의 명시한 의사에 반하지 아니하면 고소할 수 있으며(§225②), 고소권자는 고소를 취소할 수 있다(§232).

피고인이 피해자나 그 친족의 생명·신체나 재산에 해를 가하거나 가할 염려가 있다고 믿을 만한 충분한 이유가 있는 때에는 피해자의 위해방지를 위하여 필요적 보석의 제외사유로 하고 있음은 물론(§96제6호), 보석 또는 구속집행정지의 취소사유(§102①제4호)와 기소전 보석의 제외사유(§214의2제4항제2호)로 하고 있다. 피해자의 손해구제를 위하여 압수장물은 피고사건의 종결전이라도 피해자에게 환부할 명백한 이유가 있으면 환부하고(§134, §219), 판결로써 피해자에게 환부하거나 처분가를 교부하는 선고를 하도록 되어 있다(§333 제1.2항).

(2) 재정신청

재정신청이라 함은 우리와 같이 기소독점주의나 기소편의주의 하에서 일어날 수 있는 폐해를 시정하기 위하여 우리 형사소송법 제260조가 채택하고 있는 제도로 검사의 불기소처분에 대하여 형법 제123조부터 제125조까지의 죄에 대하여 고소 또는 고발을 한 자가 검사로부터 공소를 제기하지 아니한다는 통지를 받은 때에는 그 검사소속의 고등검찰청에 대응하는 고등법원에 그 결정의 옳고 그름을 묻는 것을 말한다. 이 재정신청은 불기소처분의 통지를 받은 날로부터 10일 이내에 서면으로 검사소속의 지방검찰청 검사장 또는 지청장에게 재정신청서를 제출하도록 되어 있다(§260③).

(3) 검찰항고 및 재항고

다음은 검찰항고를 들 수 있는데 '검찰항고'라 함은 검찰청법 제10조에 의하여 자신의 고소나 고발을 처리하는 검사의 불기소처분에 불만이 있는 고소인이나 고발인이 관할 검찰청장에게 재심을 요구하는 것(항고)을 말한다. 재항고란 앞서 말한 재항고가 받아들여지지 않을 경우 검찰의 최고책임자인 검찰총장에게 하는 재심요구(재항고)를 말한다.

항고는 형사소송법 제258조제2항에 따른 통지를 받은 날부터 30일 이내에 하여야 하고, 재항고는 항고기각결정을 받은 날 또는 항고 후 항고에 대한 처분이 행하여지지 아니하고 3개월이 경과한 날부터 30일 이내에 하도록 되어 있다(§10④.⑤)

(4) 헌법소원심판청구

헌법소원심판청구란 헌법정신에 위배된 법률에 의하여 기본권의 침해를 받은 사람이 직접 헌법재판소에 구제를 청구하는 것을 말하는 것으로, 이 헌법소원심판청구는 공권력의 행사 또는 불행사로 인하여 헌법상 보장된 기본권을 침해받은 자가 제기하는 권리구제형 헌법소원과 법원에 위헌법률심판제청신청을 하였으나 기각된 경우에 제청신청을 한 당사자가 헌법재판소에 제기하는 규범통제형 헌법소원으로 나뉘는데, 여기서 말하는 헌법소원심판청구는 권리구제형이 되겠다.

헌법소원은 다른 법률에 구제절차가 있는 경우에는 그 절차를 모두 거친 후 변호사를 선임하여 하도록 되어 있다. 헌법소원의 청구기간은 그 사건이 발생한 날로부터 1년 이내, 그리고 기본권침해사유를 안 날로부터 90일 이내이다.

(5) 소송촉진 등에 관한 특례법

① 개관

소송촉진 등에 관한 특례법에 나타난 피해자보호 관련규정으로는 배상명령(§25)과 민사상 다툼에 관한 형사소송절차에서의 화해(§36)가 있다.

배상명령이란 법원이 직권 또는 피해자의 신청에 의하여 피고인에게 피고사건의 범죄행위로 인해 발생한 손해의 배상을 명하는 절차로, 형사절차에 의하여 민사소송에 의한 손해배상판결과 동일한 효력이 있는 명령을 얻는 절차를 말한다.

민사상 다툼에 관한 형사소송절차에서의 화해란 형사피고사건의 피고인과 피해자의 공동신청에 의하여, 해당 피고사건과 관련된 피해에 관한 민사상 다툼과 관련하여 합의한 내용에 대하여 화해조서를 부여하는 절차로, 형사절차에 의하여 민사소송에 의한 손해배상판결과 동일한 효력이 있는 조서를 얻는 절차를 말한다.

배상명령의 대상범죄는 원칙적으로 상해죄, 중상해죄, 상해치사와 폭행치사상 및 과실치사상의 죄, 절도와 강도의 죄, 사기와 공갈의 죄, 횡령과 배임의 죄, 손괴의 죄에 한하고, 예외적으로 피고인과 피해자 사이에 합의된 손해배상액에 관하여는 이들 범죄 이외의 피고사건에 대하여도 배상명령을 할 수 있으며, 민사상 다툼에 관한 형사소송절차에서의 화해의 대상범죄는 제한이 없다.

② 신청 요건 및 신청제외 사유

배상명령의 신청요건은 피고사건의 범죄행위로 인하여 발생한 직접적인 물적 피해와 치료비손해로 제한되고, 정신적 손해에 대한 위자료와 간접적 손해 및 생명과 신체를 침해하는 범죄에 의하여 발생한 기대이익의 상실도 포함되지 않으며, 민사상 다툼에 관한 형사소송절차에서의 화해의 신청요건은 피해자와 피고인 등의 사이에 합의가 성립된 것으로 해당 형사피고사건과 관련된 피해에 관한 다툼을 포함한 것으로 본다.

배상명령의 신청제외사유는 피해자의 성명 및 주소가 분명치 않은 때, 피해금액이 특정되지 않은 때, 피고인의 배상책임의 유무 또는 그 범위가 명백하지 않은 때, 공판절차지연의 우려나 배상명령을 하는 것이 상당하지 아니하다고 인정하는 사유가 있는 때 등이며, 민사상 다툼에 관한 형사소송절차에서의 화해의 경우 신청요건에 해당하는 경우에는 제외사유가 없다.

③ 신청인 및 신청할 법원

배상명령의 신청인은 피해자 및 그 상속인, 법원의 허가를 받은 대리인이며, 민사상 다툼에 관한 형사소송절차에서의 화해의 신청인은 피고인과 피해자, 단 화해내용이 피고인의 금전배상인 경우 이를 보증하거나 연대의무를 지고자 하는 사람도 포함되며 법원의 허가를 받은 대리인이 된다.

배상명령은 배우자·직계혈족 또는 형제자매이며, 민사상 다툼에 관한 형사소송절차에서의 화해의 대리인은 성질에 반하지 아니하는 한 『민사소송법』 제1편제2장제1절(선정당사자 및 특별대리인에 관한 규정을 제외한다) 및 제4절의 규정을 준용하여 적용한다.

신청할 법원 및 시기는 배상명령과 민사상 다툼에 관한 형사소송절차에서의 화해 신청과 똑같다. 신청할 법원은 해당 형사피고사건이 계속 중인 제1심 또는 제2심법원이며, 시기는 제1심 또는 제2심의 변론종결전까지이다.

④ 신청방식

배상명령은 신청서를 제출하거나, 피해자가 증인으로 법정에 출석한 때에는 구두로 신청할 수 있으나, 민사상 다툼에 관한 형사소송절차에서의 화해는 신청인들이 공동으로 공판기일에 출석하여 서면으로 신청서를 법정에 직접 출석하여 제출하여야 하는데, 이 점이 배상명령과 다르다고 보겠다.

신청서에 명시할 사항으로는 배상명령은 피고사건의 범죄행위로 인해 손해가 발생한 사실 및 그 액수이며, 민사상 다툼에 관한 형사소송절차에서의 화해는 '당해 신청과 관련된 합의' 및 '그 합의가 이루어진 민사상 다툼의 목적인 권리를 특정함에 충분한 사실' 및 신청인이 피고인의 금전 지불을 보증하거나 연대하여 의무를 부담하기로 한 경우에는 그 취지 등이다.

⑤ 신청비용 및 효력

배상명령과 민사상 다툼에 관한 형사소송절차에서의 화해신청 역시 인지나 송달료 등 별도의 비용을 납부할 필요 없다.

배상명령의 효력은 집행력 있는 민사판결정본과 동일한 효력이 있고, 배상명령이 확정된 때에는 그 인용금액 범위 안에서 피해자는 다른 절차에 의한 손해배상을 청구할 수 없으며, 민사상 다툼에 관한 형사소송절차에서의 화해는 확정판결과 동일한 효력이 있다.

배상명령의 경우 확정된 배상명령 및 가집행선고부 배상명령이 기재된 유죄판결의 정본은 집행력 있는 민사판결정본과 동일한 효력이 있어 별도의 집행문을 부여받음이 없이 강제집행을 할 수 있으므로 배상명령에 대하여 집행문부여 신청이 있더라도 따로 집행문을 부여하지 않아도 되나, 민사상 다툼에 관한 형사소송절차에서의 화해는 화해기록을 보관하고 있는 법원에 신청하도록 되어 있다.

⑥ 소의 관할

집행문부여의 소, 청구에 관한 이의의 소 또는 집행문부여에 대한 이의의 소의 관할 등의 경우 배상명령은 청구이의에 관하여는 형사지방법원의 소재지를 관할하는 민사지방법원이 되고, 민사상 다툼에 관한 형사소송절차에서의 화해는 피고사건의 제1심 법원이 된다.

(6) 특정범죄의 피해자보호규정

① 특정강력범죄의 처벌에 관한 특례법

『특정강력범죄의 처벌에 관한 특례법』은 제1조의 목적조항과 제2조 적용범위에 나타난 내용을 분석해 보면, 살인·강도·강간범, 인신매매범, 조직폭력배 등 반인륜적이고 반사회적인 흉악범죄 등 이들 강력사범들에 대하여 엄중 대처함으로써 국민의 생명과 신체의 안전을 보장하고 범죄로부터 사회를 방위하기 위하여 제정되었다. 피해자보호 관련규정을 보면 동법 제6조에 피고인이 범죄피해자나 그 친족의 생명·신체나 재산에 해를 가하거나 가할 염려가 있다고 믿을 만한 충분한 이유가 있는 때에는 보석이나 구속집행정지의 취소사유로 하였고, 동법 제7조에는 증인에 대한 신변안전조치에 대하여 규정하였으며, 동법 제8조에는 피해자 또는 신고·고발자임을 미루어 알 수 있는 사실이나 사진게재 금지 등 출판물 등으로부터 피해자를 보호하는 규정을 두었다.

(7) 성폭력범죄의 처벌 및 피해자보호 등에 관한 법률

① 성폭력보호법의 주요 내용

『성폭력범죄의 처벌 및 피해자보호 등에 관한 법률』(이하 "성폭력보호법"이라 한다.)은 제1조에서 성폭력범죄를 예방하고 그 피해자를 보호하며, 성폭력범죄의 처벌 및 그 절차에 관한 특례를 규정함으로써 국민의 인권신장과 건강한 사회질서의 확립에 이바지함을 목적으로 함을 천명하였다. 제3조에서는 국가와 지방자치단체에게 성폭력범좌를 예방하고 그 피해자를 보호하며 유해환경을 개선하기 위하여 필요한 법적·제도적 장치를 마련함은 물론 필요한 재원을 조달하여야 하고, 청소년을 건전하게 육성하기 위하여 청소년에 대한 성교육 및 성폭력예방에 필요한 교육을 실시할 의무를 부과하고 있다. 또한 제4조에서는 성폭력범죄의 피해자를 고용하고 있는 자가 성폭력범죄와 관련하여 피해자를 해고하거나 기타 불이익을 주는 행위를 금지하고 있다.

② 성폭력보호법의 특례규정

성폭력보호법은 성폭력 범죄로부터 피해자를 보호하기 위하여 성폭력범죄를 가중처벌하는 규정을 두고 처벌절차에 관한 특례규정도 두고 있는데 그 주요 내용은 다음과 같다.

성폭력범죄에 대하여 형사소송법 제224조(고소의 제한)의 규정에도 불구하고 자기 또는 배우자의 직계존속을 고소할 수 있도록 예외규정을 두었으며(§18), 고소기간을 범인을 안 날로부터 6개월에서 1년으로 연장하였다(§19).

성폭력범죄에 대한 처벌절차에는 특정 강력범죄의 처벌에 관한 특례법 제7조 증인에 대한 신변안전조치, 제8조 출판물 등으로부터 피해자보호조치, 제8조 출판물 등으로부터의 피해자보호조치 등이 이루어지고 있다(§21).

성폭력범죄의 조사 또는 재판을 담당하거나 이에 관여하는 공무원은 피해자의 주소·성명·직업·용모 등 피해자를 특정하여 파악할 수 있게 하는 인적사항과 사진 등을 피해자의 동의를 받지 아니하고 출판물에 게재하거나 방송매체 또는 정보통신망을 이용하여 공개하여서는 안되도록 하였다(§21①,②).

검사 또는 사법경찰관은 조사과정에서 피해자의 인격이나 명예가 손상되거나 사적인 비밀이 침해되지 않도록 주의하여야 하며, 조사 횟수는 필요 최소한으로 하도록 되어 있다(§21의3).

피해자가 16세미만이거나 신체장애 또는 정신상의 장애로 사물을 변별하거나 의사를 결정할 능력이 미약한 때에는 피해자의 진술내용과 조사과정을 비디오 녹화기 등 영상물 녹화장치에 의하여 촬영·보존하여야 한다. 다만, 피해자 또는 법정대리인이 이를 원하지 않는 의사를 표시한 때에는 촬영을 해서는 안 되도록 하였다(§21의3③).

법원에서의 피해자의 정신·심리상태에 대한 진단소견 및 피해자진술에 대하여 정신과 의사 등 전문가의 의견조회와 범죄의 피해자를 신문함에 있어서 검사·피해자 또는 법정대리인의 신청이 있는 때에는 재판에 지장을 초래할 우려가 있는 등 부득이 한 경우가 아닌 한 피해자와 신뢰관계에 있는 자를 동석하게 하도록 되어 있다(§22의2,3). 피해자를 증인으로 신문하는 경우 비디오 등 중계 장치에 의한 중계를 통하여 신문할 수 있도록 되어 있다(§22의2,3,4).

2. 성폭력피해상담소 및 보호시설의 설치

성폭력피해자 보호를 위하여 국가나 지방자치단체가 직접 성폭력피해상담소나 보호시설을 설치 운영할 수 있고, 국가나 지방자치단체 이외의 시·도지사에 신고한 자 또한 설치·운영할 수 있다(§23①,②, §25①,②).

성폭력피해상담소와 보호시설의 업무는 다음과 같다.

1) 상담소 업무

① 성폭력피해를 신고 받거나 이에 관한 상담에 응하는 일
② 성폭력피해로 인하여 정상적인 가정생활 및 사회생활이 어렵거나 기타 사정으로 긴급히 보호를 필요로 하는 사람을 병원 또는 성폭력피해자보호시설로 데려다 주는 일
③ 가해자에 대한 고소와 피해자배상청구 등 사법처리절차에 관하여 대한변호사협회·대한법률구조공단 등 관계기관에 필요한 협조와 지원을 요청하는 일
④ 성폭력범죄의 예방 및 방지를 위한 홍보를 하는 일
⑤ 기타 성폭력 범죄 및 성폭력 피해에 관하여 조사·연구하는 일

2) 보호시설의 업무

① 제24조 각호의 일
② 성폭력피해자를 일시 보호하는 일
③ 성폭력피해자의 신체적·정신적 안정회복과 사회복귀를 도우는 일
⑤ 기타 성폭력 보호를 위하여 필요한 일

3. 의료보호

여성가족부장관 또는 시장·군수·구청장은 국공립병원 또는 민간의료시설을 성폭력 피해자의 치료를 위한 전담의료기관으로 지정할 수 있으며, 지정된 의료기관은 상담소 또는 보호시설의 장의 요청이 있을 경우에는 성폭력피해자의 보건상담 및 지도, 성폭력피해의 치료, 기타 대통령령이 정하는 신체적·정신적 치료 등을 제공하도록 되어 있다(§33①,②).

4. 가정폭력범죄의 처벌 등에 관한 특례법

1) 목적

이 법은 제1조에서 명시한 바와 같이 가정폭력범죄의 형사절차에 관한 특례를 정하고 가정폭력범죄를 범한 자에 대하여 환경의 조정과 성행의 교정을 위한 보호처분을 행함으르써 가정폭력범죄로 파괴된 가정의 평화와 안정을 회복하고 건강한 가정을 가꾸며 피해자와 가족구성원의 인권을 보호하기 위함이다.

2) 피해자보호 관련규정

(1) 신고의무

누구든지 가정폭력범죄를 알게 된 때에는 이를 수사기관에 신고할 수 있으며, 아동의 교육과 보호를 담당하는 기관의 종사자와 그 장, 아동, 60세 이상의 노인 기타 정상적인 판단능력이 결여된 자의 치료 등을 담당하는 의료인 및 의료기관의 장 등은 직무를 수행하면서 가정폭력범죄를 알게 된 경우에는 이를 즉시 수사기관에 신고하여야 한다(§4①,②).

아동복지법에 따른 상담소 등에 근무하는 상담원과 그 장은 상담을 통하여 가정폭력범죄를 알게 된 경우에는 이를 즉시 신고하여야 한다. 다만, 누구든지 가정폭력범죄를 신고한 자에 대하여 그 신고행위를 이유로 불이익을 주어서는 아니 된다(§4③,④).

(2) 가정폭력범죄에 대한 응급조치(§5)

폭력행위의 제지는 물론 행위자와 피해자를 분리하여 범죄수사를 하고 피해자의 동의가 있는 경우에 한하여 피해자를 가정폭력상담소 또는 보호시설에 인도한다.

긴급치료가 필요한 경우 피해자를 의료기관에 인도하고, 폭력행위 재발시 제8조의 규정에 의하여 임시조치를 할 수 있음을 통보한다.

(3) 고소에 의한 특례

피해자 또는 그 법정대리인은 행위자를 고소할 수 있다. 피해자의 법정대리인이 행위자인 경우 또는 행위자와 공동하여 가정폭력범죄를 범한 경우에는 피해자의 친족이 고소할 수 있다. 피해자는 자기 또는 배우자의 직계존속은 고소하지 못한다는 형사소송법 재224조의 규정에도 불구하고 행위자가 자기 또는 배우자의 직계존속인 경우에도 고소할 수 있는데 이것은 법정대리인인 경우에도 똑같다.

피해자에게 고소할 법정대리인이나 친족이 없는 경우에 이해관계인의 신청이 있으면 검사는 10일 이내에 고소할 수 있는 자를 지정하여야 한다(§6①,②,③).

(4) 비밀 엄수 등의 의무

가정폭력범죄의 수사 또는 가정보호사건의 조사 심리 및 그 집행을 담당하거나 이에 관여하는 공무원 등은 그 직무상 알게 된 비밀을 누설하여서는 안되며, 행위자, 피해자, 고소인 등의 인적사항이나 사진 등을 신문 등 출판물에 게재하거나 방송매체를 통하여 방송할 수 없다. 또한 피해자의 보호 하에 있는 아동이나 피해당사자인 아동의 교육 또는 보육을 담당하는 학교의 교직원 또는 보육시설의 종사자는 정당한 사유가 없는 한 해당 아동의 취학·진학·전학 또는 입소 등의 사실을 행위자인 친권자를 포함하여 누구에게든지 누설하여서는 아니 된다.

(5) 임시조치

판사는 가정보호사건의 원활한 조사 심리 또는 피해자의 보호를 위하여 필요하다고 인정한 때에는 결정으로 행위자에 대한 다음에 해당하는 임시조치를 할 수 있다(§29①).

① 피해자 또는 가족구성원의 주거 또는 점유하는 방실로부터의 퇴거 등 격리
② 피해자 또는 가정구성원의 퇴거, 직장 등에서 100미터 이내의 접근금지
③ 피해자 또는 가정구성원에 대한 「전기통신법」에 규정한 전기통신을 이용한 접근금지
④ 의료기관 기타 요양소에의 위탁
⑤ 국가경찰관서의 유치장 또는 구치소에의 유치 등

동행영장에 의하여 동행된 행위자 또는 제13조의 규정에 의하여 인도된 행위자에 대하여는 행위자가 법원에 인치된 때로부터 24시간 이내에 제1항의 조치여부를 결정한 후 감사 및 피해자에게 통지하도록 되어 있다.

(6) 심리의 비공개

판사는 가정보호사건을 심리함에 있어서 사생활보호나 가정의 평화와 안정을 위하여 필요하거나 선량한 풍속을 해할 우려가 있다고 인정할 때에는 결정으로 공개하지 아니할 수 있다.

증인으로 소환된 피해자 또는 가정구성원은 사생활보호나 가정의 평화와 안정의 회복을 이유로 하여 판사에게 증인신문을 비공개로 신청할 수 있다. 이 경우 판사는 그 허가 여부와 공개법정외의 장소에서 신문 등 증인신문의 방식 및 장소에 관하여 결정할 수 있다.

(7) 피해자의 진술권 등

가정보호사건에 관한 의견을 진술할 기회를 주어야 하며 심리에 있어서 필요하다고 인정한 때에는 피해자 또는 조사관에게 의견을 진술하거나 자료제출을 요구할 수 있다. 이 경우 판사는 공정한 의견진술 등을 위하여 필요하다고 인정한 때에는 행위자의 퇴장을 명할 수 있다.

(8) 보호처분의 결정 등

판사는 심리의 결과 보호처분이 필요하다고 인정한 때에는 결정으로 다음과 같은 처분을 할 수 있다.

① 행위자가 피해자 또는 가정구성원에게 접근하는 행위의 제한
② 행위자가 피해자 또는 가정구성원에게 『전기통신기본법』 제2조제1호의 전기통신을 이용하여 접근하는 행위의 제한
③ 친권자인 행위자의 피해자에 대한 친권행사의 제한
④ 보호관찰 등에 관한 법률에 의한 사회봉사수강명령
⑤ 보호관찰 등에 관한 법률에 의한 보호관찰
⑥ 가정폭력방지 및 피해자보호 등에 관한 법률이 정하는 보호시설에의 감호위탁
⑦ 의료기간에의 치료위탁

⑧ 상담소등에의 상담위탁 등이 있다.

위의 각 항의 처분은 병과할 수 있으며 ③항의 경우에는 피해자를 다른 친권자나 친족 또는 적당한 시설로 인도할 수 있다.

(9) 배상신청과 배상명령

피해자는 가정보호사건이 계속된 제1심법원에 제57조의 배상명령을 신청할 수 있으며, 이 경우 인지의 첨부는 요하지 아니한다.

법원은 제1심 가정보호사건 심리절차에서 보호처분을 선고할 경우 직권 또는 피해자의 신청에 의하여 다음과 같은 금전지급이나 배상을 명할 수 있다.

① 피해자 또는 가정구성원의 부양에 필요한 금전의 지급

② 가정보호사건으로 인하여 발생한 직접적인 물적 피해 및 치료비손해의 배상

5. 특정범죄신고자등 보호법

1) 특정범죄의 정의

제2조에 규정된 특정범죄라 함은 특정강력범죄의 처벌에 관한 특례법 제2조의 범죄, 마약류불법거래 방지에 관한 특례법 제2조제2항의 범죄, 폭력행위 등 처벌에 관한 법률 제4조 및 특정범죄가중처벌 등에 관한 법률 제5조8의 단체의 구성원의 동단체의 활동과 관련된 범죄, 『국제형사재판소 관할범죄의 처벌 등에 관한 법률』 제8조부터 제16조까지의 범죄를 말한다.

2) 보좌인 지정과 공개금지 등

사법경찰관·검사 또는 법원은 범죄신고자 등이나 그 친족 등이 보복을 당할 우려가 있는 경우에는 친권 또는 범정신고자 등, 그 법정대리인이나 친족 등의 신청에 의하여 범죄신고자 등 보좌인을 지정할 수 있으며, 검사 또는 사법경찰관의 조서 기타 서류에의 인적사항 기재의 생략과 공개를 금지한다(§6~8).

3) 영상물 촬영 등

범죄신고자 등에 대하여 형사소송법 제184조(증거보전의 청구와 그 절차) 또는 제221조의2(증인신문의 청구)에 의한 증인신문을 하는 경우 판사는 직권 또는 검사의 신청에 의하여 그 과정을 비디오테이프 등 영상물로 촬영할 것을 명할 수 있다(§10).

4) 증인의 인적사항 불기재 및 공판정 외에서의 증인신문

범죄신고자 등이나 그 친족 등이 보복당할 우려가 있을 경우에는 인적사항을 기재하지 아니할 수 있으며, 검사·범죄신고자·법정대리인 등은 법원에 피고인이나 방청인을 퇴정시키거나 공개법정 외의 장소에서 증인 신문할 것을 신청할 수 있다(§11, §12①).

5) 신변안전조치

검사 또는 경찰서장은 범죄신고자 등이나 그 친족 등이 보복을 당할 우려가 있는 경우에는 일정기간 동안 당해 검찰청 또는 경찰서 소속 공무원으로 하여금 신변안전을 위하여 필요한 조치를 하게 하거나 대상자의 주거지 또는 현재지를 관할하는 경찰서장에게 신변안전조치를 취하도록 요청할 수 있다(§13).

6) 구조금 지급과 변동상황 통지

국가는 범죄신고자 등이나 그 친족 등이 보복당할 우려가 있는 경우로서 그로 인하여 중대한 경제적 손실 또는 정신적 고통을 받았거나 이사·전직 등으로 비용을 지출하였거나 지출할 필요가 있는 때에는 범죄신고자 등, 그 법정대리인 또는 친족 등의 신청에 의하여 범죄신고자등구조금을 지급할 수 있다(§14). 역시 범죄신고자 등이나 그 친족 등이 보복당할 우려가 있는 경우에는 검사 또는 사법경찰관은 직권 또는 범죄신고자등, 그 법정대리인이나 친족 등의 신청에 의하여 피의자 또는 피고인의 체포·구속 및 수사 및 기소, 재판선고 기일이나 선고내용 등 법원의 처분내용, 가석방·형집행정지, 출소 및 도주사실 등 교정시설 등의 변동상황을 범죄신고자 등, 그 법정대리인 또는 친족 등에게 통지할 수 있다.

이와 같은 특정범죄에 제한적으로 적용되고 있는 특정범죄신고자등보호법의 적용범위를 확대하는 방향의 개정작업이 추진 중에 있다.

6. 청소년의 성보호에 관한 법률

1) 피해청소년의 보호와 수사절차에서의 배려

법원은 청소년대상성범죄 사건의 가해자에게 민법 제924조에 따라 친권상실선고를 하는 경우에는 피해청소년을 다른 친권자 또는 친족에게 인도하거나 제29조 또는 제30조의 기관시설 또는 단체에 인도하는 등의 보호조치를 결정할 수 있으며, 이 경우 그 청소년의 의견을 존중하여야 하고(법 §15), 수사기관은 청소년 대상 성범죄를 수사함에 있어서 최소한의 인권과 특성을 배려하고 그 명예와 존엄을 해치지 아니하도록 주의하여야 한다(법 §17).

2) 비밀누설금지

청소년 대상 성범죄의 수사 또는 재판을 담당하거나 이에 관여하는 공무원은 피해청소년 또는 대상청소년의 인적 사항이나 사생활에 관한 비밀사항을 공개하거나 누설하여서는 안되며, 이를 보호하는 자나 그 직에 있었던 자는 직무상 알게 된 사실을 타인에게 누설하여서는 안되며 정보통신망 등에 공개하여서는 안 된다(법 §18).

3) 개정된 청소년성보호에 관한 법

*** 청소년 보호연령 및 정의**

보호대상청소년을 19세 미만의 남녀로 명문화하여, 속칭 '호스트바'나 '역원조교

제' 등에서 보는 바와 같이 남자청소년들을 대상으로 한 성매매범죄도 동일한 처벌대상으로 하여, 남자청소년의 성범죄피해를 보호하고(법 §2①), 기존법령에서 규정하고 있는 윤락행위(윤락행위방지법), 음행(아동복지법), 성교 및 유사성교행위(청소년보호법) 등의 용어의 모호성을 탈피하고, 처벌대상을 '성을 사는 자'라는 것을 명시하기 위해 '청소년의 성을 사는 행위'라는 법률용어를 도입하여 성을 사는 행위는 금품 등을 실제로 제공하는 것 뿐만 아니라 제공할 것을 약속하는 것까지 포함하여 피해자의 피해영역을 넓혔다(법 §2,2).

4) 대상청소년의 선도보호

*** 소년부 송치 및 보호사건 처리**(법 §13~14)

청소년의 매매춘의 대상이 된 청소년에 대하여 종전에는 윤락행위방지법에 의한 윤락행위자로서 1년 이하의 징역 또는 300만원 이하의 벌금에 처하였으나(법 §26③), 개정 청소년성보호법에서는 이러한 처벌규정을 없애고, 소년법상의 보호처분으로서 귀가조치, 보호관찰, 병원 등의 위탁, 소년원송치, 선도보호시설 위탁 등의 처분만을 할 수 있도록 하였다. 이렇게 청소년성보호법을 개정한 것은 이 법의 제정취지가 가치판단 능력이 아직 미숙한 청소년들이 비록 자발적으로 성매매 대상이 된 경우라고 할지라도 이들을 성매매 대상이 되게 한 제반 사회적 여건 및 관련자들에게 책임을 물어야 할 것이지 그 청소년들에게 범죄자로서의 책임을 묻는 것은 부당하다는 취지에서, 성매매 대상이 된 청소년을 범죄자가 아닌 피해자로 보고, 이들 피해청소년을 보호하기 위한 것이다.

7. 수사절차에서의 범죄피해자의 보호

범죄피해자는 범죄로 인하여 피해를 당한 사람으로서 수사기관에 범죄자를 고소하거나(고소인), 피해를 신고하는 지위(피해신고자·범죄신고자)에 있을 뿐 아니라 수사기관이 범죄자를 적발하거나 증거를 수집하는 과정에서 그 대상(참고인)이 되기도 한다. 이러한 여러 지위에서 피해자는 형사절차의 주체로서 적극적인 권리를 부여받고 이를 행사하거나 객체로서 취급을 당하기도 하는데, 피해자를 배려한 법과 제도의 미비와 수사기관의 인식 부족과 부주의로 이 과정에서 수사기관으로부터 제2차 피해를 당하기도 한다. 따라서 피해자가 처음으로 형사절차와 대면하게 되는 수사절차에서의 피해자보호는 매우 중요하다. 수사기관의 종사자는 피해자와 수사기관이 마주치는 접점마다 피해자의 존엄을 존중하고, 피해자가 겪는 고통을 공감하고 배려하도록 항상 주의할 필요가 있다고 하겠다.

이러한 주의에 따라 수사절차에서 법령상 인정되는 피해자보호를 위한 제도의 내용을 검토한 후에, 수사기관인 경찰·검찰에서 시행되고 있는 피해자보호시책에 대하여 알아보고자 한다.

1) 법령상 인정되는 제도

(1) 고소

범죄로 인한 피해자는 고소할 수 있다(형소법 §223). 고소는 수사기관에 범죄사실을 신고하여 범인에 대한 처벌을 요구하는 의사표시로, 검사나 사법경찰관에게 하여야 하며 그 방법은 서면이나 구술로 할 수 있다(형소법 §237). 피해자 외에 피고인의 법정대리인은 독립하여, 피해자가 사망한 때에는 그 배우자, 직계친족 또는 형제자매는 피해자의 명시한 의사에 반하지 아니하면 고소할 수 있으므로(형소법 §224), 이때의 피해자는 범죄로부터 직접 피해를 당한 자를 의미한다. 자연인에 한정되지 아니하고 법인이나 법인격 없는 사단 등도 포함되고, 국가나 지방자치단체도 포함된다. 다만, 자연인이 아닌 경우에는 명문의 규정은 없으나 그 대표자, 국가나 지방자치단체를 대표할 권한을 인정받은 자가 고소할 수 있다.

일반범죄의 경우에는 형사소송법에 의하여 자기 또는 배우자의 직계존속에 대하여는 고소하지 못하고(형소법 §224), 친고죄의 고소기간도 범인을 알게 된 날로부터 6개월로 한다(형소법 §230①). 그러나 성폭력범죄나 가정폭력범죄의 경우는 가해자와 피해자가 친족관계 있는 경우가 많은 점을 고려하여 자기 또는 배우자의 직계존속에 대하여도 고소할 수 있도록 하고(성폭력범죄 §18, 가정폭력범죄 §6②), 성폭력범죄의 경우 신고의 기피나 주저로 고소기간을 초과하는 경우가 있음을 고려하여 고소기간도 범인을 알게 된 날로부터 1년으로 연장하고(성폭력범죄 §19), 청소년에 대한 강간·강제추행 등의 경우에는 범인을 알게 된 날로부터 2년으로 연장하였다(청소년보호법 §10의2).

고소는 제1심 판결 선고 전까지 취소할 수 있는데(형소법 §232), 이렇게 고소권자에게 취소권을 부여하는 것은 고소 후 합의나 감정 변화 등 사정변경을 반영할 수 있도록 하기 위한 것이다. 고소취소가 되면, 친고죄는 수사단계에서는 불기소처분(공소권 없음), 재판단계에서는 공소기각으로 사건이 종결되고, 비친고죄의 경우에는 양형에 고려되므로 고소취소제도는 가해자로 하여금 피해자와의 화해를 유도함으로써, 결과적으로 피해자를 보호하는 역할을 하는 것이다.

2) 검사의 불기소처분에 대한 불복

검사가 고소 또는 고발에 의하여 범죄를 수사할 때에는 고소 또는 고발을 수리한 날로부터 3개월 이내에 수사를 완료하여 공소제기 여부를 결정하여야 하고, 이러한 사건에 대해 공소를 제기하거나 제기하지 아니하는 처분 등을 한 때에는 그 처분을 한 날로부터 7일 이내에 서면으로 고소인 또는 고발인에게 그 취지를 통지하게 되어 있다(형소법 §257, §258①).

그리고 검사가 불기소처분을 한 경우에 고소인 또는 고발인의 청구가 있는 때에는 7일 이내에 고소인 또는 고발인에게 그 이유를 서면으로 설명하여야 하며, 이러한 검사의 불기소처분에 대해 고소인이 불복하는 방법에는 항고(抗告)와 재정신청(裁定申請)이 있다(형소법 §259, §260). 그 중 재정신청은 수사공무원의 직권남용죄 등에 관한 불기소처분에 대해서 제한적으로 인정된다.

검찰청법상의 항고(抗告)는 고소인 또는 고발인이 불기소처분의 통지를 받은 날로부터 30일 이내에 불기소처분을 한 검사가 속하는 지방검찰청 또는 지청을 거쳐 서면으로 관할고등검찰청검사장에게 할 수 있으며, 이 경우 당해 지방검찰청 또는 지청의 검사는 항고가 이유 있다고 인정하는 때에는 그 불기소처분을 결정하도록 되어 있고, 나아가 고등검찰청검사장은 항고가 이유 있다고 인정하는 때에는 소속 검사로 하여금 지방검찰청 또는 지청 검사의 불기소처분을 직접 경정하게 할 수 있다(검찰청법 §10①,②).

그리고 재항고는 위 항고를 기각하는 처분에 불복이 있는 항고인이 그 검사가 속하는 고등검찰청을 거쳐 서면으로 검찰총장에게 할 수 있는데, 이 경우 당해 고등검찰청의 검사는 재항고가 이유 있다고 인정되는 때에는 그 처분을 경정하도록 되어 있다(검찰청법 §10③).

또한, 재항고를 기각하는 처분이 현저히 수사가 미진한 채 불기소 처분한 것으로서 검찰권의 행사가 헌법상의 평등권과 재판절차진술권 등을 침해하였다고 볼 수 있는 경우에는 그 통지를 받은 날로부터 30일 이내 변호사를 선임(변호사선임능력이 없을 경우 헌법재판소에 국선변호인 선임신청가능)하여 헌법재판소법규정에 따라 헌법소원심판청구를 할 수도 있다(헌법재판소법 §68~71).

8. 피해자보호 관련법규

현재 피해자 관련법규로는 형사소송법, 특정강력범죄처벌등에 관한 법률, 성폭력범죄의처벌 및 피해자보호등에 관한 법률, 가정폭력 방지 및 피해자보호등에 관한 법률 및 가정폭력범죄의 처벌 등에 관한 특례법 등을 들 수 있다. 이상의 법규에 명시된 피해자 보호에 관한 주요 내용을 살펴보기로 한다.

1) 형사소송법상의 보호내용

형사소송법상의 보호내용 중에는 '고소권'을 들 수 있다. 고소권이라 함은 피해자가 범죄자의 범죄행위로부터 피해를 입었을 때는 수사기관에 범죄자를 처벌해달라는 의사표시를 하는 것을 말한다.

(1) 재정신청

공무원의 직권남용(법 §123), 불법체포·감금(법 §124), 폭행·가혹행위(법 §125)에 대하여 고소를 한 자는 고등법원에 검사의 불기소처분의 당부에 관한 재정을 신청할 수 있다(법 §260①). 고등법원은 재정신청에 대하여 이유가 없으면 기각하고, 이유가 있으면 사건을 관할 지방법원의 심판에 부한다는 결정(부심판 결정)을 하여야 한다(법 §262). 고등법원이 부심판 결정을 한 때에는 공소제기가 의제된다(법 §263).

재정신청제도는 검사의 부당한 공소권행사를 통제한다는 의미 외에 사건의 적정한 처리를 기대하는 피해자의 이익도 내재되어 있는 제도인데 모든 범죄에 대하여 인정되던 것이 1973년 형사소송법 개정으로 대상범죄가 축소되어 법제도의 후퇴를 가져와 제도의 본래의 기능을 하지 못하고 있으므로 대상범죄를 확대하여야 한다는 주장이 계속 제기되어, 2005년 5월 16일의 사법제도개혁추진위원회의 의결을 기초로 2006년 1월 5일 대상범죄를 모든 범죄로 확대하는 내용의 형사소송법개정안을 국회에 제출하여 2007년 개정형사소송법에서는 대상범죄에 대한 제한 없이 모든 범죄가 제정신청의 대상이 되었다. 다만, 고소인은 모든 범죄에 대하여 재정신청을 할 수 있으나 고발인은 형법 제123조 내지 125조의 죄와 기타 특별법에서 고발인의 재정신청을 인정한 경우에만 할 수 있다.

(2) 헌법심판청구

공권력의 행사 또는 불행사로 인하여 헌법상 보장된 기본권을 침해받는 자는 헌법재판소에 헌법소원을 청구할 수 있는데(헌법재판소법 §68①), 검사의 불기소처분에 대하여도 헌법소원을 청구할 수 있다. 따라서 피해자를 포함하여 고소한 자도 헌법소원을 청구할 수 있으며, 별도로 고소하지 아니한 인지사건의 피해자도 헌법소원을 제기할 수 있다. 그러나 피해자로서 고소하였다가 적법하게 고소를 취소한 자는 고소인의 지위를 상실하므로 헌법소원을 청구할 수 없다.

검찰의 불기소처분에 대하여는 검찰항고나 재정신청을 거친 다음 헌법소원을 제기하여야 한다.

(3) 피해자에 대한 정보제공

종래부터 특별법에서 일부 수사관련 정보를 피해자에게 통지해 주는 제도를 두고 있다. 즉 고소·고발사건에 관하여 검사가 공소제기 또는 불기소처분, 공소의 취소나 타관송치를 한 때에는 그 처분일로부터 7일 이내에 서면으로 그 취지를 통지하여야 하고(형소법 §258), 공소를 제기하지 아니한 처분을 한 경우 검사는 고소인이나 고발인의 청구가 있는 때에는 공소부제기 이유를 서면으로 설명하도록 하였다(형소법 §259). 그리고 특정범죄신고자등보호법에 따라 경찰관은 특정범죄의 신고자인 피해자나 그 친족 등이 보복을 당할 우려가 있는 때에는 재판 및 신병에 관한 변동사항, 즉 피의자의 체포·구속·석방에 관한 처분내용, 재판 선고기일이나 선고내용 및 가석방·형집행정지·형기만료나 보안처분종료 등으로 인한 교정시설 등에서의 출소사실이나 도주사실 등을 통지하도록 되어 있다(법 §15). 또, 가정폭력범죄에 대하여 신고를 받은 경찰관은 폭력행위의 재발 시 임시조치를 신청해 줄 수 있음을 통보하도록 하였다(가정폭력특례법 §5, §4).

그러나 그동안 이러한 통보제도는 대상자는 물론 통보되는 정보가 제한되어 피해자는 사실상 형사절차와 관련된 정보로부터 차단되어 있었다. 이러한 문제점을 해결하기 위하여 후술하는 바와 같이 경찰과 검찰의 실무를 통하여 다양한 방법으로 정보를 제공하여 왔지만 법적 근거가 없다는 점에서 미흡하였다.

피해자에 대한 정보의 제공은 수사절차에서만 요구되는 것이 아니라 형사절차 전반에서 요구되는 것이다. 이런 점에서 범죄피해자의 기본법이라 할 수 있는 범죄피해자보호법이 제정되면서, 국가는 피해자의 요청이 있을 때는 가해자에 대한 수사결과, 공판기일, 재판결과, 형집행 및 보호관찰 집행상황 등 형사절차관련 정보를 제공할 수 있는 조치를 강구하여야 한다는 일반조항(법 §8)을 둠으로써 피해자의 정보를 제공받을 권리가 대폭 강화되었다. 한편, 2006년에 개정된 형사소송법 제259조의2에서 피해자 등에의 통지조항을 신설하였는데, 검사는 범죄로 인한 피해자 또는 법정대리인의 신청이 있는 때에는 당해 사건의 공소제기여부, 공판의 일시·장소, 피의자·피고인의 구속·석방 등 구금에 관한 사실 등을 신속하게 통지하도록 규정하고 있다.

(4) 기록의 열람·등사 청구권

피해자의 열람·등사의 범위는 기록의 종류에 따라 다르다. 이를 분설하면 첫째, 피해자와 고소인·고발인은 형사재판 확정기록 중 본인의 진술이 기재된 서류, 본인이 제출한 서류와 실황조사서·진단서·감정서 등 비진술서류는 열람·등사를 청구할 수 있다(검찰보존사무규칙 §20②). 종래 검찰보존사무규칙 제20조 제2항과 제20조의2는 본인진술 기재서류에 대해서는 열람만을 인정하였으나, 규칙개정으로 2006년 7월 4일부터 열람 외에 등사도 청구할 수 있게 되었다. 둘째 피해자의 고소인·고발인·진정인은 수사중인기록, 진정·내사중인 기록, 불기소기록(기소중지·참고인중지기록, 항고·재항고기록을 포함), 종결된 진정·내사기록 중 본인진술서류 및 본인제출 서류의 전부 또는 일부에 대하여 열람·등사를 청구할 수 있다(검찰보존사무규칙 §20의2, 대검찰청 예규 「사건기록 열람·등사에 관한 업무처리」§3①), 그리고 항고인·재항고인 또는 변호인은 항고·재항고이유서를 작성하기 위하여 필요한 경우 그 사유를 소명하고 검사의 불기소이유서(경찰의견서를 원용한 경우에는 그 의견서) 및 비진술서류의 전부 또는 일부에 대하여 열람을 청구할 수 있다(대검찰청 예규 §3②), 셋째 피해자는 공소제기후 증거제출전기록 중 본인진술서류와 본인제출서류의 전부 또는 일부에 대하여 열람·등사를 청구할 수 있다(대검찰청 예규 §3③).

그러나 피해자의 기록 열람·등사 청구권은 피고인의 경우, 공소제기후 증거제출 전 기록은 공격과 방어의 준비를 위하여 수사의 범위 내에서 수집된 것으로 장차

법원에 증거로 제출될 서류 및 증거물에 대하여 열람·등사를 청구할 수 있도록 되어 있는 것(대검찰청예규 §4①)과 비교해 볼 때, 현저하게 인정범위가 좁아 피해자의 보호라는 측면에서 지나치게 미흡한 실정이다. 따라서 피해자에게 재판확정기록에 대하여는 재판공개의 원칙에 비추어 원칙적으로 기록전부의 열람·등사를 인정하고, 수사기록이나 공판중인 기록은 피고인에 대한 무죄추정의 원칙, 사건관계인의 사생활보호 등과의 관계에서 일정한 제한을 두고 지금보다 넓게 인정할 필요가 있다. 2006년 2월 28일 입법예고된 형사소송법개정안대로 2007년 형사소송법이 개정되어 공판기록의 열람 또는 등사에 관한 규정을 신설하여(형소법 §294의4) 그 범위를 확대하였다. 이러한 맥락에서 재판확정기록은 피해자를 포함하여 누구든지 원칙적으로 열람·등사할 수 있고, 불기소, 진정·내사사건기록도 지금보다 열람·등사의 범위를 확대해 나가는 방향으로 검찰보존사무규칙이나 검찰예규를 개정하여야 할 것이다.

(5) 압수장물의 환부·가환부 청구권

피해자는 압수된 장물에 관하여 수사기록에 대하여 가환부청구권이 있고(형소법 §219, §133①), 수사기록은 압수한 장물을 피해자에게 환부할 이유가 명백한 때에는 결정으로 피고사건의 종결전이라도 피해자에게 환부할 수 있는데(형소법 §219, §134), 이는 피해자의 재산적 피해의 조기 회복이라는 의미를 지니고 있다.

(6) 피해자의 안전보호

피해자의 안전보호는 보석제한 및 보석과 구속집행정지의 취소를 통한 피해자의 보호, 신변안전조치 및 응급·임시조치, 조서 등 작성시 인적사항의 기재 생략 등이 있다.

① 보석제한 등

형사소송법상의 피고인이 피해자나 그 친족의 생명·신체나 재산에 해를 가하거나 가할 염려가 있다고 믿을 만한 충분한 이유가 있는 때의 필요적 보석의 제외사유(형소법 §95,6), 보석 또는 구속집행정지의 취소사유(형소법 §102①,4), 기소전보석의 제외사유(형소법 §214의2④,2)와 특정강력범죄의처벌에관한특례법상의 보석 또는 구속집행정지의 취소사유(§6)가 여기에 해당한다.

② 신변안전조치

신변안전조치로는 특정범죄의 신고자 등에 대한 신변안전조치, 성매매피해자와 신고자에 대한 신변안전조치와 신변보호가 있다. 범죄신고자 등이나 그 친족 등이 보복당할 우려가 있는 경우에 검사나 경찰서장은 일정기간 동안 당해 검찰청 또는 경찰서 소속공무원으로 하여금 신변안전조치를 하게 하거나 주거지·현재지 관할 경찰서장에게 요청할 수 있다(특정범죄신고자등보호법 §13①). 범죄신고자 등, 그 법정대리인 또는 친족 등은 검사나 경찰서장에게 신변안전조치를 신청할 수 있다(동법 §13③). 이러한 신변안전조치는 공판준비 또는 공판진행과정에도 취할 수 있는데, 이때는 재판장 또는 판사가 검사에게 요청하거나 범죄신고자 등 그 법정대리인 또는 친족 등이 재판장에게 신청할 수 있다(동법 §13②,③). 신변안전조치에는 특정시설에서의 보호, 신변경호, 참고인 또는 증인으로 출석·귀가 시·동행, 대상자 주거에 대한 주기적 순찰 외에 기타 신변안전에 필요하다고 인정되는 조치가 포함된다(동법시행령 §7). 특정범죄신고자 등에 대한 신변안전조치는 법원 또는 수사기관이 성매매·성매매알선 등 행위 및 성매매목적의 인신매매를 신고(고소·고발을 포함한다)한 자 또는 성매매 피해자를 조사하거나 증인으로 신문할 경우에도 준용된다(성매매처벌법 §6③). 한편, 검사 또는 사법경찰관은 수사과정에서 피의자 또는 참고인이 성매매피해자에 해당한다고 볼 만한 상당한 이유가 있으면 지체 없이 신변보호를 하여야 하는데(동법 §6②), 일시적인 조치를 포함하여 널리 성매매 등의 환경으로부터 격리시키는 조치를 말한다고 하겠다.

③ 응급조치와 임시조치

가정폭력범죄에 대한 안전보호조치로 응급조치와 임시조치가 있다. 먼저, 진행 중인 가정폭력범죄에 대하여 신고를 받은 사법경찰관은 즉시 현장에 임하여 다음과 같은 조치를 취하여야 한다. 첫째, 폭력행위의 제지, 행위자·피해자의 분리 및 범죄수사, 둘째, 피해자의 가정폭력상담소 또는 보호시설 인도(동의를 요함), 셋째, 긴급조치가 필요한 피해자의 의료기관 인도, 넷째, 폭력행위의 재발시 임시조치 신청을 할 수 있음을 통보하는 등의 응급조치를 취하여야 한다(가정폭력특례법 §5). 이러한 응급조치 중 일부는 노인학대의 피해자와 아동학대의 피해자에게도 인정된다.

다음으로, 검사는 위 응급조치에도 불구하고 가정폭력범죄가 재발될 우려가 있다고 인정하는 때에는 직권 또는 사법경찰관의 신청에 의하여 법원에 다음과 같은 조치를 하여야 하는데 그것은 첫째, 피해자 또는 가족구성원의 주거 또는 점유하는 병실로부터의 퇴거 등 격리를 할 수 있고, 둘째, 피해자의 주거, 직장 등에서 100미터 이내의 접근금지의 임시조치를 청구할 수 있다(가정폭력특례법 §8①, §29① 1~2).

위와 같은 임시조치를 위반하여 다시 가정폭력범죄가 재발될 우려가 있으면 경찰관 유치장 또는 구치소에 유치하는 임시조치를 청구할 수 있다(동법 §8②, §29 ①,4). 피해자 또는 그 법정대리인은 위 임시조치의 청구 또는 신청에 대하여 검사나 사법경찰관에게 의견을 진술할 수 있는 권리를 가진다(동법 §8③). 이는 제한적이나마 수사절차에서의 피해자의 의견진술을 인정한 것이다.

④ 조서작성 시 등의 인적사항의 기재 생략

특정범죄신고자 등과 성매매피해자나 신고자에 대해서는 본인 또는 친족 등이 보복을 당할 우려가 있는 경우에는 검사 또는 사법경찰관은 조서 기타 서류를 작성함에 있어 인적사항의 전부 또는 일부의 기재를 생략할 수 있다(특정범죄신고자등보호법 §7①, 성매매처벌등행위의처벌에관한법률 §6③), 이때, 기재하지 아니한 인적사항은 신원관리카드에 등재하여 열람을 제한하는 등 엄격히 관리한다(특정범죄신고자등보호법 §7②, §9).

이상에서 살펴본 바와 같이 피해자의 신변안전을 보호하기 위한 조치들이 일부 인정되고 있으나, 대상범죄가 한정되어 있고, 조치의 내용들이 제한적이다. 앞으로 형사절차 전반에 있어 피해자에 대한 안전보호를 위한 조치가 인정되고 확장될 수 있도록 입법적인 노력이 계속되어야 할 것이다.

(7) 피해자에 대한 조력

① 보좌인의 지정

특정범죄의 범죄신고자등이나 친족 등이 보복을 당할 우려가 있는 경우에는 사법경찰관·검사 또는 법원은 직권 또는 범죄신고자등, 그 법정대리인이나 친족등의 신청에 의한 범죄신고자등의 보좌인을 지정할 수 있다(특정범죄신고자등보호법 §6①), 보좌인은 범죄신고자등의 법정대리인·친족 또는 대통령령이 정하는 자 중에서 지정하는데, 수사기관 종사자는 지정될 수 없다(동법 §6②). 보좌인은 범죄신고자등을 위하여 당해 형사사건의 수사과정이나 공판과정에 동행하거나 조언하는 등 필요한 조언을 할 수 있는데(동법 §6③), 이를 통하여 심리적 안정에 도움을 주는 것이 중요한 목적 중에 하나이다. 보좌인은 범지신고자등에 도움을 주는데 그쳐야 하며, 적극적으로 허위진술을 유도하는 등 진술이나 증언 등에 부당한 영향을 주어서는 아니 된다(동법 §6④).

② 신뢰관계자의 동석

신뢰관계자의 동석은 피해자에게 심리적 부담을 줄이기 위하여 인정된 제도로, 성폭력범죄의 피해자에 대하여 처음 인정되었다. 일부 성폭력범죄의 피해자 또는 법정대리인은 수사기관에서 조사를 받음에 있어 피해자가 지정하는 자를 신뢰관계자로서 동석할 수 있도록 신청할 수 있고, 수사기관은 동석을 허용할 수 있다(성폭력범죄의처벌및피해자보호등에관한법률 §22의3②). 피해자를 증인으로 신문하는 경우에는 검사, 피해자 또는 법정대리인의 신청에 의하여 신뢰관계자를 동석하게 할 수 있다(동법 §22의3 ①). 이때, 13세미만이나 장애인인 피해자에 대하여 신청 받은 수사기관과 법원은 수사나 재판에 지장을 초래할 우려가 있는 등 부득이한 경우가 아닌 한 동석을 인정하여야 한다(동법 §22의3 ③). 그러나 13세미만이나 장애인이 아니더라도 신뢰관계자의 동석을 통한 심리적 안정이 필요하므로 모든 성폭력범죄의 피해자에게 원칙적으로 동석을 의무화할 필요가 있다.

신뢰관계자의 동석은 그 외에 성매매피해자(성매매알성등행위의처벌에관한법률 §8 ①,②: 신청·직권), 노인학대사건의 피해자인 노인(노인복지법 §39의8①② : 신청)에 대한 수사기관에서의 조사와 증인신문에도 인정된다. 이때 수사기관이나 법원의 원칙적 동석의무에 관한 규정은 없지만 위 성폭력범죄의 경우와 마찬가지로 가급적 같은 취지로 실무를 운용하는 것이 바람직할 것이다. 한편, 성매매피해자의 경우에 동석자는 진술을 대리하거나 유도하는 등 수사나 재판에 부당한 영향을 끼쳐서는 안 된다는 규정(동법 §8③)이 있는데, 이러한 규정이 없는 다른 피해자의 경우에도 실무상 같은 취지로 운용되어야 할 것이다. 학대노인과 아동의 경우, 피해자 본인, 검사 외에 노인이나 아동보호전문기관도 신청할 수 있다.

(8) 13세 미만 아동 등 성폭력범죄피해자에 대한 영상물의 촬영·보상

성폭력범죄의 피해자가 13세 미만이거나 신체장애 또는 정신상의 장애로 사물을 변별하거나 의사를 결정할 능력이 미약한 때에는 피해자의 진술내용과 조사과정을 비디오녹화기 등 영상물 녹화장치에 의하여 촬영·보존하여야 하며, 피해자나 법정대리인이 이를 원하지 않는 의사를 표시한 때에는 촬영해서는 안된다(성폭력범죄의처벌및피해자보호등에관한법률 §21의2②). 촬영한 영상물에 수록된 피해자의 진술은 공판준비 또는 공판기일에서 피해자 또는 조사과정에 동석하였던 신뢰관계자의 진술에 의하여 진정 성립이 인정된 때에는 증거로 할 수 있다(동법 §21의2③). 그리고 영상물 촬영과정에서 작성한 조서의 사본은 피해자나 법정대리인의 신청이 있으면 교부하여야 한다(동법 §21의2④). 이는 반복적인 조사나 증언을 통한 제2차 피해를 막기 위한 제도적 장치로서, 구체적인 절차 등은 대검찰청의 「13세미만의 아동 및 장애인 성폭력조사지침」에 상세히 규정되어 있다.

한편, 검찰청에서는 범죄피해자의 제2차 피해를 방지하고 조사과정의 투명화를 통한 인권보호를 위하여 13세 미만의 아동 및 장애인 성폭력범죄피해자 이외의 피해자에 대하여도 피해자 전용 전자조사실이나 일반 전자조사실을 설치하여 2004년 12월 24일부터 실시하고 있으며 최근 일부 경찰서에서도 영상녹화를 하고 있다.

(9) 성폭력범죄피해자에 대한 증거보전 청구의 특혜

성폭력범죄피해자 또는 그 법정대리인은 피해자가 공판기일에 출석하여 증언하는 것이 현저히 곤란한 사정이 있는 때에는 사유를 소명하여 수사검사에게 형사소송법 제184조의 증거보전의 청구를 요청할 수 있고(성폭력범죄의처벌및피해자보호등에관한법률 §22의6①), 이 경우 피해자가 13세 미만이거나 신체장애 또는 정신상의 장애로 사물을 변별하거나 의사를 결정할 능력이 미약한 때에는 위의 「현저히 곤란한 사정」이 있는 것으로 간주된다(동법 §22의6 ①, §22의2 ②).

(10) 사생활의 보호

개별범죄의 피해자의 사생활을 보호함으로써 제2차 피해를 방지하기 위한 규정으로는 출판물 등으로부터의 보호규정과 신원공개나 사생활비밀침해 금지규정이 있다. 이를 분설(分說)하면 다음과 같다.

첫째, 일부 특정강력범죄의 피해자나, 성폭력범죄의 피해자 및 가정폭력범죄의 피해자, 성적착취 및 학대행위의 대상이 된 피해청소년은 물론 고소·고발인, 신고인은 출판물 등으로부터 보호된다. 즉 피해자의 성명, 연령, 주소, 용모 등에 의하여 그가 피해자임을 미루어 알 수 있는 정도의 사실이나 사진을 신문지 기타 출판물에 게재하거나 방송 또는 위성방송하지 못하도록 되어 있다(특정강력범특례법 §8등).

둘째, 성폭력범죄의 수사와 재판을 담당하거나 이에 관여한 공무원은 피해자를 특정하여 파악하게 할 수 있는 인적사항과 사진 등을 공개하거나 타인에게 누설하여서는 아니되고(성폭력보호등에관한법률 §21①), 가정폭력범죄의 수사 또는 가정보호사건의 조사·심리 및 그 집행을 담당하거나 이에 관여하는 공무원, 보조인 또는 상담소 등의 상담원과 그 장(그 직에 있었던 자를 포함한다)은 직무상 알게 된 비밀을 누설하여서는 아니 된다(가정폭력특례법 §18①). 그리고 누구든지 특정범죄의 신고자등 또는 성매매피해자나 신고자의 인적사항 또는 미루어 알 수 있는 사실을 알려주거나 공개 또는 보도하여서는 아니 된다(특정범죄보호법 §8 등). 또한 청소년에 대한 성착취 및 학대행위의 수사·재판을 담당하거나 관여한 공무원은 대상청소년이나 피해청소년을 특정할 수 있는 인적사항이나 사진 등을 공개하거나 자연인에게 누설하거나 소추에 필요한 범죄구성요건을 제외한 사생활에 관한 비밀을 누설하여서는 아니 되며, 보호·상담시설의 장이나 보조자 또는 그 직에 있었던 자는 직무상 알게 된 비밀을 누설하여서는 아니 된다(청소년보호법 §18①~③).

(11) 변호인의 조력을 받을 권리

고소인 피해자가 고소장의 작성 뿐 아니라 수사과정에서 변호인으로부터 사실상의 조력을 받을 수는 있으나, 피해자가 수사과정에서 변호사의 조력을 받을 수 있다는 명문 규정은 아직 없다. 수사과정에서 변호인의 조력으로 피해자진술시에 참여하는 것이 가장 중요하다. 현재도 검찰과 경찰의 실무에서 제한적이나마 활용되고 있으나 이를 권리로서 명문화할 필요가 있다고 본다.[54)]

9. 경찰에서의 시책

1) 피해자보호기반 구축

경찰청은 2004년 1월 「전국경찰지휘관 워크숍」에서 피해자보호를 금년도 역점혁신과제의 하나로 선정하고, 혁신기획단에 T/F를 구성하여 피해자관련 해외사례분석, 관련자료 입수, 조직 내 의견수렴 등 사전작업을 벌인 끝에 같은 해인 2004년 6월 7일 경찰청수사국에 「범죄피해자대책실」을 설치하고 총경 포함 6명의 전문요원으로 전담기구를 발족시켜 피해자보호에 힘을 기울이기 시작하였다.

피해자보호 및 지원은 특정기능에 한정될 수 없고 수사·생활안전·교통 등 전

---

54) 독일형사소송법 제406조는 피해자변호인 제도에 관하여 규정하고 있다. 이에 대해서 김성돈, “피해자보호인제도의 도입방안”, 피해자학 연구 제10권2호(2002), 137~ 139면 참조.

분야가 합심하여 노력해야 할 문제이므로 전담기구를 두는 이외에 기능별 피해자대책을 총괄조정하기 위하여 경찰청에 차장을 위원장으로 피해자보호추진위원회를 설치하였고, 일선관서에서의 피해자추진의 중심축 역할을 위해 각 경찰관서의 수사1계장을 피해자대책관으로 지정하는 한편, 2005년부터는 지방청에도 전담인력을 배치하였다.

법령 및 지침 정비를 위해 경찰청 훈령으로 「범죄피해자보호규칙」을 새롭게 제정하여 경찰공무원이 피해자를 대하는 기본원칙을 선언하고, 피해자에 대한 정보제공, 제2차 피해방지활동, 신변안전조치 등을 규정하는 한편, 「신고자등보호및보상에관한규칙」을 제정하여 피해자를 포함한 신고자에 대한 신변보호활동을 강화하였다. 또한 일선 경찰관들의 인식을 제고하기 위하여 경찰관직무집행법을 개정하여 피해자보호를 경찰관의 기본적 임무로 하였다.

2) 정보제공

범죄피해자는 수사기관으로부터 자기 사건에 관한 정보를 통보받지 못해 가장 불편해 한다는 점을 개선하기 위해 지속적으로 피해자정보제공을 확대해 나가고 있다. 또한 범죄수사규칙을 개정하여 과거 고소·고발에 한정했던 수사상황 통지제도를 확대하여 인지사건에 대해서도 수사진행 상황·피의자검거·처분결과 등을 통지하도록 변경하고, 향후 통지 시스템을 자동화해야 할 것으로 본다.

전국 경찰관서의 수사부서나 민원실에 「피해자용 안내서」를 제작·비치하여 조사관이 적극적으로 배부함으로써 각종 형사절차, 피해자지원제도, 상담·의료기관, 조사관 연락처 등을 안내함은 물론 향후 형사사법공조망의 확충에 따라 정보제공의 범위를 확대해 나가야 할 것이다.

3) 수사에 따른 2차 피해자화 방지

살인·강도·강간 등 일정한 피해자의 경우 수사과정에서 2차 피해를 입는 경우가 있어 전담요원이 초기부터 피해자를 보호하는 「피해자 서포터」제도를 적극 활용하여야 할 것으로 본다. 수사부서와 지구대 각 반별로 1명씩 경험 많고 전문성이 있는 직원을 선정하여 피해자서포터로 지정함으로써 강력범죄가 발생할 경우 현장에서부터 접촉창구를 일원화하여 피해자조사, 의료 및 상담기관 연결, 신변보호 및 사후 재피해방지 등을 전담함으로써 2차 피해방지를 위해 최선을 다해야 할 것이다.

성폭력피해자에게는 조사관의 성별을 선택할 수 있도록 하여 여성조사관이 조사하거나 참여할 수 있도록 제도화하고, 아동성폭력 피해자에 대한 진술녹화가 의무화함에 따라 전국경찰관서에 진술녹화실을 설치하여 피해자조사실로도 적극 활용하고 있다.

4) 교육·훈련 및 홍보

피해자보호는 법집행종사자의 인식변화가 성공의 관건이라는 점을 감안하여 직원교육을 강화하여야 할 것이다. 그러기 위해서는 먼저 경찰청 무궁화 포럼을 통해 지휘부와 본청 직원을 대상으로 피해자학 전문가를 초빙하여 특별 강의를 실시한 것을 시작으로 전국 경찰관서 범죄피해자대책(수사1계장)을 경찰청에 소집하여 워크숍을 실시하고 아울러 지방청과 경찰서에 자체적으로 피해자교육을 실시하였으며 경찰청 수사국장 등 지휘부가 전국지방청을 순회하며 피해자보호를 강조하는 특별교육을 실시하여야 할 것이다.

경찰교육기관에 피해자보호 전문화과정을 신설하여 1주일간 상담기법 등을 교육함으로써 피해자보호의 전문성을 함양하고, 직원보수 교육과정과 신입과정에 피해자학 강의를 필수적으로 개설하고 전 경찰관의 의식변화를 꾀하여야 할 것이다.

경찰관의 인식제고를 위한 홍보시책으로 피해자보호 체험사례·시책아이디어·표어를 공모하여 우수작에 대하여는 표창함은 물론 이를 피해자보호대책에 반영하고, 피해자보호 수범사례를 수시로 발굴하여 표창함으로써 동기를 유발하는 한편 경찰관 승진시험교재에도 피해자보호 관련 전문 문제를 수록하는 등 다양한 방식의 홍보 전략을 펼쳐야 할 것이다.

10. 피해자보호를 위한 협력체계 구축

범죄피해자보호에 있어서는 어떤 특정기관 또는 정부만이 하는 것이 아니고 관련 정부기관과 민간지원단체와의 유기적인 협력체제가 필수적이라고 보겠다. 지역사회의 피해자지원 네트워크는 일선 경찰을 포함하여 검찰, 법원, 법률구조공단, 지방자치단체 사회복지기관 등은 물론 병원, 상담기관, 변호사회, 피해자지원 자원봉사자

등 관련 민간단체가 포함되어야 할 것이며 상호 긴밀한 관계형성이 필요하다.

선진국의 경우에도 경찰이 민간단체와의 적극적인 협력을 통하여 피해자를 지원하고 있다. 일본피해자지원도민센터의 경우 경찰관 2명이 민간단체에 파견되어 있고 관계성청연락회의나 피해자네트워크를 통해 각 기관·단체들과 상호 적극적으로 협력하고 있다. 영국의 경우에는 경찰관이 Victim Support에 운영위원으로 참여하여 자원봉사자에 대한 교육을 실시하고 있으며, 미국의 경우에는 NOVA와 같은 피해자지원조직과 긴밀히 협력하는 한편, 경찰조직 내에 아동학대·성범죄 관련 민간인 전문가를 채용하는 등 민·경이 적극 협력하고 있다.

현재 우리나라는 민간영역이 아직까지 부족한 단계이며 이에 대한 적극적인 육성과 지원이 시급하다고 할 것이다. 우리 경찰은 관계기관과 적극 협력하여 피해자지원단체의 형성과 육성에 노력하여야 할 것이며, 지역사회의 피해자네트워크의 일원으로서 피해자보호의 전문 역할을 충실히 담당할 수 있도록 적극적인 활동을 하여야 할 것으로 본다.

11. 검찰에서의 시책

1) 개설

경찰단계에서는 아직 가해자와 피해자의 구별이 어려울 뿐만 아니라 가해자와 피해자간의 관계가 너무 감정적이어 피해자보호는 상당히 어렵다고 보겠으나, 검찰에서의 보호는 피해자와 가해자의 구분이 명확하고 피해자와 가해자의 감정 또한 많이 무디어져 이성적 판단이 가능해지기 때문에 검찰에서의 피해자보호는 중요한 의미를 가진다고 보겠다. 뿐만 아니라 검찰은 수사를 주재하고 공익을 대표한다는 의미에서도 피해자보호에 있어 검찰이 차지하는 위치와 역할은 크다고 할 것이다.

이런 점에서 검찰은 그 동안 범죄피해자보호를 위하여 많은 노력을 기울였으나 범죄피해자보호의 획기적 전기를 마련한 것은 2004년 10월 1일부터 전국 검찰청에서 시행된 「범죄피해자 보호 및 지원시스템 구축방안」이라고 볼 수 있다. 특히, 2006년에는 종전의 「인권보호수사준칙」을 전면 개정함은 물론 피해자인권보호를 위한 규정들을 대폭 신설하였는데 이를 살펴보면 다음과 같다. 법무부 훈령(제556호)으로 범죄피해자진술권보장(준칙 §44), 정보제공(§45), 2차 피해방지(§46), 신뢰관계자 동석(§47), 전용조사실 이용(§48), 신변보호(§49), 권리고지·유익정보 제공(§50), 성폭력·성매매·가정폭력·피해자보호(§51), 피해자보호 시 유의사항(§52)에 관한 상세한 규정이 신설되었다. 그러면 검찰에서의 주요 범죄피해자보호 대책에 대하여 살펴보고자 한다.

2) 범죄피해자 보호시스템구축

(1) 피해자지원담당관제 도입과 피해자지원실 설치

각 검찰청에 피해자지원담당관을 지정하여 범죄피해자에 대한 각종 정보제공, 피해자상담, 법정동행 등 피해자지원업무를 전담하게 하고, 피해자지원실을 별도로 설치하였다. 2005년 2월 1일부터 서울지방경찰청에 피해자지원과를 신설하였으며, 부산·대구·대전·광주지방검찰청에 피해자지원팀을 구성·운영하고 있다.

(2) 범죄피해자통지제도의 확대

종래 시행하던 공판개시통보 외에 범죄피해자 및 그 가족에 대하여 사건처분결과·재판일시와 결과·출소사실을 통지하고 있다. 또한 2006년 2월 1일부터는 구공판된 고소사건 중 고소취소가 되지 아니한 사건의 고소인에게 공판개시, 변론종결, 재판결과 등을 통지하고 있다.[55)]

(3) 피해정상관계 조사제도의 도입

피해자지원담당관이 피해자와의 상담 시에 피해정도, 피해회복 여부 등 피해정상관계를 상세히 조사하여 수사검사나 법원에 송부할 수 있도록 하였다.

(4) 기타

위와 같은 구축방안 외에 피해자가 편안한 분위기에서 조사를 받고, 또한 불필요한 이중조사를 막기 위하여 피해자 및 아동·여성 전용 전자조사실 등을 설치하여 피해자에 대한 영상녹화조사를 실시하고 있고 검찰청에서는 피해자와 가해자가 조사대기과정에서 대면하는 것을 방지하기 위한 피해자 전용 대기실을 설치·운용하고 있다.

---

55) 대검찰청 「고소인에 대한 형사재판 진행상황 및 결과통지 시행지시」, 2006.2.1.

3) 고소사건의 화해·중재

피해자-가해자 화해를 통한 회복적 사법의 실현과 사건처리의 편의를 위하여 고소사건 화해중재제도를 2006년부터 대전지방검찰청과 부천지청의 시범실시로 현재는 전국검찰에서 이루어지고 있는 화해중재제도는 민사적 분쟁 성격의 고소사건에 대하여 사적 자치 영역에서의 자율적 해결능력을 키우는 토대를 마련하고, 범죄피해자의 실질적 피해보전을 도모하기 위한 것인데, 그 내용은 다음과 같다.

(1) 대상사건

화해중재 대상사건은 고소사건 중 첫째, 차용금, 공사대금, 투자금 등 개인간 금전거래로 인하여 발생한 분쟁으로서 사기, 횡령, 배임 등 재산범죄, 둘째 개인 간의 명예훼손·모욕, 경계침범, 지적재산권 침해 등 사적분쟁에 관한 사건, 셋째, 기타 화해중재에 회부하는 것이 분쟁해결에 적합하다고 판단되는 사건이다(고소사건 화해중재 실무운용지침 §2①). 그러나 이상과 같은 사건이라도 피고소인이나 피의자가 도주나 증거인결의 우려가 있거나, 공소시효가 임박하거나, 고소장이나 증거관계 등에 의하여 혐의가 명백히 인정되거나 각하, 공소권없음, 죄가안됨 사유에 해당함이 명백한 경우에는 제외 된다(화해중재실무운영지침 §2②).

고소사건은 검찰고소사건 뿐만 아니라 경찰접수 고소사건도 포함되는데, 사법경찰관은 경찰 접수 고소사건에 대하여 화해중재에 의뢰하는 것이 적합한 경우, 검사에게 수사지휘 건의하여 검사지휘에 따라 조정의뢰할 수 있고, 경찰에서 화해중재 없이 송치된 고소사건에 대하여도 검찰 접수 고소사건과 마찬가지로 화해 중재할 수 있다(화해중재실무운영지침 §4장).

그러나 고소사건 외에 일반형사사건도 위 대상사건에 준하는 경우에 화해중재의 대상이 될 수 있다고 하여(화해중재실무운영지침 §36), 고소사건에 한정되지 아니한다.

(2) 화해중재의 의뢰

검찰접수 고소사건 또는 송치 고소사건을 배당받은 검사는 배당일로부터 1주일 이내에 범죄피해자지원센터의 화해중재위원회에 화해중재를 의뢰하여야 하고(화해중재실무운영지침 §14, §30), 사법경찰관은 경찰 접수 고소사건에 대하여 즉시 검사의 지휘를 받아 의뢰하여야 한다(화해중재실무운영지침 §26).

수사착수 전의 고소사건은 고소인의 동의가 있어야 하고 고소사건은 피의자와 고소인 모두의 동의가 있어야 한다(화해중재실무운영지침 §3, §26②, §31①).

(3) 화해중재의 실시

① 화해중재기관

화해중재는 범죄피해자지원센터 화해중재위원 중 3인으로 구성되는 화해중재가부에서 실시한다(화해중재실무운영지침 §21, 범죄피해자지원센터 화해중재위원회 운영지침 §7). 화해중재위원은 범죄피해자지원센터의 이사장이 위촉하고, 임기는 1년이며 연임할 수 있다(화해중재운영지침 §2①, ③). 화해중재부를 구성하는 3명 중 1명은 변호사 자격소지자 또는 법학교수로 지정하여야 한다(화해중재위원운영지침 §7②).

② 화해중재기간

화해중재기간은 2개월이고, 고소장 접수와 동시에 회부된 사건은 당사자의 동의를 얻어 1개월 연장할 수 있다(운영지침 §6①).

③ 화해중재

화해중재 대상자는 화해중재시에 출석하여야 하며(변호인이나 법정대리인 대리출석가능), 화해중재부는 대상자에게 쟁점진술서, 답변서 및 주장사실 입증자료 제출요구를 할 수 있고, 필요할 경우 전문지식, 경험에 관한 의견을 청취할 수 있다.

④ 화해중재 후 절차

화해중재가 성립된 경우에는 화해중재결정문을 작성하여야 하며(운영지침 §32①), 절차가 종료되었을 때에는 화해중재 기록 일체를 화해중재결정문, 화해중재결과통보서와 함께 화해중재를 의뢰한 검사 또는 사법경찰관에게 송부하여야 한다(운영지침 §34).

(4) 화해중재 후 사건처리

검찰 접수 고소사건이나 경찰에서 의뢰한 사건의 경우, 화해중재가 성립되어 고소가 취소되면 각하처분하고, 혐의가 있는 경우에는 통상의 수사절차에 의하되 처벌시 감경할 수 있으며, 화해중재 불성립의 경우에는 통상의 수사절차에 의한다(운영지침 §24, §29). 송치고소사건의 경우에는 화해중재가 성립되어 고소가 취소되더라도 각하처분이 아닌 혐의 유무에 따라 종국처분 하되, 혐의가 인정되더라도 감경할 수 있다(운영지침 §34).

제7장 배상명령과 민사상 다툼에 관한 형사절차에서의 화해

제1절 배상명령

1. 의의

배상명령이라 함은 형사소송절차에서 법원이 직권 또는 피해자의 신청에 의하여 피고사건의 범죄행위로 인하여 발생한 손해와 피고인과 피해자 사이에 합의된 배상액에 대해 피고인에게 배상액을 명하는 것이다. 이는 피해자의 신속한 구제를 위하여 형사소송에 민사소송을 결합한 것으로, 피해자의 보호에 중점을 둔 제도이기는 하나 피고인의 사회복귀와 개선에도 도움이 되는 제도이다. 나아가 형사와 민사재판의 모순·저촉을 방지함과 동시에 이 제도가 소송촉진등에관한특례법(이하 "소촉법"이라 함)에 규정되어 있는 데서도 알 수 있듯이 소송경제를 도모한다는 취지도 가지고 있다.

배상명령은 1981년 소촉법이 제정되면서 처음 도입되었는데, 1998년에는 가정폭력범죄의처벌등에관한특례법(이하 "가정폭력특례법")에 의하여 가정폭력범죄에 대하여도 적용되게 되었다. 배상명령은 제도적인 여러 장점에도 불구하고 그 동안 제대로 활용되지 못하였다. 배상명령에 의한 손해배상범위가 직접적인 물적 피해 및 치료비손해의 배상으로 한정되어 있어 피해자가 만족할 만한 손해회복이 되지 못한 측면도 있지만, 제도 자체가 일반 국민들에게 널리 알려지지 아니하였을 뿐 아니라 실무상으로도 형사절차에 민사소송을 결합함으로써 배상액의 산정 등으로 재판이 복잡해지고 지연 되는 것을 우려하여 직권을 가진 판사들이 이를 기피하는 경향도 있기 때문이다.

아래 도표는 최근 10년간(1997~2006년)의 배상명령제도 운영현황인데 이를 보더라도, 판사의 직권명령에 의한 배상은 45건에 지나지 아니 함을 알 수 있다.

〈표 4-3〉 배상명령사건 및 처리현황

구분 년도	신청	처리					직전	배상명령액 (천원)
		계	인용	기각	취하기타	인용율(%)		
1997	897	931	352	454	125	37.8	7	26,695,408
1998	1,584	1,481	602	667	212	40.7	9	30,064,211
1999	1,792	1,393	580	582	231	41.6	8	31,652,248
2000	1,816	1,416	493	686	237	34.8	6	22,623,778
2001	2,451	1,510	391	674	445	25.8	-	23,284,854
2002	2,871	2,226	433	418	1,375	19.5	-	37,633,017
2003	4,597	3,053	660	758	1,635	21.6	3	23,402,780
2004	4,695	3,732	756	1,550	1,426	20.3	4	55,621,107
2005	4,706	3,279	802	705	1,772	24.5	7	60,094,592
2006	4,258	4,087	858	1,963	1,266	21.0	1	55,437,494

주) 사법연감

정부는 2005년 11월 23일 피해자의 피해회복을 활성화 하기 위하여 소촉법을 개정하여 민사상의 다툼에 대한 형사절차에서의 화해제도를 새로이 도입하였는데, 배상명령과 관련해서는 손해배상의 범위를 정신적 손해, 즉 위자료까지 확대하는데 그쳤다.

2. 배상명령의 종류

배상명령에는 피고인과 피해자 사이에 합의가 없는 경우의 통상적인 배상명령(소촉법 §25①, 가정폭력처벌법 §57①)과 합의된 손해배상액에 대한 배상명령(소촉법 §25②, 가정폭력특례법 §5②)의 두 종류가 있다. 후자는 이미 피고인과 피해자 사이에 손해배상액에 대하여 합의가 된 경우에 배상액에 대하여 집행력을 부여하여 즉시 강제집행 할 수 있도록 하기위한 제도이다. 이는 통상적인 배상명령과는 달리 모든 범죄에 대하여 가능하고(소촉법 §25②), 피고사건에 관하여 유죄판결을 선고하지 않는 경우에도 명할 수 있다(소촉법 §33②,③). 아래에서는 소촉법상의 통상적인 배상명령을 중심으로 살펴본다.

3. 배상명령의 요건

1) 배상명령의 대상

배상명령은 제1심 또는 제2심의 형사공판절차에서 특정한 범죄에 대하여 유죄판결을 선고할 경우에 명할 수 있다(소촉법 §25①, 가정폭력특례법 §57①).

배상명령은 제1심과 제2심 형사공판절차에서만 인정되므로 상고심절차에서는 허용되지 아니한다.

대상범죄는 상해·중상해죄(형법 §257①, §258①,②), 상해치사, 폭행치사상죄(형법 §259①, §262, 다만, 존속폭행치사상죄 제외), 형법제 제26장의 과실치사상죄, 제38장의 절도와 강도죄, 제39장의 사기와 공갈죄, 제40장의 횡령과 배임죄, 제42장의 손괴죄에 한한다. 다만, 위 범죄가 특정범죄가중처벌등에관한법률, 폭력행위등처벌에관한법률에 의하여 가중처벌을 받는 경우도 포함된다.

그리고 유죄판결을 선고하는 경우에 한하기 때문에, 피고사건에 대한 무죄·면소 또는 공소기각의 재판을 할 때에는 배상명령을 할 수 없다. 그러나 피고인과 피해자 사이에 손해배상액에 대하여 합의할 수 있는 경우에는 모든 범죄에 대하여 유죄를 선고하지 아니하는 경우에도 배상명령을 할 수 있음은 앞서 본 바와 같다.

한편, 제1심의 가정보호사건 심리절차에서 보호처분을 선고할 경우에도 배상명령을 할 수 있는데, 그 대상범죄는 가정폭력범죄에 해당한다(가정폭력특례법 §57①,②).

4. 배상명령의 범위

피고사건의 범죄행위로 인하여 발생한 직접적인 물적 피해, 치료비 손해 및 위자료에 대하여 배상을 명할 수 있다(소촉법 §25①). 2005년 11월의 법률개정으로 위자료, 즉 정신적 손해에 대하여도 배상명령을 할 수 있게 되었다.

종래 위자료에 대한 배상에 대하여는 이를 포함시킬 경우 객관적이고 명확한 금액의 산정이 어려워 그 확정을 위한 재판지연 또는 심리부담의 증가가 예상되고, 이로 인한 피고인의 심리적인 부담 또한 증가되며 방어권을 침해하는 결과의 발생이 우려된다는 비판이 있었다. 그러나 배상명령제도를 보다 활성화하기 위해서는 위자료에 대하여도 민사재판을 거치지 아니하고 형사절차 내에서 한꺼번에 해결할 필요성이 있고, 형사재판에서의 가해자와의 합의에는 물적 손해뿐만이 아니라 위자료도 사실상 포함되어 있는 것이 현실적이므로 이를 반영하기 위하여 위자료도 배상범위에 포함시켰다. 앞으로 범죄에 의하여 발생한 기대이익의 상실, 즉 일상손해도 배상명령의 범위에 포함되어야만 진정한 의미의 배상명령제도가 정착된 것으로 평가할 수 있을 것이다.

한편, 가정보호사건에서의 배상명령에 있어서는 첫째, 가정보호사건으로 인하여 발생한 직접적인 물적 피해 및 치료비 손해배상 외에 가정보호사건의 특성을 고려하여, 둘째, 피해자 또는 가정구성원의 부양에 필요한 금전의 지급도 명할 수 있도록 하고 있다(가정폭력특례법 §57①). 2005년 11월의 소촉법 개정의 취지를 살려 가정보호사건의 배상명령 범위도 앞으로 확대해 나가야 할 것이다.

1) 소극적 요건

피해자의 소극적 요건으로는 다음과 같은 것을 들을 수 있다. 첫째, 피해자의 성명·주소가 분명하지 아니한 때, 둘째, 피해금액이 특정되지 아니한 때, 셋째, 피고인의 배상책임의 유무 또는 그 범위가 명백하지 아니한 때, 넷째, 배상명령으로 인하여 형사공판절차가 현저히 지연될 우려가 있거나 형사소송절차에서 배상명령을 함이 상당하지 아니하다고 인정한 때에는 배상명령을 하여서는 안된다(소촉법 §25. ③). 가정보호사건의 경우에는 위 둘째에 해당하는 때에도 배상명령을 할 수 있다(가정폭력처벌법 §57③).

(1) 배상명령의 절차

① 직권 또는 신청

배상명령은 직권 또는 피해자나 그 상속인의 신청에 의한다(소촉법 §25①). 가정보호사건의 경우도 직권 또는 신청에 의하여 배상명령을 할 수 있는데, 신청권자가 가정폭력범죄로 인하여 직접적으로 입은 피해자에 한한다(가정폭력특례법 §57①,

§25호).

직권에 의한 배상명령은 영국의 제도[56]를 참고한 것으로, 피해자가 피고인의 무자력 등으로 배상신청을 하지 아니하였으나 형사절차 심리과정에서 은닉된 재산이 발견된 경우나 피고인이 손해를 배상할 의사와 능력이 있는데도 피해자가 악의적으로 수령을 거절하는 경우 등에 활용될 수 있을 것이다.[57] 그리고 직권에 의한 배상명령이 민사소송의 처분권주의에 대한 예외이기는 하나, 피해자가 피고인과의 개인적인 친분 등을 고려하여 명백하게 배상명령을 거절하는 경우에는 그 의사를 존중해야 할 것이다.

② 배상명령의 신청

㉠ 신청권자

신청권자는 피해자와 그 상속인(이하 피해자라 한다)이다. 피해자는 법원의 허가를 받아 그 배우자, 직계혈족, 형제자매 또는 호주에게 배상신청에 관하여 소송행위를 대리하게 할 수 있다(소촉법 §27①). 피해자는 변호인을 선임하여 배상절차를 대리하게 할 수 있다.

㉡ 신청방식

피해자는 형사사건의 제1심 또는 제2심 공판의 변론종결 시까지 사건이 계속 된 법원에 배상신청을 할 수 있다. 배상청구액이 지법합의부의 사물관할에 속하여도 형사사건이 단독판사의 관할인 한 단독판사에게 신청하여야 한다.

배상신청은 신청서라는 서면에 의하여야 함이 원칙이나(소촉법 §26②), 피해자가 증인으로 법정에 출석한 때에는 구술로 신청할 수 있다(소촉법 §26④).

㉢ 신청의 효과

배상신청은 민사소송에서 소의 제기와 동일한 효력이 있다(소촉법 §26⑧). 따라서 다른 절차에 의한 손해배상청구가 법원에 계속 중인 때에는 배상신청을 할 수 없고(소촉법 §26⑦), 반대로 배상신청을 하면 다른 손해배상 청구를 할 수 없다.

---

56) 영국의 “The Powers of Criminal Courts Act 1973, §35 참조.
57) 박성철, “배상명령제도”, 재판자료 제10집, 법원행정처, 1981, 743면.

③ 배상명령절차의 심리

배상신청이 있을 때에는 신청인에게 공판기일을 통지하여야 하고, 신청인이 통지를 받고도 출석하지 아니한 때에는 그 진술 없이 재판할 수 있다(소촉법 §29). 신청인이나 대리인은 공판절차를 현저히 지연시키지 않는 범위 안에서 재판장의 허가를 받아 소송기록을 열람할 수 있고, 공판기일에 피고인 또는 증인을 신문할 수 있으며, 기타 필요한 증거를 제출할 수 있다(소촉법 §30) 다만, 증거조사의 방식 및 증거능력에 관하여는 형사소송법의 관계규정에 의한다(소송법시행규칙 §24④).

그리고 신청인은 배상명령이 확정될 때까지 언제든지 배상명령을 취하할 수 있다(소촉법 §26⑥).

④ 배상명령의 재판

㉠ 신청의 각하

배상신청이 부적법하거나 그 신청이 이유 없거나 배상명령을 함이 상당하지 아니하다고 인정할 때에는 결정으로 각하하여야 한다. 배상명령을 함이 상당하지 아니하다고 인정할 때의 재량각하 사유로는 피해금액이 확정되지 아니하거나, 배상책임의 유무 또는 그 범위가 명백하지 아니한 때, 배상명령으로 인하여 공판절차가 현저히 지연될 우려가 있는 등 형사절차에서 배상명령을 함이 상당하지 아니하다고 인정한 때(소촉법 §25③)를 말한다. 그 사유는 배상명령의 소극적 요건이기도 한데, 배상명령의 활성화를 위해서는 이를 엄격히 해석하거나 개선할 필요가 있다.

신청의 각하는 형사절차의 진행과 관계없이 할 수 있으나, 유죄판결의 선고와 동시에 할 때에는 유죄판결의 주문에 이를 표시할 수 있다(소촉법 §32③).

㉡ 배상명령의 선고

배상명령은 유죄판결의 선고와 동시에 하여야 한다(소촉법 §31①). 배상명령은 금전지급을 명하되 배상의 대상과 금액을 명확히 주문에 표시하여야 하고, 이유의 기재는 절차의 간이화를 위하여 특히 필요한 경우가 아니면 생략한다(소촉법 §31①). 배상명령에는 가집행 선고를 할 수 있으며(소촉법 §31③), 배상명령을 한 때에는 유죄판결의 정본을 피고인과 피해자에게 지체 없이 송달하여야 한다(소촉법 §31⑤). 배상명령 절차비용은 국고부담을 원칙으로 하므로(소촉법 §35), 따로 재판을 요하지 아니한다.

⑤ 배상명령에 대한 불복

신청인은 각하 재판의 경우와 마찬가지로 일부 인용의 배상명령에 대하여도 불복신청을 하지 못하며, 다시 동일한 배상신청을 할 수 없다(소촉법 §32③).

피고인은 유죄판결에 대한 상소와 배상명령에 대한 즉시항고의 방법으로 불복할 수 있다. 유죄판결에 대한 상소의 제기가 있는 때에는 배상명령은 피고사건과 함께 상소심에 이심(移審)된다(소촉법 §33①). 따라서 이 경우에 상소심에서 원심의 유죄판결을 파기하고 피고사건에 대해 무죄, 면소 또는 공소기각의 재판을 할 때에는 배상명령을 취소하여야 하며, 취소주문을 내지 아니 하여도 취소한 것으로 의제된다(소촉법 §33②). 상소심에서 원심의 유죄판결을 유지하는 경우라도 배상명령이 잘못되었으면 이를 취소·변경할 수 있다(소촉법 §33④). 그리고 피고인은 배상명령에 대해서만 상소제기기간 내에 형사소송법의 규정에 따른 즉시항고를 할 수 있다(소촉법 §33⑤).

(5) 배상명령의 효력

확정된 배상명령이 기재된 유죄판결의 정본은 강제집행에 관하여는 집행력이 있는 민사판결정본과 동일한 효력이 있다(가집행선고 있는 배상명령의 경우도 같다. 소촉법 §34①). 확정된 배상명령에 대하여는 집행력만 인정되고, 기판력은 인정되지 아니한다. 따라서 인용금액의 범위 내에서는 피해자는 민사소송 등 다른 절차에 의한 배상청구를 할 수 없으나(소촉법 §34②), 인용금액을 넘어선 부분에 대해서는 다른 소송을 제기할 수 있다.

배상명령에 대한 청구이외의 소는 민사집행법 제44조 제2항의 제한을 따르지 아니하므로 변론종결 전에 생긴 사유를 가지고도 이의제기할 수 있다(소촉법 §34④).

(6) 배상명령제도의 개선방향

① 통지절차의 도입

배상명령제도도 범죄피해자구조제도와 마찬가지로 제도의 존재와 그 내용에 대하여 널리 국민, 특히 실제 대상자인 범죄피해자에게 알릴 필요가 있다. 이를 위하여 최근 경찰이나 검찰에서 다양한 방법으로 활용을 유도하고 있으나, 확실한 방법으로 법적인 통지근거를 둘 필요가 있다. 외국의 입법례인, 오스트리아의 형사소송법

제365조 제1항과 독일형사소송법 제403조 제2항의 규정처럼 피해자에 대해 범죄에 대한 형사절차가 진행 중에 있고, 배상명령을 신청할 수 있음을 수사와 재판단계에서 통지해 주는 근거조항을 둘 필요가 있다.

② 배상명령의 범위 확대

2005년 11월의 소송법 개정으로 배상명령의 범위가 위자료까지 확대하여 앞으로 보다 활성화할 것으로 기대된다. 그러나 여전히 범죄행위로 인하여 발생한 기대수익의 상실, 즉 일실이득 등 소극적 손해는 배상범위에 포함되지 아니한다. 형사소소의 지연을 초래할 우려가 있다는 것이 일실이득을 제외하는 가장 큰 이유인데, 현행법상 법원이 배상명령을 내릴 경우 특히 필요하다고 인정되는 경우가 아니면 이유를 기재하지 않아도 되고, 형사소송절차가 현저히 지연될 우려가 있는 때에는 재량각하를 할 수 있으므로 실무상 배상명령 신청사건을 처리함에 있어서 법원이 어려움을 겪거나 형사소송이 지연될 상황에 이르는 경우는 많지 아니할 것이다. 따라서 피해자보호를 위하여 형사절차에서 민사적인 손해배상까지 일시에 해결한다는 제도의 취지를 실현하기 위해서는 모든 손해를 그 대상으로 하여야 할 것이다.

③ 배상명령의 요건완화

먼저 배상명령의 대상이 되는 범죄행위의 범위가 지나치게 한정되어 있으므로 그 범위를 넓힐 필요가 있다. 부대소송을 인정하고 있는 다른 나라의 경우에도 대상범죄를 제한하는 경우는 거의 없을 뿐만 아니라,[58] 새로 도입된 형사화해제도가 피고사건의 범죄에 제한을 두지 않는 점에 비추어서도 그렇다.

그리고 소촉법 제25조 3항의 소극적 요건이 지나치게 광범위하기 때문에 이를 삭제하는 등 개선할 필요가 있다. 제1호의 '피해자의 성명·주소가 분명하지 아니한 때'는 신청의 경우에는 거의 의미가 없는 규정이므로 삭제하거나 직권명령의 배척사유로 규정하면 족하다고 보겠다. 제2호의 '피해금액이 특정되지 아니한 때'나 '피고인의 배상책임의 유무 또는 그 범위가 명백하지 아니한 때'는 피해자가 신청이나 수사와 재판과정에서 심리 등을 통하여 가급적 확정하면 족하고, 그렇지 못할 경우 각하결정을 하면 되는 것이므로 굳이 배척사유로 규정될 필요는 없을 것이다. 다만, 제4호의 '배상명령으로 인하여 공판절차가 현저히 지연될 우려가 있거나 형사소송절차에서 배상명령을 함이 상당하지 아니하다고 인정한 때'는 그대로 두되, 아주

58) 독일 형소법 제403조나 프랑스 형소법 제63조도 범죄해위의 제한이 없이 포괄적으로 규정하고 있다.

엄격하게 해석하여야 할 것이다.

5. 민사상 다툼에 관한 형사절차에서의 화해

수사와 재판과정에서 가해자(피의자 또는 피고인)와 피해자 사이에 범죄피해에 관하여 손해배상 등의 합의가 이루어져, 합의서가 수사기관이나 법원에 제출되는 사례가 종종 있다. 이러한 합의는 양형의 자료로서 큰 역할을 하지만, 그 자체 채무명의는 아니므로 강제집행이 불가능하다. 가해자가 합의에 따라 성실하게 이를 이행하면 아무 문제가 없으나, 금전지급의 약속을 이행하지 아니하는 경우에는 다시 민사소송을 제기하여 확정판결을 받아서 강제집행을 할 수밖에 없다. 그나마 집행할 재산이라도 있으면 다행이지만, 그것마저 없으면 시간과 비용만 낭비하게 되고, 이행의사 없이 화해하였더라도 사기죄로 처벌할 수 없다.

이러한 불합리한 점을 조금이라도 해소하기 위하여 피고인과 피해자 사이에 손해배상액에 대하여 합의된 경우에 배상명령을 명할 수 있는 제도가 있기는 하나(소촉법 §25②): 합의된 손해배상액에 대한 배상명령), 양 당사자 사이에 형사사건뿐만 아니라 이에 관한 민사상 분쟁을 한꺼번에 해결하고 손쉽게 피해자가 손해를 회복하도록 하기에는 충분하지 못하였다.

이런 점에서 독일이나 일본과 같이 재판상 화해제도를 도입하여야 한다고 본다는 주장이 계속 제기되어, 2005년 11월의 법 개정으로 민사상 다툼에 관한 형사소송절차에서의 화해제도(이하 "형사화해"라고 한다)가 신설되었다. 즉 피고인과 피해자 사이에 피고사건에 대한 민사상 다툼에 대하여 합의가 성립한 경우에, 당해 형사피고사건이 계속 중인 법원에 대하여 피고인과 피해자가 공동으로 화해의 신청을 할 수 있도록 하고, 법원에서 그 내용을 공판조서에 기재한 때 재판상 화해와 동일한 효력을 갖도록 하였다(소촉법 §36).

형사화해제도는 법원이 개입하여 피고인과 피해자 사이의 화해를 조정하는 것이 아니라, 형사절차 외에서 성립한 피고인과 피해자 민사상 다툼에 관한 화해를 법원이 확인하고 이에 대하여 집행이라는 소송사의 효과를 부여하는 것에 지나지 않는다. 이런 점에서 현행의 형사화해제도는 회복적 사법의 이념을 도입하였다고 하기보다는 확장된 형태의 배상명령제도를 부분적으로 수용한 것으로 이해할 수 있다.

향후 형사화해제도가 취지대로 잘 활용되도록 피해자보호·지원의 필요성에 대한 판사의 이해증진, 제도의 홍보 등 다양한 방안이 강구되어야 할 것으로 본다. 일본에서도 형사화해를 위해서는 양당사자가 공판정에 출석하여야 하므로 피해자로서는 부담이 되고, 합의 내용에 대하여 법원이 실질적으로 개입하기 어려워 법원의 적극적인 자세를 기대하기 어렵고, 대부분 형사사건이 국선변호사건인데 형사화해를 위해서는 별도의 위임이 필요한 점 등으로 그다지 활용되고 있지 않다고 한다.[59)]

우리나라의 대법원 규칙도 가급적 손쉽게 활용될 수 있는 방향으로 제정 되어야 할 것이다. 한편, 기소되기 전 단계인 검찰에서 화해가 이루어져 이를 피의자신문조서나 별도 양식에 기재할 경우에는 마찬가지로 채무명의를 인정하는 것까지 전향적으로 검토할 필요가 있다.

(1) 형사화해의 요건

형사화해를 신청하기 위해서는 첫째, 피고인과 피해자 사이에 민사상 다툼에 관하여 합의가 성립하고, 둘째, 민사상 다툼이 해당 피고사건과 관련된 피해에 관한 다툼을 포함하여야 한다(소촉법 §36①).

첫째 요건은 형사화해가 피해자의 손해 회복에 이바지하기 위하여 재판 외에서 민사상 다툼에 관하여 합의가 성립한 경우에 그 결과를 형사재판에 반영하여 공판조서에 기재하는 제도이기 때문에 설정한 요건이다. 형사재판에서 피고인에게 화해를 적극적으로 권유하는 것은 피고인에게 부담을 주어 불리한 위치에서 화해할 우려가 있는 점에서 적절하지 않다. 그러나 법원에서 피고인들에게 화해교섭의 상황이나 의사 유무를 확인하는 것은 양형의 자료를 수집하는 측면에서나 피해회복과 소송경제의 측면에서나 아무런 문제가 없다 하겠다.

첫째의 요건은 피고사건과 관련된 피해에 관한 다툼을 해결할 해당 피고사건의 배경이 되는 별개의 다툼이 존재하는 경우에 이를 일괄하여 해결하기 위해 둔 요건이다. 피해자와 전혀 관계없는 민사상 다툼과 관련된 합의까지 형사절차에서 해결할 필요는 없는 점을 고려한 것이다.

(2) 형사화해의 신청

① 신청권자

형사화해의 신청을 할 수 있는 자는 기본적으로 형사피고사건의 피고인과 피해자이며, 공동하여 합의를 공판조서에 기재하여 줄 것을 신청하여야 한다(소촉법 §36.

---

59) 小川育央, 刑事手續における和解に關 する諸問題“, 판례 タイムズ No. 1199(2006. 3. 15), 6면.

①). 피해자는 배상명령의 경우와 마찬가지로 피해자가 사망한 경우나 그 심신에 중대한 고장이 있는 경우에는 그 배우자, 직계 친족이나 형제자매가 신청할 수 있다.

합의가 피고인의 피해자에 대한 금전지급을 내용으로 하는 경우에 피고인 외의 자가 피해자에 대하여 그 지급을 보증하거나 연대하여 의무를 부담하기로 합의한 때에는 그 자도 피고인 및 피해자와 공동하여 신청할 수 있다(소촉법 §36②). 이는 피고인이 무자력인 경우가 많은 것을 고려하여 피해자에게 실질적인 배상이 될 수 있도록 한 규정이다.

형사화해 절차에서는 그 성질에 반하지 아니하는 한 민사소송법 제1편 제2장 제1절의 당사자능력과 소송능력(선정당사자 및 특별대리인에 관한 규정 제외)과 제4절 소송대리인 규정이 준용된다(소촉법 §38). 피고인 변호인은 형사화해에 관하여 특별히 위임받지 아니하는 한, 변호인이라는 이유만으로 당연히 형사화해절차를 대리하는 권한이 있는 것은 아니다. 다만, 피고인이 사실상 화해 교섭 및 화해조서의 작성 시 피고인에게 조언을 하는 등의 방법으로 관여하는 것은 가능하다.

② 신청시기

해당 피고사건이 계속 중인 제1심 또는 제2심법원에(소촉법 §36①), 변론 종결 전까지 신청하여야 한다(소촉법 §36③).

③ 신청방식

공판기일에 출석하여 서면으로 신청하여야 한다(소촉법 §36③). 서면에는 당해 신청과 관련된 합의 및 그 합의가 이루어진 민사상 다툼의 목적인 권리를 특정함에 충분한 사실을 기재하여야 한다(소촉법 §36④).

피해자에게 소송대리인으로서 변호사가 있는 경우에는 그 변호사가 출석하면 족하고, 피해자 본인이 반드시 공판기일에 출석할 필요는 없다. 신청서에는 합의의 대상이 된 범죄행위로 생긴 피해자의 피고인에 대한 손해배상청구권 등의 권리를 다른 청구권 등과 구별하여 특정할 수 있는 구체적 사실을 기재하면 되는데, 이는 민사소송에서의 청구원인에 해당하는 사실이다.

법원은 신청이 있는 경우, 신청이 적법한지(신청방식 위배 유무, 신청이 진의에 기인하여 행하여진 것인지 여부 등), 합의 내용이 공서양속이나 강행법규에 위반하는지, 강제집행이 가능한지를 심사한 후 신청과 관련된 합의를 공판조서에 기재한다. 만일 신청이 위법한 경우에는 각하한다. 법원은 신청의 적법성과 합의내용의 강제집행가능성 등을 심사하면 족하고, 합의 내용의 당·부당까지 심사할 필요는 없다.

(3) 효력

신청과 관련된 합의를 공판조서에 기재한 재판상 화해와 동일한 효력을 가지고(소촉법 §36,5, 민사소송법 §220), 채무명의가 된다. 즉 형사화해에 집행력이 부여되는 것이다. 그리고 형사화해의 당사자가 나중에 형사화해의 효력을 다툴 경우에는 재소 전 화해와 마찬가지로 화해무효 확인의 소나 청구이의의 소를 제기할 수 있을 것이다. 한편, 형사화해의 법적 효력은 아니지만 통상적인 사건의 경우, 형사화해가 되었다는 것은 양형에 영향을 미칠 것이다.

(4) 화해기록

공판조서에 기재된 합의를 한 자 또는 이해관계를 소명한 제3자는 해당 공판조서(해당 합의 및 그 합의가 이루어진 민사상 다툼의 목적인 권리를 특정함에 충분한 사실이 기재된 부분에 한한다), 당해 신청과 관련된 서면 그 밖의 당해 합의에 관한 기록 이하, 화해기록이라 함)의 열람 또는 복사, 조서의 정본·등본 또는 초본의 교부나 화해에 관한 사항과 증명서의 교부를 법원사무관 등에게 신청할 수 있다(소촉법 §37①). 이해관계를 소명한 제3자라 함은 형사화해의 대상이 된 채권을 사후에 취득한 자와 같이 법률상 이해관계를 가진 자를 말하고, 단순히 피고인이나 피해자의 가족, 친구와 같이 사실상의 이해관계를 가진 자는 여기에 해당하지 아니한다.

화해기록의 열람 등에 관한 법원사무관 등의 처분에 대한 이의신청은 민사소송법 §223의 예에, 비밀보호를 위한 열람 등의 제한절차는 동법 제163조의 예에 의한다(소촉법 §37③). 형사재판의 확정기록은 제1심법원에 대응하는 검찰청에서 보관하나, 화해기록은 앞으로 강제집행이나 각종 이의신청 또는 소송에 사용될 수 있는 것이므로 종결 후 별도로 기록을 만들어 제1심법원에서 보관한다.

(5) 집행문부여의 소 등에 관한 관할 특칙

민사상 다툼에 관한 형사소송절차에서의 화해에 관련된 집행문부여의 소, 청구에 관한 이의의 소 또는 집행문부여에 대한 이의의 소는 민사집행법 제233조·제44조 제1항 및 제44조의 규정에 불구하고 당해 피고사건의 제1심법원에 관할에 전속한다(소촉법 §39).

CIRMINA VIMTIMS STUDY

제8장 교정·보호절차에서의 범죄피해자보호

제1절 개관

앞에서 살펴본 바와 같이 우리나라는 대법원, 법무부를 비롯하여 형사사법기관 등에서 범죄피해자 보호를 위한 여러 가지 법적·제도적인 대책들이 이루어지고 있다. 그런데 이러한 범죄피해자 보호대책은 주로 수사와 재판절차에 집중되고 있고, 재판 후의 교정 및 보호단계에서의 논의는 그다지 활발하지 못하고 있는 것 같다.

어떻게 보면 교정·보호단계의 범죄피해자 보호는 피해자의 피해회복이나 피해감정의 완화 등을 통하여 진정한 화해와 회복적 사법의 실현이라는 입장에서 볼 때 교정·보호단계에서의 범죄피해자 보호는 또다른 중요한 의미를 가지고 있다고 보겠다.

따라서 향후 교정 , 보호단계에서의 범죄피해자 보호와 지원대책에 대하여 보다 활발한 논의가 이루어져야 한다고 본다. 다음은 지금까지 교정·보호 단계에서 이루어지고 있는 범죄피해자 보호대책과 향후 발전방향에 대하여 살펴보고자 한다.

제2절 정보의 제공

교정·보호단계에서의 가해자에 대한 수사결과, 가석방 및 석방, 귀휴 등과 같은 형 집행상황과 사회봉사명령, 수강명령의 개시 및 종료일자, 보호관찰처분의 정지 및 정지해제 일자 등에 관한 정보제공은 범죄피해자 보호를 위해서 아주 중요한 의미를 갖는다고 보겠다. 특히, 피해자 및 증인 등을 상대로 한 보복범죄의 예방을 위해서도 그렇다.

이러한 취지에 따라 우리 범죄피해자보호법 제8조는 가해자에 대한 수사결과 공판기일, 재판결과와 더불어 형집행 및 보호관찰 집행상황 등 형사절차 관련 정보를 제공하는 조치를 강구하여야 한다는 규정을 두었다. 아울러 동법 시행령 제2조1항에서는 가석방, 석방, 이송, 사망, 도주 등 형집행 상황과 관할 보호관찰소, 보호관찰·사회봉사명령·수강명령의 개시 및 종료일자, 보호관찰의 정지 및 정지해제일자 등 보호관찰 상황을 통지하도록 하고 있다(동법시행령 §2①). 앞으로는 이 법의 취지를 고려하여 피해자의 요청이 있을 경우 가석방시기, 출소예정일 등 보다 더 다양한 정보사항을 제공할 필요가 있다고 본다.

종전에는 가해자 인권보호에 역점을 둔 시기에는 가해자의 사생활을 침해하고 사회복귀를 저해할 우려가 있다는 인식 때문에 가해자에 대한 정보를 피해자에게 통지하여 주지 않았으나 오늘날과 같이 피해자보호라는 가치를 보다 중요하게 여기는 시점에는 가해자에 대한 정보를 피해자에게 알려주는 것은 큰 의미가 있다고 보겠다. 다만, 정보의 공개로 사건관계인의 명예나 사생활의 비밀 또는 생명·신체의 안전이나 사생활의 평온을 해할 우려가 있는 경우에는 이를 제공하지 아니하고, 제공된 정보도 피해자보호와 지원목적 이외의 용도로 사용할 수 없도록 하는 조치를 강구하였다(동법시행령 §2③,④).

이와 관련하여, 가해자에 대한 정보를 피해자를 넘어 지역사회까지 알려야 할 것인지가 문제가 된다. 현재 '청소년의성보호에관한법률'에 따라 2001년부터 청소년대상 성범죄자의 신상정보를 공개하고 있는데, 외국의 입법례 중 미국의 경우를 살펴보면, 1996년 뉴저지주에서 처음 제정되었고, 같은 해 연방에서 이를 수집하여 연방법률을 제정하였으며, 1997년 이후 모든 주들이 입법을 하게 되었다. 이러한 입법례에도 불구하고 우리나라에서는 지나친 사생활침해는 물론 이중처벌이라는 등 다양한 비판이 가해지고 있다. 헌법재판소는 헌법에 위배되지 아니한다고 결정한 바 있다. 최근에는 미국의 미국의 매건법(Megan's Law[60]))과 같이 성범죄자에 대한 정보를 지역사회에 통보하는 등의 강력한 조치를 취하자는 주장이 제기되고 있으나, 아직은 신중하게 접근할 필요가 있다.

1. 가석방절차에서의 피해자 고려

(1) 성년수형자 가석방

성년수형자의 가석방에 있어서는 그 실질적 요건으로 '행장이 양호하여 개전의 정이 현저한 때'를 요구하고 있다(형법 §72), 이에 따라 가석방심사를 하는 심사위원회는 수형자의 신원관계·보호관계 기타 필요한 사항을 심사하는데(가석방심사등에관한규칙 §3①), 보호관계에 피해자 및 그 가정과 본인 및 그 가정과의 감정관계가 포함된다(동규칙 §6,5). 그리고 재산에 관한 죄를 범한 자의 경우에는 그 범행으로 인하여 발생한 손해를 배상하였는가 또는 손해를 경감하기 위하여 노력하였는가의 여부를 심사하여야 한다(동규칙 §10).

이런 점에서 범죄피해자는 가석방심사절차에 간접적으로 관여하는 셈이지만, 주체로서 관여하지는 못한다. 피해자의 화해, 피해자의 감정 등은 수형자의 조기 사회복귀 여부를 판단하는데 중요한 요인이 되므로, 앞으로 피해자가 가석방심사절차에 직접 참여하거나 서면 등 간접적인 방법으로 의견을 진술할 수 있는 권리를 부여할 필요가 있다고 본다. 이에 대해서는 수사재판절차와는 달리 이미 피해로부터 상당한 시일이 경과 후에 가해자의 가석방에 대하여 피해자의 의견을 들음으로써 오히려 잊혀져 가던 피해의 악몽을 떠올리게 한 뒤에 가석방에 반영도 하지 못할 경우에는 피해자에게 다시 고통을 줄 우려가 있으므로 신중하게 접근하여야 하지 않을까 생각한다.

(2) 소년수형자 가석방 및 소년원생 가퇴원

소년수형자 및 소년원생에 대하여는 시설 수용 후에 보호관찰소에서 환경조사를 실시하는데(보호관찰등에관한법률 §26①), 이때 피해변상 여부 및 피해자의 감정에 대하여도 조사하여야 한다(동법 §26②, 동시행령 §12②,3). 그리고 보호관찰심사위원회에서 소년수형자의 가석방과 소년원생의 가퇴원에 대하여 심사를 함에 있어서

---

60) 헌법재판소, 2003. 6. 26. 선고 2002헌가14 결정.

는 본인의 인격, 교정성적, 작업, 생활태도, 가족관계 및 재범위험성 등 모든 사정을 고려하여야 하고(동법 §23④), 이때 환경조사의 결과도 고려하도록 되어 있다(동시행령 §11②). 소년수형자의 가석방과 소년원생의 가퇴원 절차에서도 성년수형자와 마찬가지로 피해자의 의견진술권을 적극적으로 부여할 필요가 있다고 본다.

2. 회복적 사법에 기초한 처우프로그램 실시

피해자와 가해자 또는 지역사회와의 관계 수복을 위한 노력은 가해자인 수형자의 재사회화에 크게 도움이 된다는 것은 재언할 필요가 없다고 하겠다. 현재 비록 제한적이기는 하지만 기관별로 피해자를 배려한 처우프로그램을 단계적으로 시행하고 있다. 앞으로는 보다 적극적으로 피해자를 배려한 처우프로그램을 개발하여 실시할 필요가 있다고 본다.

현재 각국의 형사사법에 있어서 범죄자에 대한 처우가 중심이 아니라, 피해자와 지역사회의 역할을 중시하면서, 이들 피해자·가해자 그리고 지역사회를 적극적으로 참여시키는 회복적 사법은 중요한 쟁점으로 자리 잡고 있다. 특히 소년범죄에 대한 피해자·가해자조정 프로그램과 가족집단협의회는 회복적 사법의 이념을 실현하는 구체적인 방안이다. 경험적 연구에 의하면 이들은 소년범죄의 재범방지와 피해회복에 특히 효과적이라고 한다. 이러한 프로그램은 각국의 형사사법에도 긍정적인 영향을 미치고 있다. 우리나라의 한 예를 보면 안양소년원에서 2002년 9월부터 3개월간 원생 20명을 대상으로 '용서－친사회적 행동학습 프로그램'을 운영하여 회복적 사법 프로그램이 비행청소년의 인성교육에 긍정적인 효과가 있음을 확인한 바 있는데, 앞으로 화해와 조정프로그램을 전국 교정기관이나 보호기관에 확대 시행할 필요가 있다고 본다.

3. 기타

이 밖에도 교정 보호기관의 처우과정에서 피해자의 원상회복이 가능하도록 중재역할을 하고, 그 결과를 교정처우나 가석방 등에 반영하는 것도 한 방법이 될 것으로 본다. 그리고 출소 후나 보호관찰 중에도 피해자의 신변보호의 필요성이 있는 경우에는 보호관찰 지드·감독을 통하거나 경찰의 협력을 얻어 안전을 확보하는 방법 등을 적극적으로 강구하여야 할 것이다.

제9장 민간에 의한 범죄피해자보호

제1절 범죄피해자지원센터

1. 연혁

우리나라에서 민간주도형 범죄피해자지원센터가 처음 설립된 것은 2003년 9월 5일 김천－구미에서이다. 이어서 같은 해 11월 23일 대전에서 설립된 이래, 2004년 10월부터는 전국 검찰청별로 피해자지원센터의 설립을 후원하여 김천·구미형과 대전형을 참조하여 지역실정에 맞게 2005년 2월까지, 이듬해 설립된 영덕지청을 제외한 전국 54개 검찰청 소재지별로 피해자지원센터가 설립되었다.

우리나라의 범죄피해자 지원센터는 미국의 '범죄피해자보호협회(National Organization of Victim Assistance: NOVA)', 영국의 '범죄피해자보호협회(Victim Support : VS)', 독일의 '백색고리(Weißer Ring)', 일본의 범죄피해자지원센터, 대만의 범죄피해자보호협회 등 다른 나라의 민간지원센터와 유사한 기능을 수행하고 있다.

2. 운영조직

1) 조직

각 지역의 피해자지원센터는 지역실정에 따라 다소 다른 형태를 띠지만 일반적으로 이사장(또는 본부장)을 중심으로 행정적 업무를 담당하는 임원, 사무국 직원의 실제 지원활동을 담당하는 각종 위원회와 자원봉사자로 구성된다.

이사장은 재원조달이라는 측면에서 기업가들이 주축을 이루고 있으나, 상담이외에 정신적 지원활동에 보다 중점을 두기 위하여 의료인도 많이 참여하고 있다.

2008년 1월 현재 55개 지역 센터의 이사장의 직업별 분포를 보면 기업인이 절반인 30명이나 되고 다음이 의사 10명, 교육계 5명 순으로 되어 있다.

사무국지원은 사무국장과 직원으로 구분되는데, 사무국장은 지역의 실정을 잘 알고 지역 유관기관과의 원활한 협조가 가능한 형사사법관련 퇴직공무원이나, 교육자가 무난하고, 직원은 전문적인 교육을 받은 범죄방지사가 적합하다고 보겠다. 사무국직원은 대부분 유급이며, 현재는 범죄예방위원회의 위원이 겸임하는 경우가 많다.

위원회는 통상 활동내용에 등에 따라 상담위원회, 의료지원위원회, 법률지원위원회, 화해중재위원회, 사법보좌위원회, 집단피해자지원위원회 등으로 구분되고 각 위원회별로 전문지식을 가진 사람들이 참여하고 있다. 그 외에 자원봉사자들이 사무국직원이나 위원회 위원들을 도와 함께 일하고 있다.

피해자지원센터 구성원의 자격에 대한 제한은 없으나, 범죄피해자보호법에 의하여 법무부에 등록하려는 법인의 경우에는 일정한 제한이 있다.

2) 예산

피해자지원센터의 예산은 크게 지방자치단체로부터 보조금, 이사장 등 임원회기부금, 회원의 회비 등으로 충당되고 있다. 지방자치단체로부터 민간 비영리지원법에 따른 보조금을 교부받는 센터의 경우가 가장 안정적으로 예산을 확보하고 있으나, 보조금 사용에 따른 감독 등 그 만큼 책임도 따르기 때문에 예산을 어떻게 실질적으로 쓸 것인가를 미리 준비할 필요가 있다.

범죄피해자보보호법이 제정됨에 따라 2006년부터는 비록 소규모지만 법부부에 등록된 법인에 대하여는 보조금이 지급될 것이나, 자체적으로 재원확보를 위한 다양한 방법을 강구하여야 할 것이다.

3) 업무활동

(1) 개설

피해자지원센터는 범죄피해로 인하여 어려움을 겪고 있는 피해자들에게 전화, 인터넷·면접 상담이나 직접 방문 등 여러 방법을 통하여 실질적인 지원활동을 전개하고 있다. 이를 통하여 피해자들이 범죄를 당한 솔직한 심정을 털어 놓음으로써 마음의 상처를 조금이라도 완화시킬 수 있도록 도와주고, 아울러 피해자 개개인이 범죄의 후유증으로부터 벗어날 수 있는 다양한 도움을 주고 있다. 이러한 개별적 지원활동 이외에 범죄피해자 지원체제를 내실화하고 국민에 대한 이해의 저변을 넓히기 위한 활동도 적극적으로 행하고 있다.

2004년 10월부터 시행되던 "범죄피해자보호 및 지원에 관한 지침"에 따라 2005년 12월 현재 54개 지방검찰청(지청)별로 범죄피해자지원센터가 설립되어 활동하였는 바 아래 표는 2005년부터 2006년까지 전국 55개 범죄피해자지원센터의 활동실적을 나타낸 것이다.

〈표 4-4〉 범죄피해자지원센터 활동실적(2005년~2006년) (단위 : 명 백만원)

구분 연도	계	전화· 인터넷 상담	면접 상담	수사기 관법정 동행	화해 중재	긴급구 호의료 지원	법률 구조 (의뢰)	기타
2005	16,035 (100)	6,188 (38.6)	4,576 (28.5)	237 (1.5)	1,247 (7.8)	410 (2.6)	1,805 (11.2)	1,572 (9.8)
2006	27,720 (100)	8,670 (31.3)	5,572 20.1	630 (2.3)	2,553 (9.2)	1,140 (4.1)	5,233 (18.9)	3,922 (14.1)

(2) 상담

상담은 피해자지원의 창구역할을 한다. 상담 자체만으로 정서적인 안정을 주거나 정보를 제공함으로써 지원목적을 달성할 수도 있으나, 상담을 통하여 앞으로 필요한 지원이 무엇인지를 확인하고 직접 또는 관련기관의 협조를 통하여 다양한 방법으로 지원을 행하기 때문이다. 그런 의미에서 상담은 지원활동의 중심이 된다고 하겠다.

상담은 크게 면접상담과 전화 등에 의한 비대면(非對面) 상담이 있다. 피해자지원센터는 상담을 위한 피해자지원 전용전화(Victim Supportline)를 운영하고 있다.

전화 이외에 편지나 이메일을 통한 상담도 가능하고, 인터넷 홈페이지를 가지고 있는 피해자지원센터의 경우에는 인터넷을 통한 상담도 활발하게 이루어지고 있다.

(3) 직접 지원

예기치 못한 범죄피해와 같이 갑작스런 위기에 직면하면 혼자의 힘만으로는 극복할 수 없는 상황에 빠지게 되는데, 이때에 바로 대응하여 위기를 피함과 동시에 그 후의 적정하게 대처할 수 있도록 지원하는 것을 직접지원, 긴급지원 또는 위기개입(crisis intervention)이라고 한다. 피해자지원센터는 기존의 성폭력상담소 등 상담을 위주로 하는 단체와는 달리 직접지원활동을 주로 전개함으로써 이들과의 차별성을 가진다.

직접 지원활동은 그야말로 다양하지만 크게 사건 직후의 위기개입, 정보제공 및 소개, 동행서비스로 나누어 볼 수 있다.

① 사건직후의 위기개입

전술한 바와 같이 예기치 못한 범죄피해로 갑작스런 위기에 처한 피해자를 적정하게 대처할 수 있도록 지원하는 위기개입으로는 첫째, 현장에서의 피해자나 그 가족에 대한 상담 등을 통한 심리적 안정 도모, 둘째, 친족이나 회사에의 연락, 현장청소, 손괴된 가구 등의 수리, 자녀돌보기 시장보기 등 주변 일을 대행해주는 생활지원, 셋째, 긴급한 치료가 필요한 경우의 병원수배나 동행, 현장에서의 동행서비스, 넷째, 보복이나 재피해의 우려가 있는 경우 안전의 확인과 확보 등을 들 수 있다.

② 정보제공 및 소개

피해자가 피해의 충격으로부터 조기에 벗어나 차분히 앞으로의 대책을 생각하기 위해서는 여러 가지 정보가 필요하다. 이러한 정보를 제공하고 관련기관을 소개하여 도움을 받도록 하는 것 또한 지원센터의 역할 중에 하나이다. 주요한 내용으로는 첫째, 경찰·검찰·법률구조공단·민간지원 단체나 그 밖의 기관에서 피해자를 위하여 행하는 각종 지원활동의 내용소개, 둘째, 형사절차의 흐름과 각 단체마다의 피해자의 권리나 역할 안내, 셋째, 범죄피해자구조제도나 배상명령제도 등 각종 제도의 안내나 신청보조, 넷째, 각종 피난시설의 안내, 다섯째, 병원·장의사·열쇄수리업자 등 관련업종 주선, 여섯째, 피해자 자조조직(seif-help group)의 소개 등을 들 수 있다.

③ 동행서비스

피해자나 그 가족이 경찰, 검찰이나 법정에 간다는 것은 부담스러운 일이며, 동시에 혼란스러운 경험이 아닐 수 없다. 이를 위하여 경찰이나 검찰에 피해신고서나 고소장을 제출하거나 진술을 하기 위하여 출석하는 경우나 법정에 피해자나 증인으로 출석하는 경우에 함께 동행함으로써 심적인 부담을 줄여 주고 있다. 증인출석의 경우에는, 기일 이전에 미리 법정과 그 소송절차를 설명해 주고, 법정 출두시 검찰청 피해자지원실과 협력하여 조용히 쉴 수 있는 대기실을 마련해 주거나 사건 종결 이후에도 사건에 관한 설명을 해 주기도 한다. 또한 보도관계자와의 차단 등 대응을 위하여 조력하거나 외출에 두려움을 느끼는 피해자에 대해서는 외출시 동행하기도 한다.

④ 의료지원

피해지원센터는 범죄피해자에 대한 병원후송, 응급진료와 치료 등 의료지원서비스를 제공하고 있다. 신체적인 손상에 대한 치료도 중요하지만 PTSD의 치료에도 많은 관심을 두고 있다. 이 점이 우리나라 피해자지원센터의 특징 중에 하나이기도 하다. 이를 위하여 센터 내에 의료지원위원회를 두거나, 센터와의 협력병원을 지정하여 특화된 의료서비스를 제공하기도 한다.

⑤ 경제적 지원

범죄피해자로 인하여 정상적인 가정생활이나 사회생활이 어려운 사람들에 대한 경제지원도 중요한 활동 중에 하나이다. 생활이 어려운 사람들이 피해자가 되는 경우가 많고, 또한 피해자구조나 사회복지제도가 아직 충분하지 못해 범죄로 인하여 더욱 생활이 어려워지는 것이 보통이다. 이를 위하여 생계자금을 지원하거나, 취업을 알선하거나, 자녀들에게 장학금을 주는 등 다양한 지원활동을 벌이고 있다. 최근에는 안정적인 장학금의 지급을 위하여 장학재단을 만드는 센터(서울남부센터 등)

가 늘어나고 있으나, 경제적 지원을 하기 위해서는 센터의 재정에 한계가 있어 그 규모는 그다지 크지 않다. 앞으로 경제적 지원은 정부나 지방자치단체가 맡아야 할 몫이라고 생각된다.

이와 관련하여, 법의 보호의 사각지대에 있는 조선족이나 거주 외국인에 대한 지원을 하는 센터가 많은 것 또한 우리나라 지원센터의 특징 중의 하나라고 생각된다.

⑥ 화해중재

우리나라 피해자지원센터의 가장 큰 특징이 바로 화해중재 활동을 한다는 것이다. 2003년 설립된 대전센터에서 처음 화해중재를 도입한 이래, 대전센터를 모델로 하여 설립된 지원센터에서는 대부분 화해중재위원회를 설치하여 화해중재를 하였다. 그러나 이때의 화해중재는 피해자지원센터의 활동의 일환으로 검찰과의 협조를 통하여 사실상 비공식적으로 이루어졌던 것이나, 2006년 4월 1일부터는 대검찰청에서 정식으로 검찰사건처리의 일환으로 시범적으로 실시하였다.

⑦ 전문성 확보

화해중재제도의 가장 중요한 것은 화해중재위원의 전문성 확보와 어느 한편으로 치우치지 않는 공정한 화해중재라고 하겠다.

이렇게 하기 위해서는 첫째, 연구조사활동이 제대로 이루어져야 하겠다. 현재는 한국범죄피해자지원중앙센터를 비롯한 몇몇 지방의 피해자지원센터 등에서 미흡하나마 세미나 등을 통한 연구발표를 하는 등 관심을 보이고 있는 실정이다.

제대로 된 범죄피해자지원을 하기 위해서는 피해자를 이해하고 배려하는 마음과 지원에 관한 올바른 지식을 가진 전문가가 필요하다. 이를 위해서는 사무국 직원과 자원봉사자에 대한 교육이 무엇보다도 중요하다. 그러나 현재는 일부 센터에서 자원봉사자를 위한 교육연수프로그램을 만들어 시행하고 있을 뿐이다. 새로 생긴 한국범죄방지사협회가 이러한 기능을 맡아 전국적으로 체계적인 활동을 전개하여야 할 것이다.

연수는 크게 자원봉사자에 대한 연수와 직원에 대한 연수로 나눌 수 있다.

모든 자원봉사자는 활동을 시작하기 전은 물론 일정한 기간이 지나면 그 단계에 맞는 연수프로그램을 이수하여야 할 것이다. 그리고 중대범죄나 성범죄, 가정폭력 등 특별한 범죄와 관련된 지원활동을 하는 자원봉사자에 대하여는 특별한 연수프로그램을 제공하여야 할 것이다. 정식 직원에 대하여도 논리적 대화법, 고객관리법, 업무 관법, 집단 토론, 평등의식과 다양성사고, 상담원 훈련법 등에 대한 연수가 필요하다.

이러한 연수는 자체적으로 할 수도 있으나 지역의 대학이나 전문기관인 한국범죄방지사협회 등에 위탁하여 행할 수도 있다. 궁극적으로는 연수 참가를 유도하고 전문성을 높이기 위하여 정부나 민간의 자격증으로 피해자지원사 자격을 만드는 것도 검토해 볼 필요가 있다.

⑧ 홍보

어느 조직이나 홍보가 중요한데, 피해자지원센터도 마찬가지이다. 홍보의 방법이 다양해 일일이 열거하기 어렵지만, 로고·심벌마크의 제작, 포스터의 제작·게시, 홍보대사 위촉, 캠페인 실시, 기금모금행사, 홍보비디오·노래제작, 홈페이지 운영, 센터뉴스·팸플릿 등 자료발간 등을 들 수 있다. 실제 홍보는 민간단체의 힘만으로는 부족하기 때문에 법무부 같은 국가기관이나 지방자치단체는 물론 언론매체 등의 협조를 얻어 행하기도 한다. 그리고 앞서 언급한 대로 범죄피해자지원의 날이나 범죄피해자주간을 정하여 적극적인 홍보활동을 하는 것도 매우 효율적이다.

그러기 위해서는 한국범죄방지사협[61] 등과 연계하여 전국적인 네트워크를 구축하여 보다 내실 있는 교육과 학술세미나 등으로 전문성 확보에 주력함은 물론 홍보 등 종합적이고 체계적인 피해자의 이익을 증진을 위해 최선을 다하여야 할 것이다.

4) 우리나라 범죄피해자지원센터의 특징

(1) 개관

우리나라의 피해자지원센터의 가장 큰 특징은 검찰의 후원 아래 전국 검찰청별로 설립하여 순수 민간단체가 아닌 일종의 관변단체라는 것이다. 이러한 현상은 조기 정착을 위한 검찰의 위상과 행정편의라는 점을 십분 활용, 이용한다는 점에서, 또 수사의 주재자인 검사가 갖는 공익적 기능에 비추어 범죄피해자 지원업무야말로 검찰의 임무라는 공감대가 형성되었다는 측면도 없지 않아 있다. 그러나 이처럼 검찰의 후원으로 피해자지원센터가 운영된다면 자칫 관(官) 주도가 되어 본래의 민간차원의 지원이라는 취지가 퇴색될 염려가 있을 수 있다. 앞으로 점차 민간주도로 바꾸어 나가야 할 것으로 본다.

---

61) 한국범죄방지사협회의 홈페이지 www.koacs.or.kr 참조.

(2) 시민단체와의 연계

범죄피해자를 지원하겠다는 사람이 많으면 많을수록 지원의 폭이 넓어지는 것이 사실이다. 따라서 범죄피해자보호와 지원에 뜻을 가진 개인이나 시민단체가 있다면 어느 누구, 어느 단체 할 것 없이 상호 연계하는 것이 바람직하다고 본다. 따라서 이미 오랜 범죄예방의 경험을 가진 범죄예방위원은 말할 것 없고 같은 뜻을 가진 한국범죄방지사협회, 한국청소년범죄예방협회, 교정위원 등과도 연계하여 운영하는 것이 바람직하다고 본다.

(3) 피해자·가해자화해의 중재(회복적 사법의 실험)

현재 피해자지원센터에서 화해중재위원회를 설치하여 피해자와 가해자의 동의하에 화해중재를 하는 회복적 사법을 실무에 활용한다는 점에서 큰 의의가 있다고 본다. 화해중재는 피해자지원센터별로 해당 검찰청과 협조하여 실시하고 있으며, 그 대상은 소년범죄나 폭력사건, 교통사고, 의료사고 등 경범죄가 주를 이루고 있으며 특별한 제한은 없다. 일단 화해중재가 성립되어 검찰에 통보하면, 검찰에서 이를 참고하여 기소유예나 양형의 자료로 활용한다. 이 제도는 그동안 법령의 근거가 없어 미온적으로 실시해 오다가 2006년 4월 1일부터 검찰청에서 공식적으로 고소사건에 대하여 피해자지원센터에 의한 화해중재제도를 도입하여 시범실시하고 있다. 그러나 아직까지는 화해중저의 결과가 검찰의 양형자료로만 활용된다는 점에서 한계가 있다. 민사분쟁에 대한 재판상 형사화해제도가 신설된 점을 감안하면, 피해자지원센터를 통한 검찰에서의 화해중재 결과에 대하여 집행력을 부여하는 방안을 적극적으로 강구할 시기라고 하겠다. 예컨대 범죄피해자지원센터에서 화해중재의 합의가 이루어지면 즉일 당사자를 대동하여 법원에 민사조정을 신청하고, 조정담당판사가 합의내용을 확인하여 민사조정법에 따라 조정조서를 작성하고 강제집행력을 부여한다면 당사자 간의 분쟁을 조기에 해결할 수 있을 것으로 본다.62)

---

62) 서울서부센터에서 이러한 시도를 한 바 있다.

5) 발전방향

(1) 개관

한국범죄피해자지원중앙센터가 발족한 지 얼마 되지 않아 2008년 9월 3일 또 전국범죄피해자지원연합회가 발족되었는데, 이렇게 비슷한 조직을 여러 개 만드는 것보다 하나라도 운영의 내실화를 기해야 할 것으로 본다. 더욱이 범죄피해자보호법에 따라 법무부에 등록하기 위해서는 일정한 법인설립 외에 일정한 요건을 갖추어야 하는 등 절차가 매우 까다로울 뿐만 아니라 법인설립 등에 일부 담당공무원들이 새로운 일거리가 생기는 것을 귀찮게 생각하는 부정적인 시각을 갖는데 문제가 있다. 물론 법조브로커 등으로 인한 사회문제화를 예방한다는 차원에서 약간의 검증절차를 밟는 것은 무방하나, 범죄피해자를 지원하겠다고 하면 앞에서도 언급한 바와 같이 가능한 한 많은 사람이 참여할수록 좋다고 본다. 따라서 기존의 법인설립이 이루어진 단체에서는 새로 범죄피해자지원법인으로 설립하겠다는 단체가 있다면 적극적으로 도와주고, 유관기관의 담당공무원 역시 적극적으로 협력하여야 할 것으로 본다.

(2) 전문가와 자원봉사자 확보

우리나라 범죄피해자 지원센터 운영에 있어서 우선 시급한 것은 피해자지원 전문가 양성과 자원봉사자의 확보이다. 이를 위한 대책으로는 첫째, 형사사법기관이나 범죄피해자지원센터 등에서 현재 자원봉사를 하거나 앞으로 할 사람들에게 한국범죄방지사협회와 한국사이버대학교가 공동으로 컴퓨터를 통한 교육을 통하여 범죄방지사 자격증을 부여하고 있는데, 여기서 배출하는 우수 범죄방지사를 확보하는 길이 있다. 둘째는 경북 김천에서 시행하고 있는 것처럼 지역대학의 경찰이나 경비, 교정학과 등 형사사법관련 학과와 사회복지관련 학과 등과 협력조인을 통하여 피해자지원센터에서 일정한 기간 현장실습을 하면, 그것을 학점으로 인정해 줌으로써 전문성을 함양하여 이들을 장차 자원봉사자로 활용하는 방법 등이 있을 수 있다.

자원봉사자는 직접적인 모집 이외에 지역 언론이나 자치단체, 기존의 상담소 등 다양한 경로를 통하여 모집함은 물론 범죄피해자지원의 필요성에 대한 홍보가 병행되어야 한다고 본다.

전문성 있는 보다 양질의 자원봉사자를 확보하기 위해서는 약간의 활동경비를 지원하는 등 인센티브가 뒤따라야 한다고 본다.

다행히 우리 범죄피해자보호법에는 범죄피해자 지원활동을 하는 과정에서 피해를 당한 자도 범죄피해자로 간주하는 규정을 두고 있어(법 §3②), 자원봉사 과정에서 피해를 당한 경우에도 범죄피해자와 마찬가지로 지원을 받을 수 있게 된 것은 다행스러운 일이다.

(3) 재원확보책 강구

범죄피해자보호를 위하여서는 뭐니뭐니해도 안정적인 재원확보의 마련이 중요하다고 본다. 영국의 범죄피해자보호법(VS)의 경우, 2003년 회계연도 총 예산액의 97.3%가 정부보조금이고, 미국이나 일본 등 대부분의 나라에서도 정부나 지방자치단체의 보조가 주를 이루고 있다. 범죄피해자보호법의 제정으로 법무부에 등록하면 정부로부터 약간의 지원은 받을 수 있게 되어 있으나, 그것만으로는 턱 없이 부족하다고 보겠다. 우리나라도 외국처럼 정부나 지방자치단체의 보조금 규모를 늘려 '돈은 정부나 지방자치단체가, 활동은 자원봉사자가' 담당하는 시스템을 만들어야 할 것이다. 정부나 지방자치단체의 지원과는 별도로 보호단체도 자체적으로 기부금 모집, 회원 확보를 통한 회비징수 등 다양한 재원확보 방안을 강구할 필요가 있다고 본다.

이와 관련하여, 피해자의 '희생으로 인하여 획득한' 재원을 피해자의 '회복을 위한' 재원으로 사용하기 위하여 벌금액(몰수금, 추징금 등 포함)의 일부를 피해자 지원금 명목을 지원할 수도 있다고 본다.

(4) 조직의 정비

범죄피해자 보호단체의 조직을 위해서 가장 시급한 것은 범죄피해자보호법의 소정의 규정에 의한 범죄피해자 보호법인으로 등록할 수 있는 요건을 갖추어 조기에 등록하여 비록 적은 규모지만 재정적 보조를 정부나 지방자치단체로부터 받도록 노력하여야 할 것이다. 그리고 현재 검찰청 내에 사무실을 두고 있는 지원센터는 조기에 자체 사무실을 구하여 독립하고, 업무의 면에서도 자생력을 점차 키워나감으로써 관변단체라는 굴레를 벗어나 민간단체로서의 위상을 확보하는 것이 시급하다고 보겠다. 아울러 직원이나 자원봉사자는 물론 회원 등을 관리하는 조직관리 프로그램도 개발하는 등 소프트웨어의 측면에서도 효율적인 조직정비 방안을 강구하여야 할 것이다. 그리고 조직운영, 특히 보조금 등 재정운용에 있어서의 투명성도 확보하여야만 피해자는 물론 지역으로부터 신뢰를 받아 지역주민이 자발적으로 참여하는 경쟁력 있는 조직이 될 것으로 본다.

또한, 기존의 성폭력, 가정폭력, 학교폭력 등 개별범죄 지원단체와의 연계와 협조를 강화할 필요가 있다고 본다.

(5) 지원활동의 내실화

일반적인 범죄는 물론 개별 범죄에 따른 다양한 지원프로그램을 개발할 필요가 있다. 그리고 무엇보다도 '피해자가 찾아오는 피해자지원이 아니라, 찾아가는 피해자지원'이 되어야 한다고 본다. 그러기 위해서는 민간보호단체에서 피해자에 대한 정보를 미리 알 필요가 있다. 경찰이나 검찰과의 긴밀한 연계를 통하여 이를 수집할 수도 있으나 한계가 있고 정보유출에 대한 위험도 있으므로 법령을 통하여 정보제공의 근거나 제한 등에 대하여 상세하게 규제할 필요가 있을 것이다. 범죄피해자보호법시행령은 범죄피해자의 명시적 동의가 있으면 형사절차관련 정보를 등록한 범죄피해자보호법인에게 제공할 수 있는 근거 조항을 두고 있다(§2②).

아울러 피해자의 수용에 따른, 피해자의 눈높이에 맞춘 지원이 되어야 할 것이다. 지원활동 중에 특히 자조조직(self-help group)의 결성과 활동을 적극 지원할 필요가 있다고 본다. 특히, 염두에 두어야 할 것은 피해자 스스로 조직된 자조조직의 활동을 통하여 이제는 정부나 수사기관과 싸우는 '투사형 피해자'에서 벗어나 같은 처지에 있는 피해자를 도와주는 '경험전수형 피해자'로 전환할 수 있도록 유도하여야 할 것이다.[63]

(6) 전국네트워크의 결성

피해자보호 및 지원활동을 보다 조직적이고 통일적으로 전개하기 위해서는 피해자지원단체가 스스로 참여하는 전국조직(네트워크)이 조기에 결성될 필요가 있다. 범죄피해자보호법이 제정된 이후에 이러한 움직임이 있으나 아직 모두가 공감하는 방향으로 전개되고 있지는 못한 실정이다.

전국조직이 만들어지면, 지역센터의 힘만으로는 벅찬 지원프로그램의 연구, 개발,

63) 조균석, 전게논문, 166면.

전국적인 직원 및 자원봉사자 교육, 전국적인 홍보활동은 물론 법무부 등 정부와의 통로 역할 등은 전국조직이 담당하고 각 지역에서 지원활동은 지역조직이 하는 방향으로 역할 분담을 하는 등 보다 조직활동의 경쟁력을 높일 수 있다고 본다.

CIRMINA
VIMTIMS
STUDY

제10장 피해자학의 과제와 전망

1. 범죄피해자의 권리신장

시대의 변화에 따라 갈수록 범죄피해자들이 자신의 권리를 인식하게 되고 행사하게 됨에 따라 이와 가장 밀접한 관련이 있는 형사사법제도 내에서 자연스럽게 받아들여지게 되었다. 특히 60대 이후에 들어서 더욱 피해자의 권리가 증진되고 확대되었다.

유엔(UN)은 1985년 '범죄피해자 및 권력남용 피해자에 관한 사법의 기본원칙 선언(Declaration of Basic Principle of Justice for Victim of Crime and Abuse of Power)'을 유럽 범죄피해자지원포럼은 1996년 형사사법절차에 있어 피해자의 권리 선언(statement of victims rights in the process of criminal justice)을 선포하여 범죄피해자의 권리향상에 기여하고 있다.

그동안 우리 형사사법체계는 가해자의 인권보호에 중점을 두고 있어 범죄피해자들은 상대적으로 소외된 존재로서 이중의 고통을 받아 온 것이 사실이다.

우리 헌법 제30조에 범죄피해자에 대한 국가의 구조금 지급의무를 규정하고 있고, 범죄피해자구조법에 의하여 금전적 배상이 일부 이루어지나, 범죄피해자에 대한 실질적인 피해회복, 즉 회복적 사법의 실현을 위해서는 경제적 배상 이외에 다양한 구제방법이 필요하다.

2003년 9월 김천. 구미 범죄피해자지원센터의 설립을 시작으로 전국 56개의 범죄피해자지원단체가 설립되었고, 2008년 10월 드디어 56단체를 아우르는 전국범죄피해자연합회가 탄생하였다.

2008년 11월 19일 법무부와 전국범죄피해자연합회는 윌 말링(will Marling) 미국피해자지원연합회(NOVA) 사무총장을 초청 제1회 한국피해자인권대회를 개최하고, 한국 최초로 '형사사법절차에 있어서 범죄피해자의 권리선언'을 하여 범죄피해자의 인권보호에 새로운 전기를 마련하였다.

범죄피해자보호법에 의해 설립된 전국 56개 범죄피해자지원센터와 연합회는 제1회 한국범죄피해자인권대회를 계기로 각종 피해자지원단체들과 연계하여 민간 범죄피해자지원의 방향을 설정하고 종합적이고 그 체계적인 범죄피해자지원업부를 함으로써 범죄피해자 인권향상에 크게 기여할 것으로 본다.

범죄피해자의 인권이 향상되기 위해서는 앞으로 형사사법과정의 모든 중요한 단계에 관하여 통지받고, 출석하고, 방청할 권리를 가져야 하며, 위협과 희롱으로부터 보호받고, 배상이나 보상을 받을 권리를 가져야 할 것으로 본다. 뿐만 아니라 보석, 유죄협상의 수용, 양형, 그리고 가석방을 결정하는 절차에 있어서 진술서를 제출하거나 진술할 수 있는 기회, 합리적 통보, 접근의 권리가 피해자에게 주어져야 한다는 것이다. 또한 지연되지 않고 신속한 재판을 받고, 피의자로부터의 배상, 재소자의 석방과 도주에 대한 통보, 이러한 모든 권리에 대한 시의 적절한 통보 등에 관한 권리도 주장되고 있다. 이러한 권리의 주창자들은 피의자, 재소자, 피고인에 대한 권리에 비해 피해자의 권리에 대해서는 침묵하는 헌법적 불균형을 해소할 것이라고 주장한다.[64)]

2. 회복적 사법의 지향

1) 회복적 사법의 원리

회복적 사법이란 피해자, 가해자, 지역사회의 회복(restoration)을 일컫는다. 회복적 사법은 그래서 범죄로 인한 손상(harm)의 복구(repair)를 강조한다. 회복적 사법의 또다른 핵심은 범죄가 발생하는 여건과 환경에 대한 관심이다. 그래서 회복적 사법은 시민, 지역사회 집단, 그리고 시민사회의 기타 제도의 역할을 강조하는, 범죄

64) 이윤호, 전게서, 387면.

에 대한 덜 공식적인 대응으로의 전환을 지향한다. 사실 회복적 사법의 핵심가치는 피해자욕구, 가해자욕구 뿐만 아니라 지역사회욕구까지 균형을 이루는 것이다. 더구나 지역사회의 사법정의 욕구는 단순히 범법자를 처벌하거나 처우하는 것으로 만은 충족할 수 없으며, 오히려 제재, 범법자책임과 재통합, 안전과 피해자회복이라는 복합적 욕구를 성취하기 위해서는 통합적 접근이 요구되며 회복적 사법이 이러한 욕구를 충족할 수 있다고 한다.[65)]

참고로 응보적 사법과 회복적 사법을 비교하면 아래의 표와 같다.

〈표 4-5〉 응보중심의 사법정의와 회복적 사법정의의 개념

	응보주의	회복적 사법정의
1. 범죄에 대한 이해	- 범죄는 위법행위로써 국가를 거역한 것임 - 위법행위가 법 규정을 따라 기술적(technical) 용어로 한정됨	- 범죄는 개인을 거역한 것이며 또한 관계를 파괴시킨 것 - 위법행위는 윤리적, 사회적, 경제적, 정치적인 전체 맥락에서 이해됨
2. 정의에 대한 개념	범죄자와 국가사이의 상호 경쟁적 관계에서 법에 의하여 죄를 결정하여 이에 따르는 고통을 부과하는 것	이러한 범죄는 범죄피해자, 범죄자, 그리고 지역사회가 범죄로 인한 상처를 고치고 화해를 가져올 수 있는 해결책을 강구하는데 참여케 함
3. 정의에 대한 여러 측면들	- 죄의 대가를 치르는 것이 중심 - 과거에 초점을 둠 - 범죄에 관계된 사람들의 욕구는 부차적임 - 서로간에 적극적으로 싸우는 모델 - 서로간에 차이점들이 강조됨 - 범죄자가 저지른 해(harm)를 정정하도록 규정 - 범죄자에 초점, 피해자는 무시됨 - 국가와 범죄자가 핵심 - 손해배상이 거의 이뤄지지 않음 - 국가가 범죄자에게 조치를 취함 - 범죄자는 피동적임 - 국가가 독립적으로 사건처리 - 범죄자와 지역사회의 관계가 악화됨	- 문제해결이 중심 - 미래에 초점을 둠 - 욕구가 우선적임 - 대화하는 모델 - 서로간의 공유점을 추구함 - 상응하는 해를 부과 - 피해자의 욕구가 중요시됨 - 피해자와 범죄자가 핵심 - 손해배상이 이뤄지는 것이 정상적임 - 범죄자가 문제해결이 일익담당 - 피해자, 범죄자, 지역사회가 문제해결에 참여할 수 있는 역할 인정 - 범죄자는 문제를 해결해야 할 책임 있음

65) 이윤호, 전게서, 394면.

-반성과 용서를 못하게 함 -경쟁적이고 개인주의적인 가치가 격려됨	-지역사회로의 범죄자 통합이 증가됨 -반성과 용서가 격려됨 -상호성과 협력이 격려됨

주) 배임호, "회복적 사법정의의 배경, 발전과정, 주요 프로그램 그리고 선진교정복지" 『교정연구』 통권 3호, 2007, 151쪽.
Howard Zehr RJ, Changing Lenses: A New Focus on Crime and Justice, Scottdale, PA: Herald Press, 1990. p. 181&185.

지적 전통이나 정치적 관행으로서 인식되어온 회복적 사법은 급진적인 변형을 수반한다.

급진적인 관점에서 볼 때 회복적 사법은 형사사법시스템을 개선하는 하나의 방식으로 단순화할 수 없다. 그것은 전체 사법시스템, 우리 가족의 삶, 직장에서의 우리의 행동, 정치분야에서의 우리의 행위들을 바꾸는 것으로 파악되어야 한다. 회복적 사법의 비전은 세상에서 우리가 행하는 정의의 방식에 전체적인(holistic) 변화를 가져오는 데 있다.

회복적 사법은 우리가 실행 가능한 것 중 가장 회복적인 방법으로 불법에 대항해 싸우는 것이다. 회복적 사법의 타깃은 불법의 감소에 있는 것임을 분명히 하여야 한다.

회복적 사법의 중요한 점은 민주적 실용주의(democratic pragmatism)이다.

이것은 회복적 사법이 어떻게 작동하는 것이 이상적인 것인가에 대한 청사진이 아니다.

시민권강화(Citizen empowerment)는 예컨대 비 응보성보다도 회복적 절차에 있어 더 높은 가치라는 것이다. 진정한 권한부여는 응보적인 사람들의 응보성에 질서를 벗어나 통제되어지지 않는 것을 의미한다. 그들이 기본적인 인권을 남용하거나 법에서 주어진 형벌의 상한을 초과하지 않는 한, 회복적 사법은 응보적 결과를 허용한다. 동시에 회복적 사법 모임은 사람들이 덜 응보적이 될 수 있도록 도와준다. 이것이 바로 변화에 접근함에 있어 회복적 사법의 민주적 실용주의를 의미하는 것이다.

회복적 사법에 대한 나의 접근방식은 상호간 도움을 주는 해석적이고 규범적인 이론을 발전시키는 것이다. 해석적 이론들은 세상이 존재하는 방식에 관한 제안이며, 규범적 이론은 세상이 마땅히 존재하여야 할 방식에 관한 것이다. 크리스티 파커와 필립 페티는 해석적 이론과 규범적 이론을 통합하려는 노력은 양이론 모두를 동시에 개선하는 것이라 주장한다. 불의를 제거하는 방법에 관한 해석적 이론과 불의를 제거하는 것의 의미와 왜 우리가 그렇게 하여야 하는지에 관한 규범적 이론이 실험과 개발이 우리에게 필요하다.

회복적 사법에 관한 핵심사항은 더 중요한 판단을 하는 데에 적절한 일련의 가치체계, 포럼, 방법을 제공한다는 것이다. 회복적 사법에 관한 나의 견해는 이러한 전통들에 대한 주의 뿐만 아니라, 평가의 비난(stricture)으로부터 그 자체를 자유롭게(liberate)하는 것이다. 회복적 사법에 관한 가장 풍부한 원천들은 그들의 전통 안에서 그들의 방법으로 끌어내어져야 한다. 예컨대, 형사사법체계는 형벌에 대한 강박관념 때문에 인권에 관한 우리의 생각에 독특하게 중요한 공헌을 하였다.

지역차원에서 우리는 어떻게 질을 담보하는 절차들과 accountability가 잘 작동될 수 있을 것인지에 대하여 생각할 필요가 있다. 이것을 위하여 우리는 UN의 결정을 기다릴 필요가 없다.

책임감(accountability)과 같은 회복적 사법의 모든 영역에 적용가능한 일반적 가치들에 의하여 회복적 사법은 평가되어져야 한다. 그러나 일반적 가치 아래 더 심화된 가치들이 있으며, 그것들은 세분화된 규제 context의 중심에서 동등하게 다뤄져야 하는 가치들이다.

회복적 사법을 통하여 우리가 극대화하고자 하였던 최초 단계의 가치는 다음 두 가지 가치의 상호작용(interplay)을 기반으로 이해되어졌다. 첫째는 인권선언(human right documents)에 기초한 가치이고, 둘째는 경험적 조사의 의하여 밝혀진 가치이다. 두 번째 회귀적 방법론은 회복적 사법가치들의 아래에서 위까지(bottom-up) 개념 산출을 위하여 이해되어졌다. 이들 두 가지 방법론 사이에는 법률시스템의 급진적인 재설계를 바라는 장기적인 희망이 놓여있다. 국민의 정의는 의미 있게 법의 정의를 과장하고, 법의 정의는 합법적으로 여과하여 국민의 정의에 한계를 지워준다.

회복적 사법은 심의제 또는 토의제 민주주의란 제목(rubrics of deliberative or discursive democracy) 아래 널리 출현한 제도주의적 재고(institutional rethinking)에 공헌을 할 수 있다.

2) 회복적 사법의 장점과 단점

(1) 회복적 사법의 장점

회복적 사법의 장점은 첫째 직접 가해자를 만나지 않고 합의에 도달할 수 있을 뿐만 아니라 피해자가 범죄의 영향을 판사나 가해자에 알리는 등 많은 피해자들이 자신들의 능동적 역할과 감정적 치유로 피해자들이 만족을 하는 점과 회복적 사법의 중심은 피해자의 사법과정에의 직접적인 개입을 통하여 사건을 종결할 수 있다는 것이다. 한마디로 회복적 사법은 피해자가 추구하는 공식적 과정이 덜한 사법과정을 제공한다는 것이다.

둘째, 회복적 사법은 사건의 처리과정이나 결과에 대한 더 많은 정보를 피해자에게 제공해준다는 것이다.

셋째는 피해자에게 참여의 기회를 넓혀주는 것이다.

넷째는 회복적 사법이 피해자에게 공정하고 존중의 처우를 제공하여 준다.

다섯째, 회복적 사법이 물질적 회복을 가져다준다는 것이다.

여섯째, 회복적 사법은 피해자에게 사과와 감정적 회복을 가져다준다는 것이다.

(2) 회복적 사법의 단점

첫째, 강력사건과 같은 일부의 피해자는 회복적 사법의 결과로 더 두려워할 수 있다는 것이다.

둘째, 피해자들이 회복적 사법의 결과로 권한 불균형을 초래할 수 있다는 것이다.

셋째로, 회복적 사법의 핵심쟁점은 재피해자화의 위험으로 인하여 피해자가 참여의 이점을 볼 수 있어야 하는데, 그렇지 않고 회복적 사법에서는 오히려 '이용'될 수 있다는 것이다.

넷째, 회복적 사법이 지나치게 피해자에 대한 손상(harm)에 초점을 맞추고 강력범죄에서 핵심적인 요소인 범법자의 정신태도를 경시하고 있다는 것이다.

다섯째, 회복적 사법이 공익보다는 사적 잘못(private wrong)에 지나치게 초점을 맞춘다는 비판을 받고 있다.

여섯 번째, 회복적 사법은 피해자와 가해자를 회복과정에 참여시킴으로써 처분의 불균형을 초래할 수 있는 것이다. 이러한 불균형은 법 앞에 동등한 보호를 받을 권

리를 침해할 수 있다는 것이다.[66]

3) 결어

우리 사회의 범죄는 질적으로 악화되고 양적으로 증가하고 있을 뿐만 아니라, 우리 사회 환경과 주변의 국제환경은 범인성 환경을 증폭시키고 있다. 실례로 과거와 달리 우리 사회의 범죄 성향이 서구 사회와 아주 유사하게 변화되어 가고 있다. 그렇기 때문에 앞에서 고찰한 회복적 정의 개념을 매우 의미있게 연구하고, 그 결과를 토대로 우리 사회가 더 이상 범죄로 유린되지 않도록 21세기를 대비해야 할 것이다. 이를 위해서는 현행 사법정의와 형사 사법 체계를 사수하려고 할 것이 아니라 그 한계를 인정하고 필요한 경우에는 결단성 있는 변화를 실천해야 한다. 새로운 변화에 대한 시대적 요청에 부응하여 새로운 비전으로 제시되고 있는 회복적 정의가 하루 빨리 구체적인 실행 프로그램을 통하여 실현되기를 기대한다.

3. 교정 복지적 접근

교정 복지의 개념을 최협의로 말할 때에는 교도소 구치소 등의 교정시설 내에서 이루어지는 복지처우를 말하는 것이며, 협으로는 교도소 구치소와 소년원과 분류심사원과 같은 보호시설까지를 포함하여 이루어지는 복지처우를 말하며 광의로는 시설내 처우와 사회내 처우에 있어서 이루어지는 복지처우를 말하며, 최 광의로는 경찰, 검찰, 법원, 교정기관 등의 형사사법기관은 물로 이와 같은 업무에 종사하는 모든 공사시설의 범죄방지 및 범죄예방을 위하여 실시하는 과정에서 이루어지는 모드든 복지처우를 말한다. 그런데 우리나라의 교정 복지는 크게 시설 내 처우인 교도소 구치소 등의 교정기관에서 이루어지는 복지와 소년원이나 소년분류심사원 등 보호기관에서 이루어지는 복지와 보호관찰이나 사회 내 처우기관에서 이루어지는 복지로 구분된다.

따라서 교정복지는 첫째, 수형자에 대한 시설내 처우로써의 교정과 비행소년에 대한 소년보호가 그 전형적 대상이 된다. 그 이외에 미결수용자, 사형확정자, 노역장유치자, 비행소년 등에 대한 처우라고 말할 수 있다.

---

66) J. M. Balboni, "Balanced and restorative justice: Reengaging the victim in the justice process," in Sgarzi and McDevitt(eds) op. cit., pp. 369~382.

둘째, 보호기관에서 이루어지는 사회내 처우는 보호관찰과 갱생보호 같은 사회내 처우기관에서 이루어지는 처우를 말하는 것으로, 범죄자를 일반사회 내에 두고, 생활해 가면서 행동의 자유에 일정한 제한을 가하는 준수사항을 부과하고, 정기적 감독 및 보호를 통하여 재범을 방지하려는 것을 말한다.

미국은 교정복지의 개념을 최광의적으로 해석하여 시설내 처우, 사회내 처우는 물론 기타 범죄방지후원회(Crime Admission)나 청소년 교정본부(Correctional Youth Authrity), 범죄방지사협회 등의 범죄예방활동까지도 포함시키고 있는데, 우리나라 역시 최광의의 개념으로 교정복지를 이해하여야 할 것으로 본다.

왜냐하면 대부분의 피해자가 경제적으로나 사회적으로 어려운 입장에 처해 있는 사람들이 대부분으로 피해자 한사람이라도 더 복지혜택을 받는 것이 바람직하기 때문이다. 따라서 범죄피해자에게는 주택, 건강, 교육, 고용, 의료 등 다양한 복지지원 대책이 강구되도록 하여야 할 것으로 본다.

4. 실제적 과제

앞에서는 피해자학의 향후 과제와 전망을 이론적 관점에서 살펴보았고 여기서는 실제적 관점에서 살펴보고자 한다.

그 순서는 전 국민의 자발적 참여, 범정부적 유관기관의 협조체제 강화, 보호와 지원의 다양화, 국제협력의 강화, 형사사법복지의 활성화, 범죄피해자 보호, 지원제도의 내실화, 세계화 등으로 나누어 검토하고자 한다.

1) 국민의 자발적 참여

범죄피해는 어느 한 사람만의 일이 아니고 누가, 언제, 어느 때 당할지 모르는 피해라는 것을 생각하고 우리 국민 모두는 범죄피해자 보호 및 지원에 적극 참여하여야 할 것으로 본다. 그러나 우리는 앞에서도 살펴본 바와 같이 독일, 스위스, 영국, 호주 등과 같은 범죄피해자 보호·지원의 선진국처럼 보다 더 우리 국민들이 범죄피해자 보호·지원에 참여하도록 하여야 할 것으로 본다. 참여방법으로는 개인적으로 참여하는 방법이 있고 비영리법인을 만들어 참여하는 방법이 있을 수 있다. 국민 개인이나 민간단체가 자발적으로 참여하게 하기 위해서는 다음과 같은 방법이 있을 수 있다. 첫째는 개인도 범죄피해자를 보호·지원하는 마음만 먹으면 얼마든지 언제 어디서든지 손쉽게 참여할 수 있는 법적·제도적인 장치를 마련함은 물론 기존의 설립된 민간지원 단체를 내실화하여 실질적인 지원·육성이 되도록 함과 동시에 새로운 민간지원 단체의 설립을 적극적으로 육성발전시키도록 한다. 둘째는 전문적인 직원과 자원봉사자의 확보 및 교육을 위하여 대학과 연계하여 교육을 하도록 한다. 셋째 범죄피해자를 찾아가는 피해자지원 노력이 필요하며, 피해자의 수용에 따른 피해자의 눈높이에 맞춘 지원이 되도록 다양한 지원프로그램을 개발하여야 할 것이다. 넷째 정부나 지방자치단체의 보조금 확보 이외에 기부를 받도록 포상과 국고지원은 물론 세제지원 등의 인센티브를 주도록 한다. 끝으로 국민 모두가 범죄피해자지원에 대한 관심과 이해를 가지도록 다양한 홍보대책이 강구되어야 할 것으로 본다.

2) 범정부적 참여와 유관기관의 협조체제 강화

범죄피해자보호법을 비롯한 범죄피해자 보호·지원관련 법령은 범죄피해자 기본계획을 세우고 범죄피해자 보호·지원을 적극적으로 하도록 되어 있다. 그러나 다른 기본계획에서도 보듯이, 시간이 지나면 해당 부처의 일로만 남고 다른 부처에서는 그다지 관심을 가지지 않게 되어 법이 추구하는 소기의 목적을 거두지 못하는 것이 사실이다.

범죄피해의 문제는 여성, 청소년, 장애인 등 소수의 특정집단을 넘어 국민 전체의 문제인 것이다. 왜냐하면 국민 누구든지 잠재적인 범죄피해자가 될 수 있기 때문이다. 이런 점에서 정부와 지방자치단체는 정말로 범죄피해자 지원에 대하여 깊은 관심과 이해를 가져야 할 것이다. 아울러 모든 부처가 관심을 갖고 유관기관의 보다 더 유기적인 협조체제를 이루기 위해서는 법무부 주관의 현 체제보다는 청와대나 국무총리실 주관으로 체제를 바꿀 필요가 있다고 본다.

3) 범죄피해자 보호·지원의 다양화

우리나라는 그동안 범죄피해자 보호·지원의 다양한 제도들이 입법 추진되거나 검토되고 있는 것은 앞에서 살펴본 바와 같으나, 아직은 선진국에 비하여 범죄피해자 보호에 대한 역사도 일천한 바, 앞으로 다른 나라의 입법례를 참고하여 다양한 법률적 제도적인 보호·지원 방안을 모색해 나가야 할 것으로 본다. 이러한 제도는 범죄피해자의 권리를 형사사법절차를 통하여 실현한다는 의미를 갖는 것이며 그것은 피해자가 권리의 주체로서 형사사법절차에 참여하는 것이어야 한다. 그러기 위해서는 우리의 형사사법구조와 조화를 이룰 수 있는 방안이 모색되어야 하고, 나아가 새로운 형사사법구조의 가능성까지 검토하여야 할 것이다.

이를 위해 첫째, 피해자의 형사사법절차에의 참여를 확충하는 문제가 무엇보다 시급하다고 보겠다. 독일이나 프랑스에서 인정되는 피해자가 독자적으로 형사소추를 할 수 있는 사인소추제도[67]나 피해자가 소송당사자로서 소송에 참가하여 소송행위를 할 수 있는 공소참가제도를 검토할 수 있을 것이다. 그밖에 현 형사소송구조를 유지하면서 피해자가 피고인이나 피의자에 대하여 질문을 할 수 있는 제도나 피해자의 법정 방청권을 인정하는 제도, 상소권을 부여하거나 상소 여부를 결정함에 있어 피해자의 의견을 반영하는 양형절차의 의견을 진술할 수 있는 제도 등도 검토할 수 있을 것이다.

그러나 이 사인소추제도의 도입에 대해서는 피해자가 안게 되는 소송부담 및 형사소송절차가 피해자의 사소(私訴)에 의한 개인적 응보감정에 휘말릴 가능성이 많고, 국가가 부담할 형사소추를 피해자에게 전가시킬 우려 또한 있기 때문에 이를 도입하는 것은 아직은 시기상조라는 견해가 많다.[68]

둘째는 형사사법절차를 이용하여 피해의 회복이 용이해지도록 하는 제도를 모색하여야 할 것이다. 한국에서는 배상명령제도나 민사상 다툼이 있는 사안에 대한 형사화해 등이 인정되고, 검찰에서 실무상 고소사건의 화해 중재 등을 인정하고 있으나 그 대상이 한정되어 있는 등 아직 미흡한 실정이다. 따라서 현행제도를 개선해 나가는 한편, 피해자가 형사소송에 부대하여 손해배상 등의 재산상 청구를 할 수 있는 독일의 부대사소제도[69]도 검토할 필요가 있다. 민사조정과 같이 형사조정제도를 도입하거나 수사에서부터 집행에 이르는 모든 단계에서 피해자와의 합의 등으로 피해자의 용서나 피해회복을 위한 가해자의 노력을 이유로 형의 감면 기타 법률상 이익을 주는 조치를 취하는 것도 검토할 수 있다고 본다. 그리고 몰수. 추징을 이용한 손해배상회복제도[70], 벌금을 피해자의 회복을 위해서 활용하는 제도나 피해자

---

67) 이 제도는 독일형사소송법 제374조 이하, 프랑스 형사소송법 제4조, 제5조에서 인정되는 제도이다.

68) 송광섭, 전게논문, 25면 : 송기호. 전게서, 225면 등.

69) 이 제도는 독일 형사소송법 제 396조에서 인정되고 있다.

70) 범죄피해자가 스스로 피해회복을 도모하는 것이 현실적으로 곤란한 경우가 많아 오히려 범죄수익을 범인에게 남겨두는 결과가 되므로 이를 몰수·추징하여 피해자의 손해회복에 충당하도

없는 범죄의 경우에 상징적 손해배상을 인정하여 그 재원을 역시 피해자회복에 사용하는 방안도 검토해 볼 수 있을 것이다.

5. 국제협력의 강화

유엔은 1985년에 범죄피해자 및 권력남용 피해자에 관한 사법의 기본원칙 선언을, 유럽 범죄피해자지원포럼은 1996년 형사사법절차에 있어 피해자의 권리선언을 선포하여 범죄피해자의 권리 향상에 기여하고 있으며, 민간차원에서는 최근 우리나라를 비롯하여 일본, 대만, 싱가포르, 미국, 호주, 뉴질랜드 등 아시아·태평양지역에서 활발하게 민간 범죄피해자 지원활동이 이루어지고 있으므로 「아시아·태평양 범죄피해자지원포럼」(가칭) 등 민간네트워크를 구성하여 상호교류함과 동시에 어느 나라에서나 보호·지원을 받을 수 있는 시스템이 마련되도록 협력할 필요가 있다고 본다.

록 할 필요가 있다는 것이다. 이런 문제를 해결하기 위해서 일본에서는 최근 법무성에서 범죄수익을 몰수한 재산과 추징한 가액을 「범죄회복급부금」으로 피해자에게 지급하는 내용을 담은 「범죄피해자재산등에 의한 피해회복급부금의 지급에 관한 법률」 을 마련하여 2006년 6월 13일 국회에서 가결되었다.

- 부록 -

※ 피해회복에 도움이 되는 각종 제도

- 범죄피해자 구조신청제도(범죄피해자구조법)
  - 관할 지방검찰청 범죄피해 구조심의회에 신청
- 의사상자 예우 등에 관한 제도(의사상자예우에 관한 법률)
  - 보건복지부 및 관할 자치단체 사회복지과에 신청
- 범죄행위의 피해에 대한 손해배상명령(소송촉진 등에 관한 특례법)
  - 각급 법원에 신청, 형사재판과정에서 민사손해배상까지 청구 가능
- 가정폭력 · 성폭력 피해자 보호 및 구조
  - 여성 긴급전화(국번 없이 1366), 아동보호 전문기관(국번 없이 1391) 등
- 무보험 차량 교통사고 뺑소니 피해자 구조제도(자동차손해보상보장법)
  - 동부화재, 삼성화재 등 10개 자동차 보험회사에 청구
- 국민건강보험제도를 이용한 피해자 구조제도
  - 국민건강보험공단 급여관리실, 지역별 공단지부에 문의
- 법률구조공단의 법률구조제도(국번 없이 132 또는 공다 지부 · 출장소)
  - 범죄피해자에 대한 무료법률구조(손해배상청구, 배상명령신청 소송대리 등)
- 국민고충처리위원회의 고충민원 접수제도(경찰민원조사팀 상담전호 1588-1517)
  - 참여마당신문고 www.epeople.go.kr, 정부민원안내콜센터 국번없이 110

※ 현행법상 범죄피해자보호를 위한 각종 제도

헌법상 근거 : 헌법 제30조(범죄행위로 인한 피해구조)
타인의 범죄행위로 인하여 생명 · 신체에 대한 피해를 받은 국민은 법률이 정하는 바에 의하여 국가로부터 구조를 받을 수 있다.

- 주요 제도 소개
  - 범죄피해자 구조신청제도
  - 의사상자예우 등에 관한 제도
  - 형사소송절차에 있어서 배상명령
  - 가정폭력 · 성폭력피해자 보호 및 구조
  - 무보험차량교통사고 및 뺑소니 피해자 구조제도
  - 국민건강보험제도를 이용한 피해자구제제도
  - 범죄신고자 보호 및 구조
  - 법률구조제도

(1) 범죄피해자구조제도

(가) 개요

범죄행위로 인하여 사망하거나 중상해를 당한 피해자가 가해자의 불명 또는 무자력인 관계로 피해의 전부 또는 일부를 보상받지 못하고, 생계유지가 곤란한 때에 국가에서 피해자 또는 유족에게 일정한도의 구조금을 지급하는 제도(범죄피해자구조법에서 세부절차 등 규정).

(나) 구조금의 지급 대상

(1) 유족구제 : 살인 등 강력범죄로 인하여 사망한 사람의 유족 중에서 피해자의 사망 당시 피해자의 수입에 의하여 생계를 유지하고 있던 배우자, 자, 부모, 손, 조부모, 형제자매

(2) 장해구조 : 위와 같은 범죄로 인하여 중대한 신체장해를 당한 사람으로 신체장해등급 기준상 1급 내지 3급의 장해에 해당하여 노동능력을 100% 상실한 사람

(3) 제외사유
   - 피해자와 가해자간에 친족관계(사실상 혼인관계 포함)가 있는 경우
   - 피해자가 범죄행위를 유발, 또는 범죄피해의 발생에 피해자의 귀책사유가 있는 경우

- 기타 사회통념상 구조금의 전부 또는 일부를 지급하지 아니함이 상당한 경우

※ 범죄피해를 원인으로 국가배상법 또는 기타 법령에 의한 급여 등을 지급받을 수 있는 경우나, 가해자로부터 손해배상을 받은 때에는 그 금액의 한도 내에서 구조금지급제한

(다) 구조금의 지급신청 절차

① 관할하는 지방검찰청 범죄피해구조심의회에 신청(공판소무검사실 공익법무관)
② 범죄피해발생을 안 날로부터 1년, 범죄피해가 발생한 날로부터 5년 이내 신청

(라) 구조금액

① 유족구조금 1,000만원
② 장해구조금은 장해의 정도에 따라 1급 600만원, 2급 400만원, 3급 300만원 지급
③ 가구조금의 우선지급 : 피해자의 장해정도가 명확하지 않거나 그 이외의 사유로 인하여 신속하게 구조결정을 할 수 없는 때에는 피해자의 응급구제를 위하여 유족구조금은 200만원, 장해구조금은 100만원 한도 안에서 우선 지급가능

(2) 의사상자 예우 등에 관한 제도

(가) 개요

타인의 생명, 신체 또는 재산의 급박한 위해를 구제하다가 사망 또는 부상을 당한 의사상자에 대하여 국가유공자 수준의 혜택을 부여하는 제도로서 <의사상자 예우에 관한 법률>에 상세한 세부절차 등이 규정되어 있다.

(나) 세부내용

* 보호내용 : 보상금 지급(일시 보장)

- 의상자 : 의상자 본인에게 지급
- 의사자 : 배우자, 미성년자인 자녀, 부모, 조부모, 성인의 자녀, 형제 자매의 순으로 지급, 태아는 이미 출산한 것으로 본다.
- 의료·교육급여 및 장제·취업보호 실시

※ 의사상자 보상금 지급액 (2003년~2008년)

<table>
<tr><th colspan="2" rowspan="2">구 분</th><th colspan="6">보 상 금 액 (단위 : 천원)</th></tr>
<tr><th>'03</th><th>'04</th><th>'05</th><th>'06</th><th>'07</th><th>'08</th></tr>
<tr><td colspan="2">의 사 자</td><td>154,080</td><td>161,760</td><td>169,920</td><td>178,560</td><td>187,488</td><td>196,938</td></tr>
<tr><td rowspan="9">의상자</td><td>1급(의사자의 100/100)</td><td>154,080</td><td>161,760</td><td>169,920</td><td>178,560</td><td>187,488</td><td>196,938</td></tr>
<tr><td>2급(의사자의 88/100)</td><td>135,590</td><td>142,348</td><td>149,529</td><td>157,132</td><td>164,990</td><td>173,305</td></tr>
<tr><td>3급(의사자의 76/100)</td><td>117,101</td><td>122,937</td><td>129,139</td><td>135,705</td><td>142,491</td><td>149,673</td></tr>
<tr><td>4급(의사자의 64/100)</td><td>98,611</td><td>103,526</td><td>108,748</td><td>114,278</td><td>119,992</td><td>126,040</td></tr>
<tr><td>5급(의사자의 52/100)</td><td>80,122</td><td>84,115</td><td>88,358</td><td>92,851</td><td>97,494</td><td>102,408</td></tr>
<tr><td>6급(의사자의 40/100)</td><td>61,632</td><td>64,704</td><td>67,968</td><td>71,424</td><td>74,995</td><td>78,775</td></tr>
<tr><td>7급(의사자의 20/100)</td><td>-</td><td>-</td><td>-</td><td>-</td><td>-</td><td>39,388</td></tr>
<tr><td>8급(의사자의 10/100)</td><td>-</td><td>-</td><td>-</td><td>-</td><td>-</td><td>19,694</td></tr>
<tr><td>9급(의사자의 5/100)</td><td>-</td><td>-</td><td>-</td><td>-</td><td>-</td><td>9,847</td></tr>
</table>

(다) 주관부서 및 처리절차

- 보건복지부 기초생활보장 심의관실 복지지원과(☏ 02-504-6231/6419)
- 주소지 관할 시 · 군·구청 사회복지과 또는 복지정책과
- 보호신청자자치단체 ⇒ 사회복지과 ⇒ 보건복지부(의사상자 심사위원회)
- 제출서류 : 의사상자보호신청서, 사실확인조사서 등 작성 제출

(3) 형사소송절차에 있어서 배상명령

(가) 개요

폭행·상해치사상 등 형사사건의 피해자가 범인의 형사재판 과정에서 간편하게 민사적인 손해배상명령까지 받아낼 수 있는 제도 [소송촉진등에 관한 특례법]에서 세부절차 등이 규정되어 있다.

(나) 대상 형사사건(법 제25조)

- 상해를 당했을 때
- 상해를 당하여 불구가 되거나 난치의 병에 걸렸을 때
- 폭행을 당하여 상처를 입거나 죽었을 때
- 과실 또는 업무상 과실로 상처를 입거나 죽었을 때
- 절도, 강도를 당했을 때
- 사기, 공갈을 당했을 때
- 횡령이나 배임의 피해자일 때
- 재물을 손괴당했을 때

(다) 신청방법(제26조)

- 위 범죄의 직접적인 피해자 또는 그 상속인만 신청이 가능하다.
- 범인이 피고인으로 재판받고 있는 법원에 2심의 변론이 종결되기 전까지 배상명령신청서를 제출한다.
- 그 형사재판에 증인으로 출석 증언시 구두신청이 가능하다.

(라) 신청범위

- 범죄로 인한 직접적 물적 피해와 치료비(기타 위자료 등은 민사소송 대상)

(마) 효과

- 배상명령을 기재한 유죄판결문은 민사판결문과 동일한 효력이 있어 강제집행이 가능하다.
- 신청이유 없다고 각하하거나 또는 일단 배상명령이 있으면 다시 신청이 불가하다.
- 피고인은 배상명령에 불만이 있으면 유죄판결에 대하여 상소가 가능하다.

(4) 가정폭력 · 성폭력피해자 보호 및 구조

(가) 개요

- 가정폭력 및 성폭력 범죄로부터 신속하고 적절한 피해자보호를 위하여 현장 응급조치, 피해자의 인적사항과 사진 등 공개 금지를 비롯한 수사기관의 조치사항과 각종 피해자보호시설 및 의료지원 활용 등 피해자 보호지원
- 가정폭력범죄의 처벌 등에 관한 특례법(법률 제6783호), 성폭력범죄의 처벌 및 피해자보호 등에 관한 법률(법률 제6400호)에서 세부절차 등 규정

(나) 가정폭력 · 성폭력사건 처리과정 안내

- 가정폭력 피해사건처리과정 설명
  - 우선 피해자 안전을 확보하고, 친절, 신속, 정확한 처리
  - 피해자의 가정폭력 관련 상담소 또는 보호시설 인도(피해자 동의 필요)
  - 긴급치료가 필요한 피해자의 의료기관 인도
  - 폭력행위의 재발 시 임시조치를 신청할 수 있음을 통보
- 성폭력 피해사건처리과정 설명
  - 성폭력피해자에 대한 비밀보장과 편안한 조사공간 마련
  - 수사와 재판시 피해자와 신뢰관계에 있는 자의 동석 가능
  - 성폭력범죄와 관련한 피해자의 해고 등 불이익처분 금지
  - 지역별 피해자 보호시설 및 전담 의료기관을 통한 의료지원

(다) 피해자 지원기관 정보(무료)

- 서울여성의 긴급전화(국번없이 ☏ 1366)
- 아동학대 긴급전화(국번없이 ☏ 1391)
- 한국가정법률상담소(가정문제 법률상담, ☏ 780-5688-9)
- 대한가정법률복지상담원(가정폭력 상담 및 법률상담, ☏ 2697-0155)

※ 성폭력 피해자 의료비 지원

성폭력피해로 인한 진료, 성병예방검사, 임신반응검사 및 약 4회기 정도의 정신과 치료에 대한 비용은 무료임(여성부에서 비용지원) 성폭력 상담원 대동시에는 상담원이 비용 지불 및 야간/ 공휴일 등으로 상담원을 대동치 못한 경우에도 성폭력상담소에 비용을 청구하면 보상 가능함.

(5) 무보험 차량 교통사고 및 뺑소니 피해자 구조제도

(가) 개요

자동차 사고로 인한 피해자가 다른 수단으로는 전혀 보상을 받을 수 없는 경우에 피해자에 대한 최소한의 구제를 목적으로 국가에서 시행하고 있는 일종의 사회보장제도

(나) 보장사업의 주체 및 대상

※ 사업주체 : 건설교통부 교통안전과(☏ · 02-500-4149~51)

동부화재 1588-0100	삼성화재 1588-5114
LIG손해보험 1544-0114	대한화재 1588-3344
메리츠화재 1566-7711	그린화재 1588-5959
신동아화재 1566-8000	현대해상 1588-5656
흥국쌍용화재 1688-1688	제일화재 1566-8282

- 보장사업의 대상
  - 보유자 불명의 자동차 사고 피해자
  - 무보험(책임보험 미가입) 자동차 사고 피해자
  - 도난자동차사고와 무단운전중인 자동차사고 피해자

(다) 보상금액

- 사망의 경우 : 최고 1억원
- 부상의 경우 : 상해 등급에 따라 최고 1,500~2,000만원(1급상해) ~ 최저 60~80만원(14급)
- 후유장해의 경우 : 장해급수에 따라 최고 8,000만원~1억원(1급장해) ~ 최저 500~630만원(14급)

(라) 보상청구 및 제출서류

- 청구기한 : 피해사실을 안 날(통상 사고발생일)로부터 2년 이내 청구
- 제출서류
  - 교통사고사실확인서(관할경찰서 발행)
  - 피해자의 진단서 및 치료비 영수증 또는 검안서
  - 피해자의 주민등록등본 또는 호적등본
  - 피해자 본인 또는 보상금 청구(수령)자 인감증명서
  - 기타 손해액 입증에 필요한 서류

(마) 가해 운전자가 밝혀진 경우

- 가해 운전자 종합보험 또는 직접 손해배상 청구로 보상금 지급
- 기지급보상금에 대해서는 정부가 손해배상청구권을 대위 행사

(6) 국민건강보험제도를 이용한 피해자 구조제도

(가) 개요

가해자를 알 수 없는 노상강도·폭행치상 등 피해자에 대하여 우선적으로 국민건

강보험으로 치료할 수 있는 제도로 국민건강보험 요양급여의 기준에 관한규칙(보건복지부령)에서 세부절차 등 규정

(나) 제도 설명

- 국민건강보험법 제48조의 고의· 중대과실에 의한 범죄행위 등의 급여제한 사유에 해당하는지 여부는 병원 등 의료기관이 판단할 수 없고, 우선적으로 국민건강보험에 따른 요양급여를 실시하고, 지체없이 국민건강보험공단 지부에 급여제한 여부 조회서에 따라 조회하여 그 결과에 따라 이후 급여제한 여부를 결정함(위 규칙 제4조 급여의 제한여부의 조회 등)
- 따라서 실제 가해자 불명인 경우 일반병원에서 의료보험 적용여부를 판단할 수 없으므로 국민건강보험에 따라 치료를 받을 수 있으며, 의료기관에서는 국민건강보험이 적용되지 않는다며 현금지급을 요구하는 것은 잘못된 것임.
- 가해자가 밝혀진 경우에는 국민건강보험공단에서는 향후 가해자에 대한 구상권 행사

(다) 관련조문(국민건강보험요양급여의 기준에 관한 규칙 제4조 제1항)

- 요양기관은 가입자 등이 법 제48조 제1항·제2항 또는 법 제53조 제2항의 규정에 해당되는 것으로 판단되는 경우에도 요양급여를 실시하되, 지체없이 별지 제2호서식에 의한 급여제한 여부 조회서에 의하여 공단에 급여제한 여부를 조회하여야 한다.

(라) 관련문의

- 국민건강보험공단 급여관리실(☏ 02-3270-9197)또는 지역별 공단지부

(마) 국민건강보험 적용시 혜택

- 입원치료의 경우 공단부담금이 80%, 본인부담금이 20%
- 통원치료의 경우 공단부담금이 50%, 본인부담금이 50%

- 중상을 입어 뇌수술 등 고액의 치료비가 소요되는 경우 의료보험 적용으로 피해자에게 혜택(치료비가 1,000만원일 경우 200만원만 부담)

(7) 범죄신고자보호 및 구조

(가) 개요

- 적극적인 범죄해결을 도모하고, 범죄신고로 인한 불이익이 없도록 하기 위해 범죄신고자에 대하여 신변안전조치와 보상 및 구조금 지급
- 특정범죄신고자등보호법, 성매매특별법, 범죄신고자보호및보상에관한규칙에서 세부절차 등 규정되어 있다.

(나) 주요 내용

- 특정범죄신고자 등 보호
  - 살인·약취유인 및 마약·조직폭력을 포함한 특정강력범죄 신고자 등에 대하여 신변안전 조치 및 구조금 지급
  - 수사서류에 인적사항 기재 생략 및 범죄신고자 등 신원관리카드 등재
  - 구조금 지급은 관할지검 범죄신고자 등 구조심의회에서 심사결정
  - 범죄신고 등을 함으로써 자신의 범죄가 발견된 경우 그 범죄신고자 등에 대해서는 형을 감경 또는 면제 가능
- 범죄신고자보호 및 보상
  - 직권 또는 신청에 의한 범죄신고자 신변안전조치
  - 범죄신고자의 인적사항 등 사진 공개 금지(신고자 동의한 경우는 제외)
  - 보상대상에 따라 최고 5억원까지 보상금
  - 02.5.31 규칙개정으로 외국인에 대해서도 보상금 지급 가능

〈범인검거공로자 보상금 지급기준〉

보 상 액	대 상 범 죄
5억원 이하	·공무원의 불법선거운동 개입(공직선거법 제255조제1항제1호, 제10호, 제3항) ·불법선거운동조직 설치·운영(공직선거법 제230조, 제255조제11호, 제13호, 제257조제1항제1호) ·공직후보자 공천대가를 포함한 불법정치자금수수(정치자금법 제45조 또는 공직선거법 제230조, 제257조제1항)
5,000만원 이하	·3인 이상 살해, 폭력행위 등 처벌에 관한법률 제4조(단체 등의 구성·활동)에 해당하는 폭력조직 및 범죄단체의 수괴, 금품·향응제공(공직선거법 제230조 내지 제234조, 제 257조제1항, 정당법 제50조)
2,000만원 이하	·2인 이하 살해, 기타 폭력조직 및 범죄단체의 수괴·간부, 화폐위조사건 등 사회물의 야기사건, 약취유인사건 및 이에 상당한 사건
1,000만원 이하	·조직폭력배의 폭력 및 갈취사건 ·환경오염, 해양오염사 ·허위사실공표·비방·흑색선전행위(공직선거법 제250조, 제251조, 정당법 제52조) ·선거비용·정치자금 회계보고관련 불법행위(공직선거법 제258조, 정치자금법 제46조제5호, 제49조제1항, 제2항)
500만원 이하	·조직적, 반복적 강도, 강간, 성폭력사건 ·연쇄 방화사건 ·위·변조화폐 소지 및 사용 ·피해액 1억원 이상의 절도·장물사건
200만원 이하	·강도, 강간, 성폭력 사건 ·방화 사건 ·특정경제범죄사건 ·보건범죄사건 ·피해액 5백만원 이상의 절도, 장물사건 ·기타 공직선거법위반 범죄 ·기타 사회이목 집중 사건
100만원 이하	·규칙 제5조의 보상대상사건 중 위에 열거되지 않은 사건

(8) 법률구조제도

- 경제적 어려움 등으로 법의 보호를 충분히 받지 못하는 사람들에게 법률상담, 소송대리 및 형사변호, 기타 법률사무에 관한 각종 지원을 하여 줌으로써 국민의 정당한 권리를 보호하는 법률분야의 사회복지제도
- 1987.9.1 법률구조법에 의하여 설립된 대한법률구조공단은 비영리공익법인으로서 서울에 본부가 있고 13개의 지부와 42개의 출장소가 법원, 검찰청에 대응하여 설치

※ 주요 피해자지원관련단체 연락처

- 주요민간단체
  - 한국피해자학회(www.victimology.or.kr, 02)538-9418~9)
  - 아동학대긴급전화(국번없이 1391)
  - 중앙아동학대예방센터 031)458-1396
  - 한국성폭력상담소(www.sisters.or.kr, 02)338-5801~2)

- 여성복지관련

여성연구소	한국여성정책연구원	http://www.kwdi.re.kr 02) 3156-7007
	한국여성연구소(성신여대)	http://sungshin.ac.kr
여성단체	여성문제연구회	http://www.forwomen.or.kr
	한국여성단체연합	http://www.women21.or.kr 02) 313-1632
	한국여성의전화연합	http://www.hotline.or.kr 02) 2269-2962
	전국노동자회	http://www.nwspower.org
	여성사회교육원	http://www.wsr.or.kr 02) 312-0872
	여성인력개발센터	http://www.vocation.or.kr

구분	기관	연락처
정부기관	여성부	http://www.moge.go.kr
	보건복지가족부	02)502-8272
	- 기초생활보장심의관실 복지지원과	02)504-6231,6419
	- 가정복지심의관실 가정복지과	02)503-7572~3,7534,7578
	법무부 검찰 2과	02)503-7053
	대검찰청 송판송무과	02)3480-2364
	경찰청 여성청소년과	02)313-9259
	대법원	http://www.scourt.go.kr 02) 3480-1100
	위민넷	http://www.women-net.net
	한국보건사회연구원	http://www.kihasa.re.kr 02) 380-8000
법 률	대한법률구조공단	http://www.klac.or.kr
	여성을 위한 법률 정보	http://www.womanlaws.co.kr 02) 587-3200
	한국가정법률상담소	http://www.lowhome.or.kr
복지관련 단 체	복지넷	http://www.bokji.net
	한국장애인재활협회	http://www.ksrd.or.kr
	한국노인복지시설협회	http://www.elder.or.kr 02) 711-9763
	복지인마을	http://www.welfare.net
	사회복지정보원	http://welfare.or.kr
기 타	데이트폭력상담소	http://www.happydate.net
	알코올중독정보센터	http://www.neuropsychiatry.co.kr
	사랑의 전화	http://www.counsel24.com 02) 715-8600, 1566-1414
	한국아동학대예방센터	http://www.1391.co.kr
	사이버성폭력피해신고센터	http://www.gender.or.kr
	인구보건복지협회	http://www.ppfk.or.kr 02) 2634-8212
	사회복지공동모금회	http://www.chest.or.kr 02) 6262-3000

※ 가정폭력/성폭력 통합 상담소

서울(02)	한국여성상담센터	953-1704
	다세움	2601-7423
대구(053)	대구 여성 폭력 통합 상담소	745-4501
	대구 여성 장애인 통합 상담소	637-6057
부산(051)	부산여성폭력예방상담소	752-0871
	부산성폭력.가정폭력상담소	558-8833
	부산여성의전화	817-6464
인천(032)	인천여성의전화부설 가정폭력 · 성폭력상담소	527-0090
	인천여성의 가정폭력 · 성폭력상담소	469-0690
대전(042)	대전YWCA 성폭력가정폭력상담소	254-3038
울산(052)	생명의전화 울산지부부설 가정 · 성폭력상담소	269-9191
경기(031)	수원여성의전화부설 통합상담소	232-7780
강원(033)	한국가정법률상담소부설 춘천가정폭력 · 성폭력상담소	257-4688
	한국가정법률상담소부설 원주가정폭력 · 성폭력상담소	765-1366
	한국가정법률상담소부설 강릉가정폭력 · 성폭력상담소	652-9930
	한국가정법률상담소부설 동해가정폭력 · 성폭력상담소	535-4943
충북(043)	청주YWCA여성종합상담소	268-3008
충남(041)	아산 가정폭력 · 성폭력상담소	546-9191
	천안여성의전화부설 성폭력상담소	561-0303
전남(061)	목포여성상담센터	283-4552
경북(054)	칠곡 종합상담센터	973-8291
	한마음통합상담소	278-4330
제주(064)	제주여성인권연대부설 여성상담소	755-1366
	제주여성상담소	748-3040

※ 전국 경찰청 여성상담실

경찰청 여성실	02-313-0809	충북청 여성상담실	043-256-0118
서울청 여성상담실	02-733-0118	충남청 여성상담실	041-253-0118
부산청 여성상담실	051-852-0118	전북청 여성상담실	063-281-0118
대구청 여성상담실	053-763-0118	전남청 여성상담실	061-226-0118
인천청 여성상담실	032-763-0118	경북청 여성상담실	054-956-0118
울산청 여성상담실	052-275-0118	경남청 여성상담실	055-266-0118
경기청 여성상담실	031-248-0118	제주청 여성상담실	064-7474-0118
강원청 여성상담실	033-256-0118		

※ 성폭력피해자치료전단의료기관

- 협약 국립의료원 : 34개 의료원 (종합병원 : 26개소, 병원 : 8개소, 2004. 12월 기준)
- 의료원별 소재지 및 연락처

의료원명	병원대표전화	의 료 원 주 소
서 울	02-3430-0211	서울 강남구 삼성동 171-1
부 산	051-607-2000	부산 연제구 거제2동 1330
대 구	053-560-7201	대구 서구 중리동 1162
인 천	032-580-6010	인천 동구 송림동 318-1
수 원	031-257-4141	수원 장안구 정자2동 92-3
의정부	031-828-5300	의정부시 의정부2동 433
안 성	031-674-7520	안성시 당왕동 455
이 천	031-639-4805	이천시 관고동215
금 촌	031-940-9100	파주시 금촌동 798
포 천	031-539-9410	포천군 포천읍 신읍리 243
원 주	033-760-4500	원주시 개운동 437
강 릉	033-610-1492	강릉시 남문동 164-1
속 초	033-632-6821	속초시 영랑동 591-10
영 월	033-370-9151	영월군 영월읍 영흥리 1072
삼 척	033-570-7416	삼척시 남양동 55-9

청 주	043-279-2531	청주시 흥덕구 사직1동 554-6
충 주	043-841-0114	충주시 문화동 1655
천 안	041-570-7290	천안시 봉명동 39-1
공 주	041-850-4600	공주시 중동 330
홍 성	041-630-6100	홍성군 홍성읍 공암리 572-3
서 산	041-661-6100	서산 석림동 568-5
군 산	063-472-5001	군산시 금동 14-1
남 원	063-620-1101	남원시 고죽동 200
순 천	061-759-9110	순천시 매곡동 130-23
강 진	061-430-1001	강진 강진읍 서성리 305-23
목 포	061-260-6450	목포시 용해동 133-1
포 항	054-247-0550	포항시 북구 용흥1동 315
안 동	054-851-5401	안동시 북문동 470
김 천	054-429-8201	김천시 모암동 85
울 진	054-785-7015	울진군 울진읍연기리818
마 산	055-249-1234	마산시 합포구 중앙동 3가 3
진 주	055-740-8300	진주시 중안동 4
제 주	064-724-2101	제주시 아라1동 4-17번지
서귀포	064-730-3111	서귀포시 동홍동 1530

※ 성폭력피해자치료전담의료기관

병원명	주 소	전화번호
강릉 동인병원	강릉시 포남동 1065-2	(대표전화) 033)651-6161~7 (응급실) 033)650-6105
국립 경찰병원	서울 송파구 가락본동 58	(주간) 02)3400-1700 (야간) 02)3400-1300,1600
서울 보훈병원	서울 강동구 둔촌동 6-2	(대표전화) 02)2225-1111,1114 (응급실) 02)2225-1100,1300,1400
서울 상계백병원	서울 노원구 상계7동	(대표전화) 02)950-1114 (응급실) 02)950-119,1120,1121
인천 길병원	인천 남동구 구월동 1198	(대표) 032)469-3114 (응급) 032)460-3011-2,3119,3129
분당 차병원	성남시 분당구 야탑동 351	(진료안내, 상담) 031)780-5100,5170 (응급실) 031)780-7129,789-5840

	기관명	주 소	연락처
부 산	인구보건복지협회	수영구 남천1동69-3	624-5584
	부산광역시의료원	연제구 거제2동 1330	507-3000
	한마음 신경정신과의원	동래구 온천3동 1442-8	504-3131
	해운대산부인과	해운대구 중동 1394-7	752-0075
	김경미산부인과	금정구 부곡3동 223-4	514-1774
	수영구 보건소	수영구 광안1동 661-1	752-4000
	새동래병원	금정구 장전3동 651-12	517-8311

※ 전국 아동보호전문기관

기 관 명	주 소	연락처
[서울] 중앙아동보호전문기관	서울특별시 강남구 역삼2동 78	02-558-1391
[서울] 서울시아동복지센터	서울특별시 강남구 대모산2로	02-2040-4200
[서울] 서울시동부아동보호전문기관	서울특별시 동대문구 장안2동	02-2247-1391
[서울] 서울강서아동보호전문기관	서울특별시 강서구 내발산2동	02-3665-5183-5
[서울] 서울은평아동보호전문기관	서울특별시 은평구 갈현동 393	02-3157-1391
[서울] 서울영등포아동보호전문기관	서울특별시 영등포구 대림3동	02-842-0094
[서울] 서울성북아동보호전문기관	서울특별시 성북구 안암동 4가	02-923-5440
[서울] 서울마포아동보호전문기관	서울특별시 마포구 창전동 389	02-422-1391
[부산] 부산광역시아동보호종합센터	부산광역시 서구 아미동 2가 1	051-242-1391
[부산] 부산동부아동보호전문기관	부산광역시 연제구 거제1동 22	051-507-1391
[대구] 대구광역시아동보호전문기관	대구광역시 중구 동인동 3가	053-422-1391~2
[인천] 인천광역시아동보호전문기관	인천광역시 남구 주안6동	032-434-1391
[광주] 광주광역시아동보호전문기관	광주광역시 서구 쌍촌동 1355	062-385-1391~3
[대전] 대전광역시아동보호전문기관	대전광역시 중구 중촌동 23-9	042-254-6950~5
[울산] 울산광역시아동보호전문기관	울산광역시 중구 성안동 2지구	052-245-1391
[경남] 경상남도아동보호전문기관	경남 마산시 회원2동 652-6	055-244-1391
[전남] 전라남도아동보호전문기관	전남 순천시 용당동 561	061-753-5125-8

저자소개

김용준 교수

법학박사(한양대 형사법 전공)
일본중앙대 객원 연구원
법무연수원 교수 역임
국제문화대학원대학교 형사사법전공 주임교수 역임
연세대 법무대학원 및 행정대학원 강의교수
한국사이버대학교 평생교육원 교수
한국형사사법학회 회장
한국범죄방지사협회 회장
교정보호학회 부회장
행정고시 및 각급 교정직 시험 출제위원
연세대 총동문회 상임이사

〈주요 저서〉

교정학, 교정법학, 교정행정학, 형사정책학, 범죄학, 교정복지학개론(공저) 등

범죄피해자학

2009년 3월 10일 인 쇄
2009년 3월 15일 발 행

저 자 김 용 준
발행인 (寅製) 진 욱 상
발행처 백산출판사
서울시 성북구 정릉3동 653-40
등록 : 1974. 1. 9. 제 1-72호
전화 : 914-1621, 917-6240
FAX : 912-4438
http://www.baek-san.com
edit@baek-san.com

값 25,000원
ISBN 978-89-6183-160-4